◎湖南省教育厅优秀青年项目（项目编号：16B063）
◎湖南省社会科学成果委员会一般课题（项目编号：XSPYBZC012） 资助出版
◎湖南省社科联智库课题（项目编号：ZK2017018）

加工贸易转型升级研究

◎曾 贵 著

西安交通大学出版社
XI'AN JIAOTONG UNIVERSITY PRESS

前 言

随着全球化的纵深推进，产业内分工成为国际分工的主要形式，产业内贸易跻身为国际贸易的主流。加工贸易既是产业内贸易的一种重要贸易方式，也是发展中国家参与全球产业内分工的重要途径。改革开放以来，我国通过发展加工贸易，迅速融入了全球生产网络，实现了经济持续快速发展。然而，随着经济的快速发展，我国经济发展的资源和环境瓶颈逐渐显现，传统的数量扩张型经济增长方式和外贸发展方式难以为继，加工贸易亟须转型升级。

2003 年党的十六届三中全会通过的《中共中央关于完善社会主义市场经济体制若干问题的决定》首次提出，要“继续发展加工贸易，着力吸引跨国公司把更高技术水平、更大增值含量的加工制造环节和研发机构转移到我国，引导加工贸易转型升级”。党的十七大报告指出：“要加快转变外贸增长方式，立足以质取胜，调整进出口结构，促进加工贸易转型升级。”党的十八大提出了创新驱动的发展战略，要求把我国经济发展的驱动力从要素驱动转换为创新驱动，提高经济发展的质量和效益。十八届五中全会提出了“创新、协调、绿色、开放、共享”的发展理念，突出了创新在经济社会发展中的首要地位。

“十三五”规划明确提出：“要加快对外贸易优化升级，从外贸大国迈向贸易强国。完善对外贸易布局，创新外贸发展模式，加强营销和售后服务网络建设，提高传统优势产品竞争力，巩固出口市场份额，推动外贸向优质优价、优进优出转变。”2015 年 11 月，习近平总书记提出了供给侧结构性改革的重要思路，要求“着力加强供给侧结构性改革，着力提高供给体系质量和效率”。为了推动加工贸易供给侧结构性改革，2016年1月，国务院发布了《国务院关于促进加工贸易创新发展的若干意见》。要实现我国从外贸大国向贸易强国转变的目标，优化加工贸易供给侧结构，必须促进加工贸易转型升级。在以上背景下，加工贸易转型升级既是一个重大的实践问题，又是一个重要的理论课题。

自十六届三中全会以后，加工贸易转型升级逐渐进入学术研究的视野。目前，学术界关于加工贸易转型升级的研究基础比较薄弱，对加工贸易转型升级的机制、路径等重要的理论问题缺乏深入而专门的研究，而对加工贸易转型升级的风险—成本—收益研究尚为理论真空。加工贸易转型升级是一个综合性的研究课题，既涉及国际贸易相关理论，也涉及产业经济学相关理论，因而本书把加工贸易理论、国际贸易相关理论和产业经济学相关理论作为研究的理论基础。在此基础上，本书重点研究了加工贸易转型升级的机制、路径、风险—成本—收益以及广东省加工贸易转型升级的相关问题。

本书主要从以下六个方面展开对加工贸易转型升级的专题研究。

（1）加工贸易转型升级的相关文献综述与述评。本书在广泛搜集和深入整理已有相关文献的基础上，重点从加工贸易转型升级的内涵、加工贸易转型升级现状、加工贸易转型升级路径、加工贸易转型升级机制、加工贸易转型升级对策、广东省加工贸易转型升级等六个方面对相关观点进行了文献综述，并从文献研究内容、文献研究范式、文献研究不足之处等三个方面进行了述评，在此基础上确定了本书的研究重点和基本思路。

（2）加工贸易转型升级的理论基础。加工贸易转型升级既是一个国际贸易问题，同时又是一个产业经济学问题。要全面深入地研究加工贸易转型升级这一课题，必须综合应用各种相关理论。因此，本书对加工贸易理论、国际贸易相关理论（比较优势理论、产业内贸易理论、产品内贸易理论、产品生命周期理论）、产业经济学相关理论（产业结构理论、产业竞争力理论、雁行理论、产业价值链理论、跨国公司理论）等与本书研究主题密切相关的理论进行了探讨，并在此基础上构建了本书的理论基础和研究框架。

（3）加工贸易转型升级的机制研究。加工贸易转型升级的影响因素众多，根据作用机理的不同，它们共同构成了加工贸易转型升级的动力机制、学习机制、创新机制和支撑机制。动力机制包括劳动力供求的变化、市场竞争的加剧、经济环境的改变、要素价格的上涨、汇率的上升、环保标准的提高等因素，它们是加工贸易转型升级的动力来源。支撑机制包括政府的支持和服务质量的改善，产业集群的形成和效应的发挥以及人力资源的积累等因素，它们为加工贸易的转型升级提供了外国环境和基础。动力机制和支撑机制共同构成加工贸易转型升级的外在机制。知识溢出效应、“干中学”、技术引进构成了加工贸易转型升级的学习机制，它是加工贸易企业获得知识来源的基础机制。模仿创新和自主创新构成了加工贸易转型升级的创新机制。学习机制和创新机制共同构成了加工贸易转型升级的内在机制，外在机制为内在机制的运行提供了动力和基础。

（4）加工贸易转型升级的路径研究。加工贸易升级的路径有产业内的升级路径、产业间的升级路径和区域转移升级路径。产业内的升级路径是指加工贸易企业继续从事原来产业的生产经营活动，但向产业价值链两端的高附加值环节延伸的升级路径，实现“简单的组装→复杂的组装→零部件制造→零部件研发→最终产品开发→自有品牌产品的研发、设计和生产”；产业间的升级路径是指加工贸易逐渐脱离原来的劳动密集型或资源密集型传统产业，向资本密集型或技术密集型产业提升的升级路径，如从服装加工贸易转向电子产品的加工贸易；区域转移路径是指东南沿海发达地区的加工贸易企业向我国中西部或邻近发展中国家转移的升级路径。我国加工贸易的转型路径包括主体转型、贸易方式转型、企业转型、料件采购转型等四种转型路径。

（5）加工贸易转型升级的风险—成本—收益分析。加工贸易企业转型升级虽然可能获得技术收益、渠道收益和品牌收益，提高产品附加值，增加利润，但可能面临客户和订单流失的风险、研发和设计失败的风险以及营销和品牌失败的风险，且人力成本、设备成本、学习成本、营销成本和税务成本都会增加。因此，作为理性的转型升级的微观经济主体，加工贸易企业是否具有转型升级的意愿及其意愿强弱，取决于它们对转型升级的风险、成本和收益的评估、比较和权衡。当预期的转型升级净收益大于零时，加工贸易企业才有转型升级的意愿。净收益越多，加工贸易企业的转型升级意愿越强，反之亦然。

（6）广东省加工贸易转型升级案例分析。根据广东省加工贸易发展的量质特征、国家相关政策变化情况、宏观经济环境等情况，广东省加工贸易发展历程可划分为以来料加工为主导的早期阶段（1978—1992）、以进料加工为主导的快速发展阶段（1993—2002）和政府自觉引导的加工贸易转型升级阶段（2003 年至今）。加工贸易在广东省的经济发展中发挥了重要的作用，促进了广东省 GDP 增长，带动了外贸发展，增加了就业，推动了产业升级。同时，广东省加工贸易也存在如下问题：外商为加工贸易主体，本土企业参与度不高；地理分布高度集中，区域发展严重失衡；进出口市场高度集中，市场结构严重分化；经济环境发生变化，初始比较优势弱化。要促进广东省加工贸易转型升级，必须利用知识溢出效应，加强知识学习和积累；加强研发投入，增强自主创新能力；改革管理方式，提供优质高效的服务；引导梯度转移，优化区域发展结构；鼓励国产料件采购和深加工结转；加快来料加工企业转型，扩大内销；调整外商引资政策，优化外商引资结构；大力扶持本土加工贸易企业的发展。

本书是在作者博士论文的基础上修改而成，在此首先要特别感谢我在深圳大学中国经济特区研究中心攻读博士学位时的博士生导师钟坚教授。钟坚教授在治学态度、治学方法上的指导让我受益良多，也对本书内容的写作进行过悉心的指导。其次，诚挚感谢湖南工程学院经济学院院长徐运保教授的关心和支持。

本书的出版得到湖南省教育厅优秀青年项目（项目编号：16B063）、湖南省社会科学成果委员会一般课题（项目编号：XSPYBZC012）、湖南省社科联智库课题（项目编号：ZK2017018）的资助，在此深表感谢。

由于本人学识所限，本书不如人意之处在所难免，抛砖引玉，希望能借此求教于方家。

目 录

第一章 导论

第一节 研究背景

一、国际研究背景

第一，随着经济全球化的纵深推进，加工贸易成为发展中国家嵌入全球生产价值链的重要方式，也是一条加速工业化的重要途径。与经济全球化相伴而行的是分工的全球化，跨国公司为了获得利润最大化，面向全球组织生产，充分利用各国的比较优势，把生产链中的环节安排在不同的国家和地区进行生产，产业内贸易逐渐成为国际贸易的主流。随着产业内贸易的发展，基于全球价值链的分工“模块化”的特征日益凸显，全球分工进一步深化和细化，产品内贸易在全球贸易中所占的比例不断上升。“加工贸易是参与国际分工的重要贸易方式，是欠发达地区承接世界产业转移、加快经济发展的一条捷径，是在全球范围内合理有效配置资源，更好地利用两个市场、两种资源推动经济持续快速发展的一种有效模式”（安仲文，2008）。[①] 改革开放以来，我国充分利用劳动力资源丰富的比较优势，积极发展加

---

① 安仲文：《从税收视角看北部湾经济区地方政府对加工贸易的抉择》，《宏观经济研究》，2008 年第 9 期，第 43 页。

工贸易，逐渐融入了全球生产体系，嵌入了全球生产价值链。“加工贸易是我国参与国际分工的主要形式之一，已成为我国对外贸易的重要组成部分，同时也是承接新一轮全球生产要素优化重组和产业转移的主要形式”（孙杭先，2009）[①]。“在我国未来对外贸易和国民经济发展过程中，加工贸易将不仅是一种主要的贸易形式，还将是我国不断提升产业竞争力，有效参与国际分工的重要手段”（宋志勇，2005）。[②]但是，随着国际经济环境的变化，我国加工贸易面临着转型升级的艰巨任务。

第二，2005年以来，人民币持续升值，给我国加工贸易的发展带来了日益沉重的压力。由于人民币的升值，一方面，本来就利润微薄的加工贸易企业面临由于人民币升值带来的损失，利润将进一步削减。一部分在产业价值链中从事低端劳动密集型产品生产的加工贸易企业不可能有多余的资金进行产品、工艺或技术升级，将面临严重的生存危机。对于那些已经具有较强的生产制造能力的加工贸易企业而言，面对人民币的升值所引致的利润下降，其应对之策唯有竭力进行转型升级，向产业链“微笑曲线”的两端延伸，提高产品附加值，并在条件成熟时建立自己的销售渠道和自有品牌。另一方面，在人民币持续升值的背景下，外商在我国开设新的加工贸易企业的成本将增加。如果继续选择在我国开展加工贸易，外商就必须引进技术程度更高的产业或产品。对于已经在我国从事加工贸易的外资加工贸易企业而言，只有通过转型升级提高增值率才能抵消人民币持续升值带来的损失。

第三，2008年金融危机以来，国际贸易保护主义加剧，贸易壁垒提高，我国遭遇逐年增加的反倾销或反补贴调查，贸易环境严峻。改革开放以来，得益于加工贸易的飞速发展，我国的贸易顺差迅速增加，外汇储备快速增长。由于相比美国、欧盟等发达国家或地区而言，我国的劳动力、土地、水电等资源价格相对低廉，在劳动力密集型和资源密集型产业上均具有明显的比较优势。通过大力发展加工贸易，在中国生产的大量廉价商品销往美国、欧盟等发达国家或地区，对这些国家或地区的劳动密集型和资源密集型产业造成了很大的冲击。出于贸易保护主义的考虑，美国、欧盟等国家或地区对我国发起了大量的反倾销、反补贴调查。自加入世贸组织以来，我国连年成为世界上遭遇反倾销、反补贴调查最多的国家，在给我国带来了很大的

① 孙杭先：《我国加工贸易转型升级问题研究》，《经济问题探索》，2009年第4期，第61页。

② 宋志勇：《促进加工贸易转型升级的对策》，《国际贸易》，2005年第8期，第22页。

经济损失的同时，也损害了我国的国际形象。此外，在开展反倾销或反补贴调查的同时，发达国家或地区还通过设置或提高劳工标准、环保标准和技术标准等，提高贸易壁垒。随着国际贸易保护主义的加剧，我国加工贸易只有通过转型升级来应对严峻的国际贸易环境。

第四，周边发展中国家加快了对外开放的步伐，我国加工贸易的发展面临着日益激烈的地区竞争。亚太地区的印度、越南、泰国、马来西亚、朝鲜等国家的开放程度不断提高，逐渐融入了全球生产体系，逐步嵌入了全球生产网络。这些国家的劳动力资源和土地资源丰富而廉价，拥有发展加工贸易的资源比较优势。它们利用资源比较优势，通过出台优惠的引资政策，吸引外商投资，大力发展加工贸易。经过改革开放以来 30 多年的快速发展，我国发展加工贸易的初始比较优势开始弱化，表现为劳动力价格不断高涨和土地价格不断提高。事实上，随着周边发展中国家开放程度的提高，原本在我国珠三角、长三角等地区开展加工贸易的外资企业开始向周边发展中国家转移，以便利用其资源和政策优势，降低生产成本。因此，我国不能再继续停留在发展附加值低的劳动密集型和资源密集型加工贸易阶段，必须加快转型升级步伐，向高附加值的技术密集型加工贸易转型升级。“加工贸易转型升级是走工业化的必然选择和适应跨国投资新形势的需要，引导加工贸易升级是统筹国内发展和对外开放、利用外部条件与发挥自身优势相结合的必然要求”①（王子先，2004）。

二、国内研究背景

改革开放以来，我国加工贸易从无到有，迅猛发展，为引进外资和技术、促进经济和外贸增长、解决就业、增加外汇、加快工业化进程做出了巨大的历史贡献。改革开放以来的 30 余年经济发展史，也可以解读为一部波澜壮阔的加工贸易发展画卷。1978 年 7 月，中国国务院印发了《开展对外加工装配业务实行办法》，在广东、福建、上海首先开展这项业务。1978 年 9 月，东莞太平手袋厂获得了中国工商总局发放的第一个“三来一补”牌照，成为我国第一家从事加工贸易的企业。1979 年 9 月，国务院正式印发了《发展对外加工装配和中小型补偿贸易办法》，此后来料加工贸

---

① 王子先：《促进落地生根——我国加工贸易转型升级的方向》，《国际贸易》，2004 年第 2 期，第 12 页。

易在全国迅速发展起来。1981 年我国加工贸易出口额为 11 亿美元，2010 年加工贸易出口额为 7403 亿美元，增长了 672 倍。广东省是我国改革开放的前沿，也是我国加工贸易发展的先发地区。广东省于 1988 年和 1989 年先后颁布了《广东省鼓励开放对外加工装配、补偿贸易办法》和《广东省私人（外商）承包经营对外加工装配、补偿贸易业务暂行规定》。由于广东省具有毗邻港澳的地理优势和先行先试的政策优势，其加工贸易获得了飞速发展。2010 年，广东省外贸进出口总额为 7846. 43 亿美元，占全国外贸进出口总额的 26. 4%；广东省加工贸易出口额为 2755. 71 亿美元，占全国加工贸易出口额的 37. 2%；加工贸易进口额 1705. 12 亿美元，占全国加工贸易进口额的 40. 9%。

第一，随着我国改革开放的纵深推进和经济的快速发展，我国加工贸易发展的经济环境发生了重大改变。一方面，我国以科学发展观为指导，正在加快转变经济增长方式和外贸增长方式。经济增长方式转变的目标在于实现经济增长由不可持续性向可持续性转变，由粗放型向集约型转变，由出口拉动向内需拉动转变，由结构失衡型向结构均衡型转变，由高碳经济型向低碳经济型转变，由投资拉动型向技术进步型转变，由忽略环境型向环境友好型转变，由“少数人先富型”向“共同富裕型”转变。经济增长方式转变的本质是实现经济增长由数量型增长方式向质量型增长方式转变。经济增长方式的转变必然要求外贸增长方式进行相应的改变，实现粗放型外贸增长模式向可持续的质量型外贸增长模式转变。外贸增长方式的转变要求提高我国出口产品的技术含量，增加出口产品的附加值。在以往的粗放型贸易增长模式下，我国不仅消耗了大量的资源，污染和破坏了生态环境，还引发了越来越多的贸易摩擦，而在出口中获得的附加值却非常低，与付出的巨大代价不相匹配。要实现经济增长方式和外贸增长方式的转变，必须进行加工贸易转型升级。在整体上，我国加工贸易之所以快速增长，在于我国拥有价格低廉的资源优势和相对优惠的政策优势。我国加工贸易主要承接了发达国家或新兴工业化国家的劳动密集型产业，技术含量低，附加值低，虽然消耗了大量的资源，但实际获得的贸易利益并不多。

另一方面，我国资源价格不断上涨，政策优势开始弱化，加工贸易正面临着日益紧迫的转型升级压力。在我国加工贸易企业集聚的珠三角和长三角地区，随着新劳动法的出台，用工成本显著增加。在用工高峰期，加工贸易企业集聚的城市，如东莞、深圳、苏州等地，会出现较为严重的“民工荒”，不少加工贸易企业因招不到完成订单所需的农民工而陷入困境。同时，我国沿海加工贸易发达地区的土地租售价格、水电价格也因城市化的快速推进而水涨船高。这既造成了加工贸易企业的成本高企，又显著增加了加工贸易从业人员的生活压力，导致农民工大量回流内地。此外，为了转变经济增长方式和外贸增长方式，我国通过调整加工贸易指导目录和出口退税政策，逐渐调整加工贸易政策，限制部分有害于环境的劳动密集型或资源型加工贸易的发展，沿海地区加工贸易发展的政策优势逐渐弱化。

第二，我国加工贸易在快速发展并取得巨大成绩的同时，也存在不少问题。我国加工贸易“自主创新能力的匮乏导致价值链的低端锁定；对跨国公司的过度依赖导致本土代工企业丧失可持续发展的能力；对价格战的过度偏好将破坏集群的整体声誉和区域品牌”（王雷，2009）。① 在整体上，我国加工贸易“大进大出”的特征依然明显，在国内采购的料件只占很小的比例，与国内产业的关联程度不高，因而产业带动能力不强。我国的加工贸易的企业主体是外商投资企业，外商投资企业占到加工贸易企业数量的70%以上，本土企业参与加工贸易的比例不高。在地区分布上，我国加工贸易发展不均衡，95%以上的加工贸易进出口集中在珠三角、长三角、环渤海湾等沿海地区。在产业价值链中，我国加工贸易主要集中在产业价值链的加工制造环节，没有掌握关键零部件的生产技术，因而加工贸易产品多属于家具、鞋、皮革等劳动密型产品或高新科技产品中的劳动密集型部件，附加值低，增值率有待提高。

第三，十六届三中全会后，加工贸易转型升级成为我国转变经济增长方式和改变外贸发展方式的战略任务。要实现经济增长方式和外贸发展方式转变，加工贸易亟须转型升级。党的十六届三中全会通过的《中共中央关于完善社会主义市场经济体制若干问题的决定》和党的十七大报告都明确提出了促进和加快加工贸易转型升级的战略任务。党的十六届三中全会指出，要“继续发展加工贸易，着力吸引跨国公司把更高技术水平、更大增值含量的加工制造环节和研发机构转移到我国，引导加工贸易转型升级”。温家宝同志在2007年政府工作报告中提出，要提高对外开放水平，支持具有自主品牌和高附加值产品出口，控制高能耗、高污染产品出口，促进加工贸易转型升级。党的十七大报告指出：“要加快转变外贸增长方式，立足

---

① 王雷：《长三角本土代工企业竞争战略演变驱动力及实现途径——基于全球价值链的视角》，《中央财经大学学报》，2009年第11期，第92页。

以质取胜，调整进出口结构，促进加工贸易转型升级。”党的十六届五中全会关于“十一五”规划的建议又进一步提出，要“继续发展加工贸易，着重提高产业层次和加工深度，增强国内配套能力，促进国内产业升级”。

广东省积极促进加工贸易转型升级，制定和出台了一系列政策措施。2008年5月，广东省出台了《关于推进产业转移和劳动力转移的决定》，而“双转移”的重点是加工贸易。2008年，广东省制定了《珠江三角洲地区改革发展规划纲要(2008—2020年)》。该纲要提出：“要创新对外贸易发展方式，鼓励加工贸易延伸产业链，扶持一批有规模、有优势的加工贸易企业从贴牌生产、委托设计向自主品牌转型，增强设计研发能力和品牌营销能力，增加内销业务，支持建设全国加工贸易转型升级示范区。”同年，广东省出台了《关于促进加工贸易转型升级的若干意见》(粤府〔2008〕69号)，指出：“力争到2012年，全省加工贸易产业结构和区域布局进一步优化，初步实现加工贸易梯次分布和集聚发展。”《广东省国民经济和社会发展“十一五”规划纲要(2006—2010年)》指出：“要加快加工贸易转型升级，提高加工贸易的产业层次和加工深度，促进国内配套产业发展，提高加工贸易对国内产业的辐射、带动能力。”广东省提出了“创建加工贸易转型升级示范区”的战略规划，并于2011年与商务部签署了《共同建设珠江三角洲地区全国加工贸易转型升级示范区合作协议》。此外，2008年以来，广东省还先后出台了《关于推进外商投资、加工贸易企业扩大内销工作的指导意见》《关于促进加工贸易转型升级的若干意见》《粤港关于促进港资加工贸易企业转型升级的合作协议》等一系列促进加工贸易转型升级的配套政策。

第二节　研究意义

一、理论意义

2003年，十六届三中全会通过的《中共中央关于完善社会主义市场经济体制若干问题的决定》首次在中央文件中提出了“促进加工贸易转型升级”的战略任务。此后，加工贸易转型升级开始进入学术研究的视域。目前，学术界虽然对加工贸易转型升级进行了一些研究，但专著极少，有理论深度的研究成果不多。已有文献大多局限于对现状、问题和对策的泛化分析，缺乏深入的理论研究。在已有的研究文献中，虽然零散地提及加工贸易转型升级有关的一些重要理论问题，如加工贸易转型升级的路径、机制、影响要素等，但只限于观点性的表述，缺乏专门、深入的探讨。此外，已有文献集中于宏观层面的政策分析，而缺乏对加工贸易转型升级的微观经济主体（加工贸易企业）的专门研究，尚无探讨加工贸易企业转型升级风险、成本和收益问题的文献。因而，尽管加工贸易转型升级已经成为一个迫切的现实问题，但相关的理论研究仍然非常薄弱。本书试图深化和拓展加工贸易转型升级的理论研究，以期弥补目前理论研究的不足，为加工贸易转型升级提供理论指导。

二、实践意义

30 多年的改革开放史，也是我国加工贸易迅速发展的历史。改革开放巨大成就的取得，离不开加工贸易的巨大历史贡献。随着市场经济的发展，我国进入了经济增长方式和外贸增长方式转变的新时期，需要逐步摈弃以往粗放型的经济发展模式，努力向集约型的经济发展模式转变。然而，在我国就业形势依然严峻、城市化水平并不高的情况下，经济增长方式和外贸增长方式的转变并不意味着加工贸易已经过时，更不意味着要停止发展加工贸易，而是要继续发展加工贸易，促进加工贸易转型升级。当前，加工贸易转型升级已经上升为一种国家经济战略，中央和地方各级政府，尤其是加工贸易企业集聚的珠三角、长三角地区的各级政府，都在积极地推进加工贸易转型升级。因此，加工贸易转型升级研究具有重要的实践意义。实践中已有的成功经验需要进行理论总结和反思，实践中不断出现的新问题需要理论指导。

第三节 本书结构和主要内容

一、本书结构

图 1-1 是本书结构图，也是本书研究思路的直观反映。为了阐述本书的研究思路，

现对本书结构图进行简要的文字说明。本书在导论部分结合国内外背景提出了本书的核心问题，即我国加工贸易亟须转型升级。但如何实现加工贸易转型升级，目前学术界的研究还十分薄弱，需要进一步深入研究。然后，在文献综述和加工贸易转型升级理论基础上，先后探讨了加工贸易转型升级的机制、路径以及风险、成本和收益，为具体探讨广东省加工贸易转型升级奠定理论基础。最后，本书在前述理论研究的基础上，全面研究了广东省加工贸易转型升级问题，并提出了对策。

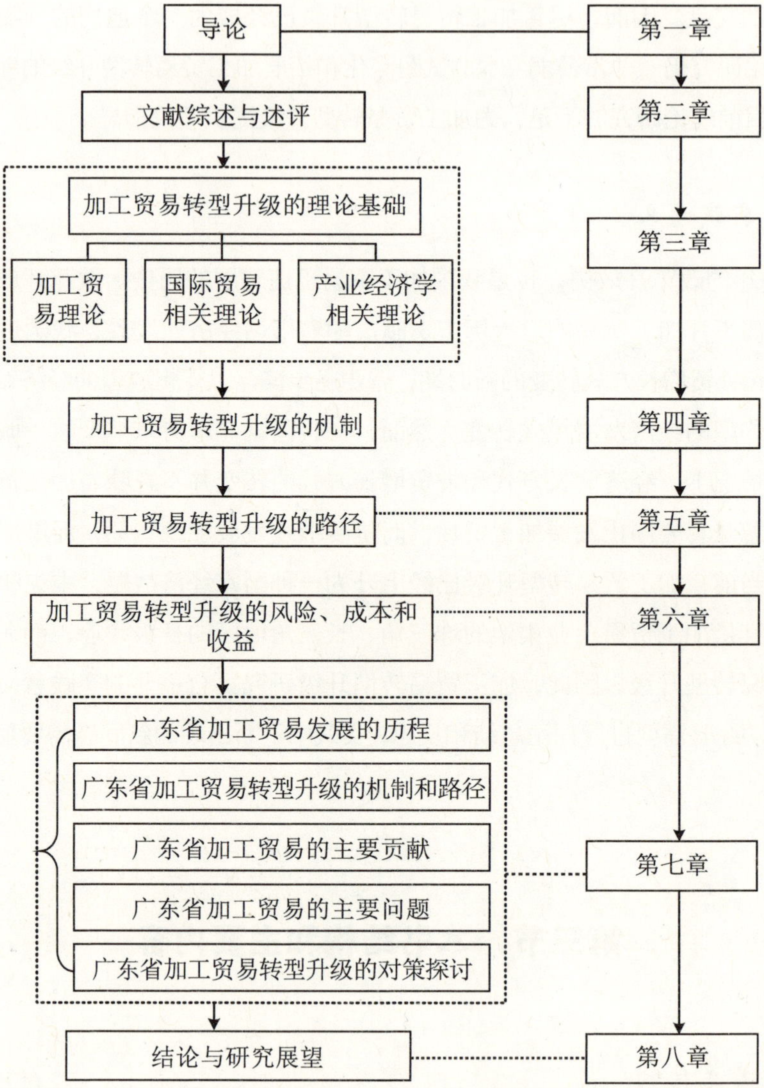

图 1–1 本书结构图

二、主要内容

第一章：导论。这部分重点阐述了本书的研究背景和研究意义，旨在阐明：鉴于国内外经济环境的变化以及加工贸易目前存在的问题，加工贸易必须进行转型升级，而加工贸易转型升级研究是一个兼具理论和实践意义的重要课题。此外，导论部分绘制了本书框架图，简要概述了研究内容，介绍了本书所采用的研究方法和创新之处。

第二章：文献综述与述评。这部分重点综述国内外加工贸易转型升级相关研究文献，意在较为全面地把握国内学术界对加工贸易转型升级的研究现状。文献综述部分从以下几个方面分析了学术界的研究现状：已有研究文献的主要研究内容；已有研究文献采用的主要方法或依据的主要理论；已有研究文献的主要特征和不足。

第三章：加工贸易转型升级的理论基础。由于加工贸易转型升级既是一个国际贸易问题，又是一个产业问题，因而其研究主要涉及国际贸易理论和产业经济学理论。本书把加工贸易转型升级的理论基础建立在加工贸易理论、比较优势理论、产业内贸易理论、产品内贸易理论、产品生命周期理论等相关国际贸易理论和雁行理论、跨国公司理论、产业结构理论、产业竞争力理论、产业价值链理论等相关产业经济学理论的基础上。该章对各相关理论进行了简要回顾和归纳，并在此基础上构建了本书的理论分析框架。

第四章：加工贸易转型升级的机制。加工贸易转型升级的影响因素众多，根据作用机理的不同，它们共同构成了加工贸易转型升级的动力机制、学习机制、创新机制和支撑机制。动力机制是加工贸易转型升级的动力来源，包括民工荒、市场竞争加剧、经济环境的改变、要素价格不断上涨、汇率提高、环保标准提高等因素。支撑机制包括政府的支持和服务质量的改善，产业集群的形成和效应的发挥以及人力资源的改善，为加工贸易的转型升级提供了外围环境和基础。动力机制和支撑机制共同构成加工贸易转型升级的外在机制。知识溢出效应、“干中学”、技术引进构成了加工贸易转型升级的学习机制，是加工贸易获得知识来源的基础机制。模仿创新和自主创新构成了加工贸易转型升级的创新机制。学习机制和创新机制共同构成了加工贸易转型升级的内在机制。外在机制为内在机制的运行提供了动力和基础。

第五章：加工贸易转型升级的路径。加工贸易升级的路径有产业内的升级路径、产业间的升级路径和区域转移升级路径。产业内的升级路径是指加工贸易企业继续从事原来产业的生产经营活动，但向产业价值链两端的高附加值环节延伸的升级路径，实现“简单的组装→复杂的组装→零部件制造→零部件研发→最终产品开发→自有品牌产品的研发、设计和生产”；产业间的升级路径是指加工贸易逐渐脱离原来的劳动密集型或资源密集型传统产业，向资本密集型或技术密集型产业提升的升级路径，如从服装加工贸易转向电子产品的加工贸易；区域转移路径是指东南沿海发达地区的加工贸易企业向我国中西部或邻近发展中国家转移的升级路径。我国加工贸易的转型路径包括主体转型、贸易方式转型、企业转型、料件采购转型等四种转型路径。

第六章：加工贸易转型升级的风险、成本和收益。加工贸易企业转型升级虽然可能获得因产品附加值提高带来的增值收益，但可能面临客户和订单流失的风险以及研发和营销失败的风险，且人力成本、机器与设备成本、学习成本、营销成本和税务成本都会增加。因此，作为理性的转型升级的微观经济主体，加工贸易企业是否具有转型升级的意愿及其意愿强弱，不是取决于政府的引导和鼓励程度，而是取决于它们对转型升级的风险、成本和收益的评估和比较。当预期的转型升级净收益大于零时，加工贸易企业才有转型升级的意愿。净收益越多，加工贸易企业的转型升级意愿越强，反之亦然。

第七章：广东省加工贸易转型升级案例研究。根据广东省加工贸易发展的量质特征、国家相关政策变化情况、宏观经济环境等情况，广东省加工贸易发展历程可区分为以来料加工为主导的早期发展阶段（1978—1992）、以进料加工为主导的快速发展阶段（1993—2002）和政府自觉引导的加工贸易转型升级阶段（2003年至今）。加工贸易在广东省的经济发展中发挥了重要的作用，促进了广东省GDP增长，带动了外贸发展，增加了就业，推动了产业升级。同时，广东省加工贸易也存在如下问题：外商为加工贸易主体，本土企业参与度不高；地理分布高度集中，区域发展严重失衡；进出口市场高度集中，市场结构严重分化；经济环境发生变化，初始比较优势弱化。要促进广东省加工贸易转型升级，必须利用知识溢出效应，加强知识学习和积累；加强研发投入，增强自主创新能力；改革管理方式，提供优质高效的服务；引导梯度转移，优化区域发展结构；鼓励国产料件采购和深加工结转；加快来料加工企业转型，扩大内销；调整外商引资政策，优化外商引资结构；大力扶持本土加工贸易企业的发展。

第八章：结论与研究展望。这是本书的收尾章节，对本书的主要结论进行了扼要的梳理和归纳，并指出了本书限于条件而有待进一步深入研究的问题。总之，从第一章到第七章，本书采用层层递进、由抽象到具体的研究思路，力图做到既具有较强的理论性，又避免偏离实际的“经院式”论述。

第四节 研究方法、创新与不足

一、研究方法

其一，历史唯物主义和辩证唯物主义相结合的研究方法。本书不是孤立、静止、片面地看待和研究加工贸易转型升级问题，而是将其放在国内外宏观经济环境中，在反思加工贸易发展和转型升级历史的基础上，采用普遍联系、发展和对立统一的历史唯物主义和辩证唯物主义相结合的方法来全面研究加工贸易转型升级这一课题。“生产力决定生产方式”，生产力状况的改变必然要求生产方式做出相应的调整。加工贸易作为一种特殊的生产方式，随着我国生产力的变化，必然要求根据变化了的情况做出变革，即转型升级。在方法论上，历史唯物主义和辩证唯物主义要求用发展和矛盾分析的方法来研究具体问题。因而，研究加工贸易转型升级，既要看到其存在的问题、不足和存在的困难，又不能否定加工贸易转型升级已有的成就和经验，要在尊重历史的基础上，辩证地进行研究。

其二，规范分析和实证分析相结合的方法。任何一项研究，如果缺失规范分析，实证分析即使再精巧，也将只是缺乏生命力的数据堆砌。只有通过归纳、演绎、抽象等规范分析方法，才能将研究上升到规律、本质的层面，从而更好地指导实践。当然，如果一项研究没有实证分析作支撑，容易陷入从概念到概念、从抽象到抽象的空泛论述，将因为结论缺乏数据支撑而弱化可信度。本书在研究加工贸易转型升级的过程中，规范分析和实证分析方法并用，以期取长补短，收相得益彰之效。在规范分析方面，本书借鉴了已有的概念和理论，对其进行了归纳、演绎和抽象，在实证层面上探讨加工贸易转型升级“应该怎么样”的问题，构建了一个研究加工贸易转型升级的理论框架，归纳和抽象出了加工贸易转型升级的路径、机制、风险、成本、收益等方面的论点。在实证分析方面，本书通过查阅历年统计公报和相关年鉴，或从已有的学术文献中收集大量相关的数据，然后采用统计分析、对比研究等方法展开了相关实证分析。

此外，本书还引入了案例分析方法和制度分析方法。案例分析法（Case Analysis Method）成为一种研究方法始于1880年，由哈佛大学始创。通过具体的案例分析，既可以从案例本身归纳、抽象出规律性的认识，同时由于案例本身的实践特征，其又可以充当理论的检验“试纸”。本书在研究加工贸易转型升级的过程中，既选择了广东省和台湾省加工贸易转型升级进行了案例分析，又选择了具有代表性的加工贸易企业——格兰仕、比亚迪等企业作为案例佐证。从制度视角看，发展加工贸易是我国改革开放以来的一项重要的制度设计。为了发展加工贸易和促进加工贸易转型升级，我国制定和出台了一系列的政策，形成了一个既成的制度体系。加工贸易转型升级是在特定的制度体系内进行的，因而无法避开制度分析。本书反思了现存的加工贸易退税政策、深加工结转政策、报关政策等现行制度对加工贸易转型升级的影响，并结合加工贸易转型升级所需提出了制度革新的建议。

二、创新之处

创新是一个广泛而相对的概念。对于理论研究而言，创新包括新观点的提出、新素材的使用、新方法的应用、新视角的引入以及对已有文献研究的深入和开拓等众多方面。从选题至今，笔者已对加工贸易转型升级问题开展了两年多的理论研究，取得了一些理论研究成果，并把这些研究成果融入了本书。本书的研究建立在已有的研究文献的基础上。相对于已有的研究文献而言，本书在以下几方面进行了深入和开拓，具有一定的创新性。

第一，对加工贸易转型升级的机制进行了专门而深入的研究。本书全面分析了加工贸易转型升级的影响要素及其内在作用机理，把加工贸易转型升级的机制归纳为学习机制、创新机制、支撑机制和动力机制。这样既揭示了加工贸易逐渐实现自发转型升级的内在原因，也为有针对性地促进加工贸易转型升级提供了理论依据。

第二，在分析韩国、日本等东亚新兴工业国家加工贸易转型升级的路径基础上，从全球生产网络理论和产业价值链理论的视角对加工贸易转型升级的路径进行了专门而深入的理论研究，并构建了一个加工贸易转型升级的路径模型。本书把加工贸易升级的路径归纳为产业内的升级路径、产业间的升级路径和区域升级路径，而转型路径则概括为主体转型、贸易方式转型、企业转型、料件采购转型等四种路径。

第三，对加工贸易企业转型升级的风险、成本和收益进行了专门而深入的理论研究。已有的研究文献集中于加工贸易转型升级的宏观分析，尚无研究文献从风险、成本和收益角度对加工贸易转型升级的微观主体——加工贸易企业的转型升级行为进行微观层面的专门研究。本书全面深入地分析了加工贸易转型升级的风险、成本和收益，从微观上探讨了加工贸易企业转型升级的决策模型。

第四，对加工贸易的知识溢出效应进行了专门深入的理论研究。加工贸易知识溢出是加工贸易转型升级的重要知识来源。在已有的研究文献中，本书首次专门研究了加工贸易知识溢出效应的途径及其对加工贸易转型升级的重要意义。

第五，对加工贸易“民工荒”问题进行了专门深入的理论研究，弥补了加工贸易研究的一个研究空白。本书深入探讨了“民工荒”与加工贸易的内在关系，基于劳动力供给模型和预期工资模型对加工贸易“民工荒”的成因进行了经济学分析，并提出了四种化解之策。

三、不足之处

加工贸易转型升级是一个复杂的研究课题。目前学术界对这一课题的专门研究不多，文献较少，很多问题的研究还处于初始阶段。本书力图在已有文献的基础上有所深入和突破，但限于主客观条件，本书存在以下两方面的主要不足。

第一，加工贸易转型升级既是一个值得深入研究的理论问题，也是一个迫切的实践问题，但条件所限，未能深入加工贸易企业进行实地调查和深入访谈，在积累感性经验的同时搜集到宝贵的第一手资料。因而，本书的研究主要建立在大量查阅已有相关文献的基础上，难以实现理论研究与实践的零距离对接。

第二，国内有关加工贸易的专门统计数据极其缺乏，有限的数据主要集中在对加工贸易进、出口额的统计上。由于缺乏权威而连贯的统计数据，在本书的写作过程中，数据收集和整理成为一大难点。本书除了从相关统计年鉴中获取一些官方数据之外，其他数据大多转引自已有的期刊或报刊文献，比较零散。因而，数据不足导致本书在实证研究方面相对薄弱。

第二章　文献综述与述评

发展加工贸易是我国发展外向型经济的一个重要战略决策，也是对外开放的一个重大突破口。随着加工贸易在对外贸易中比重的增加，学术界对加工贸易展开了持续的研究，取得了不少有价值的成果。[①] 然而，加工贸易转型升级这一课题成为加工贸易研究的重点，则始于党的十六届三中全会之后。党的十六届三中全会提出“要继续发展加工贸易，着力吸引跨国公司把更高技术水平、更大增值含量的加工制造环节和研发机构转移到我国，引导加工贸易转型升级”的要求后，国内学术界对加工贸易转型升级展开了一些研究，目前已经发表或出版了少数有关加工贸易转型升

① 在中国学术期刊全文数据库中，以题名“加工贸易”进行搜索，可以检索到2115篇文献。目前，已公开出版的以研究加工贸易为选题的学术著作约有15本（详见参考文献）：《加工贸易与中国经济增长：产品内分工视角的研究》（崔玮著），《中国国际加工贸易模式研究》（沈玉良等著），《新型工业化之路：我国加工贸易的基础、模式与利益分配研究》（王怀民著），《加工贸易转型升级研究：以服装产业为例》（邬关荣著），《中国加工贸易问题研究：发展、挑战和结构升级》（郭建宏著），《全球生产网络与加工贸易转型升级》（刘德学等著），《加工贸易走私犯罪解析》（陈田正著），《加工贸易：工业化的新道路》（隆国强著），《我国加工贸易发展战略研究》（廖涵著），《加工贸易发展中贸农工一体化经营与政策研究》（刘希宋等著），《OEM与加工贸易管理方略》（姚钟华、张涛著），《国际加工贸易与补偿贸易》（沈志澄编著），《企业跨国经营实务：境外加工贸易》（李钢主编），《未来国际贸易主流——加工贸易》（邵祥林等编著），《加工贸易与贸易融资》（王立军编著）。

级的论著。[①] 本书的研究并非“空中楼阁”，而是在已有文献基础上的进一步深入研究，因而非常有必要先对已有的研究文献进行简要综述。

第一节 文献主要观点综述

一、加工贸易转型升级内涵的观点综述

“转型”是一些低附加值产业发展的重要目标之一。在《韦氏词典》中，转型被解释成事物在形态、结构和本质上所进行的一种改变。邬关荣（2007）搜集整理了国内外学者关于转型的各种定义（见表2-1），并在参照已有转型定义的基础上，从企业的角度对加工贸易转型作出了概念界定。邬关荣认为：“加工贸易转型主要指的是加工贸易生产厂商转型，即加工贸易生产厂商在面临加工贸易环境和条件发生变化时，为了改变现状，而从经营思维、策略、形态和作业制程等方面进行的策略性思考和创新性的转变，进而促使厂商核心能力的提高和加工绩效的有效改变。”[②] 在邬关荣（2007）的语境中，加工贸易升级包含广义和狭义两方面的内容：在狭义上，加工贸易转型升级指的是加工贸易产品的升级，即加工贸易的产品品质由初级产品向高级产品进行品质提升；在广义上，加工贸易升级指的是“产业升级”，即产业由低技术水平、低附加值状态向高技术水平、高附加值状态演变的过程，因而是加工贸易企业向更具获利能力的资本和技术密集型经济领域晋升的过程。[③]

---

① 在中国期刊全文数据库里，以题名“加工贸易转型升级”进行搜索，可以检索到185篇期刊文献。目前，已公开出版的研究加工贸易转型升级的专著有两本：《全球生产网络与加工贸易升级》（刘德学等著），《加工贸易转型升级研究——以服装产业为例》（邬关荣著）。

② 邬关荣：《加工贸易转型升级研究——以服装产业为例》，经济科学出版社，2007年，第9页。

③ 邬关荣：《加工贸易转型升级研究——以服装产业为例》，经济科学出版社，2007年，第14-17页。

表 2–1 国内外学者关于转型的定义

学者	定义
Levy 和 Merry（1984）	企业转型通常是组织要解决无法像以前一样继续运作时的情况下，在每一个构面上逻辑的重大改变，包括组织的使命、结构及企业文化，即“第二次革命”（Second Order Change），是多构面的、多层次的、不连续的、逻辑跳跃式的组织变革（Organization Change）
Adams（1984）	在思考和行为上彻底且完全的改变，以创造一个不可回复、与先前不连续的系统
Kilmann 和 Covin（1988）	组织检查本身过去是什么、现在是什么以及将来要做什么，如何去完成一切必要的改变过程
Shaheen（1994）	整个组织在价值、形态、技巧及行为上的移转，使组织更有弹性，能及时反映环境各种变化。转型的主要目的：企业在经历一段时间的努力之后，能大幅度地改善竞争绩效，并持续维持企业竞争力
Joyce 和 Tim（1995）	一个指标无法自己转型，除非它改变本身的思考方式。组织中的思考意指组织中的心智活动、观念开发、学习及技巧改进、信息交换、策略方向改进、进化、沟通、市场调查、问题解决与过程改善等，这些构成了组织的整体知识活动
Jonathan D. Day	当环境压力越来越大时，正是企业进行转型的好时机。当一家公司面临较危机的状况，它就必须以更快的速度改变自我。处在这种危机情境，企业必须断然切断与过去的牵扯，以较快步调进行改变
李为仁（1990）	转型是组织因应环境、技术、竞争变化下的一种基本的、大规模的改变，是组织对旧有的不满足而创造出适应未来的新模式，且是一种持续进行、无止境的管理方式
吴江林（1990）	企业一方面面对外部环境的变化，一方面又面对本身生命周期发展与经营优势及劣势的改变，而采取的因应对策
陈明璋（1994）	企业经营时环境发生变化，为求生存、突破瓶颈，而通过组织调整目标转换战略、改变结构形态，创造出适应未来的新经营模式
许文志（1995）	企业转型乃企业为生存发展、突破经营瓶颈而改变产业结构形态的一种策略
林温正（2000）	企业通过主导的改变、产业选择的调整及对市场结构的影响、企业内部经营管理测量改变及组织变革构建不同的竞争优势策略以及新的核心竞争力；并进一步达成改变事业重点或重新定义事业的目的

资料来源：邬关荣：《加工贸易转型升级研究——以服装产业为例》，经济科学出版社，2007 年，第 8–9 页。

荀克宁（2007）对加工贸易转型升级的内涵进行了概括：“加工贸易转型升级主要包括：一是产业结构的升级，高新技术产业所占比重上升，传统产业中的高新技术贡献率增大。二是组织方式的优化，通过技术改造与创新，提高产品附加值与增值率，实现从以贴牌生产为主向自创品牌为主转化。三是产业链不断加长，从生产领域向研发设计和服务业等领域发展。四是空间布局优化，通过加工贸易产业的梯度转移，平衡东西部地区的产业发展。五是服务支持体系优化，建立一个有生命力和促进力的加工贸易转型升级支持性政策体系和生产服务体系。”①“加工贸易转型升级主要任务就是要不断优化产业结构和产品结构，提升产业档次和产品深加工增值能力。”② 蒋耀平（2008）认为：“加工贸易转型升级有以下三方面的含义：一是要实现加工贸易产业和产品结构升级，提高加工贸易产品技术含量，提高关键零部件的加工制造能力；二是要优化加工贸易区域布局，引导加工贸易梯度转移，促进东、中、西部产业布局的合理调整；三是要引导加工贸易向产业链高端发展，由单纯加工向设计、研发、品牌、服务等内容延伸。”③

隆国强（2008）总结归纳了关于加工贸易转型升级的五种观点：加工贸易转型升级就是将加工贸易转变为一般贸易；加工贸易转型升级就是要实现从沿海向内陆地区的梯度转移；加工贸易从“放养”转变为“圈养”；实现加工贸易的主体从以外资为主到以本土企业为主；加工贸易转型升级就是从传统产品向高新技术产品升级。隆国强认为，以上关于加工贸易转型升级内涵的五种观点，虽具有一定的合理性，但是又不完全准确，必须将加工贸易放到国际生产分工新格局和我国对外开放战略转变的背景下加以考察，才能准确把握加工贸易转型升级的真正内涵。④

刘德学（2006）认为，在全球生产网络的视角下，加工贸易升级有六层含义：更多的加工贸易逐步向高新技术产业转移并实现产业的国际对接，即产业升级；加

① 荀克宁：《加快山东省加工贸易转型升级的对策思考》，《东岳论丛》，2007年第6期，第186页。

② 荀克宁：《加快山东省加工贸易转型升级的对策思考》，《东岳论丛》，2007年第6期，第187页。

③ 蒋耀平：《继往开来 着力推动 加工贸易转型升级》，《国际商报》，2008年4月28日第A05版。

④ 隆国强：《加工贸易转型升级之探讨》，《国际贸易》，2008年第12期，第10-11页。

工贸易企业所生产的产品逐渐从低层次简单产品转向同一产业内更复杂、更精细的产品，即产品升级；加工贸易企业所从事的价值链环节和增值活动向高附加值方向转移，更多地把握战略性环节和增值活动并营造出自己的生产网络体系，即价值链升级；加工贸易企业逐渐转向采用更高效率的生产方法，不断提高技术与管理能力，即企业能力升级；加工贸易企业在网络中的角色逐渐向更高层级攀升，不断提高在全球生产网络中的地位和控制能力，即企业网络地位升级；加工贸易企业通过国内生产网络的建立与延伸、向配套企业提供技术援助、员工流动等途径推动当地经济发展的能力和效果不断改善，即关联与外溢效应升级。这六个方面相互联系，其核心在于加工贸易企业能力的提高。[①] 刘德学构建了一个由五项指标构成的评价加工贸易升级的指标体系：产业和产品升级指标；价值链升级指标；企业能力升级指标；企业网络地位升级指标；关联和外溢效应升级指标。这五个指标之下又各有若干个小的衡量指标，并在指标体系的基础上建立了 PROMETHEE 综合评价法[②]。

二、加工贸易转型升级现状的观点综述

我国加工贸易在快速发展的同时，也在逐渐转型升级，并已取得了较为显著的成效。《加工贸易——工业化的新道路》（隆国强等，2003）是我国公开出版的第一部以加工贸易为研究对象的学术专著。该书是由隆国强等人组成的国务院课题组以历时一年多的调研为基础完成的，获得了许多关于加工贸易的第一手资料。课题组认为，我国加工贸易在发展中实现了显著的技术进步，正在从劳动密集型产业向技术密集型产业升级换代。通过对 611 家加工贸易企业的调查，课题组认为我国加工贸易产业升级的成效比较显著。加工贸易的投资主体以跨国公司为主，资本和技术密集型产品的出口额已经超过劳动密集型产品的出口额，增值率不断增加，40%多的加工贸易企业进入了中间产品和零部件的生产环节。[③]

刘德学等（2006）根据问卷调查的情况，考察了我国加工贸易升级的总体状况。刘德学等指出，我国加工贸易在产业和产品升级、价值链升级、企业能力升级、企

---

① 刘德学，等：《全球生产网络与加工贸易升级》，经济科学出版社，2006 年，第 9 页。

② 刘德学，等：《全球生产网络与加工贸易升级》，经济科学出版社，2006 年，第 9 页，第 25-50 页。

③ 隆国强等:《加工贸易——工业化的新道路》，中国发展出版社，2003 年，第 101-156 页。

业网络地位升级、关联和外溢效应升级等方面取得了明显的成效。[①]我国加工贸易已经形成了比较好的升级态势，尤其是产业升级和产品升级比较突出：从价值链环节上看，我国加工贸易已经越过简单组装阶段而进入加工阶段，并逐渐接触到了设计、营销等高附加值环节；加工贸易企业能力及其在全球网络中的地位不断得到提升，一些企业已成为所处生产网络的重要供应商（刘德学，苏桂福，2006）。加工贸易的技术进步由单纯依靠技术转移转变为自主创新与消化吸收相结合，部分加工贸易企业实现了从OEM向ODM、OBM[②]的转变；产业链由单一的组装加工转变为研发、制造、物流的产业链整体发展（于瀚，闫岩，2008）。加工贸易的产品结构由传统劳动密集型产品向机电产品、高新技术产品升级；深加工结转产业链不断延长（王晓红，2010）。[③]加工贸易已经从以来料加工为主转向以进料加工为主，加工贸易产品逐步从劳动密集型向资本、技术密集型产品转变（孙杭生，2009）。[④]我国加工贸易的增值率显著提高，产业链条在加长，在全球产业链条中的位置在提升（潘悦，2002）。[⑤]

---

① 刘德学，等：《全球生产网络与加工贸易升级》，经济科学出版社，2006年，第76-104页。

② OEM（Original Equipment Manufacturer），中文常译为“原始设备生产”，是受托厂商按委托厂商的需求与授权，严格根据委托厂商的各种设计图进行产品加工制造；ODM（Original Design Manufacturer），中文常译为“委托设计生产”，是受托厂商根据委托厂商的基本要求，利用自己的设计能力和技术，为委托厂商生产符合要求的产品；OBM（Original Brand Manufacturer），中文常译为“自主品牌生产”，是指生产企业利用其技术能力，生产拥有自主品牌的产品的生产方式。OEM、ODM、OBM的区别在于：OEM和ODM都是贴牌代工生产方式，但ODM加入了设计环节，比OEM的技术含量要高，生产的附加值也要高；而OBM则拥有自己的专属品牌，掌握了产品生产的核心技术和关键零部件生产技术，是一种高级的生产形式和企业转型升级的理想目标。

③ 王晓红：《积极发展加工贸易着力推进升级转型》，《国际贸易》，2010年第1期，第32-37页。

④ 孙杭生：《我国加工贸易转型升级问题研究》，《经济问题探索》，2009年第4期，第62页。

⑤ 潘悦：《在全球化产业链中加速升级换代——我国加工贸易的产业升级状况分析》，《中国工业经济》，2002年第6期，第29页。

尽管我国加工贸易转型升级取得了显著效果，但目前还存在影响加工贸易转型升级的诸多因素，问题也很突出，加工贸易转型升级依然任重道远。国务院加工贸易研究课题组（2003）认为，影响加工贸易产业升级的因素有：产业基础、技术吸收与创新能力、机制制约、政策环境、外资企业的战略与目标。[①] 宋红军（2005）认为，我国加工贸易转型升级的制约因素有：规模庞大的低素质劳动力；产业技术水平落后；相关政策不健全；不适当规定及执行力度不够；加工贸易监管体制难以适应加工贸易转型升级的需要；地方政府引进外资中“重数量、轻质量”的行为及落后、不完善的环境标准和技术法规体系不利于加工贸易向“绿色化”方向转型升级。[②] 刘德学等（2006）认为，影响我国加工贸易升级的制约因素有五个方面。第一，加工贸易企业的能力和机制，具体表现在：国有企业的机制问题；加工贸易企业知识吸收和创新能力问题；加工贸易企业的自身定位也会影响加工贸易的进一步升级。第二，领导厂商的战略问题。第三，生产要素，表现为高级劳动力供给不足和产业技术水平落后。第四，相关产业配套能力，表现为高级产业配套能力不足和装备制造业技术水平落后。第五，政策环境。[③]

我国加工贸易门槛过低，存在“出口退税”政策障碍，加工区管理功能定位与实际不符，加工贸易管理部门协调问题突出（何斯斐，2006）。加工贸易自主创新能力的匮乏导致价值链的低端锁定；对跨国公司的过度依赖导致本土代工企业丧失可持续发展的能力；对价格战的过度偏好将破坏集群的整体声誉和区域品牌（王雷，2009）。加工贸易结构僵化是阻碍加工贸易转型升级与结构优化的关键所在。加工贸易结构僵化表现为：出口商品结构低级化，劳动密集型产品仍然是主要构成部分；地理分布集中于东南沿海地区，进出口市场集中于周边的日、韩和美国、欧盟，区域结构过于集中；外商投资加工贸易企业占主体，加工经营主体结构过于单一（李琳，

---

① 隆国强，等：《加工贸易——工业化的新道路》，中国发展出版社，2003 年，第 101-156 页。

② 宋红军：《我国加工贸易转型升级的制约因素及对策》，《经济纵横》，2005 年第 11 期，第 18-19 页。

③ 刘德学，等：《全球生产网络与加工贸易升级》，经济科学出版社，2006 年，第 104、111 页。

2008)。[①] 孔海燕(2009)认为，现行政策范围过窄制约了加工贸易向高增值环节延伸；深加工结转环节税收政策不统一导致产业链条缩短；现行出口退税政策和内资企业配套水平偏低制约了国产料件的使用。[②] 王晓红（2010）认为，我国加工贸易现存的主要问题有：加工贸易总体上处于国际产业链低端；区域布局不平衡，中西部转移困难较大；本地企业参与程度不高；加工贸易增值率仍然偏低；外资外贸政策滞后，缺乏稳定性和连续性；出口加工区出现的新问题始终没有相应的政策解决。[③]

三、加工贸易转型升级路径的相关观点综述

加工贸易转型升级的路径是什么？这是事关加工贸易转型升级“往何处去”的首要而关键的问题。加工贸易（Processing Trade）是我国改革开放以后对加工国外进口料件复出口的贸易方式的一种独特称谓。国外学术界与加工贸易转型升级路径相关的观点分散在对全球价值链(Global Value Chain)、外商直接投资(FDI)、代工(OEM)和外包（Outsourcing）等有关研究中。

Gereffi G. 是研究全球价值链中产业外包和代工现象的知名学者，他的学术观点对我国学术界产生了深远影响。Gereffi（1999a）认为，产业升级是一个企业或经济体不断提高迈向更具获利能力的资本和技术密集型经济领域的能力的过程。Gereffi（1999b）提出了代工企业在全球价值链中的四种升级路径，即产品升级（从简单到复杂的同类型产品）、经济活动升级（不断提升设计、生产和营销能力）、部门内升级（从制造转向附加值高的服务）和部门间升级（从低价值的劳动密集型产业转向资金或技术密集型产业）。[④]Guerrieri（2001）认为代工企业向产业链高端攀升，表现为同一产业内部或同一产品的劳动密集型向资本密集型和技术密集型环节的转

---

① 李琳：《国际分工视域下我国加工贸易转型升级与结构优化问题》，《长白学刊》，2008 年第 1 期，第 102-104 页。

② 孔海燕:《加工贸易转型升级理论与实践探析》,《上海海关学院学报》,2009 年第 1 期，第 27-30 页。

③ 王晓红：《积极发展加工贸易着力推进升级转型》，《国际贸易》，2010 年第 1 期，第 32-37 页。

④ Gary Gereffi. International trade and industrial upgrading in the apparel comodity chain[J]. International Economics, June 1999, pp. 37-70.

换。Humphrey 和 Schmitz（2002）在 Gereffi、Kaplinsky 和 Morris（2001）的研究基础上，总结了代工企业从低级到高级的四种升级路径，即流程升级、产品升级、功能升级和部门间升级。Pietrobelli 和 Rabellotti（2003）分析了全球生产网络下代工企业升级的三种升级路径：第一，嵌入新的全球价值链的升级路径，这种升级路径适用于全新的地方生产者，但可能会遭到价值链里其他企业的排斥；第二，通过全球价值链上领导企业的升级而带动的产业升级；第三，进入更高端价值环节的功能升级路径，这种升级路径由于会影响购买者的核心竞争能力而可能遇到障碍。

在研究东南亚半导体产业的代工企业在全球价值链中的提升战略时，Mathews 和 Cho（2000）提出了一个代工企业在全球产业价值链中的提升战略模型（见图 2-1）。① 他们认为，OEM 代工企业的转型升级可以遵循两条升级路径：第一，通过提高技术水平和经营管理，逐渐创建自主品牌，沿着 OEM → ODM → OBM 路径升级；第二，通过构建全球物流体系，提高市场拓展能力，从贴牌生产转向自主制造销售，沿着 OEM → OBM 路径升级。

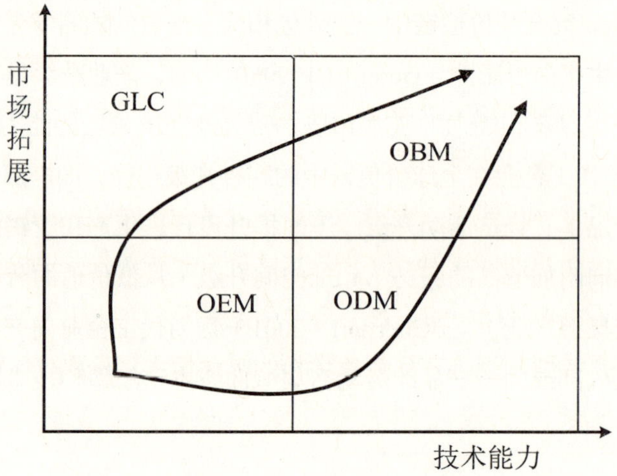

图 2-1　代工企业在全球产业价值链中的升级路径

资料来源：Mathews J. A & Cho D. S（2000）。

国内学术界虽然缺少对加工贸易转型升级路径的专门研究，但在研究加工贸易的相关文献中引介了国外学者关于全球生产网络中代工企业转型升级路径的主要观

---

① Mathews J. A. and Cho D. S. Tiger Technology: The Creation of a Semiconductor Industry in East Asia[M]. Cambridge: Cambridge Univewrsity Press, 2000, p. 127.

点，同时结合我国加工贸易发展的实际情况做出了一些零星补充。

潘悦（2002）认为，发展中国家加工贸易企业在全球产业分工中由劳动密集型环节向资本密集型、技术密集型环节的升级转换，表现在生产和出口上，将呈现出阶梯状演进：最终产品的加工、组装生产和出口→零部件的分包生产和出口→中间产品的生产和出口→国外品牌产品的生产和出口（OEM和ODM）→自创品牌的生产和出口（OBM）。[①] 王子先（2004）认为，我国加工贸易主要有四种转型升级途径：第一，产业和产品结构升级，即从资本密集型→资本、技术密集型→高科技产业；第二，产业链升级，即从简单组装→复杂组装→零部件制造→原材料生产→产品研发→自由品牌产品的研发、设计、生产；第三，提高产业集聚水平，形成专业化、系列化、规模化的产业集聚区；第四，加快传统产业和国有企业的改组改造，全面加快机制、管理、技术和产品的升级步伐。[②] 张燕生（2004）认为，我国加工贸易未来的转型升级的路径有：第一，扩大加工贸易活动的领域，统筹国内发展和对外开放的要求；第二，不断提升“世界加工制造业重要基地”的功能，通过与跨国公司开展深层次合作来提升外资的技术、管理和资金档次；第三，加工企业的主体要由外商投资企业为主逐步向国内企业，尤其是民营企业为主转变；第四，对加工贸易要从严密监管向风险管理、贸易投资便利与规范高效科学的监管方式转型。[③]

宋红军（2005）认为，加工贸易转型升级的方向在于：推动加工贸易升产业结构的转型升级；运营模式要由“大进大出”转向“少进多出”，提高国产化率；经营主体要由外资企业为主体向内、外资企业并重，以至内资企业起主导作用的方向转型；发展模式要由单纯的“引进来”向“引进来”与“走出去”齐头并进，大力开展境外加工贸易转型升级；产品竞争优势的来源要由“价格低”向“品质好、款式新、环保型”方向转型升级。[④] 刘志彪（2005）认为，我国本土加工贸易企业的产

① 潘悦：《在全球化化产业链条中加快升级换代——我国加工贸易的产业升级状况分析》，《中国工业经济》，2002年第6期，第28页。

② 王子先，杨正位，宋刚：《促进落地生根——我国加工贸易转型升级的方向》，《国际贸易》，2004年第2期，第11页。

③ 张燕生：《我国加工贸易未来转型升级的方向》，《宏观经济研究》，2004年第2期，第16-17页。

④ 宋红军：《我国加工贸易转型升级的制约因素及对策》，《经济纵横》，2005年第11期，

业升级至少要经历三个阶段的路径: 第一,提高“本土企业OEM/FDI”比例的升级阶段;第二,从OEM转向ODM的升级阶段;第三,OEM、ODM向OBM的升级跳跃阶段。[①]胡军(2005)分析了加工贸易ODM企业的一般成长路径(见表2-2)。[②]

表 2-2 全球价值链外包系统中 OEM 企业的一般成长路径或模式

成长路径 / 模式	表现形式	成长条件	业界典型
整体跃进	产业链升级	技术革命、产业转移	台湾电子信息产业
个体攀升	OEM → ODM(DMS、EMS)	侧重技术研发	伟创力、富士康
	OEM/ODM → OBM	侧重渠道和品牌建设	宏基、万向
横向跨越	产品多元化	资本雄厚、技术关联	海尔、格兰仕

资料来源:胡军:《珠三角OEM企业持续成长的路径选择——基于全球价值链外包体系的视角》,《中国工业经济》,2005年第8期,第44页。

兰勇(2006)认为,我国加工贸易转型升级路径在于:第一,要制定明确的加工贸易政策,采取积极措施引导加工贸易升级;第二,鼓励跨国公司的国内采购,提高加工贸易的产品国产化率,延长加工贸易的境内产业链;第三,积极开展加工贸易合作和“走出去”,参与加工贸易全球产业链;第四,大力推进中西部地区加工贸易的发展,实现地区间协调发展。[③]杨桂菊(2006)通过分析本土代工企业的竞争力构成要素,认为本土代工企业的提升路径有三:第一,OEM业务的延伸与拓展;第二,从ODM到OBM的战略转型;第三,OEM、ODM及OBM的动态组合。[④]

邬关荣(2007)从技术生产面、企业组织面和策略面等三个层面总结了加工贸易转型的方向,并把每一个层面的转型升级又区分为渐进式转型和跨越式转型这两

第17-18页。

① 刘志彪:《中国沿海地区制造业发展:国际代工模式与创新》,《南开经济研究》,2005年第5期,第41页。

② 胡军:《珠三角OEM企业持续成长的路径选择——基于全球价值链外包体系的视角》,《中国工业经济》,2005年第8期,第44页。

③ 兰勇:《论我国加工贸易升级的内涵与路径》,《科技进步与对策》,2006年第7期,第132-134页。

④ 杨桂菊:《本土代工企业竞争力构成要素及提升路径》,《中国工业经济》,2006年第8期,第25-26页。

种方式（见表 2-3）。隆国强（2008）认为，加工贸易转型升级的方向有：第一，发展上游的零部件配套产业；第二，鼓励和支持研发，实现从 OEM 向 ODM 的转变，形成自主知识产权；第三，向下游服务价值链的延伸；第四，发展自主品牌；第五，节约利用土地、资源与能源，坚持节能减排，洁净生产，保护环境。[①]

表 2-3 加工贸易转型的方向

层面	渐进式转型	跨越式转型
技术生产面	1. 产品改良	1. 制造型加工贸易→服务型加工贸易
	2. 更新设备	2. 生产导向→研发、营销导向
	3. 海外投资生涯	3. OEM → ODM、OBM
企业组织面	组织再造	1. 被动、消极→主动、积极的企业文化（信念、价值观、工作态度、心智模式）
		2. “干中学”的“制造模式”→“知识转移”的“服务模式”
		3. “内部”观点→以“客户／市场需求”观点为导向
		4. 保守、封闭→开发、掌握最新的国际生活样式和后现代主义消费时尚趋势
		5. 传统的金字塔经营模式→扁平化组织、网络型、虚拟式→知识型企业→重定义公司
策略面	1. 多角化 2. 开发新市场	1. 定义：（在价值链中）成为知识密集，附加值大的企业→成为策略核心，主导价值链运转→利用核心能力、品牌、顾客关系等资源找寻新的契机、创新（产品／服务）→进入下一个新境界，即转型成功到“NEXT”
		2. 策略联盟

资料来源：邬关荣：《加工贸易转型升级研究——以服装产业为例》，经济科学出版社，2007 年，第 12 页。

崔凯、孟令岩（2009）认为：“以加工贸易标的为标准，加工贸易的转型是从以‘三来’为主的有形加工贸易逐步发展到以‘研发、设计、品牌、营销’等为主的无形加工贸易；从价值链角度区分，是从 OEM 型加工贸易到 ODM 型加工贸易和 OBM 型加工贸易发展。加工贸易升级主要包括产业升级、产品升级、价值链升级、企业能力与地位的升级以及技术外溢效应的升级等内容，其核心目的是通过加工贸

① 隆国强：《加工贸易转型升级之探讨》，《国际贸易》，2008 年第 12 期，第 12-13 页。

易的转型升级使一国或地区在全球价值链上的地位得到改善和提升。”[①]

四、加工贸易转型升级机制的相关观点综述

要探讨加工贸易转型升级的机制，首先必须明确加工贸易转型升级机制这一概念。“‘机制’一词最早源于希腊文，意指机器内部构造的运行原理。后来，生物学界和医学界通过类比方式引入了机制这个概念，用以表示有机体内发生生理或病理变化时，各个器官之间的相互联系、作用和调节方式。经济学用经济机制表示一定经济体制下各构成要素之间的相互联系和作用的制约关系及其功能。”[②]“作为哲学概念，机制包括有关事物结构、组成部分的相互关系以及其间发生的各种运动性质和相互关系。”[③]在研究加工贸易的文献中，孙国辉（2007）根据其对机制的理解，首次明确指出了加工贸易转型升级机制的含义。他认为，研究加工贸易转型升级的机制是研究转型升级中的各要素的组合结构、相互作用方式和过程如何提高相关企业、行业、地区乃至国家的竞争力。[④]综合以上文献，本书认为，所谓加工贸易转型升级的机制，是指与加工贸易转型升级相关的各种要素之间的相互联系、作用和调节方式。因此，研究加工贸易转型升级机制即研究与之相关的各种要素及其相互联系、作用和调节的机理。

目前，国内学术界对加工贸易转型升级机制这一关键性的问题缺少专门研究，但在已有的学术文献中，有一些零星的观点和论述。苏桂富（2005）从知识转移与扩散机制、研发合作机制和学习机制三个方面提及了加工贸易转型升级的机制。其中，全球生产网络中的知识转移与扩散机制是加工贸易转型升级的基础，研发合作机制和学习机制是加工贸易转型升级重要影响机制。[⑤]刘德学等（2006）从全球生产

① 崔凯，孟令岩：《辽宁省加工贸易转型升级的对策分析》，《特区经济》，2009年第10期，第87页。

② 厉以宁：《市场经济大辞典》，新华出版社，1993年，第64页。

③ 高海清：《文史哲百科辞典》，吉林大学出版社，1988年，第232页。

④ 孙国辉：《我国加工贸易转型升级机制的研究》，《经济管理》，2007年第8期，第77页。

⑤ 苏桂富：《全球生产网络下我国加工贸易转型升级与结构优化升级》，《特区经济》，2005年第5期，第38页。

网络中知识扩散与组织学习的角度，分析了加工贸易转型升级的机制和过程。他们认为，加工贸易企业通过全球生产网络中的知识转移机制获得各种隐性和显性知识，在经过知识吸收、转化和创新之后提升企业能力，进而实现加工贸易的升级。① 孙国辉（2007）基于竞争力的提升，从企业层面、行业层面和地域层面探讨了加工贸易转型升级的机制。他认为，全球生产网络中的知识扩散机制是加工贸易企业层面的转型升级机制；加工贸易行业内和行业间的知识溢出效应、劳动力流动效应和垂直联系效应的综合作用是加工贸易行业层面的转型升级机制；沿海地区具有加工贸易转型升级的内在压力机制。

曾卫锋（2007）通过构建投入产出模型，实证研究了我国加工贸易的发展机制。他认为，劳动力成本低廉和技术性资本品的相对短缺是我国加工贸易发展的原因所在，而加工贸易行业的制度变革与加工贸易发展之间几乎没有多大联系，因此，要促进加工贸易的发展，必须改变我国的资源禀赋和比较优势，要大力发展我国的技术性资本品行业。② 于瀚、闫岩（2008）从产品结构、企业主体、技术水平和产业链四个方面分析了加工贸易转型升级的影响要素，指出国内要素禀赋、国内产业基础、政策因素、企业自身能力、技术外溢等因素共同影响了加工贸易的转型升级。他们认为，加工贸易转型升级的内在机制有三：一是市场对要素的配置作用是加工贸易转型升级的基本机制——国际市场竞争决定加工贸易技术投入比重和企业主体结构、国际市场需求决定加工贸易产品结构、国内市场供求决定国内配套能力和产业链构成；二是国际产业转移和技术转移是加工贸易转型升级的外在动力机制；三是国内产业发展和技术吸收是加工贸易转型升级的内生动力机制。③

五、加工贸易转型升级对策的观点综述

学术界对加工贸易转型升级对策进行了不少研究，现择其要者进行简要综述。国务院加工贸易研究课题组（2003）认为，促进加工贸易产业升级，要统一认识，

① 刘德学，等：《全球生产网络与加工贸易升级》，经济科学出版社，2006年，第8-17页。

② 曾卫锋：《中国加工贸易发展机制的实证研究》，《财贸经济》，2006年第3期，第90页。

③ 于瀚，闫岩：《我国加工贸易转型升级要素分析》，《国际贸易》，2008年第12期，第21页。

促进加工贸易健康、稳定地向前发展；鼓励技术进步，促进加工贸易的技术转移；鼓励提高配套率，促进关联产业的发展；加快国有企业改革，扶持民营企业，促进内资企业发展加工贸易；加速产业结构调整，促进高新技术产业发展；改革科研体制，促进科研发展的产业化；加快流通领域的开放，促进物流发展；协调地区间和政府部门间的政策，提高加工贸易管理绩效。①

宋志勇（2005）认为，我国加工贸易发展的国际和国内形势发生了一些新的变化：国际产业结构调整并向高级化发展，促进产业链加速向中国延伸；产业内分工成为国际分工主要形式，跨国公司内部贸易成为加工贸易主体；加入世界贸易组织凸显中国市场潜在的优势，加工贸易被赋予新的内涵；来自周边国家的竞争压力加大，加工贸易发展面临挑战。因此，促进加工贸易转型升级，必须制定加工贸易转型升级的中长期发展规划；制定优惠政策措施，提高加工贸易产品的国产化率；鼓励外资企业设立研发和营销中心；促进区域经济合作与协调发展；重视技术工人的培养。②

宋红军（2005）认为，实现我国加工贸易转型升级的对策有：进一步优化引资环境，为跨国公司将更高技术水平、更大增值含量的加工制造环节和研发机构转移到我国创造条件；积极调整相关政策，引导加工贸易企业提高国内采购率；加大人才引进与培养的力度；深化加工贸易监管体制改革，建立科学、规范、高效的加工贸易监管体制；进一步放宽条件、降低标准、扩大境外投资外汇管理改革试点的地域范围，为企业开展境外加工贸易提供更多的便利条件。③

何斯斐（2006）认为，加快加工贸易转型升级必须建立加工贸易发展评估机制，提升加工贸易门槛；尽快改革出口退税机制，协调跨部门政策管理；完善加工区功能，规划加工区未来发展模式；加强部门协调，提高综合治理和服务水平。④苏州海关课题组（2006）从政府管理的角度提出了加快加工贸易转型升级的一些对策：转变管理思想，实现从生产制造环节的管理向市场整体经营过程管理的战略性转变，

---

① 隆国强，等：《加工贸易——工业化的新道路》，中国发展出版社，2003年，第101-156页。

② 宋志勇：《促进加工贸易转型升级的对策》，《国际贸易》，2005年第8期，第21-24页。

③ 宋红军：《我国加工贸易转型升级的制约因素及对策》，《经济纵横》，2005年第11期，第18-19页。

④ 何斯斐：《关于推动我国加工贸易转型升级的宏观思考》，《金融经济》，2006年第6期，第24-25页。

监管方向从监控加工制造行为向服务贸易过程转变；完善管理制度，实施科学的加工贸易市场准入制度，放松对无形资产投资的限制，拓宽加工贸易制度范围，整合加工贸易政策功能，实施科学的税政选择激励措施；优化管理体制，以电子政务建设整合部门间监管资源，以合理配置资源理顺部门内工作任务与监管资源的配比关系，取消不合理的监管手续限制，提升加工贸易管理手段，强化法制化的管理秩序，加强对知识产权的有效保护，提供行政指导和辅助服务。[①]

刘德学等（2006）提出了促进中国加工贸易升级的十二条对策：第一，制定加工贸易升级战略；第二，实施基于行业、价值链和模块的混合型加工贸易产业政策；第三，构建加工贸易产业集群指向的创新体系；第四，有重点地加强加工贸易人才的培养；第五，有针对性地培育加工贸易相关产业的发展；第六，促进国内生产网络的形成和延伸；第七，接近全球生产网络中的领导厂商；第八，遵循全球生产网络布局规律吸引研发投资；第九，创建与全球生产网络相和谐的学习型加工贸易企业；第十，建立与全球生产网络相连接的知识管理系统；第十一，积极融入海外华商网络；第十二，建立与现代生产方式相适应的加工贸易监管模式。[②] 裴长洪（2006）认为，促进我国加工贸易转型升级的对策有：实现加工贸易的地区间转移和协调发展；实施灵活的加工贸易管理模式及创新海关监管模式；搭建加工贸易企业公共技术平台，增强我国加工贸易企业自身技术创新能力，实现由 OEM 向 ODM 和 OBM 的转变；拓展加工贸易企业的业务经营领域，有效结合加工贸易与服务贸易的发展。[③]

隆国强（2008）认为，促进加工贸易转型升级的政策有：第一，对国产料件足额退税；第二，便利通关，简化跨关区结转的手续，充分发挥海关特殊监管区的作用，提高监管效率；第三，扶持本国跨国公司的发展；第四，保护知识产权；第五，加强人力资源培训，提高人力资源素质；第六，切实加强劳动保护；第七，理顺资源、能源价格；第八，限制和禁止生产“两高一资”产品；第九，实现环境成本的内部化；

---

① 苏州海关课题组：《加工贸易转型升级的现状、问题与对策》，《上海海关高等专科学校学报》，2006 年第 4 期，第 43-51 页。

② 刘德学，等：《全球生产网络与加工贸易升级》，经济科学出版社，2006 年，第 229-246 页。

③ 裴长洪：《加工贸易转型升级“十一五”时期我国外贸发展的重要课题》，《宏观经济研究》，2006 年第 1 期，第 12-13 页。

第十，政府引导，市场推动，循序渐进。[①] 王鹏（2008）认为，促进加工贸易转型升级，必须改革海关保税监管制度，要更好地发挥保税核查和企业稽查的外勤作用，要以风险分析为导向，解决传统监管中的不协调问题。[②] 蒋耀平（2008）认为，促进加工贸易转型升级的基本思路是：按照落实科学发展观、构建和谐社会的要求，坚持积极稳妥、循序渐进，区别情况、有保有压，做到力度适当、适时调控。具体措施有：完善加工贸易商品分类管理办法，动态调整加工贸易禁止类和限制类目录；稳步推进加工贸易梯度转移；完善加工贸易企业准入制度。[③]

孔海燕（2009）认为，加工贸易转型升级的对策有：运用微笑曲线理论延伸产业链；运用国家竞争优势理论推进产业集群的形成；稳步推进加工贸易市场准入制度改革。[④] 张晓娜、刘希荣（2009）认为，从产业价值链的视角来看，我国加工贸易转型升级，只有抓住全球资本重组、产业转移的机会，以科学发展观为指导，在加大政策引导力度的基础上，以延长和提升产业价值链为主要方向，从价值链的底端向高端、高附加值环节延伸才能在国际竞争中获得利益最大化。因此，必须加大政策引导力度，有促有控、以促为主；要准确把握转型升级方向，加大研发力度，发展上游产业，延长下游产业链，改善市场环境，提升服务水平有节有度顺利升级。[⑤]

王晓红（2010）认为，促进加工贸易转型升级的对策有：增强自主创新能力，利用金融危机倒逼机制推动加工贸易结构调整和升级；把加工贸易转移与促进区域经济协调发展、城乡一体化发展统筹考虑，积极推进加工贸易向中西部欠发达地区转移；着力提高国内中小企业、民营企业参与程度，推动加工贸易以外资企业为主向以本土企业为主转变；进一步提高加工贸易的国内增值率和产业配套率；鼓励加工贸易企业开拓国内市场，实现内外贸一体化；积极调整加工贸易政策，保持稳定性、

① 隆国强：《加工贸易转型升级之探讨》，《国际贸易》，2008 年第 12 期，第 13-14 页。

② 王鹏：《基于加工贸易转型升级中的海关保税核查与企业稽查研究》，山东大学硕士学位论文，2008 年。

③ 蒋耀平：《继往开来推动加工贸易转型升级》，《国际商报》，2008 年 4 月 28 日第 A05 版。

④ 孔海燕：《加工贸易转型升级理论与实践探析》，《上海海关学院学报》，2009 年第 1 期，第 27-30 页。

⑤ 张晓娜，刘希宋：《产业价值链视角下的我国加工贸易转型升级研究》，《改革与战略》，2009 年第 12 期。

连续性和协调性；为加工贸易企业提供高效的监管模式和服务。[①]

六、广东省加工贸易转型升级的相关观点综述

广东省是全国加工贸易发展的先发地区，加工贸易进、出口额历年持续位列全国省市第一。广东省加工贸易转型升级是本书理论研究的落脚点，也是本书研究的重点之一，因而特对相关文献进行专题综述。范兆斌（2005）认为，广东省加工贸易转型升级具有以下几方面的特征：具有国际竞争优势的产业仍是劳动密集型资源密集型产业；机电产品的比重虽已过半，但技术含量及附加值并不高；部分出口支柱产业目前已受到长三角的有力挑战。由于广东省金融开放程度相对上海明显落后，吸收外资的速度相对下降，资本自我积累的步伐明显放缓等原因，广东省加工贸易转型升级面临着金融约束。[②]

陈恩、刘青（2007）对广东省加工贸易转型升级的影响因素进行了相关性分析，其研究得出结论：劳动力禀赋条件、技术进步以及利用外资等因素整体上对广东加工贸易转型升级的推动力不足。其中，在1994—2006年期间，劳动力禀赋条件对广东省加工贸易转型升级的作用最大，利用外资其次，而技术进步则为最末。广东省加工贸易转型升级必须充分发挥各种影响因素的促进作用：要提高利用外资的质量，重点引进高技术含量、高附加值的外资企业，紧跟国际产业发展趋势，提升外资的产业结构，着力引进现代制造业和现代服务业；要引导省内加工贸易企业向高新技术产业发展，鼓励企业进入国际化产业链中附加值高、技术含量高的环节；要提高外资企业的技术溢出效应，同时加大国内加工贸易企业的吸收能力。[③]邹志武（2007）认为，推动广东省加工贸易转型升级，要抓住国际产业转移机遇，制定促进加工贸易转型升级的中长期发展规划；延伸加工贸易产业链，调整产业结构；发挥政府部

① 王晓红：《积极发展加工贸易着力推进升级转型》，《国际贸易》，2010年第1期，第32-37页。

② 范兆斌：《广东省加工贸易转型升级的金融约束分析》，《统计与决策》，2005年第1期，第78-80页。

③ 陈恩，刘青：《广东加工贸易转型升级影响因素的实证分析》，《广东社会科学》，2007年第5期，第19-24页。

门管理效能，转变管理方式，着力引导加工贸易转型升级。①

梁小萌（2009）认为："加工贸易产业转型升级都具有一种全球化战略的特征，全球生产网络化对珠江三角洲加工贸易产业转型升级的影响和效用体现在影响加工贸易产业的合作链条、技术和知识获取以及人力资本积累上，未来珠三角加工贸易的转型升级目标在于价值链攀升、知识化和体系化，在现有条件下应转变加工贸易产业发展观念、加强本地产业配套和创建学习型加工贸易企业以及加强外资政策与加工贸易产业政策的交互作用。"② 马强（2009）认为，国家须赋予广东在本区域推进加工贸易转型升级的政策制定和审批管理权限，允许广东结合自身特点探索推进加工贸易转型升级的路径和方法，为全国积累经验。广东要创建加工贸易转型升级示范区，需要进行制度和政策创新：鼓励主要服务于广东省中小加工贸易企业转型升级的商业或城市银行等金融机构的设立；率先推进广东省电子口岸建设，加快加工贸易企业联网管理；重点支持加工贸易企业设立研发中心；鼓励现有加工贸易企业注册自主品牌，加大政府对具有自主品牌的加工贸易企业的政府采购力度；创新举措，推进加工贸易企业向一般贸易企业转型；下放有关阻碍加工贸易审批效率的各种权限；向国家争取将省政府认定的省级产业转移工业园以及东西两翼和山区的所有省级以上开发区（含各类园区）认定为国家加工贸易产业转移重点承接地，享受与中西部地区同等的加工贸易政策，为广东省加工贸易产业和劳动力双转移创造条件；创新招商引资模式，为广东加工贸易转型升级提供新动力。③

在2009年年底举行的广东省加工贸易转型升级工作现场会上，黄华华指出，广东省要率先建立全国加工贸易转型升级示范区，不断探索加工贸易转型升级的新路子。第一，着力推动全省加工贸易销售市场、生产方式、产地和发展方向"四个转型"，实现发展阶段、产业结构、产品结构和集聚配套"四个升级"。第二，着力抓好内外销市场并举拓展，支持鼓励符合国家产业政策的来料加工企业不停产转为"三资"企业和民营企业，鼓励加工贸易企业建立国内市场营销网络和流通体系。第三，着

① 邹志武：《积极推动加工贸易转型升级》，《深圳商报》，2007年10月9日第A06版。

② 梁小萌：《全球生产网络化与珠三角加工贸易产业转型升级》，《岭南学刊》，2009年第6期，第84页。

③ 马强：《对创建广东加工贸易转型升级示范区的思考》，《中国投资》，2009第7期，第58-59页。

力延伸加工贸易产业链、提升价值链，推动加工贸易由生产型企业向服务型企业转型，由从单一的加工制造功能向研发设计、品牌营销领域延伸，由外资企业为主向内外资并举发展，提高加工贸易技术转移和外溢效果，积极扶持加工贸易企业加大自主创新力度，鼓励加工贸易深加工结转业务。第四，要着力发展服务外包以培育新经济增长点。将信息技术外包（ITO）和业务流程外包（BPO）作为加工贸易新的增长点，争取承包更多的外包项目。积极整合软件企业资源，努力抢抓软件订单，优化企业管理水平。第五，要着力加强粤港澳台及国际合作。全力支持在珠江三角洲地区的港澳加工贸易企业延伸产业链条，向现代服务业和先进制造业发展；认真落实 CEPA 项下国家批准实施的对港 34 项、对澳 28 项服务业发展先行先试的措施，加强金融、贸易、会展、物流等服务业和高新技术产业合作。加强粤港澳在来料加工企业不停产转型、扩大内销等领域的合作。六要着力建立支持性政策体系。各级各部门要建立健全省外经贸联席会议制度，切实加强对加工贸易转型升级的组织领导，及时解决好加工贸易转型升级中遇到的重大问题。要让各项政策“进企入厂”，发挥效应。下放有关阻碍加工贸易审批效率的各种权限，探索和推动广东省的保税区、保税物流园区逐步向自由贸易区转型，有序推进加工贸易向东西北地区辐射转移，大力扶持民营企业发展加工贸易。鼓励现有加工贸易企业注册自主品牌，取消所有由部门所制定的不利于加工贸易企业进行国内采购的政策规定。加强监管，形成合力。④

廖明中（2010）认为，加快珠三角加工贸易转型升级必须鼓励大企业与行业龙头企业积极协助中小企业；把推动外资加工企业根植本土与发展民营加工企业结合起来；鼓励企业培育自主品牌与打造行业公共品牌并举；把搭建科技创新服务平台与推动制造流程创新突破结合起来。⑤龚唯平（2010）认为，从动力、能力、市场、政策和企业家精神五大基本条件来看，大多数的珠三角加工贸易企业并不具备升级转型的条件，因而不能对所有企业一刀切地都要求升级转型，应该针对不同企业采取区别对待的政策措施，以局部升级转型促进整体升级转型。淘汰关闭、产业转移、升级转型，是企业整体升级转型的三大基本路径；价值链攀升、整合集群、腾笼换鸟、

---

④ 吴哲：《广东省政府召开全省加工贸易转型升级工作现场会》，《南方日报》，2009 年 11 月 28 日。

⑤ 廖明中：《珠三角加工贸易转型升级探讨》，《特区实践与理论》，2010 年第 4 期，第 52-53 页。

资源替代和改制内销则是推进升级转型的五种具体模式。[①]

第二节 文献述评

学术界目前对加工贸易转型升级这一课题的研究明显薄弱，存在大量需要深入研究的理论问题和研究真空。其原因主要在于改革开放以来的相当长一段时间内，我国追求经济发展的速度，重点放在加快加工贸易的发展速度和扩张加工贸易的规模上，而随着环境、资源等经济发展瓶颈的显现，才开始逐步认识到转变经济增长方式和外贸增长方式的重要性和迫切性。到自十六届三中全会后，加工贸易转型升级才逐步引起学术界的重视。为了总结已有研究文献，并引出本书的研究思路和内容，现从文献内容、文献研究方法、文献不足等三方面对它们作简要的文献述评。

一、文献研究内容述评

第一，关于加工贸易转型升级内涵的文献述评。目前，虽然有文献从产业转型、产业升级和产业价值链等不同角度诠释了加工贸易转型升级的内涵，但尚没有一个权威定义。本书在借鉴已有文献的基础上，结合产业转型与升级相关理论，主要从以下三方面界定加工贸易转型升级的内涵：第一，加工贸易转型升级是一个高级化的演进过程；第二，加工贸易转型升级的目的是提高加工贸易产品的技术含量和附加值；第三，加工贸易转型升级的内容包括加工贸易企业的改进提升和加工贸易产业的优化升级。概言之，加工贸易转型升级是指为了提高加工贸易产品的品质而改进提升加工贸易企业经营水平和优化升级加工贸易产业结构的高级化演进过程。

第二，关于加工贸易研究现状的文献述评。在30余年的发展过程中，我国加工贸易实现了较为明显的转型升级，表现在加工贸易产品技术含量的增加、附加值的提高、配套产业的发展等多方面。在2003年之前，加工贸易转型升级是一个自发的阶段，直到十六届三中全会之后才进入政府引导的自觉阶段。当然，尽管我国加工贸易实现了较为明显的转型升级，但目前仍存在自主创新能力弱、本土企业参与程

① 龚唯平：《珠三角加工贸易转型升级研究》，《产经评论》，2010年第6期，第34页。

度不高等诸多问题，这是我国加工贸易贸易转型升级的必要性所在。

第三，关于加工贸易转型升级路径的文献述评。国外与加工贸易转型升级路径有关的研究文献，其研究的侧重点是全球生产网络中跨国公司的产业代工和外包。国内对加工贸易转型升级的路径缺乏深入而专门的研究，已有的零散论述需要梳理和归纳，使之具有较强的逻辑性和系统性。从整体上看，国内文献有关加工贸易转型升级的路径可以理出两条思路：沿着价值链攀升的转型升级路径和从OEM→ODM→OBM的转型升级路径。国内已有的相关研究文献有两点明显的不足：第一，忽视了我国加工贸易的一个重要的现实，即我国加工贸易企业进出口的主体是外资企业；第二，强调加工贸易的产业升级、产品升级、功能升级、区域升级等升级研究，缺乏对加工贸易转型的研究。

第四，关于加工贸易转型升级机制的文献述评。国内学术界虽然对加工贸易转型升级的机制做出了一些探讨，但深入研究以上文献，可以发现明显的不足。除孙国辉的研究之外，其他研究文献并非专门探讨加工贸易转型升级机制的专题文献，它们只是在文献中提出了关于加工贸易转型升级机制的一些观点，缺乏系统、深入的分析，没有阐明文献中的所谓机制究竟是如何促进加工贸易转型升级的。孙国辉的论文是国内学术界第一篇以加工贸易转型升级机制为选题的研究文献，然而这篇简短的学术论文除却与选题相关性不大的论述外，真正集中探讨加工贸易转型升级机制的篇幅约占三分之一，且是泛泛而论，也没有深入分析这些机制的内在联系和运行机理。当然，已有文献中的这些观点和论述对进一步深入探讨加工贸易转型升级的机制具有重要的启示意义。

第五，关于加工贸易转型升级对策的文献述评。国内学术界从不同的角度思考了加工贸易转型升级的对策，提出了一些颇具见地的建议。综合起来，根据视角的不同，这些看似纷杂的加工贸易转型升级对策建议可以分为四类：第一类，从制度视角提出的对策建议，如改革海关监管制度等；第二类，从产品视角提出的对策建议，如提高产品的技术含量等；第三类，从加工贸易企业视角提出的对策建议，如增强自主创新能力等；第四类，从产业视角提出的对策建议，如从劳动密集型产业向高新技术产业转型升级等。这些关于加工贸易转型升级的对策具有一定的启发性，但由于学术界对加工贸易转型升级的理论研究还很薄弱，这些建议比较零散，大多不是建立在深入的理论分析基础之上，而主要是对加工贸易现存问题的一种直觉。

第六，关于广东省加工贸易转型升级的文献述评。尽管广东省加工贸易转型升级的实践领先全国，但相关研究文献很少，尚无研究专著出版，理论研究非常薄弱，远远落后于建设全国加工贸易转型升级示范区的实践需要。在已有的广东省加工贸易转型升级研究文献中，具有理论深度的期刊文献极少，其中刊发于CSSCI期刊上的仅2篇。[①] 它们对广东省加工贸易转型升级做出了较为全面和深入的探讨，既能弥补理论研究不足的缺憾，又具有非常重要的现实意义。

二、文献研究范式述评

“范式”概念最初由科学哲学家库恩提出，后来成为一个广泛应用的学术范畴。本书所指的文献研究范式包括文献研究的理论视角和研究方法。一方面，综观国内研究加工贸易转型升级的研究文献，主要有以下几个理论研究视角。第一，从全球生产网络的理论视角研究加工贸易转型升级。这是已有文献中应用最多、研究最深的一种理论视角。例如，刘德学等（2005）在其专著《全球生产网络与加工贸易升级》中，从全球生产网络的理论视角研究了加工贸易转型升级的评价方法与标准、中国加工贸易升级总体状况、电脑及外设产业全球生产网络与中国加工贸易升级、服装产业全球生产网络与中国加工贸易升级、玩具产业全球生产网络与中国加工贸易升级等问题，对加工贸易转型升级进行了较为深入的理论研究。许南、李建军（2010）基于全球生产网络视角分析了国际金融危机发生前的中国加工贸易升级状况和后金融危机时代中国加工贸易转型升级面临的挑战。[②] 第二，从国际分工的视角研究加工贸易转型升级。例如，李琳（2008）从国际分工的视角研究了我国加工贸易转型升级与结构优化问题。第三，从产品内分工的视角研究加工贸易转型升级。例如，崔玮（2010）从产品内分工的视角研究了加工贸易与中国经济增长的关系。第四，从交易成本理论、产品生命周期理论等理论视角研究加工贸易转型升级。例如，邬关荣（2007）从交易成本理论、产品生命周期理论、博弈理论和产业集群理论的视角

① 在中国学术期刊网上，以题名“广东+加工贸易+转型升级”进行检索，仅能检索到12篇期刊论文，其中，只有两篇论文发表于核心期刊（《华南师范大学学报》和《广东社会科学》）上。

② 许南，李建军：《国际金融危机与中国加工贸易转型升级分析——基于全球生产网络视角》，《财贸经济》，2010年第4期，第98-106页。

研究了我国服装产业加工贸易转型升级问题。

另一方面，已有文献的具体研究方法主要有以下三种。第一，实地调查的研究方法。例如，刘德学等（2006）通过采用问卷和访谈的方式，在大量的调查数据基础上研究了中国加工贸易升级状况。① 第二，案例研究的方法。例如，邬关荣（2007）集中研究了服装产业的加工贸易转型升级问题。② 刘德学等（2006）在其著作中，选取了服装产业、玩具产业、电脑及外设产业来研究加工贸易转型升级。第三，规范分析和实证分析相结合的研究方法。已有文献主要在相关产业理论和国际贸易理论的基础上，对加工贸易转型升级的方向、对策等问题进行规范分析，也有少量文献采用了以计量分析和统计分析为主的实证研究方法。例如，黄菁、杨三根（2006）采用回归计量模型，实证研究了加工贸易转型升级的影响要素。③ 潘悦（2002）通过统计中国加工贸易主要出口产品的增长状况、中国高新技术产品进出口构成、中国加工贸易附加值的变化等情况，分析了我国加工贸易产业升级状况。④

三、文献研究不足述评

虽然目前研究加工贸易转型升级的文献不多，但这些已有的文献为进一步深入研究奠定了基础，且其中不乏颇具启发性的观点。从整体上看，已有文献存在几个方面的明显不足。第一，在研究内容上，已有文献大多集中于探讨加工贸易转型升级现状、问题和对策，有深度的理论研究文献极少。绝大多数文献通常采用“现状—问题—对策”的八股式表述方式，往往论述宏大，却内容空泛，观点大同小异，论述浮于表面。第二，缺乏理论深度。已有的大多数文献缺乏理论分析的框架和视角，只是对加工贸易转型升级的经验总结。只有为数甚少的几篇文献从全球生产网络、

① 刘德学，等：《全球生产网络与加工贸易升级》，经济科学出版社，2006年，第76-104页。

② 邬关荣：《加工贸易转型升级研究——一服装产业为例》，经济科学出版社，2007年，第18-321页。

③ 黄菁，杨三根：《中国加工贸易结构升级影响要素的实证分析》，《世界经济研究》，2006年第1期，第41-47页。

④ 潘悦：《在全球全球化产业链条中加速升级换代——我国加工贸易的产业升级状况分析》，《中国工业经济》，2002年第6期，第27-36页。

产业价值链、产品分工等理论视角进行了较为深入的理论探讨。第三，已有文献对加工贸易转型升级的一些关键问题缺乏专门、深入的理论研究。例如，改革开放以来，我国加工贸易在发展过程中自发地实现了较为明显的转型升级，那么，加工贸易转型升级的机制何在呢？探讨加工贸易转型升级的机制，既可以明确加工贸易转型升级的原因，又可以为促进加工贸易转型升级提供理论指导。加工贸易转型升级到底应该遵循什么样的转型升级路径？这是事关加工贸易转型升级往何处去的关键问题。目前虽然有一些文献对加工贸易转型升级的机制和路径做出了观点性的表述，但仍缺乏深入研究加工贸易转型升级的机制和路径的专门文献。第四，已有文献存在明显的理论研究真空，需要进行开拓性研究。已有加工贸易转型升级研究文献集中于产业、政策等宏观层面的研究，忽视了对加工贸易企业转型升级成本、风险和收益等微观层面的研究。加工贸易企业作为理性的微观经济主体，其转型升级的意愿决定于它们对转型升级的成本、风险和收益的权衡和比较。

因此，鉴于已有文献的不足，本书力图在已有文献的基础上，着力从四个方面深入和拓展加工贸易转型升级研究。第一，深入研究加工贸易转型升级的机制，探究加工贸易转型升级的影响要素及其作用机理，揭示加工贸易转型升级的原因。第二，深入研究加工贸易转型升级的路径，为加工贸易转型升级提供方向性的理论指导。第三，深入探讨加工贸易企业转型升级的成本、风险和收益，研究加工贸易企业转型升级的微观决策模型。第四，全面深入研究广东省加工贸易转型升级问题，弥补已有文献对广东省加工贸易转型升级研究的不足。

第三章　加工贸易转型升级的理论基础

加工贸易转型升级是一个复杂的综合性研究选题。要对这一选题进行深入透彻的理论研究，需要应用诸多相关理论。整体而言，由于加工贸易是一种国际贸易方式，加工贸易转型升级是指加工贸易产业的高级化演进过程，因而加工贸易转型升级既是一个国际贸易问题，同时又是一个产业经济学问题。因此，本书把加工贸易转型升级的理论基础建立在加工贸易理论、国际贸易相关理论和产业经济学相关理论的基础上。因为后续研究先后应用到了这些相关理论，所以本章特就加工贸易转型升级的相关理论做简要的阐述。

第一节　加工贸易理论

一、加工贸易的内涵

加工贸易是我国改革开放过程中形成的一个独特概念。在其他国家的对外经贸统计中，没有与加工贸易相对应的概念。在国外文献中，有一些与加工贸易相关的概念表述，如委托加工组装业务（External processing and assembling）、委托加工出口业务（Processing deal for export）、OEM（原厂委托制造，Original Equipment Manufacture）、外包（Foreign Outsourcing）、价值链切片（Slicing up the value chain）、非一体化生产（Disintegration of Production）等。因此，与加工贸易探讨有关的国外文献集中在对产品内分工（Intra-Product Specialization）、全球价值链（Global Value Chain）、垂直专业化（Vertical Specialization）等问题的研究中。

国内学术界从不同的角度对加工贸易的内涵进行了探讨，给出了不少定义。在整体上，国内学术界对加工贸易内涵的认识是一个随着加工贸易理论研究不断深入而深化的过程。对加工贸易的最初表述是“进口原料加工成品出口”。在1991年版的《国际经济贸易百科全书》中，加工贸易被定义为“一方提供原材料、配件，委托另一方进行加工、装配，回收成品而支付加工费的一种贸易方式”。金碚（1994）认为，加工贸易首先是一种政策现象，应从进出口政策和管理方式的角度来定义加工贸易，即加工贸易是一种区别于一般贸易方式，在税收和海关监管上享有一定优惠待遇的特殊贸易方式。也就是说，加工贸易是一国未实现贸易自由化，特别是在关税和非关税壁垒还比较高的情况下，所实行的一种变通的、含有政策优惠因素的贸易方式。[①] 姚坚（1997）从海关监管的角度指出：“由于国家对来料加工装配贸易和进料加工贸易实施减免关税等优惠政策，需要对这两种形式下的进出口货物进行海关保税监管，因此，海关业务中一般将这两种贸易方式统称为加工贸易。”[②] 根据我国原外经贸部1999年发布的《外经贸部关于加工贸易审批管理暂行办法》，加工贸易是指从境外保税进口全部或部分原辅材料、零部件、元器件、包装物料（统称进口料件），经境内企业加工或装配后，将制成品复出口的经营活动。

邵祥林等（2001）从国际生产的角度阐述了加工贸易的内涵。他认为“加工贸易是外国的企业（通常是工业发达国家和新兴工业化国家和地区的企业）以投资的方式把某些生产能力转移到东道国或者利用东道国已有的生产能力为自己加工装配产品，然后运出东道国境外销售。这种跨越国界的生产加工和销售，成为加工贸易的显著特征。”[③] 隆国强等人组成的中国加工贸易问题课题组（2003）从三个层面诠释了加工贸易的概念。第一，加工贸易指的是国际贸易中所表现出来的一种国际分

① 金碚：《中国工业化经济分析》，中国人民大学出版社，1994年，第35页。

② 姚坚：《持续增长的动力——对在利用外资中加工贸易的基本认识》，《国际贸易》，1997年第11期。

③ 邵祥林，王玉梁，任晓薇：《未来国际贸易的主流：加工贸易》，对外经济贸易大学出版社，2001年，第10页。

工，是一种贸易形式。在这种国际分工中，从外国进口原材料和中间产品，进行加工后再将最终产品或半成品出口，这是宏观意义上的加工贸易。第二个层面，加工贸易指的是对外贸易厂商从事的一种特定的业务形式。厂商在这种业务中进口原材料和中间产品，经加工后再将产品复出口，这是微观意义上的加工贸易。第三个层面，加工贸易是指一国政策给予特殊保税政策待遇的那些加工贸易业务形式，这是政策意义上的加工贸易。① 郭建宏（2006）认为，加工贸易是国际分工关系的体现，是由内向加工贸易和外向加工贸易两个部分组成的。所谓内向加工贸易，即欠发达经济体从发达经济体进口中间产品，在当地经过加工组装后再将制成品出口到其他经济体，这就是通常所说的加工贸易。所谓外向加工贸易，是指发达经济体的企业只保留其最具优势的生产环节，将其他环节转移到欠发达经济体，发达经济体将优势中间产品出口，在欠发达经济体进行加工装配。②

目前，学术界并没有形成一个公认的加工贸易定义。由于探讨加工贸易的角度不一，学术界在应用加工贸易这一范畴时，存在不同程度的差异。第一，宽泛程度不一。一些文献将加工贸易界定为进口原材料、零部件经加工后复出口的贸易方式，它包括来料加工和进料加工，补偿贸易和保税仓库也归入其中。这种认识容易产生的歧义在于，加工出口品中进口原材料、零部件的比重不明确。如果进口原材料、零部件的比重仅为加工出口品的 1%，是否也应将这种贸易方式归入加工贸易之列呢？若归为加工贸易，就会造成将加工贸易的范围扩大化，且难与一般贸易相区分。因为一般贸易的出口产品的制造中并不排除少量甚至相当部分的进口中间产品。另一些文献则从狭义上理解加工贸易。它们把加工贸易与直接投资相联系，认为加工贸易是外商投资进口原材料、零部件以及必要的设备，东道国主要投入劳动力进行加工装配，成品交由外商销售到国际市场。这种加工生产方式实质上是“离岸生产”。从贸易方式上讲，它仅指来料加工贸易，而不包括进料加工贸易。第二，加工贸易与特殊政策管理关联与否。一种认识是加工贸易属于跨越国境的生产活动，它是国际分工，尤其是部门内分工日益深化的产物。它与是否给予加工贸易特殊政策没有必然的联系。按这种理解，日本、欧美发达国家的传统工业制成品贸易都应是以加

---

① 隆国强，等：《加工贸易——工业化的新道路》，中国发展出版社，2006 年，第 12 页。

② 郭建宏：《中国加工贸易问题研究——发展、挑战和结构升级》，经济管理出版社，2006 年，第 62 页。

工贸易为主导的。另一种认识将加工贸易与特殊政策管理捆绑在一起，认定加工贸易一是“两头在外”，二是政府对其采取了减免税、保税、退税以及其他优惠政策。①

在参考已有加工贸易定义的基础上，同时结合我国加工贸易发展的实际，本书从三个方面来界定加工贸易的内涵。第一，加工贸易是生产全球化和国际分工深化下的一种生产组织形式。跨国公司为获得最大经济利益，根据其全球生产战略的需要，利用直接投资或业务外包的形式，把产业链中的一些低附加值的劳动密集型和资源密集型环节安排在具有相应比较优势的国家或地区生产。第二，加工贸易是相对落后国家融入全球生产网络的一种贸易方式。相对落后国家往往因国内一些产业难以与跨国公司直接竞争，需要较高水平的关税进行保护，而发展加工贸易则既可以达到保护国内产业的作用，又可以利用本国比较优势融入全球生产网络。第三，加工贸易是一种享受优惠政策，接受海关特殊监管，从国外进口全部或部分料件且面向国外市场销售的生产和贸易方式。简言之，加工贸易是随着全球分工深化而产生的一种主要从国外保税进口生产所需料件、产品外销并接受特殊海关监管的生产和贸易形式。

在我国的外贸统计中，通常把贸易分为一般贸易和加工贸易两种形式。加工贸易与一般贸易既有区别，也存在着联系。第一，生产资源的来源不同。加工贸易产品所需的料件、机器和技术主要依赖进口，而一般贸易所需的主要原材料和技术来自国内。第二，贸易收益不同。加工贸易的主要收益来自于利用廉价劳动力赚取的加工收入，而一般贸易的收益来自于产品售价与成本之间的差价。第三，税收待遇不同。加工贸易所需的进口料件免征进口环节税，出口不需征收增值税，而一般贸易在进口时要征收进口环节税，出口时需征收增值税。第四，监管制度不同。我国对加工贸易实行海关监管，加工贸易企业需要在海关进行手册备案，报关比较复杂，而一般贸易的生产和进出口则相对自由。第五，产品销售市场不同。加工贸易产品必须外销，而内销需补办相关手续，补交税款。一般贸易产品则既可选择外销，也可内销。

二、加工贸易的分类

目前学术界对加工贸易的分类并没有达成一致。有的文献把加工贸易区分为“三

① 廖翰：《我国加工贸易发展战略研究》，中国财政经济出版社，2002年，第2-3页。

来一补”[①]和进料加工贸易两大类。有的文献把加工贸易细分为进料加工、来料加工、装配业务和协作生产四大类。随着进料加工贸易逐渐成为加工贸易的主体，以及补偿贸易和来件装配业务的萎缩，在我国的贸易统计实践中，加工贸易的统计项下一般分为进料加工和来料加工两大类。目前大多数文献把加工贸易区分为来料加工和进料加工两种形式。

来料加工是指国内受托企业根据国外委托企业提出的规格、质量和技术标准要求，利用国外委托企业提供的原辅材料、元器件和零部件进行加工装配，最后成品由外商负责在海外市场销售的生产和贸易形式。在开展来料加工业务时，我国的来料加工企业没有产品的所有权，只能从加工装配中赚取加工费。在对外开放程度低、关税水平高的改革开放初期，来料加工是我国加工贸易的主要形式，而我国发展来料加工的重要目的之一在于利用劳动力优势吸引外商投资。来料加工贸易本质上是一种以商品为载体的国际劳务贸易形式。

进料加工是指从事开展加工贸易的企业根据海外市场的需求情况，从国外进口部分或全部生产所需的料件，包括原材料、元器件、辅料和包装材料等，自主组织生产，然后把成品自行销往海外市场的生产和贸易形式。与来料加工不同，在从事进料加工业务时，加工贸易企业必须自进原料、自定生产、自行销售和自负盈亏。从事进料加工贸易的企业必须要利用外汇购买料件，对料件和产品拥有所有权，但同时必须承担价格和销售风险。

来料加工和进料加工的区别主要体现在三个方面。第一，原材料、零部件和产品的所有权不同。来料加工是由外商提供原材料、零部件、元器件，并要按外商的要求进行加工装配，产品的所有权归外商所有，由外商支配。而开展进料加工的加工贸易企业，则必须用自己的外汇进口原材料、零部件，并出口生产加工出来的产品，即“以进养出”。从事进料加工贸易的企业对原辅材料和加工生产出来的产品拥有所有权，可以按照自己的意愿对外销售。第二，加工贸易企业所处的地位不一样。在来料加工贸易中，外商与我国承接来料加工业务的企业是委托和被委托的关系。在进料加工贸易中，从事进料加工的企业自主经营，我国加工贸易企业与销售料件的外商和购买产品的外商是买卖关系。第三，贸易性质不同。来料加工是为提供料件的国外客商加工装配产品，纯属加工贸易性质。进料加工则是从事进料加工

---

① “三来一补”是指来料加工、来样加工、来件装配和补偿贸易。

业务的加工贸易企业独立开展对外进口和出口业务，具有一般贸易性质。第四，产品的销售方式不同。在来料加工业务中，加工出来的产品由外商负责运出我国境外，自行销售，销售的好坏与我方加工企业毫无关系；而在进料加工业务中，加工贸易企业在产品生产出来后，要自己负责对外销售。①

三、加工贸易的产生原因

加工贸易应时而生，其产生具有多方面的原因。它不仅是一种贸易方式，也是参加国际分工的一种方式，是与当今商品国际化、资本国际化和生产国际化趋势相符合的跨越国境的生产活动，是国际分工日益深化的表现（崔玮，2010）。② 孙楚仁等（2007）认为加工贸易的产生和发展与跨国公司的全球经济行为存在因果关系。跨国公司采用业务外包的形式，利用加工贸易来实现其全球战略。他建立了一个以市场容量、交易成本、生产成本、比较优势和生产过程为变量的模型来分析跨国公司价值链的分解过程，并借以揭示国际加工贸易的发展。模型表明，在外包可能发生的情况下，规模经济强烈地影响了外包，同时该国生产中间产品的工资率越高，外包的可能性和外包的数量越大。类似地，他国的中间产品的价格和交易中间产品的成本越低，外包的可能性和外包的数量越大。③ 郭建宏（2006）认为加工贸易迅速发展的直接动因是科学技术的进步以及贸易与投资环境的改善。具体来说，有以下几个因素。第一，科学技术的进步使得产品的生产过程能够进一步细分，组织管理创新和通信技术的发展为企业能够在更大范围内组织生产提供了条件。第二，贸易和投资自由化逐渐成为各国的共识，贸易环境大幅改善。第三，跨国公司的推动。第四，发展中国家的出口导向发展战略。第五，世界经济的持续发展。④ 崔玮（2010）

---

① 邵祥林，王玉梁，任晓薇：《未来国际贸易的主流：加工贸易》，对外经济贸易大学出版社，2001 年，第 35 页。

② 崔玮：《加工贸易与中国经济增长——产品内分工的视角》，经济科学出版社，2010 年，第 15 页。

③ 沈玉良，孙楚仁，凌学岭：《中国国际加工贸易模式研究》，人民出版社，2007 年，第 9-31 页。

④ 郭建宏：《中国加工贸易问题研究——发展、挑战和结构升级》，经济管理出版社，2006 年，第 4-12 页。

认为，加工贸易发展的外部原因在于全球产品内分工的发展，而经济环境良好、劳动力资源丰富而廉价、地理位置优越、国内市场广阔且潜力巨大是我国加工贸易快速发展的内在原因。①

我国发展加工贸易，契合了生产和分工全球化的潮流。“加工贸易是一种以比较成本及要素禀赋为基础的、体现产业内贸易特点的、在国际分工深化过程中的、体现了未来经济全球化趋势的跨国经营的一种重要形式。”②我国加工贸易的发展是在国际经济全球化背景下，由多种因素共同作用的结果。这些因素包括国际分工的专业化发展、生产及资本的国际化、全球贸易自由化、国际产业转移、中国对加工贸易的优惠政策和开放式监管等。其中，国际分工的专业化发展、生产及资本的国际化是基础，贸易自由化是制度条件，这两者构成加工贸易发展的外部原因。中国加工贸易的保税、开放式监管政策和地方政府对吸引外商直接投资的偏好是加工贸易发展的内在原因（邓福光，2010）。③

四、加工贸易的主要作用

加工贸易的发展在世界经济发展和我国经济的快速发展中都起到了重要作用。一方面，加工贸易对世界经济的发展具有重大的促进作用。第一，加工贸易促进了分工的细化，提高了各环节的生产效率。第二，加工贸易使全球范围内的资源配置更加有效。第三，加工贸易带动了发展中国家的经济增长，使发展中国家的国际分工从产业间垂直分工提升到产业内垂直分工，发展中国家的企业融入全球生产网络之中。第四，促进国际贸易和对外直接投资的增长，经济全球化的趋势得到了加强。④另一方面，改革开放后，加工贸易在我国经济的快速发展中发挥了重要的作用。隆国强等组成的国务院中国加工贸易课题组（2003）在广泛调查的基础上，高度评价

① 崔玮：《加工贸易与中国经济增长——产品内分工的视角》，经济科学出版社，2010年，第53-70页。

② 易雪玲：《我国加工贸易转型升级的理论探讨》，《湘潭大学学报（哲学社会科学版）》，2007年第2期，第39页。

③ 邓福光：《中国加工贸易发展和海关监管创新》，中国海关出版社，2010年，第41页。

④ 郭建宏：《中国加工贸易问题研究——发展、挑战和结构升级》，经济管理出版社，2006年，第13-18页。

了加工贸易所起的重要作用。课题组认为，加工贸易是我国工业化的一条新道路，其作用体现在五个方面。第一，加工贸易对我国的经济增长做出了重要贡献。第二，加工贸易是我国贸易增长的主要动力，带动了国内产品进入国际市场，大大促进了我国出口产品结构的改善和升级。第三，由于加工贸易带来了新产品和新技术，促进了技术开发能力的提高，具有技术外溢效应，使我国形成了符合国际市场要求的制造业平台，因而带动了技术进步和产业升级。第四，加工贸易企业吸纳了大量的城镇下岗工人和农村剩余劳动力，对创造就业机会做出了重大贡献。第五，加工贸易吸引了大量外商直接投资，创收了大量外汇，对维持我国的国际收支平衡起了关键作用。① 崔玮(2010)的研究得出，加工贸易通过促进技术进步、吸引外商直接投资、加快产业结构升级、增加人力资本积累和增加国内资本存量等途径，对我国的经济增长具有积极的影响。计量分析表明，加工贸易每增长1%，将促进中国经济增长约0.20%。②

第二节 国际贸易相关理论

一、比较优势理论

亚当·斯密在《国民财富的性质和原因的研究》中提出了绝对成本比较优势理论。斯密认为，如果一国能比另一国在生产同种产品时具有更高的生产效率，则该国在这种产品上具有绝对优势；各国可以通过专业生产和交换具有绝对优势的产品而在贸易中获利。在《政治经济学及赋税原理中》，大卫·李嘉图提出了相对成本比较优势理论。他假定葡萄牙和英国的要素禀赋相同，且在葡萄酒和毛呢生产中只投入劳动这一种生产要素，在劳动生产率不同的情况下，两国可以通过专业化生产和出口具有比较成本优势的产品获得更大的利益。赫克歇尔和俄林在遵从李嘉图基本假定

① 隆国强，等：《加工贸易：工业化的新道路》，中国发展出版社，2003年，第65-98页。

② 崔玮：《加工贸易与中国经济增长——产品内分工的视角》，经济科学出版社，2010年，第115页。

的基础上，引入了资本这一重要的生产要素，提出了要素禀赋比较优势理论，简称H-O定理。要素禀赋比较优势理论认为，要素的相对丰裕程度决定相对成本的高低，在国际贸易中，一国应该生产和出口其具有要素禀赋优势的产品。① 李嘉图的相对成本比较优势理论和赫克歇尔—俄林的要素禀赋比较优势理论都只强调了具有优势的某种要素，而忽视了其他要素的影响。胡永刚（1999）在李嘉图和赫克歇尔—俄林的理论基础上，提出了利润率决定型的比较优势概念，即综合成本决定型比较优势理论。②

亚当•斯密、大卫•李嘉图、赫克歇尔和俄林形成和发展了完全竞争市场条件下的静态比较优势理论。由于完全竞争条件下的静态比较优势理论不完全符合经济现实，难以解释“里昂惕夫悖论”，20世纪60年代后，小岛清（K. Kojima）、克鲁格曼（P. R. Krugman）、林德尔（Linder. S. B）等学者通过修改规模经济不变、产品同质性和消费者需求无偏好等假设，把完全竞争条件下的静态比较优势理论发展成不完全竞争条件下的静态比较优势理论，构建了规模经济模型、产品异质性模型和市场结构模型，很好地解释了产业内贸易的形成和发展。此后，约翰•理查德•希克斯（J. R. Hick）、亨利•约翰逊（Harry G. Johnson）、保罗•萨缪尔森（P. Samuelson）等学者论述了要素积累和技术进步在比较优势动态变化中的作用，研究和发展了不完全竞争条件下的动态比较优势理论。“比较优势理论的演进始终是国际贸易理论发展的主线与核心，其演进的逻辑是：从完全竞争市场条件下的静态分析到不完全竞争市场条件下的静态分析，再到不完全竞争市场条件下的动态分析。”③

从亚当•斯密提出绝对成本比较优势理论理论以来，比较优势理论经历了一个较长的历史演化进程，不断发展和完善（如图3-1）。根据比较优势的来源区分，比较优势理论又可以分为内生比较优势理论和外生比较优势理论。所谓内生比较优势是指通过后天的专业化学习、技术创新和经验积累而形成的优势，而外生比较优势则指经济机制以外的因素所引致的优势，如要素禀赋。内生比较优势理论起源于亚

① 伯尔蒂尔•俄林：《地区间贸易和国际贸易》，商务印书馆，1986年，第11-40页。

② 张亚斌：《内生比较优势理论与中国对外贸易结构转换》，中国社会科学院博士学位论文，2002年。

③ 张亚斌：《内生比较优势理论与中国对外贸易结构转换》，中国社会科学院博士学位论文，2002年。

当·斯密的绝对成本比较优势理论，后来经克鲁格曼、斯蒂格利茨（Stiglitz）、杨小凯等学者的研究而不断发展。杨小凯（1998）曾经将比较优势分为两种：历史形成的、现有的、基于传统资源禀赋的外生比较优势和通过各种手段（人力资本投资、技术模仿、专业化经济）推动技术进步与技术积累，且基于学习效应的内生比较优势。外生比较优势理论起源于相对成本比较优势理论。通过不断发展和融合，内生比较优势理论和外生比较优势理论共同趋向动态综合比较优势理论。①

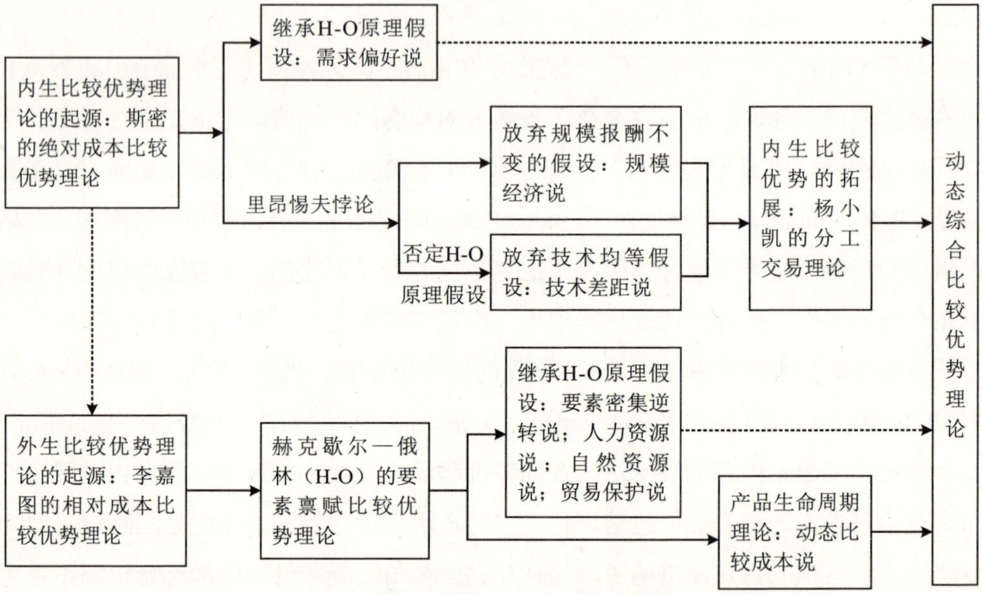

图 3–1 比较优势理论历史演进图

资料来源：王福君：《比较优势演化与装备制造业升级研究——基于辽宁省的实证研究》，东北师范大学博士学位论文，2009 年。

二、产业内贸易理论

产业内贸易是指一个国家同时出口和进口同一产业内的产品。20 世纪 60 年代以后，产业内贸易成了国际贸易的一个重要发展趋势。产业内贸易理论是用产业内产品的差异性、异质性，需求偏好的多样性、重叠性、专业化分工和规模收益等概

① 王福君：《比较优势演化与装备制造业升级研究——基于辽宁省的实证研究》，东北师范大学博士学位论文，2009 年。

念来解释同种产品的贸易问题，是一种从微观主体行为角度来解释和分析产业内贸易形成和发展的理论。产业内贸易具有以下三个特点。第一，需求多样性、重叠性是促进产业内贸易发展的原动力。瑞典经济学家林德尔（S. B. Linder）在 1961 年出版的《论贸易与转变》著作中，提出了需求偏好相似理论（Theory of Demand Preference Similarity）。林德尔认为，两国之间人均收入越接近，两国的需求结构就越相似，两国的产品结构就越相似，两国的需求就越大，因而产生的产业内贸易额就越大。第二，产品差异性是产业内贸易发生的基础，大多数的产业内贸易发生在差异化产品之间。产品的差异性体现在水平差异、技术差异和垂直差异三个方面。产品的水平差异是指由产品的外观、性能、服务、牌号、地理分布、交易条件、广告宣传等因素形成的差异。产品的技术差异是指由于技术水平提高、新产品出现所带来的差异。从产品的技术差异角度看，处于同一产品生命周期不同阶段的国家的产业内贸易会增加。产品的垂直差异是指产品质量上的差异。第三，规模收益是产业内贸易的主要经济利益来源。一方面，规模经济导致了各国产业内专业化的产生，从而使得以产业内专业化为基础的产业内贸易迅速发展；另一方面，规模经济和产品之间有着密切的联系。

产业内贸易在经济发展中具有显著的外部经济效应和技术外溢效应。外部经济效应是指当整个产业的产量（因企业数量的增加）扩大时（企业外部因素），该产业内各个企业的平均生产成本下降，有时也被称为外部规模经济（External Economy of Scale）或范围经济（Economy of Scope）。马歇尔在 1880 年出版的《经济学原理》中最早提出了外部经济这一术语。后来，学者们推进了外部规模经济问题的研究。归纳已有文献，外部规模经济的主要成因有三个：厂商的地理集中分布有利于形成专业化的劳动力市场；厂商的地理集中分布可能促进专业化供应商队伍的形成；厂商的地理集中分布有助于知识外溢。外部规模经济对经济发展具有积极的影响：可以促进贸易区域化；促进产业地理集中；促进外溢聚集力的形成；提高生产效率和降低成本。技术外溢效应是产品内贸易的副产品。技术知识的特殊性质和技术转移的途径决定了产业内贸易的技术外溢效应。技术的进步可以影响产业的发展，尤其是从产业内贸易中“外溢”的技术可以促进产业规模的扩大，使产业在竞争中得到发展。当某一产业由于偶然因素或人为的原因在某个地方建立起来后，由于技术工人的流动、技术诀窍的口头流传、产品对外销售和被人模仿等原因，厂商所拥有的技术很容易“外溢”或被“干中学”，使得产业中已有的厂商不能够完全占有通过研发投资或人力资本投资所得技术诀窍的全部收益。

相比传统贸易理论，产业内贸易理论的假设前提更加贴近现实：市场结构不是完全竞争的；产品是有差异的，而不是同质的；随着边际成本的下降，规模报酬会递增。产业内贸易理论的最大特色就是强调贸易不一定是比较优势的结果，它可能是收益递增或规模经济的结果。[①] 美国经济学家克鲁格曼深入研究了产业内贸易的形成和影响，对产业内贸易的发展做出了巨大贡献。克鲁格曼认为，技术先行国的制造业有着由外部经济所引起的递增规模经济效益，因此具有较高的利润和相对多的资本投入，从而能扩大制成品的生产与出口。而技术后发国的制成品生产却不具有规模性，本身资本不足，在先行国制成品的竞争下，后发国被迫更多地生产初级产品，最终导致后发国贸易条件的恶化和人均收入水平的降低。[②]

三、产品内贸易理论

20 世纪 50 年代到 60 年代以后，随着国际贸易和跨国投资壁垒的降低，经济全球化加速推进，形成了一个全球化的市场。在此背景下，跨国公司以全球眼光和战略进行资源配置，国际分工相应发生了实质性的改变。跨国公司根据不同国家的资源禀赋和市场情况，把产品生产的工序和环节分散到其他国家进行，逐渐形成了以工序、区段、环节为国际分工内容的国际分工体系，产业分工呈现日益鲜明的非一体化特征，产品内分工成为国际分工的一种重要形式。相比传统的基于最终产品的国际分工，产品内分工的主体是跨国公司。产品内国际分工为跨国公司提供了一种全球范围内的资源配置方式，深化了全球分工体系。发展中国家可以通过积极参与产品内分工而融入全球生产网络。

产品内分工是产品内贸易的基础和动因。20 世纪 60 年代以来，产品内分工和贸易成为国际贸易研究的一个重要领域，涌现了不少优秀的研究成果。例如，Helleiner（1973）研究了纵向一体化国际制造业的劳动密集型环节转移的问题；Finger（1975）研究了早期产品内分工形态——海外组装运作问题；克鲁格曼（1994）把产品内分

① 孔庆峰：《我国外贸现实与理论调适》，《山东大学学报（人文社会科学版）》，2001 年第 1 期，第 45 页。

② 蒋昭侠：《产业贸易理论教程》，中国经济出版社，2008 年，第 25-40 页。

工现象描述为“价值链分割”，认为基于价值链环节的产品内分工是一个“双赢”的过程；Feenstra（1998）用“生产非一体化”（Disintegration of Production）和“贸易一体化”等概念研究了世界中间品贸易问题。[①] Hummels（1998，2001）对产品内贸易做了较为深入的研究。Hummels 认为，产品内贸易（intra-product trade）是指一国从别国进口中间投入品，生产的成品用于出口的贸易形式。产品内贸易包含三个方面的内涵：产品的生产过程需要经历至少两个或两个以上的环节；产品的生产过程有两个或两个以上的生产国家参与，且其中一个国家只专业化地参与产品的一个生产环节；至少一个国家从国外进口中间投入品，且生产的部分产品用于出口（如图 3-2）。

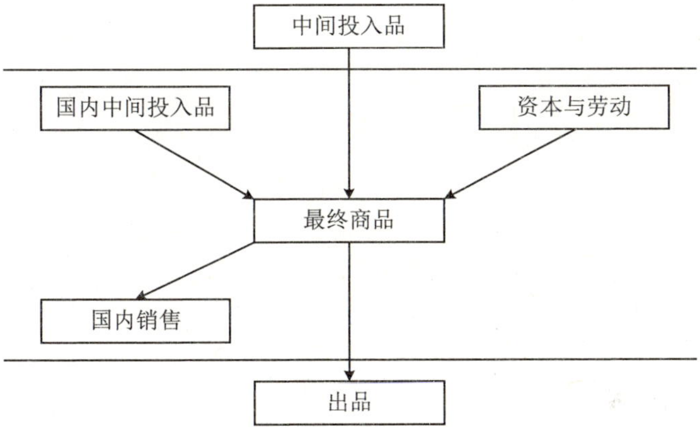

图 3-2　产品内贸易示意图

资料来源：Hurnmels David，Ishii Jun，Kei-Mu Yi（2001）；转引自：侯增艳：《产品内分工与贸易的决定因素》，南开大学博士学位论文，2009 年。

产品内分工和贸易的实现形式有两种：跨国公司通过一体化的直接投资（FDI）形式直接在东道国投资建立子公司生产中间产品，然后母公司向子公司购买中间产品；采用非一体化的外包形式，由东道国企业代工生产。所谓国际外包（Outsourcing）是指企业把产品生产的非核心业务通过合同的形式委托给国外的企业生产，以便利用国外的资源优势，实现降低成本的目的。Arndt（1998）深入研究了国际外包和转包（Sub-contracting）的经济效应，认为外包可以改善外包国的整体福利。

① 张纪：《产品内国际分工：动因、机制与效应研究》，上海社会科学院博士学位论文，2007 年。

四、产品生命周期理论

产品生命周期理论（Product Life Cycle Theory）由美国经济学家雷蒙德·弗农（Raymond Vernon）在其论文《产品周期中的国际投资与国际贸易》中最先提出，简称 PLC 理论。在该论文中，弗农结合美国制造业发展和贸易情况，认为产品生产和销售必然经历三个阶段，即创新阶段（New Product Stage）、成熟阶段（Mature Product Stage）和标准化阶段（Standardized Product Stage）。弗农认为，美国企业在创新和研发方面具有显著的核心竞争力，因而它们会在创新阶段具有垄断和寡占优势；当产品生命周期进入成熟阶段后，成本和价格在市场竞争中的作用日益关键，为了获得生产的规模优势、降低成本，美国企业倾向于到生产成本较低的其他国家投资；在标准化生产阶段，美国企业在创新方面的垄断优势丧失，必须从具有价格和成本优势的发展中国家进口该产品。产品生命周期是一种产品从开始进入市场到被市场淘汰的市场寿命周期，按时间先后可以分为产品的引入期、成长期、成熟期和衰退期四个阶段。[①] 产品生命周期理论后来由威尔斯（L. T. Wells）、菲利普·科特勒（Philip Kotler）等学者进一步发展和完善，成为一种重要的国际贸易理论。

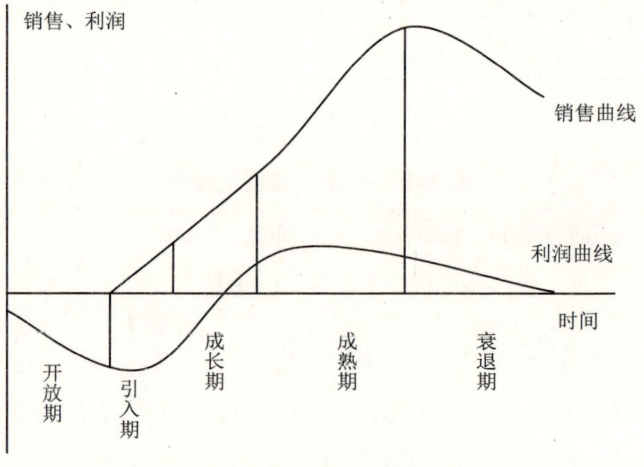

图 3–3 产品生命周期图

资料来源：杜新宇：《中国 IT 企业基于产品生命周期的激励理论与机制创新研究》，吉林大学博士学位论文，2010 年。

---

① Vernon, R.（1966），“International investment and international trade in the product cycle”[J]. Quarterly Journal of Economics, Vol. 80.

产品生命周期的各阶段具有不同的特点。在产品的形成期，即图 3-3 中的开发期和引入期，由于新产品很少被顾客知晓，其销售额和市场份额都很小，既需要投入大量资金和人力进一步结合顾客需求改进技术，又需要投入大量的营销成本。由于销售额很少，率先生产的厂商难以获利。进入产品成长期后，由于对新产品的需求增加，销售额迅速增加，利润额相应增长，并逐渐达到利润最高点。在前两个时期，掌握产品创新技术的发达国家生产企业可以获得丰厚的垄断利润。在产品进入成熟期以后，大量新的生产厂商开始生产该种产品，市场竞争逐渐激烈，虽然销售收入在增长，但利润额开始下降。研发该种产品的发达国家企业逐步丧失技术垄断优势，且因生产成本高而放弃生产，或者把生产能力转移到发展中国家。到了衰退期，随着新替代产品的引入，该产品的销售额和利润双双快速下降，最后停止生产。

第三节　产业经济学相关理论

一、产业结构理论

从经济史的角度来划分，产业结构相关理论可以区分为马克思主义产业结构理论和西方经济学产业结构理论。马克思从社会总资本再生产的角度，提出了社会生产两大部类以及各部门之间均衡发展的理论，揭示了国民经济各部门、分部门之间均衡发展的产业结构理论。马克思没有直接使用产业结构这一概念，其与产业结构相关的理论蕴含在经济结构与两大部类的研究中。马克思在考察社会总资本的再生产和流通过程时，创造性地提出了两大部类理论，论述了两大部类的结构关系。马克思把社会总生产划分为生产资料（Ⅰ）和消费资料（Ⅱ）两大生产部类，也把社会生产部门相应地分为生产资料生产部门和消费资料生产部门。马克思在考察社会总产品的实物构成的同时，还分析了社会总产品的价值构成。马克思把每一部类生产的全部年产品的价值分为三个部分：不变成本（C）、可变成本（V）和剩余价值（M）。马克思认为，在简单扩大再生产条件下，第Ⅰ部类生产的生产资料的总量应等于两大部类在生产中所消耗的生产资料之和，第Ⅱ部类所生产的消费资料的总量应等于两大部类所需要的消费资料之和，即满足以下两个公式：$\text{Ⅰ}(C+V+M)=\text{Ⅰ}C+\text{Ⅱ}C$，$\text{Ⅱ}(C+V+M)=\text{Ⅰ}(V+M)+\text{Ⅱ}(V+M)$。在扩大再生产条件下，两大部类要继续保持平衡，保证社会产品的实现，必然要求第Ⅰ部类产品在补偿两大部类生产资料消耗后的余额与两大部类需要追加的生产资料相等，第Ⅱ部类产品在补偿两大部类现有生活消费后的余额与两大部类因扩大再生产而需要增加的消费需求相等，即满足以下两个公式：$\text{Ⅰ}(C+V+M)=\text{Ⅰ}C+\text{Ⅱ}C+\text{Ⅰ}\triangle C+\text{Ⅱ}\triangle C$，$\text{Ⅱ}(C+V+M)=\text{Ⅰ}(V+M/X)+\text{Ⅱ}(V+M/X)+\text{Ⅰ}\triangle V+\text{Ⅱ}\triangle V$。马克思通过抽象分析两大部类简单再生产和扩大再生产的均衡条件，总结出了生产资料优先增长的规律和经济结构协调发展的规律。

根据是否把外贸因素纳入产业结构的研究，可以将西方经济学的产业结构理论分为封闭型产业结构理论和开放型产业结构理论。封闭型产业结构理论的代表人物是威廉•配第、克拉克、库兹涅茨、霍夫曼和列昂惕夫。英国经济学家威廉•配第在其代表作《政治算术》中，最早论述了产业结构演进问题，得出了被称为“配第定理”的结论，即商业收入高于工业，而工业收入高于农业。1940 年，英国经济学家克拉克通过统计分析和研究，在《经济进步的条件》一书中揭示了人均国民收入与产业结构变动的内在关联。克拉克的研究发展了威廉•配第的思想，以上结论后来被称为“配第—克拉克定理”。库兹涅茨在其著作《现代经济增长》和《各国经济增长的数量方面》中，研究了人均产值与产业结构变动的关系，即产业结构的变动受人均国民收入变动的影响，进一步证明和发展了配第—克拉克定理。德国经济学家霍夫曼研究了工业化进程中的产业结构演进问题。霍夫曼认为，在工业化的四个阶段中，生产消费资料产业和生产生产资料的产业的相对规模会发生变化，且前者所占比例会下降。美国经济学家列昂惕夫利用投入产出法定量研究了产业结构关系。

亚当•斯密、大卫•李嘉图、赫克歇尔、俄林、筱原三代平等经济学家论述了对外贸易对产业结构的影响，形成了开放型产业结构理论。亚当•斯密在《国富论》中指出，各国按照绝对成本的高低参与国际分工，有利于实现资源的合理配置和产业结构优化。大卫•李嘉图在 1817 年出版的《政治经济学及赋税原理》中进一步发展了斯密的绝对成本论，提出了基于比较成本的贸易理论，认为各国按照比较成本参与产业分工，也可以实现资源优化配置和产业结构优化。日本经济学家筱原三代平发展了李嘉图的静态比较成本论，提出了动态比较成本说。他认为产品的比较成本可以转化，从某一时点看在国际贸易中处于劣势的产业，有可能转化为处于优势的产业。赫克歇尔和俄林认为产生比较成本差异的原因在于生产要素的禀赋差异，各国应生产自己拥有优势生产要素的商品，通过国际贸易来优化资源配置和产业结构。美国经济学家钱纳里对产业结构问题进行了深入的研究。钱纳里认为，在经济发展过程中产业结构会发生变化，对外贸易中初级产品出口会减少，逐步实现进口替代和出口替代。[①]

在回顾了产业结构理论的渊源之后，现对产业结构理论相关的重要概念进行简要梳理。在经济领域，产业结构概念被用来解释产业内部之间的关系、产业与产业之间的关系、产业内部的企业关系结构和产业的地区分布。所谓产业结构，是指在社会再生产过程中，国民经济各产业之间的生产、技术、经济联系和数量比例关系。产业结构同经济发展相对应，且不断调整。产业结构调整的目的是实现产业结构优化。产业结构优化是指各产业协调发展、产业总体发展水平不断提高的过程。具体来说，产业结构优化既包括产业之间的经济技术联系和数量比例关系由不协调不断走向协调的合理化过程，也包括产业结构由低层次不断向高层次演进的高度化过程。产业结构优化的实质是要实现资源在产业之间的优化配置和高效利用，促进产业经济协调、稳定、高效发展。产业结构优化包括产业结构合理化和产业结构高度化两个方面，二者共同决定产业经济效益的高低。产业结构的合理化主要指产业与产业之间协调能力的加强和关联水平的提高，它是一个动态的过程。产业结构的高度化是指产业总体发展水平不断提高的过程，或者说产业结构由低水平状态向高水平状态发展的过程。产业结构的合理化决定资源在各个产业之间能否优化配置，不致造成积压和浪费；产业结构的高度化决定配置到各个产业部门的资源能否有效利用，带来更多的产出。[②]

产业结构优化可以通过产业转型和产业升级来实现。目前，学术界尚没有形成一个比较权威的产业转型的定义。徐振斌（2004）认为："产业转型就是指一国或地区在一定历史时期内，根据国际和国内环境，通过特定的产业或财政金融政策，对其现有产业结构的各个方面进行调整。就中国当前来讲，产业转型即指从旧的产业结构布局转向以高新技术产业为先导、基础产业和制造业为支撑、服务业全面发

① 苏东水：《产业经济学》，高等教育出版社，2004 年，第 35-50 页。

② 刘家顺：《产业经济学》，中国社会科学出版社，2006 年，第 82-110 页。

展的产业新格局，促进经济社会的发展。”[①] 邓伟根等（2006）认为：“产业转型是一个动态发展和变化的过程。产业转型可以定义为在一国或地区的国民经济主要构成中，产业结构、产业规模、产业组织、产业技术装备等发生显著变动的状态或过程。由此可见，产业转型作为一个综合性的概念，它应包括产业在结构、组织及技术等多方面的转型。一般来说，产业转型主要包括产业结构和产业组织转型。”[②]

在文献中，产业升级与产业结构升级常常替代使用。目前学术界也还没有形成一个权威的产业升级定义。一些学者从量变和质变的角度来界定产业升级，认为产业结构的调整是量变，而产业结构的升级则是质变。例如，金碚（1997）指出，长期以来，产业调整和产业升级一直是中国经济发展的一个重要战略问题。一些学者则从产业结构与经济增长的互动关系的角度来定义产业升级。例如，厉无畏、陈晓声（1997）认为，所谓产业升级，主要是指产业结构的改善和效率的大幅提高。产业结构的改善一方面表现为各产业的协调，消除“瓶颈”使整体经济效益提高；另一方面表现为产业结构发生变化，如从第一产业为主，逐步向第二产业为主，再向第三产业为主发展，在工业结构中逐步从劳动密集型为主向资本、技术密集型产业发展，从初级加工向深加工、精加工方向发展。效率的提高，则表现为要素效率的提高，管理水平、技术水平、产品质量的提高等等，而产业升级最终应表现为经济的持续快速稳定增长。[③] 此外，另一些学者则结合产出结构、组织结构和技术结构，给产业升级下了比较宽泛的定义。例如，毛林根（1996）和张南（1998）认为，产业结构升级是实现向高加工度与高附加值导向的产出结构、规模经济导向的组织结构和高新技术导向的技术结构的升级。[④] Gereffi （1999）认为，产业升级是一个企业或经济体提高迈向更具获利能力的资本和技术密集型经济领域的能力的过程。[⑤]

---

① 徐振斌：《新型工业化与产业转型》，《经济研究参考》，2004 年第 17 期，第 42 页。

② 邓伟根，等：《产业转型经验、问题与策略》，经济管理出版社，2006 年，第 1 页。

③ 厉无畏，陈晓声：《中国产业升级的特点与问题》，1997 年北京“产业升级、体制转换与国际合作讨论会”论文。

④ 毛林根：《产业经济学》，上海人民出版社，1996 年；张南：《中国产业结构调整的金融机制》，陕西人民出版社，1998 年。

⑤ G. Gereffi. International Trade and Industrial Upgrading in the Apparel Commodity Chain[J]. Journal of International Economics, 1999, 48(1): 37-70.

从以上分析中不难看出，产业升级和产业转型并不是泾渭分明的两个概念，二者之间具有密切的联系。无论是产业转型还是产业升级，它们都是产业趋于优化的过程，即产业结构、产业组织、产业布局等方面的合理化和高度化过程。产业转型和产业升级的共同目标是产业优化，产业转型是实现产业升级的一种方式，而产业升级往往也伴随着产业转型。产业转型升级概念糅合了产业转型和产业升级这两个概念，因而本书认为，产业转型升级是指为了提高产业的技术水平和附加值，通过转换和改善产业规模、产业组织、产业技术装备等，逐步实现产业结构合理化和高度化的过程。在经济过程中，决定和影响产业转型升级的因素很多，既有政治、经济、文化、历史等方面的因素，也有需求、供给、对外贸易、经济制度以及经济发展战略等方面的因素。这些因素相互作用，影响和决定产业结构变动和产业发展。[①] 但在众多影响因素中，需求因素和供给因素是影响产业转型升级的决定性因素。需求因素主要包括消费需求和投资需求两方面，而供给因素主要是指自然条件和资源禀赋、劳动力资源和资本供应状况。

二、产业竞争力理论

根据竞争范围的不同，产业竞争力可以分为国际产业竞争力和国内区域产业竞争力。美国学者迈克尔·波特（Michael E. Porter）系统地分析了产业竞争力的影响要素。1990 年，迈克尔·波特在其经典著作《国家竞争优势》一书中，提出了分析产业竞争力的经典理论——钻石理论。在该书中，波特认为源于劳动力、自然资源、金融资本等要素禀赋的传统比较优势理论不能完全解释国家竞争优势的形成。在波特看来，国家的财富主要取决于本国的生产率和一国所能利用的资源，而国家或者地区的产业竞争环境如何与生产率的增长密切相关。钻石理论认为，竞争环境包括四大关键因素：生产要素；相关与支持性产业；需求条件；企业战略·企业结构·同业竞争。在四大关键因素之外，波特还引入了机会和政府这两个对四大关键因素的作用发挥具有重要影响的因素，这六个因素共同构成一个彼此互动的体系，决定着产业竞争力的大小。由于这六个因素构成的图形酷似一颗菱形的钻石（见图 3-4），故称钻石体系或钻石模型，因而以钻石体系为核心的理论被称为钻石理论。

---

① 邓伟根，等：《产业转型经验、问题与策略》，经济管理出版社，2006 年，第 3-4 页。

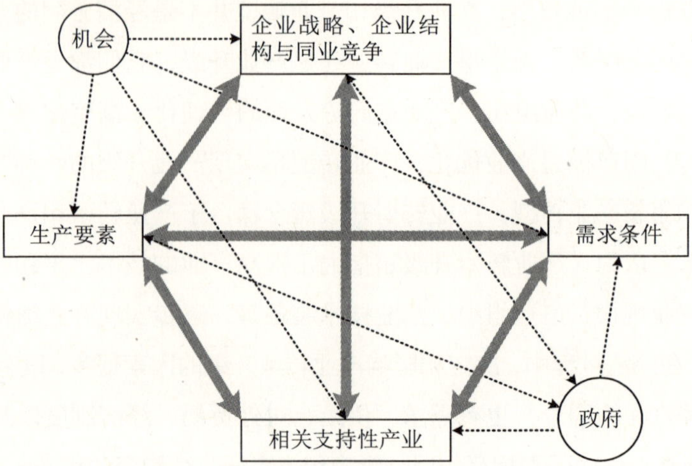

图 3–4 波特产业竞争力钻石模型

资料来源：迈克尔·波特，《国家竞争优势》，李明轩和邱如美译，华夏出版社，2002 年，第 119 页。

钻石模型的各个因素各有其丰富的内涵。生产要素包括人力资源、天然资源、知识资源、资本资源和基础设施。根据不同的标准，波特把生产要素区分为天然的生产要素和创造的生产要素，或者初级生产要素和高级生产要素，或者一般性生产要素和专业性生产要素。需求条件主要由国内市场的三个方面决定：其一，国内市场的性质，如客户的需求形态；其二，国内市场的大小与成长速度；其三，从国内市场转换为国际市场需求的能力。相关支持性产业是指具有关联性的上下游产业，共同构成了一个休戚与共的优势网络。相关产业聚集形成产业集群，通过合作和信息分享产生“提升效应”。企业战略、企业结构与同业竞争涵盖了企业的创立、组织、管理以及竞争对手的条件等内容，这些内容往往因产业和国情的差异而不同。机会在钻石理论中充当着可遇而不可求的角色，如基础科技的发明创新、传统技术出现断层、生产成本突然提高、全球金融市场或汇率的重大变化、全球或区域市场需求剧增、外国政府的重大决策、战争等情形。政府在钻石体系中担当着干预与放任的平衡者的身份。

20 世纪 90 年代以后，经济全球化、国际资本流动和跨国公司的行为对各国经济发展的影响日益突出。在此背景下，英国学者邓宁（J. Dunning）在波特的钻石模型中引入了跨国公司商务活动这一外生变量，进一步补充和发展了波特的钻石理论，构建了一个更加丰富的产业竞争力模型，被称为波特—邓宁模型（见图 3–5）。

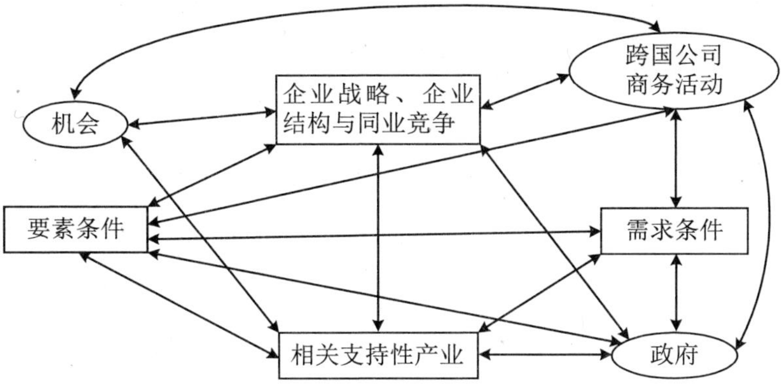

图 3–5 波特—邓宁模型

资料来源：臧旭恒主编：《产业经济学》（第三版），经济科学出版社，2005 年，第 405 页。

三、雁行理论

雁行理论是一种应用较为广泛、影响深远的产业经济学理论。1932 年，日本经济学家赤松要（Kaname Akamatsu）在《我国经济发展的综合原理》一文中最先提出了“雁行模式”（Flying Geese Paradigm），主要用来说明日本的工业成长模式。他指出日本的产业发展通常要经历进口新产品、进口替代、出口、重新进口等 4 个阶段并周期循环，这 4 个阶段在图表上呈倒 V 形，酷似飞行中的雁阵（胡俊文，2000）。也有国内学者指出，赤松要是在 1936 年以棉纺织业为例分析产业跨国梯度转移时提出了“雁行发展形态说”，从而奠定了国际产业转移的理论基础（罗建兵，2009）。后来，小岛清把赤松要的雁行形态进一步区分为原形和两种引申形（如图 3–6）（车维汉，2004）。引申形 A 表示不同产品的“雁行”进口、生产和出口，即国内产品从低附加值向高附加值转移；引申形 B 表示产品在不同国家的“雁行”进口、生产和出口，即产品的跨区域梯度转移。后来，山泽逸平在对东亚经济圈进行深入的研究之后，完善了赤松要和小岛清的雁阵阶段划分，提出了东亚各国产业的发展普遍要经历“引进—进口替代—出口成长—成熟—逆进口”5 个阶段（孙高洁，2007）。雁行理论提出后，经 Okita（1985）、Vernon（1966）和小岛清（Kojima，2000）等学者的进一步发展和丰富，比较优势理论、产品生命周期理论和边际产业理论得以融合，已经形成了一个比较完整的关于产业区域转移的理论体系（蔡昉，2009）。

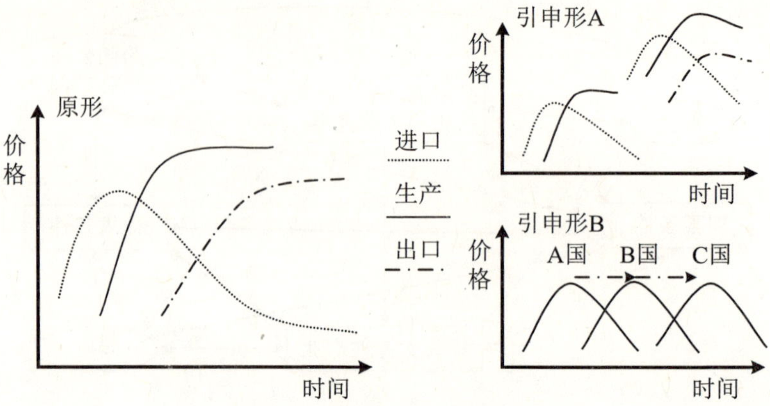

图 3–6　雁行形态的三种类型

资料来源：松石达彦（2002）；转引自：车维汉，《“雁行理论”研究评述》，《世界经济与政治论坛》，2004 年第 3 期，第 88 页。

从以上综述中不难得出，雁行理论最初以一个形象的“经济比喻”的面貌出现，通过后来学者的充实和拓展后，成为一种产业转移理论。在宏观上，雁行理论能为国家进行产业规划和布局提供理论指导；在微观上，雁行理论能指导企业根据比较优势的变化或产品生命周期的改变而进行产业转移。从已有的公开文献看，雁行理论主要应用于解释亚洲经济发展奇迹、分析亚洲国家的经济政治关系和研究产业发展等三个方面。例如，张帆（2003）用雁行理论研究了东亚区域经济一体化；徐世刚（2005）用雁行理论研究了东亚产业分工的新变化；胡俊文（2004）用雁行理论研究了中国制造业的战略选择。

四、产业价值链理论

1985 年，迈克尔·波特在《竞争优势》一书中首次提出了价值链这一重要概念。波特指出，企业的生产、设计、营销、交货等基本活动和辅助活动结合在一起后，构成了一条完整的价值链（如图 3-7）。企业可以通过协调和优化价值链中的各种活动，形成竞争优势。波特的价值链理论侧重于分析单个企业的各种价值活动以及它与供应商、顾客的联系，把企业的价值增值过程分解成一系列的价值连接。在企业价值链基础上，波特提出了价值系统的概念。所谓价值系统，是指生产企业与其上游供应商、下游分销商和顾客组成的价值增值系统，包括供应商价值链、企业价值链、渠道价值链和买方价值链，是企业内部价值链和企业外部价值链的集合。

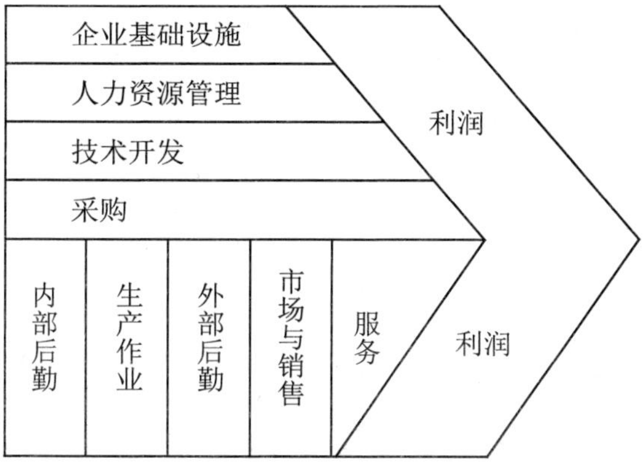

图 3–7 波特理论的基本价值链

资料来源：王延青：《产业价值链理论研究及其在我国互联网电话展业的应用》，哈尔滨工业大学博士学位论文，2008 年。

波特的价值链理论被称为传统价值链理论，这一理论后来不断发展和深化。1995 年，J. F. Rayport 和 J. J. Sviokla 提出了虚拟价值链概念。[①] 虚拟价值链主要用来分析由信息构成的电子商务活动，是传统价值链在市场空间中的延伸和在信息领域的新发展。与波特的传统价值链活动不同，虚拟价值链的每一阶段包括收集、组织、选择、合成和分配信息等五项价值活动。在波特价值链理论的基础上，后来学者又提出了供应链理论、全球价值链理论、产业链理论等相关理论。供应链（supply chain，SC）是包括原材料及零部件供应商、制造商、批发商、零售商及运输商等一系列企业及最终消费者在内，且涉及物流、信息流和资金流的企业网络系统。[②] 全球价值链是为实现商品或服务价值而连接生产、销售、回收处理等过程的全球性跨企业网络组织，它包括所有参与者和生产销售等活动的组织及其价值、利润分配。当前散布于全球的、处于全球价值链上的企业进行着从设计、产品开发、生产制造、营销、出售、消费、售后服务、最后循环利用等各种增值活动。[③] “产业链是指一系

① J.F.Rayport & J.J.Sviokla, “Exploiting the Virtual Value Chain”,Harvard Business Review, Vol.73,No.6(1995),pp.75-85.

② 王延青：《产业价值链理论研究及其在我国互联网电话展业的应用》，哈尔滨工业大学博士学位论文，2008 年。

③ 张辉：《全球价值链理论与我国产业发展研究》，《中国工业经济》，2004 年第 5 期，

列相关联的特定产品或服务，从原材料的提供到市场的销售等等，前后顺序关联的、横向延伸的、有序的经济活动的集合。”①1992 年，施振荣受产业价值链理论的启发，提出了广为人知的产业微笑曲线。产业微笑曲线由研发、制造、营销、品牌服务等价值环节组成，中间制造环节的附加值最低，而两端的研发、营销和品牌服务环节的附加值逐渐递增。

五、跨国公司理论

跨国公司是一种复杂的企业组织，学术界从多方面展开了对跨国公司的研究，形成了多视角的跨国公司理论。1960 年，美国学者海默（S. Hymer）在其博士论文《国内企业的国际化经营：对外直接投资的研究》中，用垄断优势概念解释和分析了企业的跨国经营现象。经过后来学者的补充，发展成了解释跨国公司对外直接投资的垄断优势理论。传统理论认为，国际资本流动是导致对外直接投资的原因，而该理论则打破传统，突出了知识资产和技术优势在解释跨国公司行为中的重要性。1966 年弗农（R. Vernon）在其著作《产品周期中的国际投资和国际贸易》中提出的产品生命周期理论，也可以看作是一种从产品生命周期角度解释跨国公司对外直接投资的跨国公司理论。1976 年，英国学者巴克利（P. J. Buckley）和卡森（M. Casson）在交易费用理论的基础上，在他们合著的《跨国公司的未来》中，提出了解释跨国公司对外直接投资行为的内部化理论。该理论认为，由于中间产品市场不完全，企业进行外部交易可能需要付出高昂的交易成本，因而采用对外直接投资（FDI）的方式，使交易内部化，进而降低交易成本。内部化理论强调了跨国公司知识产权保护的重要性，从企业组织发展的视角解释了跨国公司对外直接投资的原因。1977 年，英国学者邓宁在其发表的经典论文《贸易、经济活动的区位和跨国企业：折中理论方法探索》中提出了一种解释跨国公司进行跨国经营的国际生产折中理论。后来他在 1981 年出版的《国际生产和跨国企业》一书中更为深入地阐述和发展了该理论。邓宁的国际生产折中理论吸纳了以往的跨国公司理论，并融合了相关产业组织理论、新厂商理论、区位理论等理论。该理论认为，跨国公司之所以跨国经营，是为了充

第 38-46 页。

① 杜义飞：《基于价值创造与分配的产业价值链研究》，电子科技大学博士学位论文，2005 年。

分发挥所有权优势、内部化优势和区位优势。1978年，日本学者小岛清通过对日本当时对外直接投资情况的研究，从国际分工的角度提出了边际产业扩张理论，用于解释跨国公司对外直接投资的原因。①

垄断优势理论、内部化理论、产品生命周期理论、国际生产折中理论、边际产业扩张理论分别从不同的角度剖析了跨国公司跨国经营的行为，是跨国公司经典理论。在经济全球化加速推进的时代背景下，学术界不断推进对跨国公司理论的研究，又取得了显著的理论进展。20世纪80年代以后，一些经济学家把规模报酬、产品差异、不完全竞争等范畴引入对跨国公司的研究之中，形成了Helpman（1984）、Helpman和Krugman（1985）的纵向跨国公司模型，Markusen（1984）和Brainnard（1993）的横向跨国公司模型，Markusen（1997）的知识—资本模型。② 近年来，理论界出现了解释跨国公司行为的程序公正性理论、寻求反馈性行为理论、网络理论、内部市场理论、资源基础理论和代理理论等最新理论。③

第四节 本章小结

加工贸易是我国充分发挥劳动力、土地、地理位置等比较优势，参与产品生命周期中成熟期产品的生产与装配，并融入全球产业内贸易和产品内贸易的一种重要国际贸易形式。跨国公司出于利润最大化的目标把产业价值链中的一些价值链环节转移到我国，主要通过FDI在我国开展加工贸易。加工贸易的最大特点就是它由跨国公司推动产生，跨国公司在加工贸易的产业链中占据支配地位，占据价值链的核心部分，把持价值链的核心技术。④ 加工贸易转型升级的目的是实现产业结构优化升

① 叶莉，庞亚新，赵海：《跨国公司理论发展趋势研究综述》，《山西财经大学学报》，2006年第2期，第77-79页。

② 王栻伦，金祥荣：《跨国公司理论的最新进展及其现实启示》，《国际贸易问题》，2007年第9期，第119-123页。

③ 张慧：《跨国公司行为理论阐释的新进展》，《世界经济研究》，2006年第8期，第9-13页。

④ 沈玉良，孙楚仁，凌学岭：《中国国际加工贸易模式研究研究》，人民出版社，2007年，第7页。

级，提升产业竞争力。

因此，加工贸易转型升级既是一个国际贸易问题，又是一个产业经济学问题。要全面深入地研究加工贸易转型升级这一课题，必须综合应用各种相关理论。因此，本书把加工贸易理论、国际贸易相关理论、产业经济学相关理论确立为研究加工贸易转型升级的理论基础（见图 3-8）。框架图中的理论解释了加工贸易产生和发展的原因，对研究加工贸易转型升级具有重要的理论指导意义。

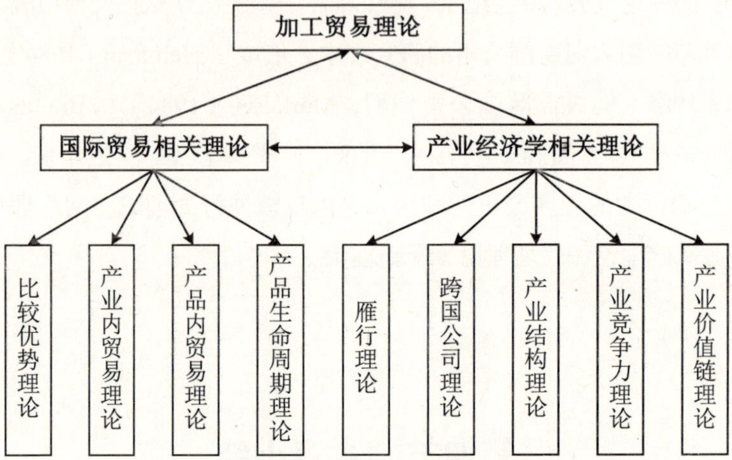

图 3-8 加工贸易转型升级理论分析框架

第四章　加工贸易转型升级的机制

我国加工贸易在快速发展的同时逐渐转型升级，已经形成了比较好的升级态势，尤其是产业升级和产品升级比较突出。从价值链环节上看，我国加工贸易已经越过简单组装阶段而进入加工阶段，并逐渐接触到了设计、营销等高附加值环节；加工贸易企业能力及其在全球网络中的地位不断得到提升，一些企业已成为所处生产网络的重要供应商（刘德学，苏桂福，2006）。[1]加工贸易的技术进步由单纯依靠技术转移转变为自主创新与消化吸收相结合，部分加工贸易企业实现了从 OEM 向 ODM、OBM 的转变；产业链由单一的组装加工转变为研发、制造、物流的产业链整体发展（于瀚，闫岩，2008）。[2]然而，学术界对加工贸易转型升级机制这一关键问题仍缺乏深入探讨。本章重点思考两个问题：改革开放以来，我国加工贸易不断转型升级的内在机制是什么？这种内在机制的运行机理何在？

---

① 刘德学，苏桂富：《中国加工贸易升级状况分析——基于全球生产网络视角》，《对外经济贸易大学学报》，2006 年第 4 期，第 26 页。

② 于瀚，闫岩：《我国加工贸易转型升级要素分析》，《国际贸易》，2008 年第 12 期，第 20 页。

第一节 加工贸易转型升级机制的内涵

探讨加工贸易转型升级的机制，首先必须明确加工贸易转型升级机制这一概念。“机制”一词最早源于希腊文，意指机器内部构造的运行原理。后来，生物学界和医学界通过类比方式引入机制这个概念，用以表示有机体内发生生理或病理变化时，各个器官之间的相互联系、作用和调节方式。“作为哲学概念，机制包括有关事物结构、组成部分的相互关系以及其间发生各种运动的性质和相互关系。”① 经济学用经济机制表示一定经济体制下各构成要素之间的相互联系和作用的制约关系及其功能。② 在研究加工贸易的文献中，孙国辉（2007）根据其对机制的理解，首次明确指出了加工贸易转型升级机制的含义。他认为，研究加工贸易转型升级的机制就是研究转型升级中的各要素的组合结构、相互作用方式和过程如何提高相关企业、行业、地区乃至国家的竞争力。③ 综合以上文献，本书认为，所谓加工贸易转型升级的机制，是指与加工贸易转型升级相关的各种影响要素之间的相互联系和作用。因此，研究加工贸易转型升级机制就是研究与之相关的各种影响要素及其相互联系、作用和调节的机理。

从系统论的角度来看，加工贸易转型升级受众多因素的影响。这些影响因素相互联系和作用，形成加工贸易转型升级的机制。本书在综合、吸收和整理已有文献的基础上，根据各种影响因素在加工贸易转型升级中的作用机理的不同，把加工贸易转型升级的机制划分为四种：动力机制、学习机制、创新机制和支撑机制（如图4-1）。动力机制促使加工贸易企业不断学习和创新，是加工贸易转型升级的动力来源。支撑机制为加工贸易企业的学习和创新活动提供基础，在加工贸易转型升级中起到支撑作用。动力机制和支撑机制互相影响，共同构成加工贸易转型升级的外在机制。

---

① 高海清：《文史哲百科辞典》，吉林大学出版社，1988 年，第 232 页。

② 厉以宁：《市场经济大辞典》，新华出版社，1993 年，第 64 页。

③ 孙国辉：《我国加工贸易转型升级机制的研究》，《经济管理》，2007 年第 8 期，第 77 页。

学习机制和创新机制为加工贸易转型升级提供知识和技术，二者相互强化，共同构成加工贸易转型升级的内在机制。

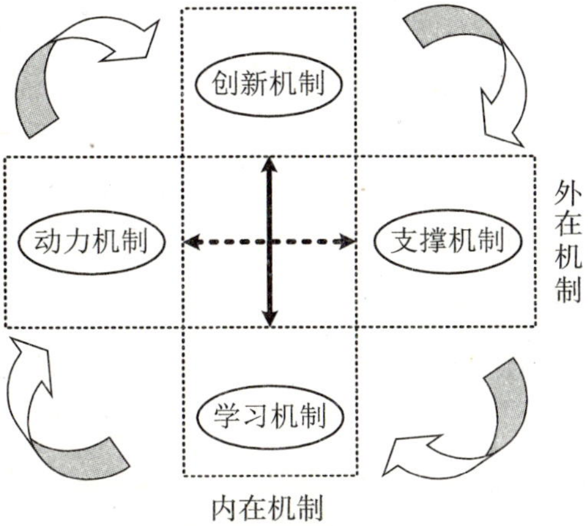

图 4-1 加工贸易转型升级机制模型

第二节 加工贸易转型升级的动力机制

所谓动力机制就是事物在实现某一目标的过程中，各种关键因素的作用原理与传导过程，其本质是描述动力因素与事物运动和发展的内在联系（王建廷，2007）。[①] 加工贸易转型升级的微观主体是加工贸易企业，在激烈的市场竞争中，它们面临来自各方面的种种压力和各种挑战。这些压力和挑战同时也是加工贸易企业转型升级的动力。概而言之，加工贸易转型升级的动力可分为以下三类：第一，加工贸易企业经营成本的提高，例如新劳动法的实施、“民工荒”、水电价格上涨、厂房租赁价格增加、运输成本增加等；第二，加工贸易政策的调整，加工贸易发展的政策优惠减少，例如鼓励类和限制类加工贸易目录的调整、限制类加工贸易出口退税的调整和下降、保证金制度的调整等；第三，加工贸易经济环境的变化，加工贸易企业面临更激烈的竞争，例如来自周边的越南、印度、印度尼西亚等发展中国

① 王建廷：《区域经济发展动力与动力机制》，上海人民出版社，2007 年，第 120 页。

家的竞争、我国鼓励中西部加工贸易的发展、沿海地区转变经济增长方式和产业升级等。以上影响加工贸易转型升级的动力因素共同构成了加工贸易转型升级的动力机制。

动力机制推动了加工贸易企业转型升级。研究加工贸易转型升级的动力机制，既揭示了加工贸易转型升级的动力来源，也阐明了加工贸易转型升级的必要性之所在。动力机制倒逼加工贸易企业“穷则思变”，努力提高产品、技术和服务水平，适应市场竞争的需要。加工贸易转型升级的动力因素众多，难以面面俱到地深入探讨。由于“民工荒”是近几年来困扰加工贸易发展的突出难题，因而本书在论述加工贸易转型升级动力机制时，重点剖析“民工荒”这一动力因素，对其他因素只作简要概述。

一、劳动力供求的改变

加工贸易企业主要从事技术要求不高的代工生产，产品利润不高，我国加工贸易企业的员工绝大部分是农民工，研发、管理和销售人才只占很低的比例。改革开放以来，我国加工贸易之所以快速增长，其中的一个首要原因在于我国具有丰富的廉价劳动力，大量的农民工从中西部省份的农村涌入加工贸易企业聚集的东南沿海城市。目前，我国并没有专门统计加工贸易就业人数的准确数字。崔玮（2010）通过公式估算得出[①]，2006 年我国加工贸易就业人数约为 7300 万人，约占就业人数的 10%。[②]在加工贸易的就业人数中，绝大部分是农民工。一直以来，我国农民工的工作强度大、工作时间长、工作环境差，但工资很低。“根据《世界发展指标 2001》的数据，1995—1999 年期间制造业每个工人的劳动力成本，我国仅为 729 美元，相当于美国的 1/40，日本的 1/43，韩国的 1 月 5，泰国的 1/4，甚至比印度还低。”[③]加工贸易企业中农民工的劳动力成本还要远低于整体制造业工人的人均劳动力成本，

① 崔玮采用的估算公式是：$M=(X/Y)\times P_2$。其中，M 为加工贸易就业人数；X 为加工贸易出口额；Y 为工业产值；P_2 为工业就业人数。工业就业人数为第二产业就业人数减去建筑业从业人数。

② 崔玮：《加工贸易的产业结构升级效应分析——理论模型与对策建议》，《甘肃社会科学》，2010 年第 1 期，第 115 页。

③ 王怀民：《我国加工贸易的基础、模式与利益分配研究》，中国财政经济出版社，2007 年，第 114 页。

由此可见加工贸易企业中农民工的工资水平之低。加工贸易企业利用我国廉价的劳动力赚取工缴费，劳动力廉价而充裕是加工贸易发展的一个前提条件。

对于大部分加工贸易企业而言，劳动力成本是其主要的成本。随着经济的持续发展以及生活成本的提高，我国不断提高最低工资标准，尤其是2007年6月29日，颁布实施了新的《劳动合同法》，加工贸易企业的用工成本明显增加。一方面，加工贸易企业引进管理和研发人才的成本提高；另一方面，农民工的工资在不断提高。由于农民工人数占加工贸易企业用工人数的绝大部分，因而，本章节以“民工荒”问题为剖析对象，以点带面地深入探讨人力成本上升对加工贸易企业转型升级的动力作用。自2003年以来，我国廉价劳动力无限供给的局面发生了改变，“民工荒”问题开始浮现，并趋于严重。不少沿海加工贸易企业面临着招工难问题，用工成本显著增加。“民工荒”迫使加工贸易企业不得不加快转型升级步伐。

（一）“民工荒”的重点在加工贸易

自2004年9月16日国家劳动和社会保障部公开发布《关于民工短缺的调查报告》后，“民工荒”开始受到媒体关注，并进入学术研究视野。2009年年底以来，我国珠三角、长三角、环渤海湾等加工贸易集聚区出现了空前严重的“民工荒”。珠三角99%以上的企业缺工严重，特别是以加工贸易为主的企业，用工缺口普遍在10%~30%之间，有的甚至缺口高达50%以上。①

“民工荒”出现于加工贸易发展的拐点。2003年，我国首次出现民工短缺现象。2004年，劳动和社会保障部公开发布了《关于民工短缺的调查报告》。人们把这种突出的民工短缺现象称为“民工荒”。“民工荒”为什么会出现在2003年之后而不是之前呢？这一问题可以从加工贸易发展的轨迹上找到答案。以深圳市为例，1998—2002年，深圳市加工贸易出口额的年均增长率约为4.82%。2003年深圳市加工贸易增长速度显著加快，出口额达到2417.32亿美元，比2002年增长34.3%。2003年至2008年，深圳市加工贸易出口额的年均增长率约为29.7%。2003年是深圳市加工贸易增长过程中的一个显著拐点。加工贸易的显著增长需要大量的农民工，而农民工人数的增长落后加工贸易的需求量。因此，“民工荒”首次出现在2003年。2003年以后，加工贸易继续保持高速增长，因而在这六年期间，我国的珠三角、长

① 江宜航，王月金：《珠三角99%企业缺工严重廉价劳动力时代不复返》，《中国经济时报》，2010年1月11日。

三角、闽东南、浙东南、环渤海湾等加工贸易聚集地遇到了不同程度的“民工荒”。

“民工荒”集中于加工贸易集聚区。据海关总署的统计，截至2009年年底，我国从事加工贸易的企业有12.6万家。这些加工贸易企业在地理上呈集聚分布，形成了珠三角、长三角、浙东南、环渤海湾、环北部湾等几个加工贸易集聚区。2004年，企业缺工问题主要发生在珠三角、闽东南、浙东南等加工制造业聚集区，重点地区估计缺工10%左右。广东共有1900多万民工，主要集中在珠三角这一全国最大的加工贸易集聚区。该地区缺工问题最为严重，有近200万人的缺口，缺工比率约为10%。其中，深圳的民工数量为420万，缺口约40万。东莞17%的企业表示有用工短缺问题，缺口近27万人。福建泉州、莆田两市用工缺口共约10万人。① 2009年年底以来，珠三角、长三角、浙东南等加工贸易集聚区出现了较往年更为严重的“民工荒”。人力资源和社会保障部发布的《部分城市2010年春季用工需求和2009年农村务工人员就业情况的调查分析结果》指出，东部加工贸易集聚区70%的企业预期招工“有困难”或“有一定困难”。

“民工荒”与加工贸易的发展具有共周期性。随着世界经济周期的变化，我国加工贸易的发展具有周期性特点。加工贸易年度性的周期变化会体现在农民工用工需求的变化上。受金融危机的影响，2008年我国的“民工荒”现象消失了，相反，取而代之的是大规模的农民工失业返乡潮流。2009年春节期间，我国返乡的农民工为7000万人，约占外出农民工的50%。② 随着经济的复苏，2010年我国加工贸易集聚区又出现了严重的“民工荒”。在同一年里，加工贸易的订单会出现淡季和旺季交替的周期性，因此“民工荒”一般出现在订单多的春节和冬季，而到了订单减少的夏秋两季，许多农民工将遭遇失业然后返乡。因为加工贸易是一种“两头在外、大进大出”的生产和贸易形式，具有高度外向型，对国际市场具有强烈的依赖性。世界经济的周期性和国外订单的季节性会导致加工贸易的周期性。加工贸易的这种周期性特点，造成了对农民工需求的不稳定性。因此，“民工荒”的周期性源于加工贸易的周期性。

---

① 劳动和社会保障部课题组：《关于民工短缺的调查报告》，http: //news.xinhuanet.com/zhengfu/2004-09/14/content_1979817.htm, 2004-9-14。

② 肖冬华，姚会元：《金融危机下农民工回流问题的实证解析》，《云南财经大学学报》，2009年第6期，第76页。

（二）加工贸易“民工荒”成因的经济学分析

1. 基于劳动力供需模型的宏观分析

假设现实中存在一个分离的加工贸易农民工劳动力市场，我们以此构建一个加工贸易劳动力供需模型作为理论分析框架，如图 4-2 所示。通过模型分析，加工贸易“民工荒”的成因可以细分为三种情况。

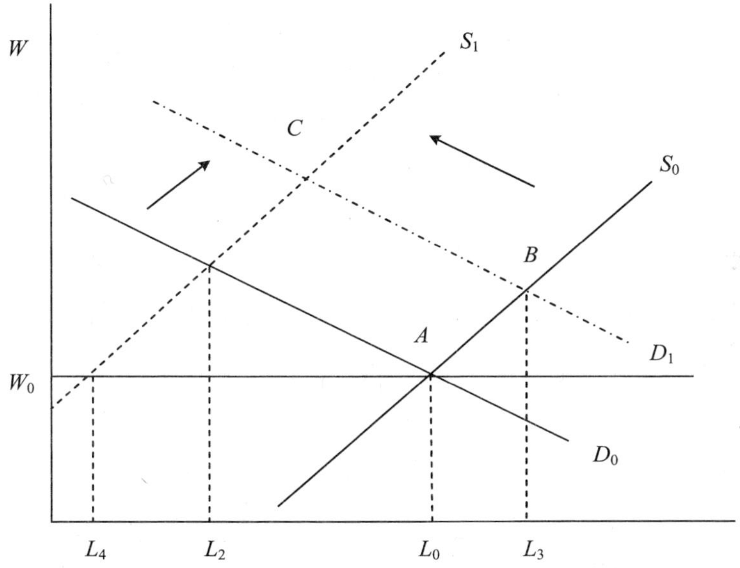

图 4-2 加工贸易“民工荒”供需模型

第一，在农民工供给不变的情况下，加工贸易对农民工需求的增长导致“民工荒”。在模型中，A 原是工资为 W_0 时的农民工供需均衡点。当需求曲线从 D_0 移动到 D_1 时，B 是新的供需均衡点，但如果此时加工贸易企业的工资仍为 W_0，就会有 L_3-L_0 的农民工需求缺口。第二，在农民工需求不变的情况下，供给的减少导致“民工荒”。当供给曲线从 S_0 向左上方移动到 S_1 时，如果工资水平仍然维持在 W_0 的水平，则会产生数量为 L_0-L_4 的农民工用工缺口。第三，在工资不发生变化的前提下，农民工的供给和需求都发生变化，但如果工资太低，供给不能满足需求时，也会导致“民工荒”。当然，区分这三种情况，主要是为了方便理论上的分析和阐述。事实上，我国加工贸易农民工的供给和需求都在变化。加工贸易企业的粘性工资是引起农民工劳动力市场供需失衡，进而导致“民工荒”的内在原因。

如果加工贸易企业的工资能灵敏地反映农民工劳动力市场的供需变化情况，那么，工资的变化会自动调节农民工的供给和需求，使农民工劳动力市场出清，就不会出现“民工荒”。然而，我国加工贸易企业的农民工工资长期以来增长缓慢，属于典型的粘性工资。刘钻石（2008）计算了1985—2006年深圳市农民工的相对纯收入指标，结果显示，自1992年以来，深圳市外来农民工的相对纯收入指数基本上保持不变，农民工的实际收入几乎没有增加。[①] 因此，出现加工贸易“民工荒”的原因可以总结为：因为农民工的工资为粘性工资，农民工的供给满足不了加工贸易的用工需求。

2. 基于加工贸易预期工资模型的微观分析

通过加工贸易劳动力供给模型的分析可知，加工贸易“民工荒”的根本原因在于粘性工资。为什么粘性工资会导致农民工的供需失衡呢？通过借鉴基于预期收入的托达罗模型，本书建立了一个加工贸易农民工预期工资模型，从微观上探讨加工贸易劳动力市场上的农民工劳动力供给行为。

农民工离开农村进城打工的经济目的是赚取比从事农业劳动更高的工资收入。因此，作为理性的经济人，农民工根据预期工资来做出劳动力供给决策。假设农民工有两种劳动力供给选择：留在农村或进城打工。在农村，既存在农业部门，又存在非农部门，如农村运输、乡镇企业、商业部门等，因此农民可以农忙时务农，农闲时参加当地或附近城镇的非农部门的劳动。$E\left(\pi_r^t\right)$表示农民工在农村一年的预期总收入，$E\left(\pi_r^i\right)$表示农民工在当地非农部门的收入，$E\left(\pi_r^g\right)$表示农民工一年的农业收入。

$$E\left(\pi_r^g\right)=\alpha F\left(\frac{K}{L_g},\frac{T}{L_g},1\right)\cdot p-C_g \qquad (4\text{-}1)$$

其中p为农产品价格，L_g为参加农业劳动的总人口，C_g为从事农业劳动的成本，包括种子、化肥等。

$$E\left(\pi_r^i\right)=\lambda_r^i\cdot\omega_r^i \qquad (4\text{-}2)$$

其中λ_r^i表示在当地非农部门的就业概率，ω_r^i为当地非农部门的工资。

那么，农民工在当地一年的预期总收入为$E\left(\pi_r^i\right)$与$E\left(\pi_r^g\right)$之和。

$$E\left(\pi_r^t\right)=E\left(\pi_r^g\right)+E\left(\pi_r^i\right)=\alpha F\left(\frac{K}{L_g},\frac{T}{L_g},1\right)\cdot P-C_g+\lambda_r^i\cdot\omega_r^i \qquad (4\text{-}3)$$

农民工进城打工时面临两种选择，要么在加工贸易企业打工，要么在非加工贸

---

① 刘钻石：《“民工荒”问题的实证分析》，《开放导报》，2008年第4期，第84页。

易部门就业。因此，农民工进城后的预期总收入 $E(\pi_c)$ 是加工贸易企业的预期收入与非加工贸易部门预期收入之和，再减去农村到城市的转移成本。

$$E\left(\pi_c^t\right)=\lambda_c^p\cdot\omega_c^p+\left(1-\lambda_c^p\right)\cdot\omega_c^n-C_m \tag{4-4}$$

其中，λ_c^p 为农民工在加工贸易企业的就业概率，ω_c^p 为加工贸易企业的工资收入，$1-\lambda_c^p$ 为农民工在城市非加工贸易企业部门的工作概率，ω_c^n 为非加工贸易部门的工资，C_m 为转移成本。

当农民工在当地的预期总收入等于进城打工的预期总收入时，就会失去向城市转移的动力。城市的加工贸易企业就将面临农民工短缺问题，严重时出现“民工荒”。

由式（4–3）减去式（4–4）等于 0 可得：

$$E\left(\pi_r^t\right)-E\left(\pi_c^t\right)=0 \tag{4-5}$$

$$\alpha F\left(\frac{K}{L_g},\frac{T}{L_g},1\right)\cdot p-C_g+\lambda_r^i\cdot\omega_r^i-\lambda_c^p\cdot\omega_c^p-\left(1-\lambda_c^p\right)\cdot\omega_c^n+C_m=0 \tag{4-6}$$

移项整理可得：

$$\omega_c^p=\left\{\alpha F\left(\frac{K}{L_g},\frac{T}{L_g},1\right)\cdot p+C_m-C_g+\lambda_r^i\cdot\omega_r^i-\omega_c^n+\lambda_c^p\cdot\omega_c^{np}\right\}\div\lambda_c^p \tag{4-7}$$

式（4–7）是加工贸易企业的农民工预期工资模型。从模型可以明显看出，农民工对加工贸易企业的预期工资与农业生产力、农产品价格、转移成本、城市非加工贸易部门的就业概率呈正相关，与城市非加工贸易部门的工资和加工贸易企业的就业概率呈负相关。农业生产力提高，或农产品价格上涨，或城市非加工贸易部门的就业概率增加，都会增加农民工对加工贸易企业的预期工资收入。如果加工贸易企业的工资低于农民工的预期工资时，农民工就会“用脚投票”，选择留在农村或在城市非加工贸易企业就业。这是低廉的粘性工资导致农民工的供给满足不了加工贸易企业用人需要的深层原因。当然，降低农民工转移成本，或者增加加工贸易企业的就业概率，可以降低农民工对加工贸易企业的预期工资收入，增加加工贸易企业对农民工的吸引力。

（三）“民工荒”倒逼加工贸易转型升级

从农民工对加工贸易企业的预期工资模型中可知，要化解加工贸易企业的“民工荒”，无外乎从两方面入手。第一，提高加工贸易企业的农民工工资，使之高于农民工的预期工资。第二，通过降低转移成本或提高加工贸易企业的就业概率来降低农民工的预期工资。因此，化解加工贸易“民工荒”，必须加快加工贸易转型升级，提高工资增长的内源能力。加工贸易企业的工资增长缓慢、甚至实质工资下降的更深层次原因何在呢？归根结底，在于我国的加工贸易集中在产业价值链微笑曲线中间的加工组装部分，附加值低，企业主要依靠廉价劳动力优势赚取微薄的加工费，因而大部分加工贸易企业没有能力支付较高的农民工工资。如图 4-3 所示，由于加工贸易附加值低，其产品价格只能维持低水平的 P_0。农民工工资上涨，平均成本曲线就会向左上方移动，加工贸易企业的收益从 *ACPO* 所在的区域缩小为 *BDPO* 所在的区域，收益减少部分是 *ACDB* 所在的区域。如果农民工工资的上升幅度使得加工贸易企业的平均成本曲线上移到价格曲线 L_0 之上，加工贸易就会出现亏损，最终导致破产，造成大量在岗农民工失业。

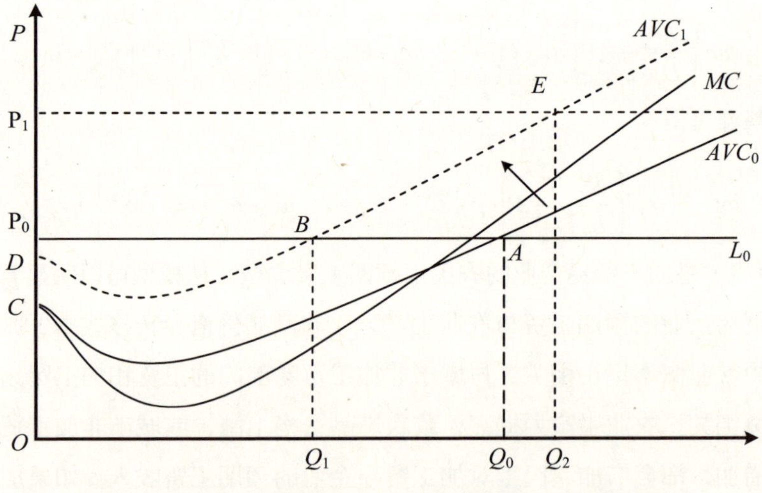

图 4–3　农民工工资增加后，加工贸易企业收益变化情况

以美国苹果公司（Apple）生产的第一款 MP3 播放器 iPod 为例。在 iPod 的整个价值链上，每部 iPod 的售价为 299 美元，而在我国的代工企业富士康每加工组装一部 iPod 仅获利 8 美元，占销售收入的 2. 8%。同样，罗技鼠标售价为 40 美元，我国代工企业仅得收益 3 美元，占 7. 5%。① 加工贸易企业产品附加值低、利润微薄的现实，使它们不愿也无能力较大幅度地提高农民工的工资水平。

如果通过转型升级，加工贸易企业附加值增加，产品的价格从 P_0 提高到 P_1，那

① 刘志彪，江静：《长三角制造业向产业链高端攀升路径与机制》，经济科学出版社，2009 年，第 25 页。

么即使较大幅度地提高农民工工资水平，平均成本曲线从 AVC_0 上移到 AVC_1，但加工贸易企业的收益变为 P_1ED 所在的区域，明显大于 P_0AC 所在的区域。也就是说，通过转型升级，即使提高了农民工工资，加工贸易企业的收益不但没有减少，反而增加了，收益的增加又进一步提高了增加农民工工资的内源能力。因此，加快加工贸易转型升级是加工贸易“民工荒”的治本之策。为此，政府要加强投入，引导加工贸易企业进行技术改造和技术引进，加快转型升级；加工贸易企业要树立转型升级的自主意识，提升产品技术含量和附加值。

二、市场竞争的加剧

改革开放以后，我国走上了市场经济改革和发展道路，市场机制逐渐成为经济的主要调节方式。亚当•斯密在其著作《国富论》中，论述了市场这只“看不见的手”在市场经济中的资源优化配置作用。市场机制是通过市场价格的波动、市场主体对利益的追求、市场供求的变化来调节经济运行的机制，是市场经济机体内的供求、竞争、价格等要素之间的有机联系及其功能。市场机制是一个有机的整体，由价格机制、供求机制、竞争机制和风险机制等要素构成。但是，竞争机制是价格机制、供求机制和风险机制发挥作用的基础和前提。竞争是市场固有的基本属性。市场之所以能够发挥这样的调节功能，就在于各个市场活动主体之间的竞争（许经勇，1995）。[①]

随着我国市场经济改革的深化，产业技术水平不断提高，加工贸易企业面临着越来越大的竞争压力。第一，与改革开放初期不同，当前我国中西部地区已经或正在出台优惠政策鼓励加工贸易的发展，加工贸易企业数量显著增加，市场竞争更加激烈。第二，随着我国民营经济的发展，一些民营企业的资金和技术实力有了明显增强，逐渐介入加工贸易，企业之间的竞争加剧。第三，越南、印度尼西亚、印度等周边发展中国家在大力发展加工贸易，我国加工贸易企业正面临着来自这些国家的激烈竞争。我国加工贸易企业的主体是外商投资加工贸易企业。1996 年外资企业占整个加工贸易的比重为 64. 5%，2004 年上升为 81. 86%，提高了近 17 个百分点，内资企业所占比重则从 35. 5% 下降为 18. 14%，下降幅度较大，且内资企业多从事

① 许经勇：《论社会主义市场竞争的动力机制》，《财经问题研究》，1995 年第 5 期，第 19 页。

低附加值的产业，其特点是配套比例低，产品附加值低，参与加工环节少[①]。外资企业的逐利性决定了它们将在全球范围内寻找生产成本的洼地，随时可能从我国搬迁至更具劳动力优势、资源优势和政策优势的周边国家。

市场竞争带来的竞争压力迫使加工贸易企业不断改进产品质量、技术水平和管理能力，努力实现转型升级。加工贸易企业同其他企业一样，是自负盈亏的微观经济主体，所以它必然以营利为目标。当前，我国大多数加工贸易企业处于价值链的加工制造环节，存在产品附加值低、技术水平低、利润微薄且同业竞争激烈等问题。刘德学等（2006）对 182 家加工贸易企业的调查结果显示，有 68.1% 的企业从事的是劳动密集型生产，2.8% 的企业从事的是资本密集型生产，16.5% 的企业从事的是技术密集型生产，其他（多种类型混合的）为 12.6%，加工贸易企业中主要从事非劳动密集型的生产加工的比率不足 1/3。[②] 因此，要想不被市场淘汰，加工贸易企业必须要不断提高技术水平、管理能力和产品质量，实现产品升级或产业升级。

三、经济环境的变化

加工贸易的发展离不开一定的经济环境，经济环境的变化是加工贸易企业转型升级的重要外在动力之一。经济环境是一个复杂的系统，包括经济资源、国家政策、国际贸易形势等多方面的经济因素。

第一，加工贸易所需的经济资源价格不断上涨。加工贸易的发展需要相对廉价的劳动力、土地、厂房、原材料等经济资源的支撑。改革开放初期，我国加工贸易先发地区（东南沿海地区）具有发展加工贸易的资源优势，土地、厂房、水电、劳动力等资源价格十分便宜。外商由于看中我国廉价的资源优势，在我国通过 FDI 开展加工贸易，显著地降低了生产成本。随着改革开放的深入，加工贸易企业聚集的珠三角、长三角、环渤海湾等东部地区的土地、水电、劳动力的价格不断上涨，加工贸易企业的生产成本不断增加，不少劳动密集型加工贸易企业面临日益加剧的生存压力。尤其是 2008 年 1 月 1 日实施新《劳动合同法》以来，加工贸易企业的用工成本显著增加。资源价格上涨迫使加工贸易企业不得不加快转型升级的步伐。

第二，加工贸易发展的国际经济环境出现了不利变化。加工贸易的快速发展，

① 宋志勇：《促进加工贸易转型升级的对策》，《国际贸易》，2005 年第 8 期，第 23 页。

② 刘德学，等：《全球生产网络与加工贸易升级》，经济科学出版社，2006 年，第 79 页。

大量的中国廉价制成品进入欧美等发达国家市场，迅速扭转了我国贸易逆差的局面，外贸顺差迅速扩大，外汇储备迅速增加。2010 年，我国外贸顺差达到 1831 亿美元，外汇储备达到 2. 847 万亿美元，而顺差的扩大和外汇储备的增加主要归功于加工贸易的发展。然而，外贸顺差的扩大引发了国际贸易冲突，欧美发达国家通过施压于人民币升值、提高贸易壁垒等措施，恶化了我国加工贸易发展的国际经济环境。我国人民币的持续升值降低了加工贸易产品的低价优势，削减了加工贸易企业的利润空间。据测算，人民币每升值 1%，棉纺织、毛纺织、服装行业的利润率将分别下降 3. 19%、2. 27% 和 6. 18%。[①] 自改革开放以来，其他国家经常对我国发起反倾销、反补贴调查，其中一些涉及加工贸易产品。“据统计，从 1979 年至 2004 年 9 月底，共有 34 个国家和地区发起 665 起针对我国产品的反倾销、反补贴、保障措施及特保措施调查案件，涉案金额 115. 96 亿美元，影响我国约 191 亿美元产品出口。我国加入世贸组织以来至 2004 年 11 月底，国外对我国发起反倾销调查，个案涉案金额超过 1 亿美元的共 6 起，金额合计约 23 亿美元，约占同期反倾销案件涉案总金额的 65. 7%。目前，我国已连续多年成为全球遭受反倾销调查数量最多的国家。”[②]

第三，加工贸易发展的经济政策环境发生了改变。改革开放以来，我国经济获得了快速发展，但随着经济形势的改变，传统的粗放型增长方式已难以为继，我国的经济增长方式需要进行调整。为转变经济增长方式、促进产业结构的升级，国家近年来对加工贸易政策进行了调整。国家对加工贸易产业目录、出口退税政策和海关进出口料件的免税政策做出了调整。2006 年年底，我国降低或取消了部分涉及加工贸易产品的出口退税，增补了加工贸易禁止类商品目录，并根据实际需要对禁止类商品目录进行动态调整。2007 年 4 月，商务部进一步删减了加工贸易进出口商品目录，并要各级政府主管部门将环保、能耗、用工、设备等众多指标纳入加工贸易企业经营情况的考察范围，以此作为加工贸易业务的审批依据。国家通过调整东部地区加工贸易的禁止类和限制类产业目录，禁止或限制高能耗、高污染和资源性加工贸易产业在东部沿海地区的发展，同时辅之以区别性的退税和保证金制度，提高

---

① 罗建兵：《加工贸易产业升级与国内价值链构建》，《当代财经》，2010 年第 2 期，第 101 页。

② 党军：《论加工贸易产业向中西部转移的背景与对策》，《生产力研究》，2008 年第 2 期，第 92 页。

了东部沿海地区加工贸易的运营成本，提高了加工贸易准入门槛。沿海地区为发展高新科技产业和先进服务业，限制劳动密集型和资源密集型加工贸易的发展，迫使加工贸易转型升级。

第三节 加工贸易转型升级的学习机制

动力机制倒逼加工贸易转型升级，但加工贸易企业转型升级需要产品知识、技术知识、管理知识等各种知识。这些知识从何而来呢？从全球产业链视角来看，产业升级的过程是知识的全球转移和知识接收企业形成生产能力的过程（Ernst & Kim，2001）。研究加工贸易转型升级的学习机制，主要目的在于分析加工贸易企业的知识来源、获取途径及其在转型升级中的基础性作用。加工贸易的学习机制体现在知识溢出、“干中学”以及技术转移和购买三方面。当然，这三方面虽然突出了加工贸易学习机制的不同侧重点，但并不是泾渭分明的分类，它们之间具有紧密的内在联系。一方面，我国发展加工贸易的重要初衷之一就是通过发展加工贸易，利用其知识溢出效应，引进国外先进设备、管理知识和技术；另一方面，在探讨加工贸易的知识溢出效应时，涉及了“干中学”以及技术转移和购买。因而，本书在研究加工贸易转型升级的学习机制时，重点论述知识溢出在加工贸易转型升级的学习机制中的作用。

一、知识溢出

改革开放之初，我国企业的技术和管理知识明显落后，无法与美国、德国、日本等发达国家的企业进行竞争。为了快速缩短知识差距，我国充分利用加工贸易的知识溢出效应，向国外客户企业学习各种显性知识和隐性知识。位于全球生产网络较低层级的加工贸易企业要想改变其在国际分工中的被动局面，就必须逐步获得或创造“稀有资产”，而这一过程可借助于网络中的知识转移扩散机制得以实现（刘德学，李晓姗，2010）。[①]

---

① 刘德学，李晓姗：《加工贸易升级机制实证分析》，《国际经贸探索》，2010年第8期，第4页。

（一）知识溢出概念

英国哲学家波兰尼（Polanyi，1958）根据表达方式的不同把知识区分为显性知识（Explicit Knowledge）和隐性知识（Tacit Knowledge）两大类。所谓显性知识是指用“书面文字、图表和数字表述化了的知识”，又称为“言明的知识（articulate knowledge）”，如数学公式、编码化的程序、定理、公理、知识产权、专用数据、操作规程等。隐性知识是指尚未被语言或其他形式表述的知识，是“尚未言明的”“难以言传的”的知识。阿罗（Arrow，1962）首次把知识学习引入经济学分析，并提出了“干中学”（Learn by doing）理论，用来解释技术进步的内生性。日本学者野中郁次郎（1998）提出了显性知识和隐性知识相互转化的 SEIC 模式（见表 4–1）。

表 4–1　知识转化的 SEIC 模式

类别	隐性知识	显性知识
隐性知识	社会化（Socialization）	外化（Externalization）
显性知识	内化（Internalization	综合（Combination）

资料来源：野中郁次郎，《知识创新公司》，《南开管理评论》，1998 年第 2 期。

国内外目前尚无从知识溢出角度研究加工贸易转型升级的公开文献，相关文献零星见于对代工和 FDI 的研究文献中。从投资构成上看，我国加工贸易的主体是外商投资企业；从生产组织形式上看，加工贸易实质上是代工生产。因此，有关 FDI 和代工企业中知识溢出的文献可以作为进一步研究的文献基础。在代工模式下，知识溢出是指在跨国公司与代工企业互动的过程中，跨国公司的专有知识和技能可能不通过市场交易就转移到代工企业，代工企业可以因此受益，而溢出方却没有得到直接的补偿，或所得补偿低于创新知识的价值（陶锋，2009）。[①]

与大国相比，小国或穷国的技术进步和增长更依赖于国外的知识和技术（Coe & Helpman，1995；Eaton & Korturn，1999；Keller，2002a，2002b，2004）。知识外溢和学习的反馈机制使国外原始创新具有“乘数效应”（胡军，2005）。跨国外包是国际知识溢出的一个重要渠道（Feenstra & Hanson，1999；Bitzer & Geishecker，2006）。大量研究表明，通过 FDI 和代工生产的形式，产生了大量的纵向知识转移和非自愿的知识溢出，促进了技能和知识的国际流动，增加了全球价值链各个环节

① 陶锋：《知识溢出、吸收能力与创新绩效》，暨南大学博士学位论文，2009 年，第 11 页。

的知识存量，而代工厂商通过这些知识传播渠道提升了自身的技术创新能力（Hobday，1995；Jao，1996；Hobday & Perini，2005；Kugler，2005；Lee，2006；　陶　锋，2009）。实证研究发现，我国加工贸易具有明显的技术外溢效应（王宏庆，2006；朱启荣，2008；陶锋，2008）。①

知识溢出的内容包括观念、技能、技术和方法等知识，如产品概念、设计原理、产品技术、材料或零组件的功能、制程技术、产品开发流程或制度以及产品管理知识。加工贸易企业通过内部学习机制，将这些知识吸收并转化为自身的技术。例如，代工厂商通过吸收代工客户的产品开发知识，增强了自身的产品开发能力（陈振祥，1997；黄延聪，2002；陶锋，2008）。②加工贸易知识外溢有技术模仿、配套生产和人才流动等三种途径（彭桂芳，2008），③并通过市场竞争、技术示范、前后向关联效应进行"乘数"扩散（张婧，2007）。④有些国外学者还从博弈论的角度研究代工企业知识溢出的机制。例如，Long（2005）通过建立古诺模型分析了代工组织中的技术溢出行为，研究认为跨国公司对代工企业的员工培训产生了技术外溢。Bandyopadhyay 和 Pathak（2007）通过建立两阶段博弈模型，研究了在外包项目中通过知识分享与合作所产生的技术外溢。

（二）知识溢出是加工贸易转型升级的重要知识来源

相比于日本、韩国、新加坡等兴起于加工贸易的东南亚国家，由于历史原因，我国加工贸易的发展起步晚，起点低，大多数的加工贸易企业资金短缺、技术和管理知识缺乏、市场开拓能力弱，与国外企业相比在技术、管理和制度等方面存在巨大的落差。因此，在改革开放之初，我国加工贸易企业在整体上无法与国外成熟企业同台竞争，亟须学习国外企业先进技术、管理和制度知识。加工贸易转型升级既需要以设备、工艺为代表的显性知识，也需要以企业制度、企业文化为代表的隐性

---

① 王宏庆：《我国加工贸易的技术溢出效应研究》，《世界经济研究》，2006 年第 7 期，第 36 页。

② 陶锋：《全球价值链代工过程中的产品开发知识溢出和学习效应——基于东莞电子信息制造业的实证研究》，《管理世界》，2008 年第 1 期，第 117 页。

③ 彭桂芳：《珠三角加工贸易技术溢出的启示》，《经济纵横》，2008 年第 10 期，第 26 页。

④ 张靖：《论我国加工贸易的技术溢出效应》，《科技管理研究》，2007 年第 3 期，第 69 页。

知识。加工贸易企业在代工生产中从委托方获得的知识溢出的内容主要有产品开发设计、生产制造、品牌推广和销售服务等知识，这些知识既可以是技术特征的知识，也可以是管理特征的知识，其中与 OEM 厂商技术能力提升直接相关的是产品开发知识（陶锋，李诗田，2008）。企业的盈利本性决定国外企业不可能把技术、管理和制度知识援助性地传授给国内企业。企业创新过程中应用的知识和信息有 40% 来自于企业外部环境（Pavitt，1984）。因此，在我国加工贸易企业没有资金和技术购买国外先进技术和设备进行自主研发和创新的背景下，通过参与加工贸易获取其他国家或地区企业的知识溢出，从而快速地积累转型升级所需的技术、管理和制度等知识，成为既能利用我国资源比较优势且成本低廉的有效途径。知识溢出是加工贸易转型升级的重要知识来源（如图 4-4）。Gereffi（1996）研究认为东南亚国家承接欧美代工业务的主要动机之一在于学习国外客户企业的专业技能，包括技术、质量、营销及经营规划等方面的知识。

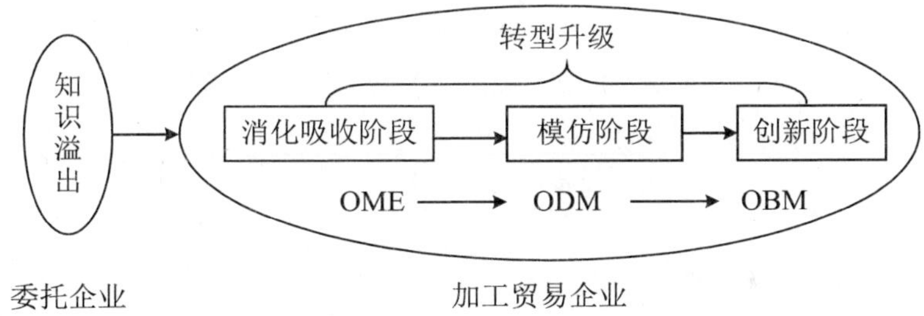

图 4-4　知识溢出是加工贸易企业转型升级的重要知识来源

（三）加工贸易转型升级获取知识溢出的途径

在为国外企业或跨国公司的代工生产中，我国加工贸易企业可以通过以下途径获得加工贸易转型升级所需的显性知识和隐性知识（如图 4-5）。第一，从与委托方的交流中获得知识溢出。生产者与制造者之间的相互交流对知识溢出具有重要的促进作用（Griliches，1998）。加工贸易企业与客户的交流有正式和非正式之分，例如谈判、会议、座谈和考察等方式。客户企业在交流中自愿或不自愿地溢出一些产品技术知识、质量控制知识、市场营销知识、生产组织知识等对加工贸易企业非常宝贵的知识。第二，从委托方组织的技术和人员培训中获得知识溢出。为了让加工贸易企业能生产出适应市场需要的合格代工产品，客户企业出于自身利益会对代工企业开展技术和员工培训，传授生产必需的技术和管理知识。这是在不威胁自身利益的情况下，客户企业进行的自愿的知识溢出。第三，从客户企业的设备进口和技术许可中获得知识溢出。在代工联盟中，一些客户企业对代工企业提供生产设备或技术许可，从而形成了一种知识溢出的渠道。第四，从产品图样、说明书、协议书等文件中获得知识溢出。这些文件内含大量的显性知识和隐性知识，加工贸易企业可以从解读和研究这些文件中获得大量的知识溢出。第五，从员工流动中获得知识溢出。不少研究发现，员工流动是知识溢出的重要渠道（Almeida & Kogut，1999；Mansfield，1995；Fosfuri，2001；Malmberg & Maskell，2002；Bruce，2005）。我国加工贸易的主体是外商投资企业，其中外商独资企业占大多数。虽然外资加工贸易企业的主要管理人员来自母国，但中下层管理人员和普通员工通常在我国招聘，当这些管理人员和员工流动到内资加工贸易企业后，自然会产生知识溢出。即使是本土加工贸易企业间的员工流动，也会扩大知识溢出效应，增加知识存量。

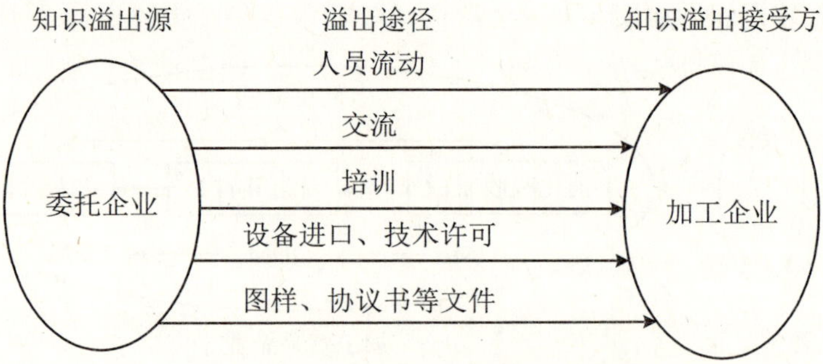

图 4–5　加工贸易转型升级获取知识溢出的途径

（四）知识溢出在加工贸易转型升级中的作用

知识溢出在加工贸易转型升级中所起的作用体现在加工贸易转型升级的消化吸收、模仿和创新阶段。第一，知识溢出的消化吸收阶段，这是加工贸易转型升级的知识学习和积累阶段。国外客户企业是知识的溢出源，加工贸易企业在获取了溢出的知识后，首要的任务是通过查阅资料或聘请专业人员充分地学习这些溢出的知识，以便保障生产的顺利进行和满足客户企业的要求。“加工贸易企业通过学习逐步提高技术能力，是一个获得技术能力的动态过程，其在长期的学习、积累技术知识后才可以逐步地开展新的活动、获取新的能力。”[①] 通过这一阶段，加工贸易企业从代

① 毛蕴诗，姜岳新，莫伟杰：《制度环境、企业能力与 OEM 企业升级战略——东菱凯琴与佳士科技的比较案例研究》，《管理世界》，2009 年第 6 期，第 137 页。

工过程中学习到了产品的技术、工艺流程、质量控制等方面的知识，有效缩短了知识差距。第二，模仿阶段。通过消化吸收溢出的知识，加工贸易企业逐渐具备了仿制能力。仿制能力是指根据现有成熟技术进行操作和维护生产设备所具备的技术能力，例如有效操作的能力、进行工程实施和维修的能力、在现有设计范围内调整和改进以适应变化的条件的能力（Kim，1997）。技术模仿是加工贸易最为重要的模仿内容，它与技术引进的区别在于模仿者对技术的获取不会给技术所有者利益上的补偿，技术模仿的成本远低于技术开发。技术模仿的方式包括逆向工程、生产工艺模仿、软件破解等（Maskus，2004）。进入模仿阶段后，由于熟练地掌握了代工产品的生产技术，加工贸易企业可以实现从简单来料加工和来件装配向进料加工转型升级。第三，自主创新阶段。外包战略联盟中的知识溢出可以加速代工企业的创新，例如杜邦公司 90% 的有价值的创意是通过业务外包获得的，它从供应商处获得的创新仅相当于其内部研发成本的 1/3（刘景江，2003）。自主创新必须建立在充足的知识积累的基础上，正是由于代工过程中客户企业大量的知识溢出，加工贸易企业在模仿的同时注入新创意、新设计和新技术，从代工企业转型升级为拥有自主品牌的 OBM 企业。

（五）加工贸易知识溢出效应的影响因素

加工贸易能否快速实现转型升级，与其对知识溢出的消化、吸收和创新的能力密切相关。加工贸易企业对知识溢出的吸收、消化和创新能力越强，其转型升级就越快速；反之，如果加工贸易企业对知识溢出的吸收、消化和创新的能力低下，其转型升级就很缓慢，甚至被市场淘汰。归纳起来，影响加工贸易企业对知识溢出的吸收、消化和创新的因素有学习意愿、学习投入、吸收能力、技术差距、地理差距、双方的信任程度等因素。一般而言，加工贸易企业的学习意愿越强烈，就越会自愿增加培训、考察交流、资料购买等方面的学习投入。陶锋（2008）的实证研究表明，加工贸易企业自身的学习倾向，包括学习意愿和学习投入，对知识溢出和学习效应有显著的促进作用。与客户企业距离越近，信任程度越高，越方便进行沟通，知识溢出就越多。国外学者研究发现，良好的信任关系可以增强组织的开放性，有利于合作双方更有效地分享知识（Wathne,Roos and Krough,1996；Kaplinsky and Morris,2001）。双方知识差距太大或太小，知识溢出效应就不明显。高效的知识转移取决于双方是否有适度的知识势差，如果势差越小，可转移的知识就越少，反之，则落后的一方无法学习（Marjolein and Verspagen，2001）。基于学习理论，Klaus（2005）还专门建立了一个知识溢出效应的测度模型，模型右边第一部分表示企业间的知识溢出，第二部分表示企业内的知识溢出。模型表明，知识溢出效应（SP_{ij}）与企业间的地理差距（d_i^{geo}）、知识差距（d_{ji}^{tech}）和企业的知识吸收能力（γ_i）等因素有关。

$$SP_{ij}=\sum_{l=1}^{m_l}\sum_{k\neq i}\left[\left(1-d_i^{geo}\right)\cdot\left(1-d_k^{geo}\right)\cdot\frac{1}{1+d_{jl}^{tech}}\cdot t_{ik,jl}\cdot exp\left(-\frac{t_{ik,jl}}{\gamma_i}\right)\right]+\sum_{l=1}^{m_l}\left[\frac{1}{1+d_{jl}^{tech}}\cdot t_{ii,jl}\cdot exp\left(-\frac{t_l}{\gamma_i}\right)\right]$$

二、“干中学”

阿罗约（Arrow，1962）首次把知识学习引入经济学分析，提出了“干中学”（Learning by doing）理论，用来解释技术进步的内生性。“干”是一个实践的过程，包括生产、销售、研发等企业生产经营活动。因而，广义的“干中学”包括生产中学、研发中学（R&D中学）、销售中学等内容。“干中学”是一种有效的学习途径，即在生产过程中学习掌握更多的生产、技术和管理知识。在企业的生产学习过程中，干和学并不是两个截然分开的过程，它们彼此之间具有相辅相成的关系，干中有学，学中有干，既在“干中学”，又在“学中干”。

“干中学”理论同样可以引入加工贸易转型升级学习机制的分析。“干中学”是加工贸易企业的一种重要的学习途径。“干中学”与知识溢出密切相关，但侧重点不同。“干中学”强调加工贸易企业的学习主动性，知识溢出侧重于强调知识的来源。从上文的探讨可以得知，知识溢出效应的发挥离不开“干中学”，“干中学”是知识溢出的重要途径。我国加工贸易企业代工生产的过程，既是一个加工制造的生产过程，同时也是一个学习的过程。尤其在代工具有较高技术含量的产品时，国内加工贸易企业在加工制造的过程中可以学到很多产品知识和技术知识。我国加工贸易企业整体的知识基础差，技术和管理能力薄弱，“干中学”为它们积累各种知识提供了良好的途径。Kim L. S.（1998）研究了后进企业的追赶学习模式（如图4-6），突出了“干中学”在追赶过程中的重要性。他的研究对我国加工贸易企业的追赶学习过程具有重要的启发作用。我国加工贸易企业之所以快速实现了显著的转型升级，缩小了与委托企业的差距，其主要原因就在于“干中学”。加工贸易企业在代工生产中，利用干中学，可以通过嵌入产业价值链而融入全球生产网络，为获取转型升级所需知识开辟一条有效路径，从而不断提高产品的技术水平和质量。加工贸易企业的技术人员在对代工产品进行拆装和熟悉的过程中，可以逐步深入地学习产品的构成、性能、设计等方面的知识。一线工人在加工生产代工产品的过程中，通过反复观摩和操作，可以学习到很多技术知识，提高操作的熟练程度。“全球价值链治理与升级之间存在着密切的关系，其基本理念是：后发展企业低端嵌入全球价值链，在全球价值链中的‘干中学’和‘用中学’，把价值链转变为学习链，把学习链转化为创新链，使其自身的动态竞争能力得到提升，因而后发展企业可以逐步掌握和控制全球价值链中价值创造的主导权。”①

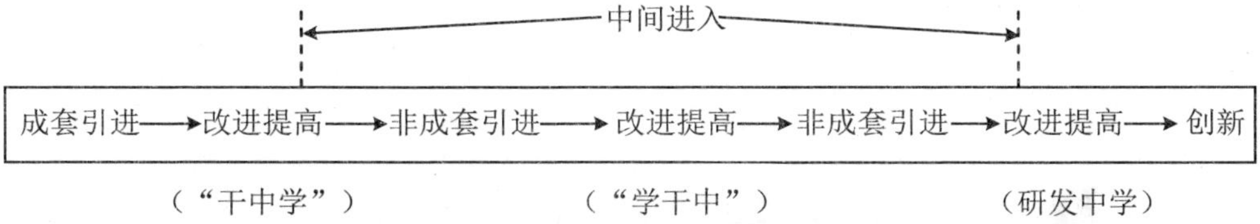

图 4–6　Kim.L.S 的后进企业追赶学习模式

资料来源：金麟洙（Kim. L. S）：《从模仿到创新——韩国技术学习的动力》，新华出版社，1998 年，第 43 页。

“干中学”的高级阶段是研发中学。当加工贸易企业通过生产中学、管理中学、销售中学等学习途径获得了较为充分的生产、管理和技术知识后，其研究开发能力必然不断提高，为加工贸易企业进行自主研发奠定了基础。加工贸易企业要建立产品研发体系，形成自主创新能力，需要充分发挥学习机制的作用，利用好加工贸易的知识溢出效应，同时处理好和委托企业的关系。“代工企业产品研发体系的构建取决于企业外部知识的获取、内部知识的消化和知识创新等过程，代工企业通过建立学习机制提高合作双方的互动程度，通过建立互信的合作关系以及内部知识的共享、转移和创新机制等措施提高产品研发能力。”（杨桂菊，2008）②

---

① 刘志彪，张杰：《全球代工体系下发展中国家俘获型网络的形成、突破与对策》，《中国工业经济》，2007 年第 5 期，第 43 页。

② 杨桂菊：《本土代工企业产品研发体系构建理论与案例》，《管理科学》，2008 年第 2 期，第 34 页。

三、技术引进

技术引进是我国本土加工贸易企业学习国外先进技术的重要方式。按照在技术引进中是否有直接费用支出，技术引进可以分为技术转移和技术购买两种方式。所谓技术转移，是指跨国公司通过 FDI 或者外包等方式向在我国分设的子公司或本土企业转移技术；技术购买则是指本土企业出于提升竞争力的需要，向技术先进的跨国公司出资购买所需技术。一般而言，企业技术购买的对象是与其有业务委托关系的国外委托公司。技术引进是后进企业的一个学习来源，为后续的工艺调整和产品设计的创新奠定了基础（如图 4-7）。

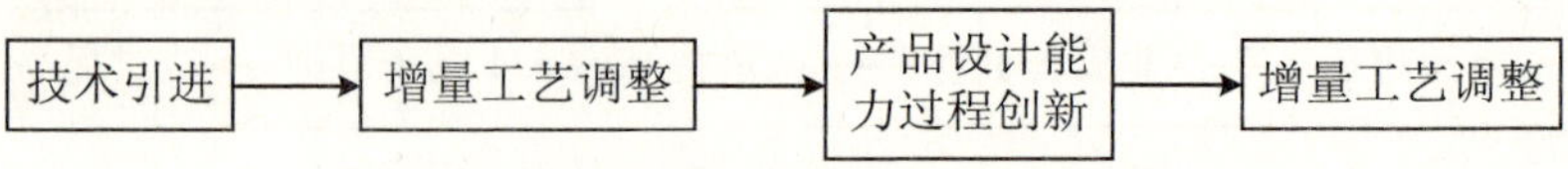

图 4-7 Hobday 后进企业追赶学习模式

资料来源：谭力文：《外包 OEM 核心竞争力》，《贵州财经学院学报》，2007 年第 6 期，第 2 页。

在论述知识溢出的过程中，已对技术转移和购买有所提及，但鉴于技术转移和购买在加工贸易学习机制中的重要性，在此特辟出篇幅做专门探讨。我国发展加工贸易的重要初衷之一在于借此引进国外先进的技术、设备和管理知识，而我国加工贸易能快速发展，也在于顺应了国际产业和技术转移的趋势，把握了承接欧美发达国家以及韩国等新兴工业国家向外转移成熟产业和技术的机会。20 世纪 80 年代，韩国、新加坡等新兴工业国家向我国沿海地区转移劳动密集型和资源密集型的低技术产业；20 世纪 90 年代以后，欧美发达国家也把剩余生产能力向我国转移。无论是新兴工业国家或地区，还是欧美发达国家，其转移的产业主要以加工贸易的形式在我国继续开展。与战后初期的日本、韩国不同，我国加工贸易企业的主体是外商投资企业。尤其是 1996 年以后，大批跨国公司以 FDI 的形式在我国开展加工贸易生产，成为我国加工贸易发展的主要推动力量，明显提升了我国加工贸易所涉产业的技术档次和分工层次。

跨国公司在我国开展加工贸易，必然伴随着技术转移。“跨国公司推动的加工贸易含有两种方式的技术转移，即以直接投资（包括独资和多数股权的合资形式进行的公司内部化转移）和以分包、许可、OEM 等形式进行的公司外部化转移。”（潘悦等，2003）[①] 由于内部化转移的知识外溢效应弱，外商企业可以较好地避免知识产权损失，因而技术转移较为全面，顾虑较少。然而，即使以 FDI 独资企业形式进行技术转移，由于跨国公司的雇员主要是我国的员工，员工的流动仍可以让我国在技术转移中受益。如果是中外合资加工贸易企业，我国在技术转移中的收益程度会大为提高。对于以分包、许可、OEM 等形式进行的外部化技术转移，外商为避免客户成为竞争对手，往往只转让生产中的实用技术，而核心技术和关键零部件的生产技术则不会进行转移。“跨国公司的技术转移和溢出效果受三方面因素的影响。第一，外资企业的股权安排。合资企业一般会比独资企业产生更强的技术转移和外溢效果（UNCTC，1985，1987；OECD，1992，1993）。第二，合资企业的建立方式。在内资企业基础上建立的合资企业比新建企业有更强的技术吸收和转化能力，因而会产生更好的效果（Lee，1991）。第三，跨国公司的来源。不同国籍的母公司技术水平和技术转移战略不同，进而形成的转移和外溢效果不同（Vernon，1981，1992；Dunning，1988，1994）。欧美国家跨国公司技术转移和外溢的效果多数较强。”（潘悦等，2003）[②] 跨国公司的技术转移为我国本土加工贸易企业获得技术知识、尽快缩小与国外委托企业的技术差距提供了一条成本较低的学习途径，可以节省巨额研发费用。技术转移过程中的技术溢出可以对我国本土加工贸易企业产生示范和激励作用，并通过关联产业向外传导，进一步扩大技术溢出的受益面。潘悦等（2003）认为：“技术溢出是加工贸易对当地企业的技术示范效应和竞争效应等带来的对当地产业技术进步的综合外部收益。对当地竞争企业的技术创新的示范、刺激与推动，称为平行溢出；对当地上下游关联企业的技术进步的示范、援助与带动，称为垂直溢出。无论在发达东道国还是在发展中东道国，如果能够确定发生了技术转让，技术溢出都会或多或少地存在。由于加工贸易可以带动相关联产业的发展，通常情况下，技术溢出效应与加工贸易所联动的当地产业链条的长短成正比。”[③] 但是，如果一味依

① 隆国强，潘悦，等：《加工贸易——工业化的新道路》，中国发展出版社，2003 年，第 110 页。

② 隆国强，潘悦，等：《加工贸易——工业化的新道路》，中国发展出版社，2003 年，第 114 页。

③ 隆国强，潘悦，等：《加工贸易——工业化的新道路》，中国发展出版社，2003 年，第 111 页。

赖跨国企业的技术转移，则只能跟在跨国企业后面亦步亦趋，很难获得核心技术和关键零部件的生产技术，不可能实现跨越式的转型升级，实现从代工生产向自主品牌生产的高级别转型升级。

由于跨国公司出于自身利益考虑，不会把核心技术和关键零部件生产技术免费向外转移，因而技术购买成了本土加工贸易企业的一种成本较高的学习途径。为了保证产品的质量适合市场需求，委托企业往往会向加工贸易企业转移非核心技术，而加工贸易企业为了提高市场竞争能力，尤其是为了摆脱对客户企业的过度依赖，实现向 OBM 转型升级，需要向跨国公司购买技术。由于技术购买需要付出高昂的购买费用，故只有具备较强实力的加工贸易企业才具备这种财力。虽然技术购买费用高昂，但可以缩短依靠自身实力进行研发所需要的时间，较快地缩短技术差距。加工贸易企业通过消化吸收购买的先进技术，其创新能力将站上一个新的高点。技术转移和购买为加工贸易企业提供了一种快捷的学习渠道。通过知识溢出、技术转移和技术购买，国内加工贸易企业以较低的成本，在较短的时间内学习产品、技术、管理等各个方面的知识，缩短了与委托企业的知识差距，为转型升级储备了知识。例如，格兰仕在进入微波炉产业的初期，主要是给日本的东芝、法国的翡罗利等国外大型微波炉品牌企业做 OEM 代工。在给客户企业代工的过程中，格兰仕引进日本和美国的技术、设备和技术管理人员，充分利用了加工贸易的知识溢出效应，通过“干中学”学习委托企业的技术、管理、品牌维护、市场营销等各种知识，为自主创新和自创品牌打下了坚实的基础。

第四节 加工贸易转型升级的创新机制

加工贸易转型升级的关键在于创新能力的提高，创新机制是加工贸易转型升级的关键机制。谢泗薪、薛求知（2009）认为，根据知识的加工程度来区分，企业的知识加工过程可以分为从低到高的三个台阶：知识积累与吸收、知识内化与传递、知识整合与创新（如图 4-8）。加工贸易企业通过学习机制，为转型升级奠定了知识基础。学习是一个知识积累与吸收、内化与传递的过程，但要把知识转化为现实的生产力，实现产品、技术、管理等方面的转型升级，必须要通过创新机制来进行知识的整合与创新。

图 4–8　企业知识积累、转化与创新过程

资料来源：谢泗薪，薛求知：《中国企业全球学习的国内攻略——从 OEM 到 OBM 的学习链接与战略升级》，《研究与发展管理》，2009 年第 3 期，第 35 页。

一、创新内涵

经济学意义上的创新概念始创于熊彼特。1912 年，美国经济学家熊彼特（J.A.Joseph Alois Schumpeter）在其出版的代表作《经济发展理论》中，把“创新”作为一个经济范畴引入了经济分析的框架之内，提出了著名的创新理论，开辟了经济领域中创新研究的先河。熊彼特语境中的创新并非一般的技术创新，而是指一种通过对生产要素和生产条件进行新的组合，建立一种新的生产函数，从而产生更强的生产能力的过程，包括引进新产品、使用新技术（新技术的生产方法）、开辟新市场、控制原材料的新供应来源和实现企业的新组织等五种情况。自熊彼特提出创新理论后，后来的学者不断拓展和深化了创新研究。根据不同的标准，创新有不同的分类。任家华、牟绍波（2009）从全球生产链的角度，把创新分为过程创新、产品创新、功能创新（如图 4-9）。[①] 依据是否与其他机构或个人有合作关系，创新分为独立创新和合作创新。合作创新通常是以合作伙伴的共同利益为基础，以资源共享或优势互补为前提，合作各方在技术创新的全过程或某些环节共同投入、共同参与、共享成果、共担风险的一种技术创新行为（范承泽等，2008）。b 从创新的内容看，创新又可以区分为制度创新、营销创新、管理创新等。根据创新中的原创性含量，创新可分为模仿创新和自主创新。

---

① 任家华，牟绍波：《企业创新升级机制研究：全球价值链视角》，《科技管理研究》，

② 范承泽，胡一帆，郑红亮：《FDI 对国内企业技术创新影响的理论与实证研究》，《经济研究》，2008 年第 1 期，第 89-102 页。

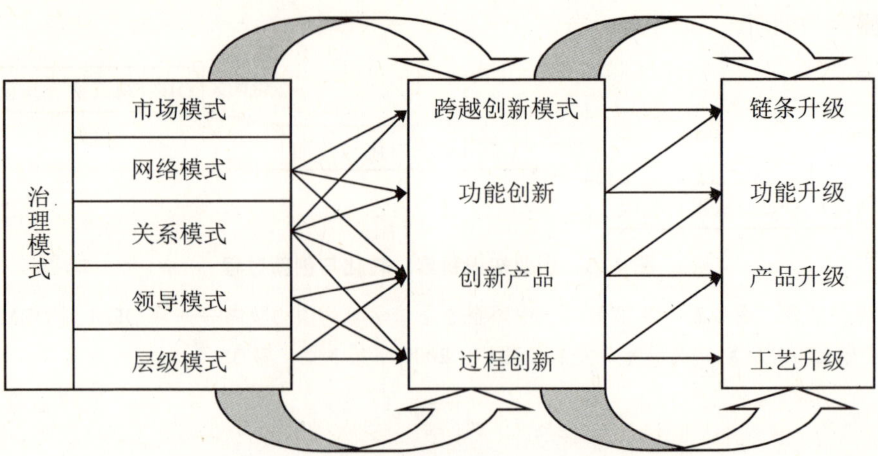

图 4–9 基于治理机制的全球价值链创新升级模式

资料来源：任家华，牟绍波：《企业创新升级机制研究：全球价值链视角》，《科技管理研究》，2009 年第 7 期，第 45 页。

在研究文献中，自主创新概念的使用频率最高，研究最多。在我国大力提升自主创新能力的背景下，本书主要使用模仿创新和自主创新这两个概念来探讨加工贸易转型升级的创新机制。“模仿创新指企业通过引进购买或反求等手段吸收和掌握率先创新者的核心技术和技术秘密，并在此基础上对率先创新进行改进和完善的技术创新行为，具有创新的渐进性、快速性、被动性三个特征。”[①] 模仿创新一般包括完全模仿创新和模仿后再创新两种模式。模仿创新能以较低的成本和较快的速度实现技术提高和产品改进，但如果只是停滞在模仿创新阶段，企业的创新会产生低端锁定，不可能成为创新先锋，引领产品生命周期。自主创新是创新的高级阶段，自主创新能力是决定企业竞争力强弱的关键因素。“自主创新方式主要包含三层含义：一是强调原始性创新，在自主研究、开发基础上努力获得新的科学发现、新的理论、新的方法和更多的技术发明；二是强调集成创新，使各种相关技术有机融合，形成具有市场竞争力的产品或产业；三是强调对引进先进技术的消化、吸收与再创新，即在别人先进科技知识的基础上，经过消化吸收而进行的再创新。”[②] 从狭义的角度

① 王雷：《长三角本土代工企业竞争战略演变驱动力及实现途径——基于全球价值链的视角》，《中央财经大学学报》，2009 年第 11 期，第 94 页。

② 任家华，牟绍波：《企业创新升级机制研究：全球价值链视角》，《科技管理研究》，2009 年第 7 期，第 44 页。

来理解，自主创新等同于“技术创新”或“科技创新”；从广义而言，自主创新包括了技术创新和非技术创新（管理创新、服务创新、商业模式创新、供应链创新等）（孙恒有，2009）。一般而言，自主创新的类型有三种：引进消化基础上的再创新、集成创新和原始创新。自主创新对企业具有至关重要的作用，自主创新能力是企业的核心竞争力。一个企业的自主创新能力越强，就越能有效利用各种知识资源，获得自主知识产权，构筑技术壁垒（王黎丽，2006）。

二、模仿创新

模仿创新是加工贸易提高创新能力的第一阶段。经过改革开放后30余年的发展，由于重视创新，我国一些加工贸易企业实现了从OEM向ODM或OBM升级。与其他企业一样，加工贸易企业的创新建立在对从学习机制中获得的已有知识进行吸收和整合的基础上。杨桂菊（2008）研究了本土代工企业产品研发系统，并在组织学习理论、知识管理过程理论、吸收能力理论和社会资本理论的基础上构建了代工企业产品研发体系理论模型。杨桂菊认为，本土代工企业通过把从外部获取的知识转化为内部知识，然后再进行内部知识创新，带动了产品研发能力的提升。因为我国本土加工贸易企业就是从事代工生产的企业，因而可以归为代工企业。因此，杨桂菊构建的代工企业产品研发体系理论模型对研究加工贸易企业的创新机制具有借鉴意义。加工贸易企业的创新同样建立在对外部知识的获取以及外部知识内部化的基础之上，因而其研发体系受学习意愿的强弱、客户知识开放程度、双方的互信关系、职能部门间的知识共享和转移等众多因素的影响（如图4-10）。加工贸易企业的创新过程可以分为模仿创新和自主创新两个连续且相互联系的阶段。首先，加工贸易企业利用从学习机制中获得知识，通过对委托代工产品的分拆、研究和实验，了解代工产品的构成、设计和性能，从而逐渐具备对代工产品的模仿能力。然后，加工贸易企业在基本保持原有产品的性能、设计和构造的基础上，在原有产品的基础上加入新的元素和设计，如调整产品的颜色和大小，对代工产品进行完全模仿创新和模仿后再创新。随着完全模仿创新能力的提高，加工贸易企业可以通过增加代工产品的功能、修改产品的部分设计、改进生产设备等方式进行模仿后再创新。在模仿创新阶段，虽然加工贸易企业掌握了大部分生产制造技术，但核心部件的生产技术仍掌握在客户企业手中。

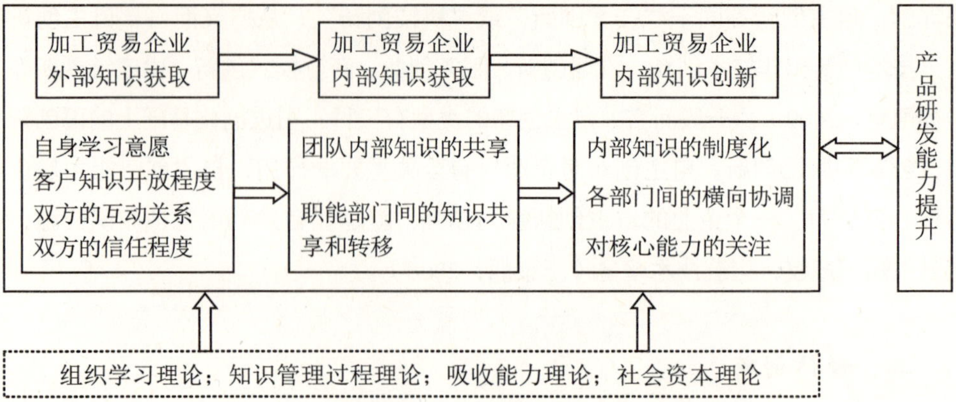

图 4–10 加工贸易企业产品研发体系构建的理论模型

资料来源：杨桂菊：《本土代工企业产品研发体系构建理论与案例》，《管理科学》，2008 年第 2 期，第 34 页。

三、自主创新

随着模仿创新的推进，加工贸易企业的资金和技术能力不断提高，逐步进入自主创新阶段。一些具有企业家精神的加工贸易企业的创建者逐渐意识到长期从事加工贸易的危机，他们不愿意长期在价值链低端的加工制造环节获取低微的代工利润，产生了摆脱控制，走自主品牌生产的迫切想法。于是，一些在代工过程中积累了较为雄厚的资金和知识的加工贸易企业，通过引进研发人才、增加研发投入、设立研发中心，进入了自主创新阶段。它们通过与科研院所展开合作创新，或者成立研究团队进行技术攻关，逐渐拥有了技术专利，并掌握了产品的关键零部件的生产技术。随着自主创新能力的提高，加工贸易企业逐渐掌握了核心部件的生产技术，逐步向产业的研发、设计、品牌维护、物流配送等附加值高的价值链环节扩张或向附加值更高的产业价值链跃升，逐步从 OEM 生产向 ODM 或 OBM 转型升级。我国的华为、中兴、格力、比亚迪等知名企业正是通过不断增强创新能力，才从最初的加工贸易企业升级为 ODM 或 OBM 企业，拥有了自己的品牌，并在所处的行业拥有了强大的技术创新能力，摆脱了对国外客户企业的依赖。以格兰仕为例，格兰仕在代工过程中积累了大量的知识后，非常重视自主创新能力的提高，投入巨资进行研发。它先后在国内和美国分别成立了家用电器科研所和格兰仕美国研究中心。经过多年努力，格兰仕成了全球唯一掌握磁控管、变压器、微型电机、微动开关等最先进元器件的核心技术的企业，由最初的加工贸易企业逐渐成长为集 OEM、ODM 和 OBM 于一体的家电企业集团。

第五节 加工贸易转型升级的支撑机制

加工贸易转型升级不是在一个封闭的经济环境中实现的，而是需要与之配套的支撑条件。邬关荣(2007)在研究我国服装加工贸易升级时，强调产业条件、人才条件、政策条件、市场条件等支撑因素对服装加工贸易转型升级的作用和影响(如图 4-11)。加工贸易转型升级离不开政府、产业集群、人力资源、相关配套产业等外在因素的支撑，它们共同构成了加工贸易实现转型升级的支撑机制。动力机制解释了加工贸易企业的动力来源。学习机制和创新机制则阐明了加工贸易企业转型升级的内在原因。支撑机制着重于从外在条件的改善方面来分析影响加工贸易转型升级的因素。

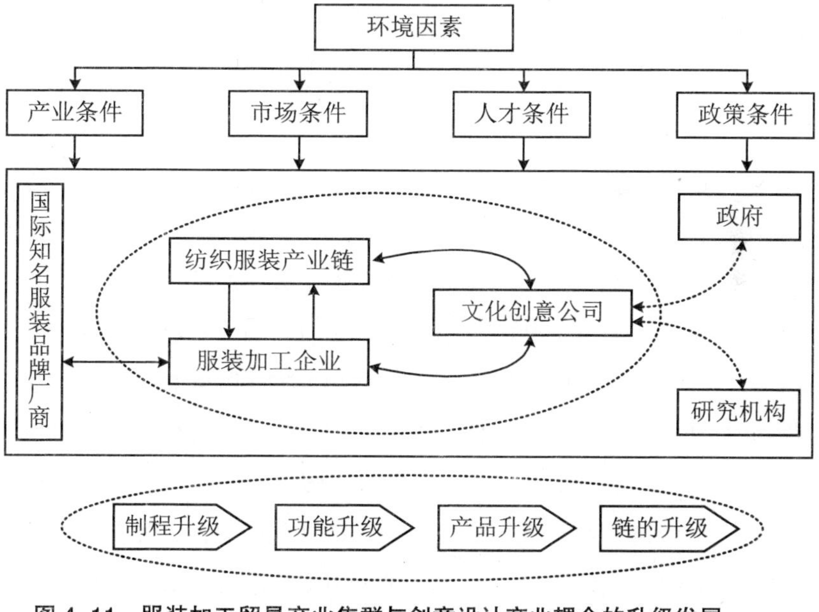

图 4-11 服装加工贸易产业集群与创意设计产业耦合的升级发展

资料来源：邬关荣：《加工贸易转型升级研究——以服装产业为例》，经济科学出版社，2007 年，第 253 页。

支撑机制影响着加工贸易学习机制和创新机制的发挥。良好的支撑机制有助于增强加工贸易企业的学习效果和创新能力，进而加快转型升级的步伐。迈克尔·波特(2002)在其代表作《国家竞争优势》中提出了以钻石模型为核心的竞争优势理论。此处借鉴迈克尔·波特的竞争优势理论，利用其分析框架来分析支撑机制在加工贸易转型升级中的作用机理。

一、政府因素

在用来分析国家竞争优势的钻石模型中，波特引入了政府因素。因为政府是经济政策的制定者，影响着上游和相关产业的环境，进而影响着钻石体系中的其他四个关键因素。同样，我国政府在加工贸易转型升级中发挥了十分重要的作用。首先，我国政府在加工贸易发展中充当着推动者和监管者的重要角色，是加工贸易政策的制定者和修订者。改革开放初期，我国政府通过政策激励，促进了加工贸易的迅速发展，同时也构建了一套相对完善的加工贸易政策体系。随着加工贸易的快速发展，为实现经济增长方式的转变，我国政府制定和修订政策的出发点从促进加工贸易的规模发展转向服务于加工贸易转型升级。我国中央和地方政府通过制度创新为加工贸易转型升级创造条件，鼓励、引导、支持加工贸易企业转型升级。改革开放以来，我国多次调整加工贸易政策，出台新的鼓励加工贸易转型升级的政策，提高监管和服务水平，为加工贸易转型升级提供引导、支持和服务。1978 年，国务院颁布实施了《开展对外加工装配业务试行办法》，此后先后制定了许多配套政策、监管条例和管理办法，促进了加工贸易的快速发展。为了促进加工贸易转型升级，鼓励发展高新技术加工贸易的发展，我国政府多次调整《外商投资产业指导目录》和《重点鼓励发展的产业、产品和技术目录》。2006 年，为了优化加工贸易产品结构，引导加工贸易向高技术、高附加值方向发展，我国实施了加工贸易商品分类管理制度，对禁止类、限制类、允许类加工贸易产品的加工贸易业务实行不同的台账保证金制度。为了促进加工贸易向中西部地区梯度转移，我国目前已在全国范围内分三批设立了南昌、赣州、郴州、太原等 44 个城市为加工贸易梯度转移重点承接地。

其次，我国政府适应加工贸易发展的实际需要，不断改革加工贸易海关监管制度，不断推进海关监管的信息化程度，提高监管水平。与一般贸易不同，加工贸易在进出口、结转、内销等方面都面临着严格的海关监管。我国海关对加工贸易实

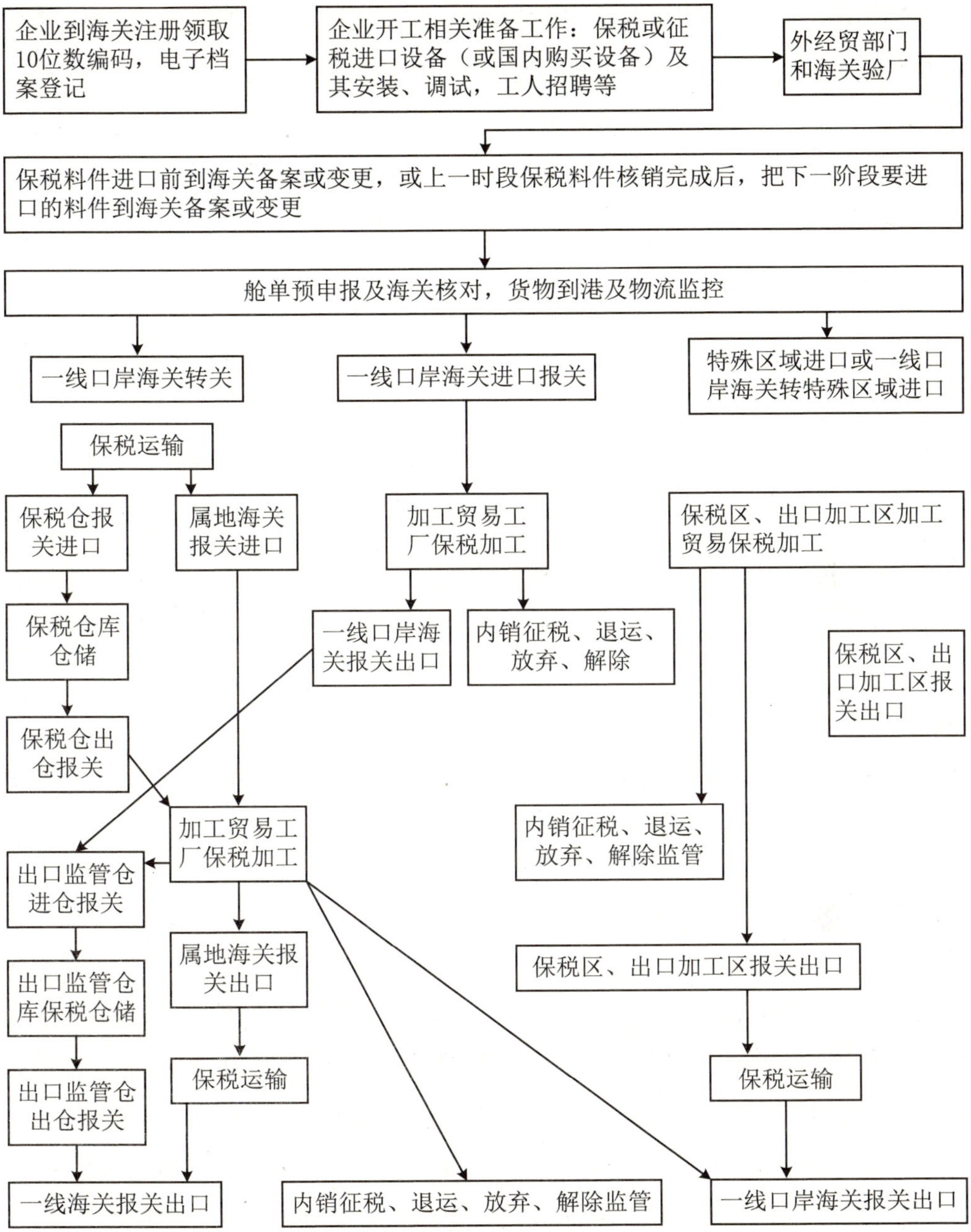

图 4-12 加工贸易货物流向与海关监管环节示意图

资料来源：邓福光：《中国加工贸易发展和海关监管创新》，中国海关出版社，2010 年，第 167 页。

行全程监管，环节多，过程长。从整体上看，加工贸易保税货物的监管过程可以分为通关前的准备工作、通关（既包括保税物品和非保税物品的，也包括深加工结转的通关）、报税加工、保税物流（保税运输、保税仓储）、保税监管结束等五个环节（如图 4-12）。[①] 海关服务质量的高低和监管效率的高低对加工贸易转型升级具有重要影响。如果海关服务水平高、通关速度快，可以降低加工贸易企业的经营成本，节约大量的生产时间，确保加工贸易企业能如期履行加工贸易合同。为了提高加工贸易通关效率，服务于加工贸易转型升级战略，海关加强了信息网络建设，实行联网管理，提高了服务的质量，同时积极探索加工贸易深加工结转监管和内销监管新途径，为加工贸易的深加工结转和内销提供更为便利高效的服务。最后，我国政府对符合产业发展规划的高新技术产业加工贸易提供税收减免、奖励等优惠政策。例如，广东省出台了《关于促进加工贸易转型升级的若干意见》（〔2008〕69 号），采取设置加工贸易转型升级专项经费、鼓励内销、优惠人才引进政策等措施，为加工贸易转型升级提供良好的政策环境。

二、产业集群

波特最早提出了产业集群概念，并分析了产业集群的重要作用。波特认为，当产业集群形成时，一个国家无论在最终产品、生产设备、上游供应还是售后服务等方面都会有国际竞争的实力。一旦产业集群形成，集群内部的产业之间就形成互助关系，这能帮助产业克服内在惯性与僵化、破解竞争过于沉寂的危机，使产业不断进行多元化尝试，信息流通的速度加快，新的思考观点不断冒出，上游、下游或相关产业的扩散效益不断产生。完整的产业集群能通过外溢效应放大或加速国内市场竞争时生产要素的竞争力，因而产业集群的竞争力大于各部分加起来的总和。[②] 产业集群在我国加工贸易转型升级的过程中发挥了重要的作用。因为，加工贸易的发展和转型升级需要相关配套产业的支持。例如，加工组装一台收音机，需要从事塑胶件、五金件、包装、电子零部件等生产的配套厂商，其中的电子元件就包括电容、电阻、

---

① 邓福光：《中国加工贸易发展和海关监管创新》，中国海关出版社，2010 年，第 166-167 页。

② 迈克尔•波特：《国家竞争优势》，李明轩、邱如美译，华夏出版社，2002 年，第 139-143 页。

电感、天线等部件。

当产业集群形成后，由于产业集群的虹吸效应，大量产业所需的人流、物流和信息流都会集聚于集群之内，加工贸易企业更容易在集群内专业化的人才市场招聘所需的管理人员、熟练技工和大量有一定工作经验的农民工，更容易获取生产经营所需的市场信息，更容易开展深加工结转业务，同时可以在集群内就地采购成本更低的料件。改革开放以来，在加工贸易发展的过程中，我国加工贸易的相关和配套产业集聚某些区域，在东南沿海地区形成了一批服装、电子、玩具、陶瓷、家具、制鞋等加工贸易产业集群。在这些产业集群内，加工贸易的上下游产业密切联系、相互带动，既有利于各种信息的交流，也有利于开展深加工结转、研发等方面的合作，发挥了规模经济效应，产业配套程度提高。2005 年，我国深加工结转的金额达到 392 亿美元，结转商品涉及 2000 个税号，占加工贸易商品税号总数的 50%。[①] 1993 年进料加工贸易的国内配套值为 41. 6 亿美元，2004 年已增至 776. 89 亿美元。1993 年来料加工贸易的国内配套值为 25. 1 亿美元，2004 年提升为 126. 21 亿美元。[②] 例如，深圳有 1500 多家计算机配套工厂，能生产几乎所有的计算机部件，打印机本地配套率达 91%，PC 机达 80%，计算机主板达 41%。[③] 我国加工贸易发展重镇——东莞，经过几十年的发展，其加工贸易呈现鲜明的产业集群特征。东莞厚街形成了制鞋产业集群，国际上主要的著名鞋子品牌都在厚街以加工贸易的形式代工生产。为了促进加工贸易集群发展，改变原来“漫山放羊”式的分散化加工贸易发展模式，我国大陆借鉴我国台湾地区发展出口加工区的经验，在我国大陆设立了一批出口加工区，并赋予一些出口加工区保税物流功能，引导和鼓励加工贸易企业向出口加工区聚集。2000 年，国务院批准在大连、天津、北京、烟台、深圳、广州等地设立了出口加工区，此后又根据加工贸易发展的需要在郴州、赣州、郑州等地新设了一些出口加工区。目前国内已有 55 个正式运行的出口加工区。一个产业配套合理、具有规模效应的出口加工区就是一个加工贸易产业集群，可以在有利于监管的同时，降低加工贸易企

① 张燕生：《我国加工贸易未来转型升级的方向》，《宏观经济研究》，2004 年第 2 期，第 12-16 页。

② 宋志勇：《促进加工贸易转型升级的对策》，《国际贸易》，2005 年第 8 期，第 22 页。

③ 于瀚，闫岩：《我国加工贸易转型升级要素分析》，《国际贸易》，2008 年第 12 期，第 20 页。

业的经营成本，为进一步转型升级创造条件。此外，我国在深圳、广州等地组建了加工贸易协会，开设了专门的加工贸易网站。这些加工贸易协会和网站为加工贸易的转型升级提供了宝贵的信息资源。

三、人力资源

人力资源是经济增长和产业发展的一个重要因素。古典经济学理论和内生经济增长理论均重视人力资源在经济增长中的重要作用。波特在其竞争优势理论中指出了人力资源的重要性。他把人力资源划归于生产要素，并将其区分为初级人力资源和高级人力资源，其中高级人力资源对产业竞争力起着关键性的作用。加工贸易转型升级需要素质和技能不断提升的人力资源做后盾。一方面，加工贸易转型升级需要高素质的创新型人才，包括科研人才、设计人才、管理人才、销售人才、物流人才等。随着我国高等教育的快速发展，我国每年培养了大批高素质的研发人才，为加工贸易企业转型升级提供了源源不断的高素质人才。企业自身也培养了一批高素质人才，这些企业中高素质人才的企业间流动也为加工贸易企业提供了大量可选的高素质人力资源。另一方面，加工贸易转型升级需要大批的技能型人才。我国加工贸易企业主要集中在劳动密集型产业或高科技产业的劳动密集型环节。我国之所以选择发展加工贸易作为改革开放的突破口，是因为我国具有发展加工贸易劳动力资源优势。一方面，我国国有企业和集体所有制企业存在大量冗余人员；另一方面，我国广大农村有大量处于隐性失业状态的剩余劳动力。通过发展加工贸易，我国解决了大量劳动力的就业问题。在加工贸易发展的早期，我国的劳动力具有无限供给的能力，且这些无限供给的劳动力价格非常低廉。正是看中我国劳动力丰富且低廉的特征，新型工业国家（地区）、欧美发达国家的企业先后以 FDI 的形式进驻我国开设公司，开展加工贸易，从而带动了我国加工贸易快速发展。然而，加工贸易转型升级大量需要的不是仅仅价格低廉的低素质劳动力，对劳动力素质的要求也在逐渐提高，加工贸易企业对具有一定文化和技能的熟练劳动力的需求迅速增长。经过几十年的发展，我国通过多种途径积累了丰富的人力资源，为加工贸易的转型升级奠定了人力基础。首先，在我国加工贸易发展的几十年历程中，加工贸易企业通过岗前培训、岗中培训、岗位实践等方式把大量的农民工训练成了具有一定劳动技能的产业工人。其次，我国重视职业教育的发展，通过职业教育改革，培养了大量加工贸易企业所需的技能型人才。相比于农民工，这些中职或高职的毕业生具有较高的文化水平，且较为扎实地掌握了相应岗位所需的技能。这是支撑我国加工贸易转型升级的一支重要的生力军。最后，一些地方政府组织农村剩余劳动力开展培训，教授他们计算机、专业技能等知识，提高了进城农民工的知识和技能水平。我国高速发展的高等教育提供了加工贸易转型升级所需的大量创新型人才，而高等职业教育的快速发展则为加工贸易转型升级提供了大批掌握了一定理论知识和具有操作经验的技能型人才。

第六节 本章小结

我国加工贸易发展至今，已经实现了较为明显的转型升级。为了深入分析加工贸易转型升级的各种影响因素以及它们的内在作用机理，本章重点探讨了加工贸易转型升级的机制。在借鉴、吸收和综合已有观点的基础上，本章分析研究了加工贸易转型升级的四种机制，试图破解加工贸易不断转型升级的内在机理，为推动加工贸易的进一步转型升级提供理论依据。加工贸易转型升级受众多因素的影响，这些因素相互作用，推动了加工贸易转型升级。

在整体上，影响加工贸易转型升级的因素可以归为四大类，构成了加工贸易转型升级的动力机制、学习机制、创新机制和支撑机制。动力机制包括民工荒、市场竞争加剧、经济环境的改变、要素价格不断上涨、汇率提高、环保标准提高等因素，它们是加工贸易转型升级的动力来源。由于“民工荒”是目前加工贸易发展面临的一个主要问题，且“民工荒”问题本身反映了市场竞争、经济环境、要素价格等方面的问题，因而在探讨加工贸易转型升级的动力机制时，着力探讨了“民工荒”问题。支撑机制包括政府的支持和服务质量的改善、产业集群的形成和效应的发挥以及人力资源的改善，它为加工贸易的转型升级提供了日益优越的外围环境和基础。动力机制和支撑机制共同构成加工贸易转型升级的外在机制。知识溢出效应、“干中学”、技术引进构成了加工贸易转型升级的学习机制，它是加工贸易获得知识来源的基础机制。模仿创新和自主创新构成了加工贸易转型升级的创新机制。学习机制和创新机制共同构成加工贸易转型升级的内在机制。外在机制为内在机制的运行提供动力和基础。

加工贸易转型升级的机制揭示了影响加工贸易转型升级的因素及其作用机理，解释了加工贸易转型升级的原因。它为我们在新的历史时期下如何加快加工贸易转型升级的进程提供了宝贵的政策启示。加工贸易转型升级的促进对策不能凭空构思，而应该对症下药。本书后续章节对加工贸易转型升级对策的探讨，将建立在本章对加工贸易转型升级机制分析的基础上。

第五章　加工贸易转型升级的路径

加工贸易转型升级的路径是什么？这是事关加工贸易转型升级“往何处去”的首要而关键的问题。如果没有弄清加工贸易转型升级的路径问题，加工贸易转型升级就没有了方向。探讨加工贸易转型升级的路径，一方面是对以往加工贸易发展轨迹的整体反思，有助于清晰地认识加工贸易“进化”的历史；另一方面，可以为我国加工贸易转型升级指明方向。由于东亚国家或地区经济呈现出来的持续性高速经济增长，是政府强力推动产业结构更新换代的结果（邹晓娟，2007），而承接、发展加工贸易，并推动加工贸易转型升级是政府强力推动产业结构更新换代的重要途径。探讨东亚国家或地区加工贸易转型升级的路径对研究我国加工贸易转型升级的路径具有借鉴意义。因而，本章首先主要以我国台湾地区为例，探讨东亚国家或地区境外加工贸易转型升级的路径，然后在此基础上，结合产业价值链理论和全球生产网络理论研究我国加工贸易转型升级的路径选择。

第一节　境外加工贸易转型升级的路径探讨

第二次世界大战以后，日本、韩国、新加坡等东亚国家和我国台湾地区、我国香港地区等地区的经济迅速发展，创造了经济发展史上的“东亚奇迹”。通过发展加工贸易融入全球生产网络，并不断进行转型升级是“东亚奇迹”的重要原因之一。

Sturgeon 和 Lester（2003）认为"亚洲四小龙（韩国、中国香港地区、中国台湾地区、新加坡）"的共同点是通过成为发达国家跨国公司的全球供应商，以出口加工区的 OEM 形式进入全球市场，然后逐渐切入"制造 + 设计"模式，最终成长为具有自主品牌的 OBM 供应商，成功实现技术创新和产业升级。日本学者斋藤优（1975）指出，日本的加工贸易在其崛起过程中发挥了巨大的作用，日本的"贸易立国"实际上可以说是"加工贸易立国"。

20 世纪 60 年代以后，我国台湾地区确立了"出口导向"为主的外向型经济模式，大力发展加工贸易，鼓励代工生产。通过发展加工贸易，台湾融入了全球生产网络，引进了资金、技术和管理经验，增加了就业和外汇收入。台湾经济成长的主要原因是选择了"以出口带动成长"的外向型策略（周添城，1993），[①] 而这种策略在实践中集中体现和落实在加工贸易的发展上。台湾凭借代工模式，铸就了经济的高速发展（蒋亚杰，2009），[②] 成为亚洲"四小龙"之一，跻身世界发达地区。1960 年台湾的人均 GDP 仅为 156 美元，1992 年突破人均 GDP 10000 美元，至 2009 年人均 GDP 超过 15000 美元，是 1960 年的近 150 倍。20 世纪 60 年代以来，台湾加工贸易飞速发展，并因应美、日、欧的产业转移不断进行转型升级。台湾是世界上最早建立出口加工区的地区，也是美、日、欧盟等发达国家和地区的品牌企业的重要代工制造基地，尤其它的电脑和半导体的代工生产在全球价值链中处于举足轻重的地位。

由于台湾的加工贸易发展和转型升级在东亚新兴工业地区中具有典型性，且其加工贸易转型升级的路径与日本和新加坡、韩国等新兴工业国家相似，故本书主要择取台湾为例，探讨东亚国家或地区加工贸易转型升级的路径。从产业价值链的角度，东亚国家或地区加工贸易转型升级的路径有三：价值链内横向扩展路径；价值链间纵向跃升路径和价值链"切片"外移路径（如图 5-1）。

---

① 周添城：《台湾加工产业的发展及其政策分析》，《中国工业经济》，1993 年第 7 期，第 66 页。

② 蒋亚杰：《台湾代工企业品牌升级问题研究》，《世界经济与政治论坛》，2009 年第 2 期，第 2 页。

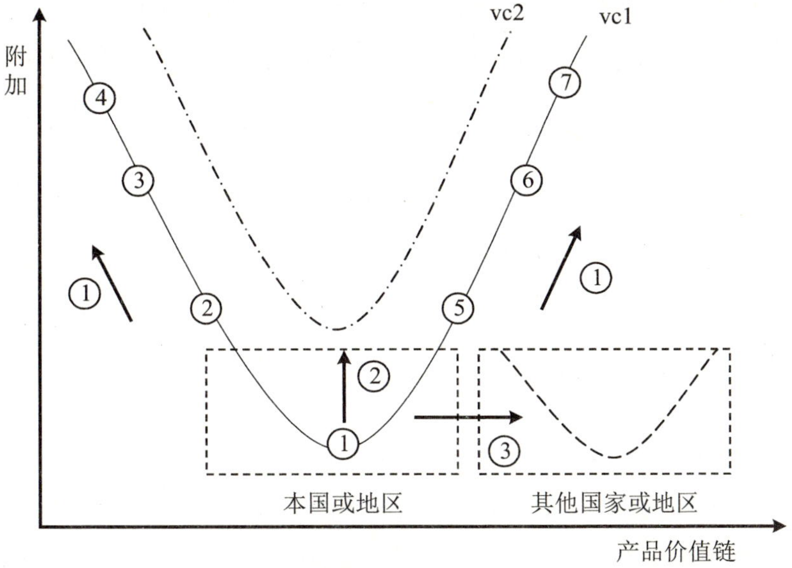

其中：①加工制造；②为原材料采购；③为设计；④为研发；
⑤为物流配送；⑥为销售；⑦为品牌维护。

图 5–1　东亚国家或地区加工贸易转型升级路径

一、价值链内横向扩展路径

在同一产业链内，经过一段时间的组装和加工制造经历后，东亚国家或地区的加工贸易逐渐从价值链的中间部分向两端扩展。“全球生产网络内的加工贸易产业转型升级是指参与生产网络的厂商或经济体利用生产网络内的知识转移扩散与学习机制，不断提高自身能力，向价值链中获利更多、资本的技术含量更高、更知识型的环节转移的过程。”[①] 如图 5–1 所示，vc1 代表某一产业的价值链，链上标有 7 个代表性的环节，东亚国家或地区的加工贸易最初集中在劳动密集型的组装和加工制造环节。随着资金和技术能力的提高以及劳动力和资源成本的上升，加工贸易开始向价值链的两端攀升，逐渐进入原材料采购、设计、研发、销售和品牌维护等高附加值的环节，遵循一般供应商→主要供应商→合同制造商→品牌供应商的发展路径，在生产模式上表现为 OEM → ODM → OBM 的转型升级路径。Gereffi（1999b），

① 梁小萌：《全球生产网络化与珠三角加工贸易产业转型升级》，《岭南学刊》，2009 年第 6 期，第 85 页。

Gereffi 和 Memedovic（2003）通过对服装产业 GVC 的研究发现，为美国采购商生产的东亚国家供应商遵循从 OEM 到 ODM，甚至到 OBM 的升级轨迹。韩国三星电子公司最初主要从事 OEM 代工生产，由于 1996 年受戴尔公司严重的后向挤压，此后专注于自主品牌的研发和经营，成功转型升级为 OBM 企业。

台湾加工贸易最初集中在劳动密集型的组装和加工制造环节。其后随着资金和技术能力的提高、劳动力和资源成本的上升，加工贸易开始向价值链的两端攀升，逐渐进入原材料采购、设计、研发、销售和品牌维护等高附加值的环节，遵循一般供应商→主要供应商→合同制造商→品牌供应商的发展路径，在生产模式上表现为 OEM → ODM → OBM 的转型升级路径。例如，台湾的服装加工贸易的转型升级体现了明显的生命周期，先后从劳动密集型的制衣工业发展为拥有上、中、下游的纺织生产体系，其加工制造的成品涵盖了传统的沙、布、人纤、服装和特定功能的工业用特种布料、建材家具用布料等（邬关荣，2007）。① 台湾电视机产业的代工起步于黑白电视机及其部件的代工装配和生产，随着在代工过程中不断积累和提高技术水平，台湾的冠捷、雅新、瑞轩、广达、明基、仁宝、东元、大同、歌林等企业成为飞利浦、索尼、夏普、TTE、优派、LG 等液晶电视品牌厂商的主要代工企业（见表 5-1）。台湾的电脑产业发展始于 20 世纪 70 年代后期，最初主要是利用廉价劳动力优势为 IBM、苹果、Digital 等国外电脑跨国品牌企业组装或代工生产显示器、机箱、键盘、扫描仪等低附加值的电脑外设部件。20 世纪 90 年代以后，台湾代工企业从低级的部件代工进入电脑、台式机、笔记本电脑、POS 机和 PDA 产品的整机 ODM 代工阶段。品牌企业除了专注于品牌维护和关键技术外，几乎把 PC 机所有的价值链环节都外包给台湾代工企业。台湾代工企业在进行设计和生产的同时，还要开展交货、存货等物流配送服务。在代工多年后，台湾的大众电脑公司（FIC）、神达电脑公司、宏碁公司、华硕公司、台达公司（INC）等主要的 OEM 制造商向 ODM 转型升级，其中宏碁、明碁、华硕等在代工的同时，开展自主设计和研发，最终成为电脑品牌生产商。日本访问学者 Chikashi、Kishimoto（2002，2003）以我国台湾地区 PC 产业为例，总结了台湾加工贸易的升级路径：OEM → ODM → OBM。

---

① 邬关荣：《台湾加工贸易转型升级研究——以服装产业为例》，经济科学出版社，2007 年，第 59 页。

表 5-1 台湾液晶电视代工关系一览表

台湾代工厂商	委托品牌厂商
冠捷	飞利浦、索尼、夏普、TTE、优派
雅新	凯玛特、好市多、西尔斯、LG
瑞轩	索尼、夏普
广达	宏碁、松下、飞利浦、夏普、三洋、东芝
明基	索尼、三洋、TTE、东芝
仁宝	戴尔、日立
东元	优派、永旺（AEON）
大同	日立、JVC、东芝
歌林	Syntax-Brillian

资料来源：台湾经济研究院，《2007 年台湾各行业景气趋势调查报告》，第 301 页。

二、价值链间纵向跃升路径

在不同产业链之间，东亚国家和地区的加工贸易逐渐从资源、劳动密集型产业向资金和技术密集型产业转型升级。图 5-1 中的 vc1 代表附加值较低的产业链，vc2 代表附加值相对较高的价值链。“二战”后以来，东亚国家和地区的加工贸易企业在代工过程中积累了较强的资本实力，具备了较强的管理和技术能力，其中不少加工贸易企业通过转型升级，从最初的玩具、服装、家具、陶瓷等传统产业进入机电、信息、新材料、生物工程等高新技术产业，从事高新技术产业中的 OEM/ODM 生产，一部分加工贸易企业甚至成功地转型升级为新产业链中的 OBM 厂商。东亚国家和地区的加工贸易整体上经历了从劳动密集型产业到资本密集型的重化工领域，再到以 IT 为核心的知识密集型产业的转型升级过程。例如，韩国加工贸易的发展明显地体现了价值链间的转型升级路径：20 世纪 60 年代，韩国的加工贸易集中在以服装、胶合板、假发等为代表的轻工产业；20 世纪 70 年代，电子、船舶、钢铁等重化工产业的加工贸易比例显著上升；20 世纪 80 年代，电子电器、汽车、船舶等重化工产业的加工贸易产品成为出口的主力；20 世纪 90 年代以后，计算机、半导体、汽车及其零部件等高新技术产业的加工贸易逐渐占据主导地位。[①] 韩国的三星公司最初是一个纺织品代工企业，后来通过转型升级进入电子产业，随后从电子产业中的 OEM 代工企业逐渐成长为拥有自主品牌的 OBM 名牌企业。

一方面，从加工出口的部门比例上看，台湾加工贸易从农产品加工为主转向工业制成品加工为主。1964 年以前，台湾的加工业主要集中于农产品的初级加工，农产加工品当时在出口总额中占主导地位。1964 年以后，农产品的加工出口比例逐年快速下降，工业加工品的出口比例逐年显著增加（见表 5-2）。

表 5-2　1964—1973 年台湾出口贸易结构

年份	农产品		农产加工品		工业加工品		合计	
	金额（万美元）	%	金额（万美元）	%	金额（万美元）	%	金额（万美元）	%
1964	65.00	15.00	184.10	42.50	183.90	42.50	433.00	100.00
1965	106.20	23.60	136.60	30.40	206.60	46.00	449.70	100.00
1966	106.30	19.80	134.80	25.10	295.20	55.10	536.30	100.00
1967	97.20	15.20	148.70	23.10	394.80	61.60	640.70	100.00
1968	87.80	11.10	161.70	20.50	539.70	68.40	789.20	100.00
1969	98.10	9.30	174.90	16.70	776.40	74.00	1049.40	100.00
1970	126.70	8.60	190.00	12.80	1164.70	78.60	1481.40	100.00
1971	163.00	7.90	230.50	11.20	1666.90	80.90	2060.40	100.00
1972	203.60	6.80	295.50	9.90	2489.00	83.30	2988.10	100.00
1973	337.60	7.50	351.70	7.90	3795.10	84.60	4483.40	100.00

资料来源：转引自吕铜生、裴浩林主编：《台湾香港经济研究》，农村读物出版社，1989 年，第 99 页。

另一方面，从工业加工贸易内部来看，台湾加工贸易从低附加值的传统产业向高附加值的高新科技产业转型升级。台湾加工出口区的产业结构演变典型地反映台湾加工贸易价值链间纵向跃进路径（见表 5-3）。20 世纪 60 年代以来，台湾的加工

① 王建，陈宁宁：《韩国加工贸易政策及对山东省加工贸易转型升级的启示》，《山东经济》，2007 年第 4 期，第 105 页。

贸易最初集中在玩具、服装、家具、陶瓷等传统产业。后来电子制品和光学制品在出口产品中的比例不断增加。截至 1991 年，电子制品已占三个加工出口区总出口额的 74%，成衣居第二位，约占出口总额的 6%，光学制品位居第三。① 20 世纪 90 年代以后，台湾加工贸易进入机电、信息、新材料、生物工程液晶电视等高新技术产业，从事高新技术产业中的 OEM/ODM 生产，一部分加工贸易企业甚至成功地转型升级为新产业链中的 OBM 厂商。整体上，台湾的加工贸易经历了从劳动密集型产业到资本密集型的重化工领域，再到以 IT 为核心的知识密集型产业的转型升级过程。例如，我国台湾地区 PC 产业中的华硕和宏碁两大知名企业，最初为全球采购商代工制造晶体管、电子管等初级产品，随着技术和资本的积累，后来转向笔记本和 IC 芯片等高附加值产品的生产，进入了新的电脑产业价值链，并形成了全球品牌。

表 5–3 台湾出口加工区产业转型升级历程

阶段	产业结构	产业类别
第一阶段（1966—1973）	劳动密集产业 100%	成衣、针织、皮革、工艺品、制鞋、家具、玩具等
第二阶段（1974—1983）	劳动密集产业为主，占 60%；资本密集产业为辅，占 40%	除上述劳动密集产品外，进入初级电子产品，如收音机、电阻电容、PC 板等
第三阶段（1984—1995）	转向资本密集与科技密集型产业，科技产业大于 65%	除成衣外的劳动密集型产品全部淘汰，代之以 IC 加工产品、光学产品、电脑及周边设备等
第四阶段（1996—2000）	高科技和大资本大于 80%，服务业不足 10%	IC 与电脑组合产品、数码光学产品、精密机械等；仓储转运及贸易
第五阶段（2001 年至今）	服务业大于 60%，高科技制造业小于 40%	生化、纳米等高科技制造业；仓储转运物流、咨询、研发设计、贸易等服务业

资料来源：李永泰：《余光亚先生谈台湾出口加工区》，《海峡科技与产业》，2003 年第 3 期，第 17-18 页。

三、价值链“切片”外移路径

所谓价值链“切片”外移是指随着本国和本地区劳动力成本的增加、货币的升值、资源价格的上涨，东南亚国家或地区发展加工贸易的初始比较优势丧失，加工

① 李国鼎：《台湾的对外经济合作与出口加工区》，东南大学出版社，1994 年，第 59 页。

贸易企业把价值链中间部分的加工制造环节转移到其他劳动力和资源价格低廉、政策优惠的国家和地区，而把研发、设计、销售、品牌服务等高附加值的环节留在本国和本地区的产业转移现象。通过把 vc1 所代表的产业价值链的加工制造部分通过 FDI 或外包的形式单独转移到周边其他国家和地区，东亚国家和地区可以降低成本，增加利润，为进一步的转型升级创造条件。

东亚加工贸易因应比较优势的改变而进行区域梯度转移，呈现明显的“雁行”特征。在东亚加工贸易承接和转移的“雁阵”中，日本充当了领头雁的角色，“亚洲四小龙”为雁阵中的第二梯队，中国大陆和印度为第三梯队，越南、印度尼西亚、泰国等国家为第四梯队。从时序上看，日本最先承接欧美的加工贸易，并将加工贸易的边际产业向东亚其他国家或地区转移。早在第二次世界大战前，日本就开始发展简单的加工制造业。第二次世界大战后日本确立了加工型外贸体制，抓住机遇引进欧美的资金和技术，发展汽车、电子、电视等附加值高的加工贸易产业。通过利用加工贸易的知识溢出效应，日本的技术水平和制造能力快速提升。20 世纪 70 年代至 80 年代，日本的加工贸易产业结构逐渐向电子计算机、医药、精密机械设备等产业转型升级。在“石油危机”和“广场协议”后，由于日元升值、资源价格上涨等因素导致生产成本不断增加，日本将服装、玩具、皮革等加工制造业向其他成本低廉的国家和地区转移。日本与“亚洲四小龙”间的产业转移是东亚区域经济内的第一次产业迁移（袁易明，1998）。“亚洲四小龙”通过设立出口加工区、税收减免、投资优惠等措施主动承接日本的产业转移，大力发展加工贸易。以服装产业为例，东亚的服装加工制造业经历了三次明显的转移：第一次转移发生在 20 世纪 50 年代至 60 年代早期，世界服装产业的生产重心从北美、西欧转移到日本；第二次转移发生在 20 世纪 70 年代至 80 年代，生产重心由日本转移到中国香港、中国台湾和韩国；第三次转移发生在 20 世纪 90 年代以后，生产重心从香港、台湾、韩国转移到中国大陆和东南亚其他地区（刘德学，2006）。

随着技术水平的提高和资金的积累，“亚洲四小龙”加工贸易的产业结构不断高级化，逐渐转向电脑、通信、医药等高附加值产业，而把服装、皮革、玩具、家具、鞋帽等边际产业转向中国大陆、印度、越南等具有劳动力、资源、政策优势的地区。因此，日本的加工贸易主要集中在高技术、高附加值的产业，“亚洲四小龙”加工贸易的产业水平次之，低附加值的劳动密集型加工贸易则集中在中国大陆、印度、越南地区。整体上，东亚加工贸易产业经历了进口、进口替代、出口、向外转移、复进口等阶段。在同一国家或地区内，表现为高附加值的加工贸易产业逐渐替代低附加值的加工贸易产业；在不同国家或地区内，表现为加工贸易边际产业向其他国家或地区的转移（如图 5-2）。

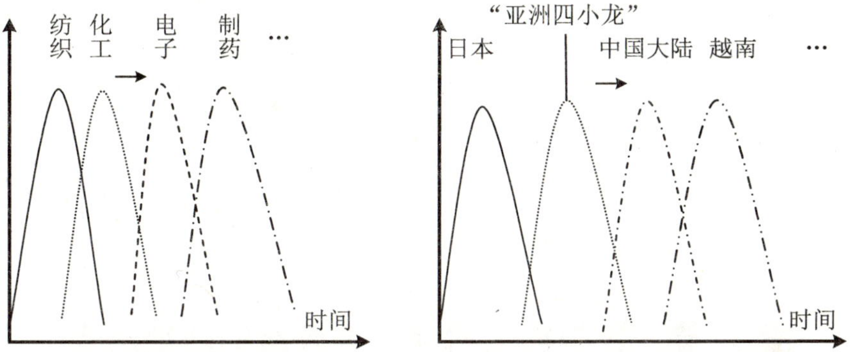

图 5-2 东亚加工贸易“雁行”转移图示

台湾的主要网络通信代工厂商为了降低成本，先后在大陆设厂，把制造环节转移到大陆（见表 5-4）。中国台湾的自动数据处理设备制造业将产业价值链中的设计和测试环节仍保留在台湾本土，加工组装和部分元器件生产则通过 FDI 形式进入大陆，在不失去对原有供应链的支配力的同时，有效降低了制造成本。2004 年，依靠设立在大陆和岛内的工厂，中国台湾企业生产的笔记本数量在全球的份额上升到 70%。除个别企业外，台湾电脑企业超过 95% 的出货量都是在大陆生产的。[①]

表 5-4 台湾主要网络通信制造厂商在大陆投资情况

中国内地投资地		说明
友讯	广东东莞，江苏吴江	总投资金额达五六亿美元
智邦	广东深圳	与中国业者合作模式
亚旭	江苏吴江，上海	大陆产能达 95%，已与华硕合并
合勤	江苏无锡	另设有天津合勤、上海合勤

① 沈玉良，孙楚仁，凌学岭：《中国国际加工贸易模式研究》，人民出版社，2007 年，第 247 页。

续表

中国内地投资地		说明
建汉	江苏，上海	产能依赖中国，已与鸿海合并
明泰	广东东莞	大陆产能已近八成
正文	江苏昆山，苏州	大陆产能已达六成以上
友劲	广东东莞，深圳	深圳友劲，东莞锦旭

资料来源：台湾经济研究院，《2007 年台湾产业景气趋势调查》，第 278 页。

第二节　我国加工贸易转型升级的路径选择

我国加工贸易发展到一定的阶段后，将进入转型升级的转折点（见图 5-3）。一方面，我国加工贸易生产厂商在发展过程中，将面临现存竞争者、潜在竞争者、协作厂商、客户、供应商、其他经营方式等外在因素的影响，当这些外在因素挤压了加工贸易生产厂商的生存空间并带来了巨大外在压力时，加工贸易企业不得不谋求应变。另一方面，一些加工贸易企业在发展的过程中，显著提高了技术和管理能力，

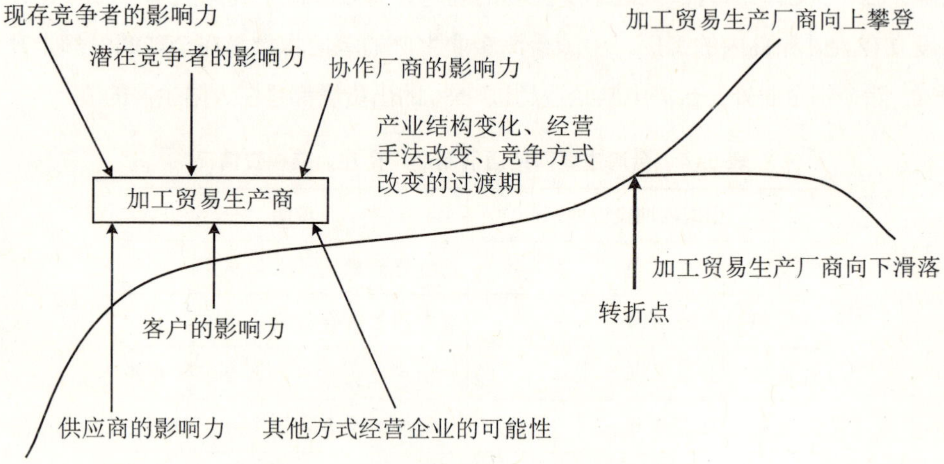

图 5-3　加工贸易转型升级的转折点图示

资料来源：Andrew S. Grove(1986)；转引自：邬关荣：《加工贸易转型升级研究——以服装产业为例》，经济科学出版社，2007 年，第 12 页。

产业结构、经营手法和竞争方式有所改变，进入加工贸易转型升级的过渡期。当这些因素促使加工贸易不得不改变先前的经营形态时，加工贸易就将进入发展的转折点。一些加工贸易企业由于未能适应外在竞争压力，且未能在发展中壮大，将向下滑落，继续维持原态或被市场淘汰；而另一些具有较好的资金、技术和管理基础，且能适应外在竞争压力的加工贸易企业，将沿着价值链向上攀登，进行转型升级。

在借鉴已有相关文献和东亚国家（地区）的转型升级路径的基础上，本章构建了一个“全球生产网络中我国加工贸易转型升级的路径模型”（如图 5-4）。首先，对模型做出三点简要说明。第一，横轴和纵轴表示两条附加值轴线，其值均从原点往两端递增。第二，模型的虚线圈表示不断向外扩展的全球生产网络。第三，第Ⅰ、Ⅲ象限分别是升级路径区和转型路径区。根据侧重点的不同，本书把加工贸易转型升级的路径区分升级路径和转型路径。当然，现实中加工贸易的转型路径和升级路径并非截然分明，而是辩证统一的，往往是在升级中转型，在转型中升级。为了使模型简明清晰和表述明了，本书在进行抽象和简化后，把升级路径和转型路径置于不同的象限。以下结合模型和我国加工贸易的实际情况分析和归纳我国加工贸易转型升级的路径。

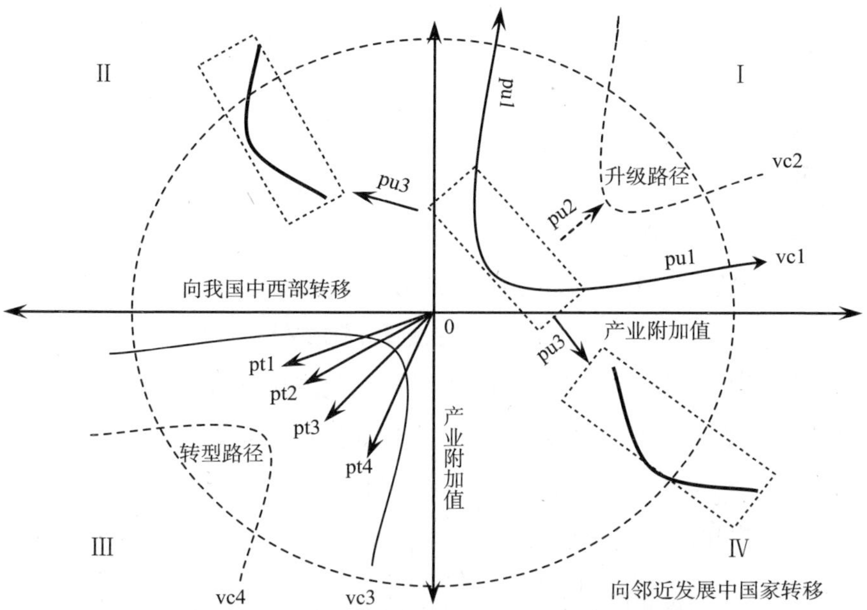

图 5-4　全球生产网络中我国加工贸易转型升级的路径模型

注：pu（the upgrading path）表示升级路径；pt（the transformating path）表示转型路径。

一、产业内升级路径

在产业内分工和产品内分工兴起之前，一家企业的生产经营活动往往覆盖了产品生产的全部过程，包括研发、设计、生产制造、销售和售后环节等所有环节。随着分工的深入和细化，同一产业内的各个价值环节出现了垂直分离的现象。跨国公司通过价值链的片段化和空间重组在全球范围内进行生产能力配置，以往完整的生产过程分离在不同的国家，形成全球生产网络（Krugman，1995；Arndt & Kierzkowski，2001）。一家企业的生产经营活动不再覆盖产业的全部过程，而是集中在具有竞争优势的产业环节上。在同一产业中，不同的产业环节的附加值不同，研发、设计、营销、品牌服务等产业上下游环节的附加值要高，而中间的加工制造环节的附加值要低。根据产业的前后向关系，不同附加值的价值链环节连成产业价值链。台湾宏碁公司的创始人施振荣先生结合其经营实践，提出了著名的产业微笑曲线理论。所谓微笑曲线理论，是指产业链上下游环节的附加值高于中间的加工制造环节，用图形绘制的产业价值链曲线形同微笑的嘴形，故形象地称之为微笑曲线。

加工贸易是产业内分工和产品内分工的一种主要实现形式，也是发展中国家参与全球产业内分工和产品内分工的重要途径。一方面，发达国家的跨国公司集中于最具比较优势且附加值高的研发、设计、品牌推广等环节，而把加工制造环节通过FDI和外包的形式转移到生产制造成本低的发展中国家。另一方面，发展中国家为了吸引外资、增加就业、增加外汇收入，大多采用发展加工贸易的形式，对外资FDI和承揽外包业务实行政策优惠。外商到我国进行FDI，主要是看重我国的劳动力优势、加工制造成本较低且可以享受政策优惠。FDI大多开展加工贸易业务，主要在我国完成产业链中的加工制造环节。我国企业在接受了国外外包订单后，主要采取加工贸易的形式进行代工生产。目前，外商加工贸易企业是我国加工贸易的主体，无论是在企业数量还是在加工贸易进出口中都占主导地位。外商投资加工贸易企业为主体和我国本土加工贸易企业的代工性质，决定了我国加工贸易集中在产业价值链中低端的加工制造环节的现状（如图5-5）。

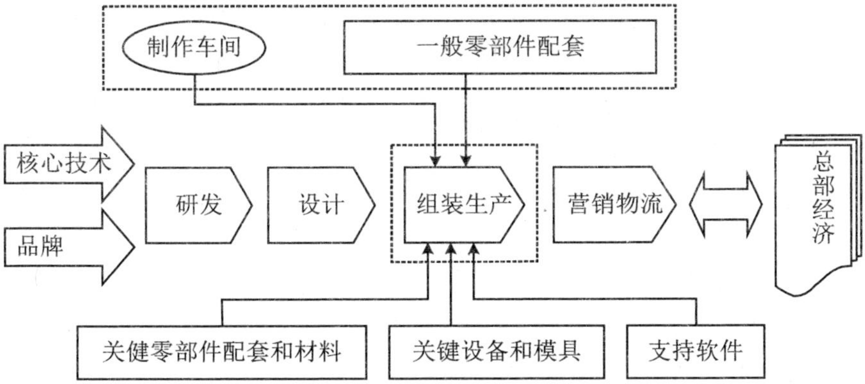

图 5-5 我国加工贸易企业在产业价值链中的地位

我国的加工贸易大多集中在产业价值链中间的加工制造部分，增值率和附加值低，主要采用贴牌生产（OEM）形式，没有独立的研发和市场开拓能力，关键技术和零部件掌握在品牌经营商手中，因而收益微薄。如图 5-5 所示，在产业价值链中，我国加工贸易主要集中于组装生产环节，充当着跨国公司的制造车间。在加工组装生产外，我国的一些进料加工贸易企业加入了一般零部件的配套生产。研发、设计、营销、物流等产业价值链环节被国外跨国公司牢牢控制。因为核心技术掌握在跨国公司总部，在关键料件、关键设备和模具、支持软件方面，我国加工贸易企业对委托企业具有严重的依赖性。“以 DVD 为例，在 57 项关键技术中，我国只掌握 15. 8%。我国出口的国产品牌 DVD 需要向国外缴纳各种核心技术专利费每台 20 美元，使国产 DVD 的低成本优势弱化，几乎无利可图。”① 从代工嵌入全球产业价值链是发展中国家在全球化格局中快速实现工业化的有效战略，但这种战略容易导致发展中国家被锁定在价值链的低端环节，出现“俘获”现象（Schmitz，2004）。通过发展加工贸易，我国获得了嵌入全球生产网络的机会，但是在产业分工中被锁定在价值链低端环节。我国加工贸易受到两头挤压，一方面，销售渠道掌握在外商手中，国外销售商竭力降低对我国加工贸易产品的收购价格；另一方面，我国加工贸易企业必须从国外企业进口关键零部件、设备和支持软件等，跨国公司通过提高关键零部件、设备和支持软件等的销售价格，增加了我国加工贸易企业的经营成本，挤压了我国加工贸易企业的获利空间。例如，邬关荣（2007）通过研究得出，我国服装

① 孙杭生：《我国加工贸易转型升级问题研究》，《经济问题研究》，2009 年第 4 期，第 61 页。

加工贸易存在价值链“双缺口”，即技术资源缺口和营销资源缺口（见图 5-6）。

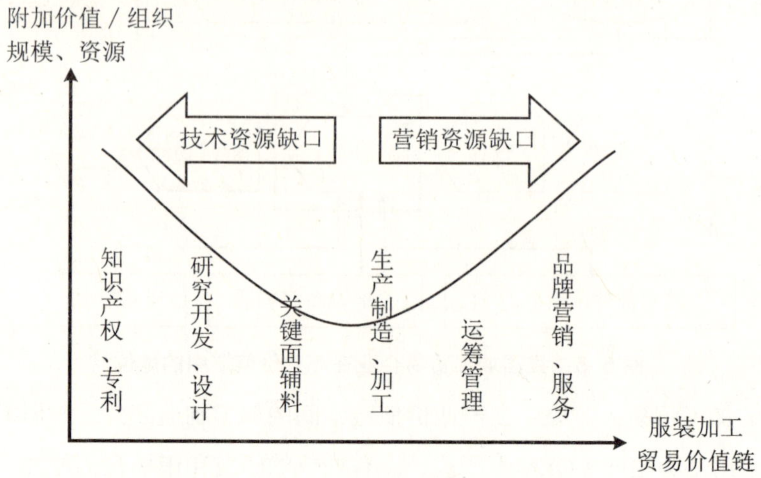

图 5-6 我国服装加工贸易价值链双缺口

资料来源：邬关荣：《加工贸易转型升级研究——以服装产业为例》，经济科学出版社，2007 年，第 212 页。

我国加工贸易企业要提高附加值，摆脱两头挤压的局面，必须立足长远，努力向产业价值链的上下游延升拓展，从 OEM 向 ODM 或 OBM 升级。OEM、ODM 和 OBM 是三种不同的生产方式（见表 5-5）。OEM 是指贴牌生产，完全按照客户的要求进行产品的组装和制造，而产品的创新、开发、设计、规划、渠道、营销等附加值高的环节全部掌握在买家手中。目前，我国的绝大部分加工贸易企业都是从事 OEM 代工生产，只是利用我国的廉价劳动力优势在产业链的组装和制造环节中赚取工缴费收入。例如，国内从事集成电路产品加工贸易的企业几乎全是封装、测试者，而非设计者。ODM 即代工设计生产，ODM 厂商具有较强的资金和技术实力，除了组装和制造环节的代工外，它们还可以为买家代工产品的开发、设计和规划，但产业链高端的创新和营销环节还是掌握在买家手中。因为 ODM 企业参与了产业链的多个环节，因而生产的附加值要比 OEM 企业高，生产的自主程度也相对较高。我国有一少部分加工贸易企业通过 OEM 阶段的资金和技术积累，从简单的 OEM 生产厂商上升为 ODM 厂商。例如，富士康和比亚迪，它们除了给客户进行产品组装和制造外，还根据客户的需要提供开发、设计、规划等服务。OBM 是指自主品牌生产。OBM 企业自主掌握了产业链中的创新、开发、设计、规划、品牌和渠道等环节，在研发、生产和营销方面都处于主导地位，对外不具有任何依赖。它们可以凭借自主品牌和自主创新能力获取高附加值，而把组装和制造环节外包给具有生产成本优势的企业。

表 5-5 OEM、ODM 和 OBM 的价值活动

生产方式		研发		生产		营销	
		创新	开发	设计	组装 / 制造	规划	品牌 / 渠道
OEM	代工生产	买家掌握	买家掌握	买家掌握	代工	买家掌握	买家掌握
ODM	代工设计	买家掌握	代工	代工	代工	代工	买家掌握
OBM	自创品牌	自主掌握	自主掌握	自主掌握	外包	自主掌握	自主掌握

资料来源：瞿宛文：《台湾后起者能借自创品牌升级吗？》，《世界经济文汇》，2007年第5期。

由于生产方式的不同，OEM、ODM、OBM 在技术学习与能力成长、市场特征和创造价值三方面具有不同的特征（谢泗薪，2009）。在技术学习与能力成长方面，OEM 的主要学习方式是“干中学”，通过模仿和分解代工产品，学习代工标准，形成装配技能和基本生产能力；ODM 的主要学习方式是用中学，通过工艺创新改进产品质量和速度，形成全面的生产能力，具备工艺创新和产品设计的能力；OBM 的主要学习方式是研发中学，结合市场的需要进行产品和工艺创新，具备产品创新和品牌塑造的能力。在市场特征方面，OEM 处于被动地位，订单和销售完全依赖于进口商，其优势在于利用廉价的劳动力降低成本，确保加工装配质量满足买家需要；ODM 则按照客户的基本要求设计产品，并着力建立销售部门，直接对接海外销售商；OBM 则开始自主品牌销售，不依赖海外分销商，具有内部营销策划能力。在创造价值方面，OEM 处于价值链的低端，只能获得微薄的加工装配费用；ODM 在设计环节上可拥有知识产权，生产附加值比 OEM 高；OBM 因为拥有自主品牌和自主创新能力，因而附加值和利润是三者中最高的（见表 5-6）。

表 5-6 OEM、ODM 和 OBM 的特征比较

	技术学习与能力成长	市场特征	创造价值
OEM	“干中学”；学习标准化；形成装配技能与基本生产能力；在模仿分解中学习提高	被动的进口商拉动；廉价的劳动力装配；产品销售依赖于购买商；注重质量，降低成本	较低的加工、装配费用；微薄的利润；处于价值链的低端
ODM	用中学；面向质量和速度的工艺调整；全面生产能力的形成；具有工艺创新和产品设计能力	高级产品销售；市场营销部门建立；自己设计产品、完善产品系列；直接销售给海外零售商	产品设计的附加值比单纯制造商高，有时可拥有自己的知识产权
OBM	研发中学；面向产品和工艺的研发；与市场需求紧密结合；具有产品创新和品牌塑造能力	开始自有品牌销售；直接面向客户促销；不依赖于海外分销商；内部营销策划能力	充分利用品牌和无形资产的高附加值；利润较高

资料来源：谢泗薪，薛求知：《中国企业全球学习的国内攻略——从 OEM 到 OBM 的学习链接与战略升级》，《研究与发展管理》，2009 年第 3 期，第 35 页。

OEM、ODM、OBM 是加工贸易实现价值链内升级的三个阶段。OEM 是加工贸易企业的原始生产形式，也是目前我国加工贸易企业的主要生产形式。OEM 加工贸易升级受到多种因素的影响，要实现升级，必须对这些因素进行整合（毛蕴诗，2009）。因而，OEM 加工贸易企业的升级需要具备一定的条件，既需要相应外部的制度环境，也需要具备必需的企业能力（见图 5-7）。一方面，OEM 企业在从事代工生产的过程中，可以通过“干中学”积累生产制造能力、技术创新能力、企业家精神、资本能力、创新人才、营销能力和企业整合能力等多项企业能力；另一方面，市场环境、技术创新环境、技术联盟与合作关系等环境的改变，构成了 OEM 加工贸易企业升级的制度环境。对于具有企业家精神的加工贸易企业家而言，面对着加工贸易经营成本的上升、市场需求的升级、人民币升值等众多挑战，他们将充分利用在代工生产中积累的资金、技术和管理能力致力升级，制定升级战略，努力提高自主创新能力。

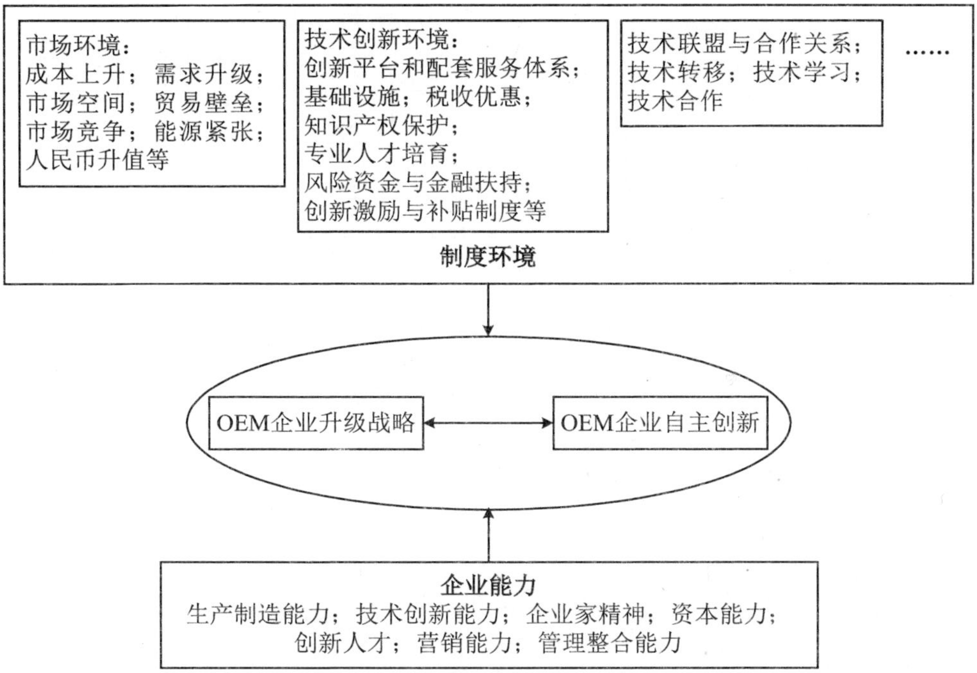

图 5–7 OEM 企业升级战略的影响因素整合分析框架

资料来源：毛蕴诗，姜岳新，莫伟杰：《制度环境、企业能力与 OEM 企业升级战略——东菱凯琴与佳士科技的比较案例研究》，《管理世界》，2009 年第 6 期，第 138 页。

在价值链内，从 OEM 向 ODM、OBM 递进是加工贸易升级的路径（见图 5-8）。从 OEM 升级到 OBM 阶段，将先后经历 OEM 成长阶段、代工设计阶段和品牌塑造阶段。这三个阶段的附加值呈递增的态势，且各自对应的经营策略也有很大区别：在贴牌生产阶段，加工贸易企业主要制定和落实全球生产加工策略，提高加工质量和效益；在代工设计阶段，加工贸易企业着重落实全球产品研发策略和全球市场开拓策略，提高研发和营销能力；在 OBM 阶段，加工贸易企业侧重于全球品牌研究策略和全球知识创新策略，形成品牌竞争优势。

从事 OEM 生产，是我国加工贸易企业在资金和技术基础薄弱的情况下做出的选择，而创建自主品牌，甚至国际品牌，则是许多 OEM 加工贸易企业的经营目标。从简单的委托代工制造经由研发设计，最终建立自主品牌，是新兴市场的企业实现升级的最佳途径（Amsden，1989）。目前我国出口企业中拥有自有品牌的不到 20%，自有品牌出口额在出口总额中的比重不足 10%（孙杭先，2009）。从代工生产跻身

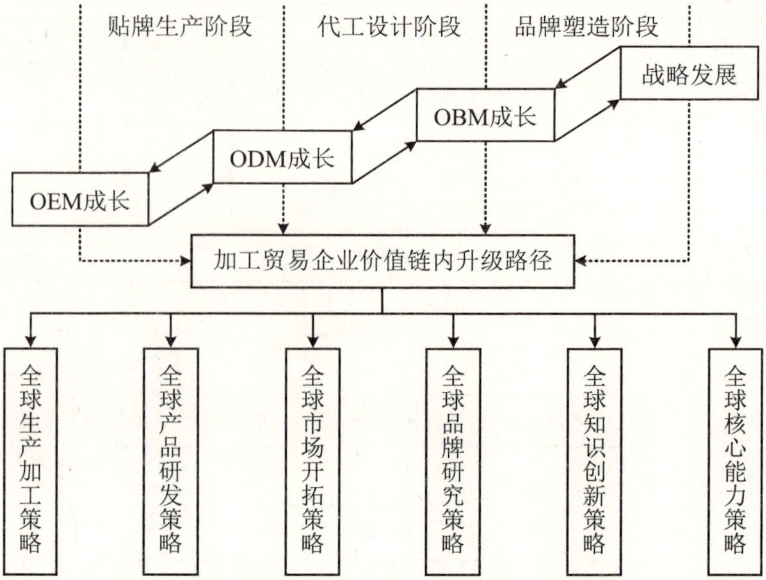

图 5-8 加工贸易企业从 OEM 到 OBM 的升级路径

参考资料：谢泗薪，薛求知：《中国企业全球学习的国内攻略——从 OEM 到 OBM 的学习链接与战略升级》，《研究与发展管理》，2009 年第 3 期，第 40 页。

于自主品牌生产，不可能一蹴而就，而是一个梯次递进的演进过程（见图 5-9）。首先，加工贸易企业在 OEM 阶段从事代工生产，虽然代工生产的价值增值率不高，但锻炼了组装和制造能力，同时不断提高了技术和管理能力。当在代工生产中积累的技术能力达到临界点时，OEM 加工贸易企业就到达了向 ODM 跃进的关键点Ⅰ，随后进入了 ODM 阶段。在 ODM 阶段，加工贸易企业既可以保留原有的 OEM 业务，又可以为客户开展代工设计，或者只集中开展代工设计生产。ODM 加工贸易企业的核心能力是研发和设计能力，甚至拥有产品设计和非关键部件的专利技术。因为市场竞争和盈利本性，ODM 加工贸易企业普遍具有向自主品牌生产升级的诉求和动力。随着研发、设计能力的提高，当 ODM 企业掌握了关键零部件的生产技术，具备了强大的自主创新能力时，它们将越过关键点Ⅱ，进入 OBM 阶段。在 OBM 阶段，加工贸易企业彻底改变了代工的命运，经营着自主品牌，逐渐加强的品牌营销能力让它们获得了丰厚的利润。随着品牌营销能力的进一步提升，一些 OBM 企业在具备了国际化运营能力以后，有可能跨过关键点Ⅲ，进入 IBM（国际品牌）阶段。

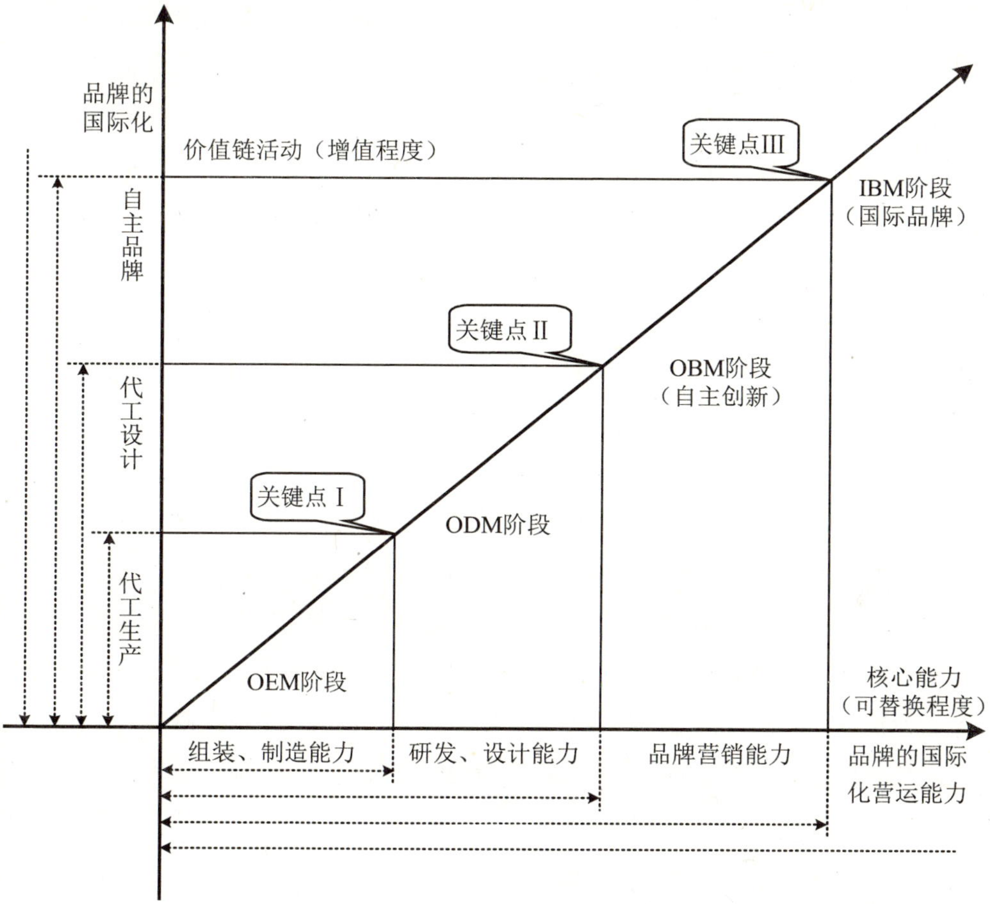

图 5–9 加工贸易企业自创国际品牌的演进路径理论模型

参考资料：杨桂菊：《本土代工企业自创国际品牌——演进路径与能力构建》，《管理科学》，2009 年第 6 期，第 40 页。

在价值链内，加工贸易企业要实现从 OEM 向 ODM、OBM 升级，必须要改变发展思路，提高技术水平和管理能力。目前，我国加工贸易企业大多依靠我国相对廉价的劳动力优势，完全依赖国外的订单维持生存，赚取微薄的工缴费收入，没有形成企业的研发能力和营销网络，一旦出现经济危机，抗风险的能力非常脆弱。“苏州地区外资加工贸易企业绝大多数从事 OEM（贴牌加工），占比 85% 以上；部分企业从 OEM 逐步走向 ODM（代工设计加工）；少数企业开始涉足 OBM（自主设计生产），占比不到 5%；只有极少数企业拥有自有品牌从事 OBM（自主设计生产），占比尚不满 1%。”[①] 虽然我国有少数企业从加工贸易企业蜕变成具有自主创新能力的 OBM 企业，如著名的比亚迪、中兴、格兰仕等，但大部分加工贸易企业要么在市场竞争中倒闭，要么止步于 OEM 代工生产，不愿意冒升级风险。“造成我国一些劳动密集型企业产品附加值低的原因主要有四个：一是缺少有国际知名度的自主品牌；二是产品的设计研发能力不强，企业缺少专利保护意识，相互模仿现象严重；三是企业各自为政，相互杀价，行业协会作用没有充分发挥，难以形成价格同盟；四是片面依赖国际市场，开拓国内市场的能力不强。”[②] 随着我国成本优势不断弱化以及印尼、越南、印度等周边发展中国家竞相发展加工贸易，我国本土加工贸易企业应强化危机意识，谋求升级之道。毛蕴诗（2010）研究了我国 OEM 企业的动态升级过程，并构建了一个动态分析框架（见图 5-10）。由于我国加工贸易企业主要从事 OEM 生产，因而 OEM 企业升级的动态框架对研究加工贸易企业的链内升级具有借鉴意义。我国加工贸易企业要在代工过程中积累有形资源、无形资源、创新能力、生产能力、营销服务能力和管理整合能力，为从 OEM 向 OBM 升级奠定资源和能力基础。加工贸易企业向 OBM 升级的过程体现在实现工艺流程升级、产品升级、功能升级、品牌建立以及提供新产品、构建品牌等方面。加工贸易企业实现了价值链内的升级后，就会从生产向设计、营销等利润丰厚环节跨越，形成学习、适应、变化、变革的动态能力，形成技术、人才、品牌、管理等方面的核心竞争能力。因此，我国的本土加工贸易企业要在代工的过程中，通过不断提高技术和管理能力，引进国外先进工艺和设备，逐渐增强研发和品牌建设能力，从加工制造环节向原材料采购、设计、研发、物流、销售等价值链两端的高附加值环节延伸，从 OEM 向 ODM 或 OBM 转变，实现产品升级、流程升级和功能升级。

① 苏州海关课题组：《加工贸易转型升级的现状、问题和对策》，《上海海关高等专科学校学报》，2006 年第 4 期，第 45 页。

② 陈小俊：《加工贸易转型升级的科学路径探析——从一次政策调整尝试引出的思考》，《上海海关学院学报》，2009 年第 1 期，第 19 页。

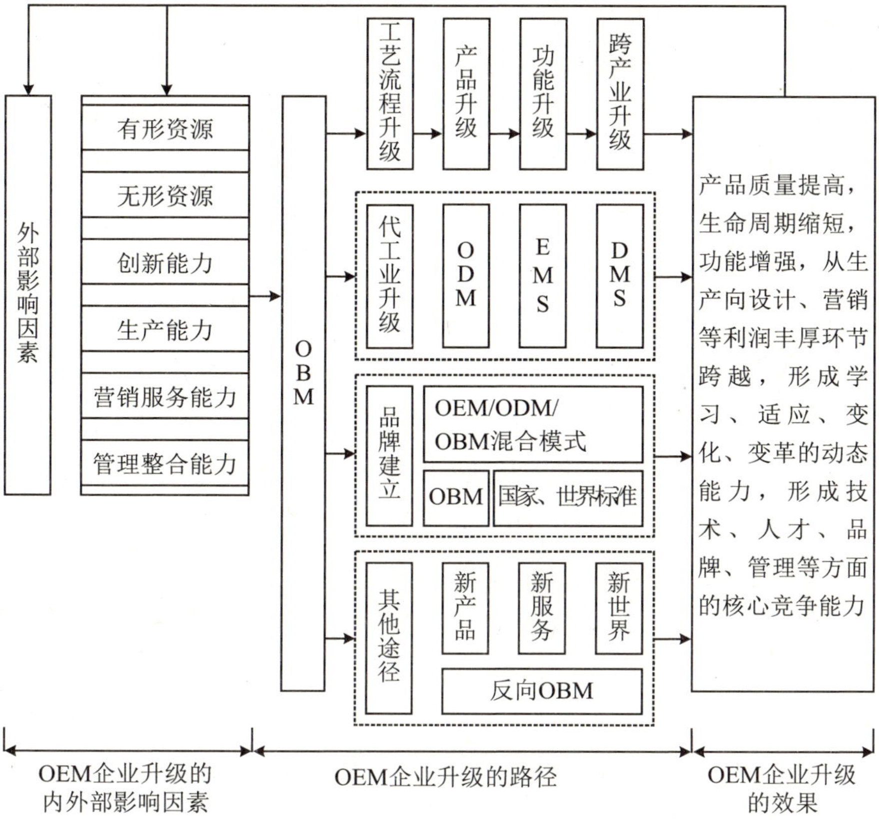

图 5-10 OEM 企业升级的动态分析框架

资料来源：毛蕴诗，吴瑶，邹红星：《我国 OEM 企业升级的动态分析框架与实证研究》，《学术研究》，2010 年第 1 期，第 66 页。

外商投资加工贸易是我国加工贸易的主体，我国要通过发展总部经济来促进外资加工贸易实现价值链内的升级。我国的外资加工贸易企业主要起到充当跨国公司生产车间的作用，主要开展产品的加工制造活动，而研发、设计、销售、品牌服务等价值链环节则保留在跨国公司所在的母国或地区总部。要改变我国外资加工贸易附加值不高、集中劳动密集型加工制造环节的现状，实现价值链内的升级，必须营造条件，引导跨国公司在我国设立结算中心、研发中心、营销中心等职能中心，建立地区总部，大力发展总部经济。“所谓地区总部，是指当跨国公司在某一区域或国家的投资经营达到一定的规模时，其往往在该地设立一个管理中心，统筹协调管理在该地的投资经营，为相关企业提供支持性的综合服务。”[①] “总部经济是一种区域经济发展模式，也是一种资源配置机制和模式。它是指一个地区通过创造和利用其战略资源和非战略资源或称常规资源，吸引国内外企业集团总部或区域总部或职能中心（如采购中心、结算中心、研发中心、营销中心等）入驻，以吸引更多的战略资源要素向该地区集结，或发展和提升该地区的战略资源和战略能力，而生产加工基地在非战略资源成本较低的地区布局，从而形成‘总部—加工生产基地’的产业价值链的一种区域经济发展模式。”[②] 自赵弘在 2003 年提出“总部经济”概念后，发展总部经济成为国家和北京、上海、广州等中心城市实现产业升级和城市发展的一种战略。北京、上海、广州等地先后颁布了鼓励跨国公司设立地区总部的促进政策。自 2003 年后，我国总部经济获得了快速的发展。“据商务部统计，来华投资的国家和地区已近 200 个，全球最大的 500 家跨国公司已有 450 家在华投资，跨国公司投资设立的研发机构超过 600 家；经商务部认定的跨国公司地区总部有 30 多家，跨国公司大规模地涌入中国开拓市场，这是中国发展总部经济的外部因素。”[③] 以上海为例，“截至 2007 年 1 月，落户上海总部经济的外资企业总数达到 500 家，其中，跨国公司地区总部 154 家、外资投资性公司 150 家、外资研发中心 196 家”[④]。“上海跨国公司总部均来自于美国、日本、德国、英国和法国等主要发达国家的世界 500 强企业，行业部门包括通讯电气、化学制药、家居餐饮、炼油冶金和金融保险等领域。”[⑤] 跨国公司把研发、设计、营销、财务、管理等地区总部设立在我国后，我国外资企业就不仅仅只是充当加工制造车间的加工贸易企业，而是综合了价值链上的研发、设计、营销等各种活动，从而实现转型升级。随着我国在世界上经济地位的提高以及国内市场的发展，为了了解和进入我国市场，越来越多的跨国公司把地区总部迁入我国

① 张广荣：《跨国公司在华设立地区总部若干问题探析》，《中国外资》，2008 年第 5 期，第 45 页。

② 王凤洲，孔丰：《总部经济发展战略及其成本效益分析研究》，《东南学术》，2006 年第 5 期，第 75 页。

③ 万容：《论我国总部经济的发展》，《社会科学辑刊》，2010 年第 1 期，第 114 页。

④ 何骏：《上海发展跨国公司总部经济的现状与对策》，《上海投资》，2007 年第 5 期，第 12-16 页。

⑤ 王承云，毛睿奕，张婷婷：《上海跨国公司总部的空间集聚及影响因素》，《经济地理》，2010 年第 6 期，第 898 页。

大陆的发达城市，为此，我国要加强知识产权保护力度，完善会计、咨询、培训等各种相关服务，营造更好的条件，大力引进地区总部。

二、产业间升级路径

在整体上，产业之间存在“价值势差”，资本或技术密集型产业的附加值要高于劳动密集型产业。劳动密集型产业大多是传统产业，其竞争优势在于低廉的劳动力成本。服装、玩具、陶瓷、家具、制鞋等产业属于典型的劳动密集型产业。劳动密集型产业的资金和技术水平不高，因而市场接近充分竞争市场，产品的毛利率不高。资本和技术密集型产业的进入门槛高，在资本和技术方面具有较高的要求。例如，通信、电子、机电、机械等产业属于资本和技术密集型产业。技术密集型产业的竞争主要体现在研发、设计、营销等关键环节的竞争，产品的技术水平在根本上决定利润的高低和核心竞争力的强弱。我国的高新技术产业属于资本或技术密集型行业，是我国鼓励和扶持的重点产业。资本或技术密集型产业所生产的产品主要满足消费者较高层面的消费需求，相比于传统产业的产品，高新技术产品的可替代性程度要低，因而产品的利润率较高。但是，由于资本或技术密集型产业为了保持技术领先，必须要不断地开展研发，其资金投入也较大，因而，资本或技术密集型产业面临的风险也较大。劳动密集型产业的产值减少，资本或技术密集型产业的产值在国民生产总值中所占的比例的增加，表明国家产业结构在不断升级和优化。因而，制定优先发展的产业扶持政策，鼓励和发展资本或技术密集型产业，是一个国家推动产业结构升级的重要途径。对于企业来说，从劳动密集型产业转入资本或技术密集型产业，是企业升级的一条重要途径。

从低附加值的劳动或资源密集型产业向高附加值的资本或技术密集型产业升级，既面临着机遇，也面临着挑战。一方面，如果企业从劳动密集型行业成功地跻身于资本或技术密集型产业，将赢得更为广阔的发展前景，生产的盈利程度会得到很大的改善。另一方面，要成功地实现产业之间的跃升，需要具备一定的条件。对于那些在劳动密集型产业的经营中积累了较为雄厚的资本，且技术能力较强、管理水平较高的企业来说，它们从劳动密集型产业向资本或技术密集型产业升级的成功概率较高。而那些基础不好的企业，升级的困难更大，失败的可能性也更大。尽管从劳动或资源密集型产业向资本或技术密集型产业升级存在着风险，但对于具有进取心的企业家而言，应该积极准备，在条件成熟时向高新技术产业进军，为企业做强做大而长远考虑。

改革开放初期，我国加工贸易主要集中在服装、鞋帽、玩具、家具等劳动密集型产业。当时，由于我国城乡拥有大量的剩余劳动力，劳动力充裕而廉价。我国香港、台湾、澳门等地区的劳动密集型产业向我国沿海地区，尤其是珠三角地区转移，大量的劳动密集型加工贸易企业在沿海地区集聚。劳动密集型加工贸易企业的主体是以港澳台资本为主的企业。随后，我国一些本土企业家看到了加工贸易发展的机遇，先后涌现出一批本土加工贸易企业。这些本土加工贸易企业因为资金薄弱、技术水平低，集中在低附加值的劳动密集型产业，如服装、玩具、鞋帽等产品的“三来一补”业务。20 世纪 90 年代以后，欧美发达地区的跨国公司大量进入我国投资生产，以 FDI 的形式建立了大批外资加工贸易企业。欧美发达地区的跨国公司把高新技术产业链中的加工制造环节转入我国，在我国设立的加工贸易企业主要开展高新技术产品的加工贸易。此后，我国加工贸易产品的出口结构显著改善，高新技术产品和机电产品的加工贸易出口份额快速增长。但是，我国本土加工贸易企业仍然主要集中在低附加值的劳动密集型产业，资源消耗大，而收益微薄。

我国加工贸易从低附加值的劳动密集型产业向高附加值的资本或技术密集型产业升级，需要从两个方面做出努力。一方面，对于我国身处劳动密集型行业的本土加工贸易企业而言，它们要增强忧患和危机意识，创造条件向资本或技术密集型产业升级。随着我国人口红利的消减，劳动力资源优势不可能长期维持。近几年来，尽管加工贸易企业的员工工资持续增长，但沿海加工贸易聚集的城市依然在每年的用工高峰期出现日益严峻的“民工荒”。此外，我国的水、电、土地资源价格也在不断上涨，加工贸易企业的经营成本不断提高。在此形势下，我国本土加工贸易企业不能故步自封，而应该努力向资本或技术密集型产业升级。本土加工贸易企业要在发展劳动密集型产业时，积累资金，提高技术和管理能力，在契机出现时向资本和技术密集型产业进军。当然，产业之间的跨越并非一定要一步到位，可以结合实际情况，在继续开展劳动密集型加工贸易的同时，涉足资本或技术密集型产业的代工或自营业务。政府应对我国本土加工贸易企业向资本或技术密集型产业升级提供政策优惠，如减免税收、构建良好的融资环境，鼓励和引导加工贸易企业从低附加值的劳动密集型产业价值链跃入高附加值的电子信息、生物、新材料、环保、节能与新能源、海洋等高新科技产业价值链。另一方面，我国政府要制定外商投资产业目录，同时严把外资加工贸易审批关，限制外资在我国开展劳动密集型产业或资源密集型产业的加工贸易，鼓励外资在我国开展高新技术产业的加工贸易业务。当前，无论是从加工贸易进出口总额，还是从加工贸易企业数量来看，外资加工贸易是我国加工贸易的主体。外商投资加工贸易企业的经营活动主要服从母公司全球战略的需要，其本身并没有向资本或技术密集型产业升级的主动权。在外资主导的加工贸易中，产业链中价值分配的决定、产业链的长度、产业链的转型和升级主要由主导产业链的跨国公司决定（联合国贸易与发展会议，2002；Gereffi and Memodovic，2005；Memodovic，2005）。因此，要实现外资加工贸易企业从劳动密集型产业向资本或技术密集型产业升级，必须要靠政府把好外资入口关，通过政策引导外资发展高新技术产业的加工贸易，禁止或限制外资在我国开展新的劳动密集型产业加工贸易。

三、区域转移升级路径

改革开放以来，我国从经济、社会发展不平衡的现实出发，实施了优先发展东部沿海地区、逐步向中西部地区推进的非均衡经济发展战略，鼓励东部沿海地区利用毗邻台港澳地区、运输便利、政策优惠等优势大力发展加工贸易。自 1978 年珠海市签订了全国第一份来料加工合同以来，加工贸易在我国快速发展。我国加工贸易进出口总额从 1981 年的 25 亿美元，增长到 2009 年的 8503 亿美元，增长了 339 倍，加工贸易的发展对我国的经济发展、税收、就业、创汇以及工业化做出了巨大贡献。然而，我国加工贸易地域分布严重不均。2010 年前 5 月，中西部地区加工贸易占同期我国加工贸易进出口总值的比重仅为 3. 9%。[①]

我国加工贸易梯度转移的“涓流效应”微乎其微，而“虹吸效应”较为明显，最终导致地区经济发展的不平衡加剧，形成“断层危机”（吕靖，2007）。为统筹区域经济发展，党的十七大报告把缩小地区差距和引导生产要素跨区域合理流动作为实现国民经济又好又快发展总目标的重要内容之一。要缩小地区差距和实现加工贸易升级，就必须把东部沿海地区加工贸易的边际产业梯度转移到中西部地区，贯彻落实国家提出的“梯度转移，东部做高端、中西部做中低端”的加工贸易产业转移思路。同时，我国还可以引导部分加工贸易企业向邻近发展中国家转移剩余生产

① 杜海涛：《加工贸易结构出现两大变化》，《人民日报》，2010 年 6 月 29 日。

能力，充分利用更加低廉的劳动力成本和更为优惠的政策。在此，本书特对我国加工贸易梯度转移问题进行专门探讨。

（一）加工贸易区域分布现状

改革开放以后，由于地理位置、经济条件、开放程度等方面的差异，我国加工贸易发展的地域差别巨大。加工贸易企业绝大部分集中在东部沿海地区，而远离港口、运输成本高、产业配套程度差的中西部地区，尽管地域广阔，存在资源、劳动力相对廉价的优势，但加工贸易在全国所占的比例非常小。以加工贸易出口额为例，我国东部、中部和西部地区存在巨大的悬殊，1995—2007年间，95%以上的加工贸易出口额集中在东部沿海地区（见表5-7）。2007年，东部地区加工贸易进出口总额为9609.3亿美元，是中西部地区251.1亿美元的近38倍。2005—2007年3年间，东部地区加工贸易进出口额占全国进出口贸易额的比重基本稳定在97.5%左右，而中西部地区仅为2.5%。[①] 2008年，广东省加工贸易进出口额为3559.41亿美元，相比之下，2008年湖南省加工贸易进出口总额为11.37亿美元，2008年广西、甘肃加工贸易进出口总额则分别为7.96亿美元和3亿美元，相差悬殊。

表5-7 我国加工贸易出口额的地区分布及其比重

地区	东部地区		中部地区		西部地区	
年份	金额（亿美元）	比重（%）	金额（亿美元）	比重（%）	金额（亿美元）	比重（%）
1995	706.93	95.90	20.53	2.79	9.72	1.32
1997	960.90	96.42	26.40	2.65	9.27	0.93
1999	1081.79	97.56	19.63	1.77	7.40	0.67
2001	1441.55	97.79	21.92	1.49	10.59	0.72
2003	2365.95	97.83	28.62	1.18	23.92	0.99
2005	4077.19	97.90	58.75	1.41	28.73	0.69
2007	6015.04	97.43	108.84	1.76	50.11	0.81

资料来源：张芳：《论加工贸易向中西部地区的转移》，《黑龙江对外经贸》，2009年第6期，第28页。

① 刘容欣：《加工贸易向中西部的梯度转移》，《开放导报》，2009年第5期，第82页。

目前，我国加工贸易形成了一个以东部沿海地区为头阵、西部地区为尾阵、中部地区为中间阵的不均衡雁行阵列。东部沿海地区率先发展的是服装、皮革、家具、制鞋、玩具等劳动密集型加工贸易产业，每一加工贸易产业都经历了图 3-6 中雁行形态的发展过程，即进口、生产、出口的过程。随着技术、资金的积累和开放程度的提高，东部地区的电子、通信、机电等高附加值的加工贸易产业逐渐占据主体地位，表现为图 3-6 中的引申形 A。同时，东部沿海地域的劳动密集型、资源密集型的加工贸易边际产业出于成本的考虑开始向中西部转移，表现为图 3-6 中的引申形 B。

（二）加工贸易梯度转移的必要性

加工贸易的梯度转移是对我国加工贸易雁阵结构进行调整和优化，从而形成一个更加有序、合理、高效的雁阵。雁行理论认为，随着比较优势的变化，一方面，一个国家或地区的高附加值的产业会取代低附加值的产业，另一方面，边际产业会向其他国家或地区转移。因此，我国加工贸易在时空上的雁行分布不是静态不变的，而是不断地进行着动态调整。比较优势的变化是我国加工贸易必须进行梯度转移的内在原因。

第一，我国东部沿海地区劳动力充沛且廉价的比较优势不断弱化，而中西部在劳动力的供给和价格上具有明显的比较优势。虽然沿海地区经济总量大，但全国的人口主要集中在湖南、河南、四川等中部省市。即使加工贸易最不发达的西部地区，劳动力资源也非常丰富，人口达到 36179 万人，约占全国总人口的 27. 5%。[①] 西部农村富余劳动力数量近 8000 万人，近年来通过向城市异地转移和进入乡镇企业就地转移 3500 万人左右，尚有 4000 多万人滞留在农村。[②] 如果把中国人力工资平均水平设为 1，我国东部的人力工资水平约为 1. 31，西部地区是 0. 91。我们内陆地区一般劳动力工资在 1000 元左右，沿海地区在 1400 元左右。[③] 以最低工资标准为例，目前东莞的最低工资标准提至 920 元／月，广州、深圳、杭州为 1100 元／月。根据香港贸发局 2007 年对中西部加工贸易梯度转移重点承接地的调查，中西部地区的最低工资

① 中华人民共和国国家统计局：《中国统计年鉴（2007）》，中国统计出版社，2008 年，第 106 页。

② 韩润娥：《我国加工贸易梯度转移趋势探讨》，《商业时代》，2009 年第 10 期，第 105 页。

③ 曲建：《内地如何更多地承接产业转移》，《第一财经日报》，2009 年 9 月 10 日。

普遍低于600元／月，不少地区还低于500元／月（见表5-8）。

表5-8 中西部加工贸易梯度转移重点承接地劳动力与工资情况

省	市	常住人口（万）	常年在外务工人数（万）	剩余劳动力（万）	最低工资（元/月）	普通工人工资（元/月）
安徽	合肥	132	7	19	410~600	700~1200
	芜湖	230	10		500	800~1000
湖北	武汉	858	113	45	580	800
江西	南昌	455	86	11	510	750~950
	赣州	860	200	40	480	800~1000
湖南	郴州	460	90		500	600~900
河南	焦作	355	17	90	400	600
	新乡	555	5	15	400	600
山西	太原	345	50	20	550	800
广西	玉林	610	122	30	435	500~900
	北海	152		19	500	800~1000

资料来源：香港贸发局，《承接珠三角加工贸易转移，内地重点城市投资环境评估》。

第二，东部地区的土地、水电等资源和能源价格不断上涨，环境承载力已经十分有限，而广阔的中西部地区则集中了全国的能源和矿产资源，具有显著的资源比较优势。"以西部地区为例，该地区煤、油气资源和有色金属储量占全国之首，原油探明储量占全国的27.8%，天然气探明储量占全国的87.5%，现有煤炭资源保有储量占全国的39.4%。西部人均能源资源为1207吨标煤，为东部的3.58倍，人均可开发水能为4982千瓦，为东部人均的1.095倍。"① 目前全国已探明的156种矿产资源中，西部地区就有138种；在45种主要矿产资源中，西部有24种，占全国保有储量的50%以上；西部铁、锰、铬、钒、钛等5种黑色金属矿探明储量分别占全国的52%、68%、72.1%、72%和95%；钾盐基本上全在西部。② 改革开放以来，

① 韩润娥：《我国加工贸易梯度转移趋势探讨》，《商业时代》，2009年第10期，第105页。

② 艾民，宁静：《促进加工贸易向西部地区转移政策研究》，《西安电子科技大学学报（社

东部地区土地要素等成本在不断上升，土地价格平均是中西部地区的1.44倍。[①]根据香港贸发局2007年对中西部重点城市的调查，中西部城市的厂房租建成本和水电收费明显低于东部沿海地区。

第三，东部地区发展加工贸易的政策比较优势逐渐弱化，加工贸易发展的优惠政策开始向中西部倾斜。为了促进东部地区产业升级，落实"中部崛起"和西部开发战略，国家逐渐收紧了东部地区的加工贸易政策，逐渐向中西部倾斜，出台了一系列鼓励中西部加工贸易发展的优惠政策。2006年以来，国家多次调整加工贸易限制类商品目录，限制或禁止"两高一资"（高污染、高能耗、资源性）和低附加值加工贸易在东部地区的发展，同时东部地区凡被列入禁止类商品的加工贸易业务，必须缴纳台账保证金，实行银行保证金台账"实转"管理。相比而言，新设立的外商投资企业则可以在中西部地区开展限制类产品的加工贸易，同时允许在中西部地区从事A类和B类限制类商品加工贸易的企业实行保证金台账空转。2007年11月，商务部和国家开发银行联合发布了《关于支持中西部地区承接加工贸易梯度转移工作的意见》，提出了到2010年培育形成50个优势明显、各具产业特色的中西部加工贸易重点承接地的目标。此后的2007年和2008年，商务部先后确立了南昌、武汉、芜湖、新乡、太原、昆明、银川、南宁等31个城市为全国加工贸易产业转移重点承接地。为了建好中西部加工贸易产业转移重点承接地，国家还采取了相应的配套措施。国家开放银行对中西部加工贸易重点承接地的重点项目予以政策性优惠贷款的支持，海关总署把保税物流功能赋予中西部重点承接地的出口加工区，铁道部门也协作开展铁—海联运，把出口货物直接运至东部港口码头。

（三）加工贸易向中西部梯度转移的影响要素

尽管波特钻石理论的最终目的在于解释国家竞争优势的形成、消解和更替，但其切入点在于分析产业竞争力的影响要素。因此，钻石理论本质上是一种产业竞争理论，它对加工贸易梯度转移具有两个方面的理论启示。第一，钻石理论为加工贸易梯度转移提供了一种有说服力的理论解释。就内涵而言，加工贸易梯度转移的本质是沿海加工贸易产业向中西部地区进行区位转移。无论是作为微观主体的加工贸

会科学版）》，2009年第2期，第17页。

① 高思：《浅析中国加工贸易中西部转移的成效及问题》，《法制与社会》，2009年第4期，第98页。

易企业，还是作为调控和监管主体的政府，加工贸易梯度转移的根本目的在于提高加工贸易产业的竞争力，而钻石理论全面而深刻地解释了产业竞争力的影响因素。概言之，加工贸易发展的影响因素的改变是加工贸易进行梯度转移的内在原因。第二，钻石理论为分析加工贸易的梯度转移的影响要素提供了一个分析框架。钻石模型的六个要素影响加工贸易转移的预期收益和机会成本，因而它们既是加工贸易产业竞争力的影响要素，也是加工贸易梯度转移的影响要素。

1. 生产要素

一方面，中西部具有丰富且价格低廉的劳动力资源、土地资源、水电资源、矿产资源等生产要素，对东部沿海地区的劳动密集型和资源密集型加工贸易企业具有很大的吸引力。通过向中西部梯度转移，东部沿海的加工贸易企业可以降低生产要素成本。另一方面，尽管随着经济的发展，中西部的知识资源、资本资源、基础设施等生产要素已经有了显著的提升，但与东部沿海经济先行区相比，仍存在明显的差距，这成为东部沿海地区加工贸易梯度转移的制约因素。第一，虽然中西部劳动力资源丰富且价格低廉，但大多是没有技能和工厂经验的农村剩余劳动力，产业工人数量不足。加工贸易企业转移到中西部地区后，尽管可以较大幅度地降低工资支出，然而生产效率会相应降低，管理难度会加大。第二，中西部地区的资本市场发育不足，金融服务相对落后。当加工贸易遇到资金困难时，融资难度比东部沿海地区要大。第三，中西部地区的基础设施虽然有所发展，但与东部沿海地区还存在较大的差距。我国的出口加工区、保税区、保税港等加工贸易所需的基础设施大部分集中在沿海地区。中西部地区远离港口码头，物流成本较高。

2. 相关及支持性产业

相关及支持性产业，又称配套产业，包括零部件生产企业和金融、物流、设计等生产服务企业。配套产业完善，加工贸易企业就可以从当地采购部分料件，并根据需要开展深加工结转。加工贸易主导产业和相关及支持性产业集聚在某一地区，就形成了产业集群。产业集群有利于知识和技术的传播，提高劳动生产率，产生集群效应。经过 30 余年的发展，我国东部沿海地区的加工贸易聚集于东莞、深圳、佛山等地区，形成了陶瓷、服装、家电、电子等众多有特色的加工贸易产业集群。由于配套产业完善，在这些产业集群内的加工贸易企业可以便捷地采购部分零部件，根据需要进行深加工加转，降低料件的采购和物流成本。与此相比，我国中西部地区由于工业基础相对薄弱，加工贸易发展所需的相关及支持性产业明显落后。不少东部沿海地区的加工贸易企业担心转移到中西部地区后，由于配套产业不完善而影响生产。东部地区的龙头加工贸易企业转移到中西部地区后，短时间内很难形成较为完善的相关及支持性产业，对原来的配套产业仍具有很强的依赖性。相关及支持性产业落后，加工贸易大进大出的特点就会非常突出，对中西部本地的产业带动作用就会变小，而且一旦国外的成本优势更明显，就很容易再次转移，成为根植性差的“飞地经济”。创建出口加工区是形成加工贸易集群的重要途径，但我国已设的62个出口加工区中，绝大多数集中在东部沿海省市，位于中西部省市的出口加工区仅16个。

3．需求条件

因为经济发展水平的差异，我国东部地区和中西部地区对加工贸易发展的需求不同，尤其对低附加值的劳动密集型加工贸易的需求不同。由于经济环境的改变，我国东部地区的当务之急是产业升级，重点发展高新技术产业和服务业。东部地区对低端的劳动密集型和资源密集型加工贸易的需求下降，鼓励低端加工贸易企业向中西部地区转移，以便“腾笼换鸟”，为引入高新技术产业和高端服务业留出空间。国家通过调整东部地区加工贸易的禁止类和限制类产业目录，禁止或限制高能耗、高污染和资源性加工贸易产业在东部沿海地区的发展，同时辅之以区别性的退税和保证金制度，提高了东部沿海地区加工贸易产业的经营成本。例如，2008年广东省提出了产业和劳动力“双转移”战略，其中“双转移”的重点是加工贸易产业和劳动力向中西部的转移。广东省试图通过“双转移”，为高新技术产业和服务业腾出发展空间。当然，东部地区虽然希望把加工贸易的低端生产环节转移出去，但仍然会设法留住加工贸易企业的研发、财务和销售总部。因此，东部加工贸易的转移集中于劳动密集型产业或制造环节。在东部地区对劳动密集型和资源密集型加工贸易产业需求下降的同时，我国中西部地区却对承接和发展加工贸易具有很高的热情。中西部地区的政府把承接东部加工贸易的转移作为重要工作之一，并组织高层领导和相关部门到东部地区招商引资，争取有转移意向的加工贸易企业前往落户。

4．企业战略、企业结构、同业竞争

东部地区的加工贸易企业是否决定转移，往何处转移，全部转移还是部分转移，这些问题与加工贸易企业的企业战略、企业结构和同业竞争密切相关。面对经济环境的变化，加工贸易企业不断调整企业战略。例如，是继续停留在简单的加工组装环节，还是向产业链的研发、设计、物流等高端环节升级；是向中西部转移还是继续留守东部地区。加工贸易的企业结构包括企业的资本结构、产品结构等内容，体现在加工贸易企业是外资企业还是民营中小企业，是从事单一产品的加工贸易还是从事多元化产品的加工贸易等方面。同业竞争反映在同类加工贸易企业的数量、规模和竞争的激烈程度等方面。一般而言，对于劳动力密集型的外资企业，如果它们只是在中国开展低端制造环节的加工贸易，看重的是中国的廉价生产要素，那么随着东部营运成本的提升，会往资源成本低的中西部地区转移。如果外商加工贸易企业在东部地区开展的是高新技术产业，且设置了研发、设计和销售部门，它们在考虑梯度转移时会更看重加工贸易承接地的生产要素质量，尤其是高级生产要素和专业性要素的情况，且往往会把研发、设计和销售部门留在东部地区，只转移生产制造部门。对于民营中小型加工贸易企业而言，它们的资本和技术实力较弱，在面临激烈的同业竞争时，随着东部地区营商成本的上升，它们向中西部转移的意愿更加强烈。但对于像比亚迪那样的大规模民营加工贸易企业，由于它们既从事加工贸易，又从事自主研发，拥有自主品牌，它们也只会把生产部门转移到中西部地区，而把总部保留在东部地区，以便充分利用东部和中西部各自的优势。

5. 机会和政府

当前，我国正在大力推进“西部开发”和“中部崛起”战略，鼓励东部劳动密集型产业向中西部转移，为加工贸易梯度转移提供了良好的机会。需要强调的是，与市场经济发育比较充分的东部地区相比，我国中西部地区的市场意识、开放意识和法制意识相对薄弱，官僚主义和地方保护主义相对浓厚，政府的服务水平和行政效率相对低下，这对加工贸易的梯度转移造成了不利影响。

（四）加工贸易向中西部地区梯度转移的飞地经济模式

随着东部地区经营成本的持续上涨和环境承载力的持续下降，加工贸易在东部地区发展的比较成本优势不断弱化，因而促进东部地区加工贸易向中西部地区梯度转移对协调我国区域经济发展具有重大的战略意义，也充分体现了党的十八届五中全会提出的“创新、协调、绿色、开放、共享”的发展理念。自 2007 年党的十七大报告提出“促进加工贸易转型升级”的战略任务以后，商务部和国家开发银行同年联合发布了《关于支持中西部地区承接加工贸易梯度转移的意见》。此后，我国学术界从比较优势理论、雁行理论、波特的钻石理论等理论视角对加工贸易向中西部梯度转移的意义、现状、影响要素、难点、对策等问题进行了一些研究（梁小萌，2007；刘容欣，2009；罗建兵，叶林祥，2009；何龙斌，2011；刘晶，2012；等等）。其中，梁小萌（2007）提出在中西部地区建立加工贸易工业园区承接东部地区加工贸易整体转移，但遗憾的是，这种建设性的加工贸易梯度转移思路没有获得进一步的深入研究。尽管 2007 年以来我国中西部地区在承接东部地区加工贸易梯度转移过程中取得了一定的成绩，但由于受到中西部地区经济软、硬环境的制约和行政区经济带来的东部地区地方保护主义的影响，加工贸易向中西部地区梯度转移的效果并不理想，还存在诸多问题，不少东部地区的加工贸易企业甚至转移到越南、马来西亚、泰国等周边国家，导致资源外流。

近几年来，飞地经济模式作为一种优化区域经济发展的创新性发展模式，受到了四川、江苏、安徽、湖南等省级地方政府的高度重视。国内的一些飞地经济园区运行良好，对区域经济发展产生了重大的影响。我国学术界结合飞地经济的发展实践，对飞地经济模式的意义、发展经验、利益分享机制、合作机制、战略思路、发展对策等问题进行了一些理论研究（任浩，2007；安增军，2008a；安增军，2008b；张黎鸣，2011；张冉，2011；冯云廷，2013；杨玲丽，2014；etc）。目前，我国的飞地经济实践主要应用于优化省内的产业空间布局和实现省内的区域经济合作，国内还没有省与省之间的加工贸易飞地经济园区。加工贸易与生俱来就具有飞地经济的属性，加工贸易梯度转移本质上也是一个产业空间布局优化和区域经济合作问题，那么，飞地经济模式是否适用于加工贸易梯度转移呢？如何将飞地经济模式应用于东部地区的加工贸易梯度转移呢？本书拟将加工贸易梯度转移与飞地经济模式结合起来进行研究，探讨东部地区加工贸易向中西部地区梯度转移的飞地经济模式，以期为我国加工贸易的梯度转移探索一种科学的创新性模式。

1. 飞地经济模式在加工贸易梯度转移中的适用性

飞地经济是一种优化地理空间布局、寻求最佳区位和降低经营成本的创新性区域经济发展方式。国外学术界对飞地经济的研究较早，美国著名城市经济学家 MinZhou 早在 1992 年研究唐人街经济现象时就提出了飞地经济概念。经济学家 Gallahger 和 Zarskyzai 在 2007 年出版了第一本以飞地经济为名的研究专著，从 FDI 的角度对飞地经济进行了集中探讨[①]。所谓飞地经济是指在经济发展过程中，两个互

---

① Gallagher, K.P., Zarsky: The Enclave Economy[M].The MIP Press, 2007.

相独立、经济发展存在落差、资源禀赋存在差异的行政地区打破原有体制和边界限制，通过规划、建设和税收分配等合作机制进行跨空间的行政管理和经济开发，实现两地资源互补、协调发展、互利共赢的一种区域合作模式。判断飞地经济模式是否适用于中西部地区承接东部地区加工贸易梯度转移，关键在于飞地经济模式能否有效解决加工贸易梯度转移中的突出问题，能否有效阻遏东部地区的加工贸易企业向周边国家转移。

（1）飞地经济模式能否有效地打破地方保护主义的藩篱，提高东部地区政府向中西部地区转移加工贸易的积极性?

行政区经济导致的地方保护主义是阻碍加工贸易从东部地区向中西部地区梯度转移的重要体制原因。我国是实行分税制的市场经济国家，经济发展速度和质量成为地方行政区领导的主要政绩考核项目，导致我国的区域经济发展具有鲜明的行政区经济特征。由于提高经济发展质量是一个长期的过程，且对它的评估偏于定性，难以将其量化和对比，但经济发展的速度可以用GDP总量增长情况来直观反映，因而追逐GDP总量的快速增长自然成为地方行政官员提高政绩和实现晋升的主要方式。随着东部发达地区发展加工贸易的成本优势的不断丧失以及环境承载力的渐趋脆弱，东部地区的中低端加工贸易向中西部地区梯度转移，这既是符合经济规律，也是切合国家经济发展战略的应然选择。然而，当虑及加工贸易梯度转移会导致GDP总量的下降和税收减少，甚至可能因加工贸易向中西部地区转移造成产业空心化的严重后果，因而产业转型升级很难在短期见效时，东部发达地区的地方政府就会担心经济发展速度的下滑会影响到其政绩考核和职位晋升，从而滋生地方保护主义，造成促进加工贸易向中西部地区转移的积极性不高。因此，由东部地区政府主导的加工贸易转移，主要是局限在本省范围之内。例如，广东省大力倡导的产业和劳动力“双转移”战略意在推动深圳、东莞、广州等珠三角城市的劳动密集型产业（主要是加工贸易）向广东省内的东西两翼和北部山区转移。

飞地经济模式所内含的利益分享机制能有效化解制约加工贸易梯度转移的地方保护主义的藩篱，调动东部地区政府向中西部地区梯度转移加工贸易的积极性。“对于‘飞地经济’来说，合作双方发展水平的落差或互补优势只是合作能否成功的必要而非充分条件，解决好双方利益划分问题则是促进合作顺利进行的关键。”[①] 在飞

① 麻宝斌，杜平：《区域经济合作中的“飞地经济”治理研究》，《天津行政学院学报》，

地经济模式中，飞出方和飞入方通过协商税收、GDP、土地收入等经济利益的分享原则和比例，建立互惠互利的利益共享机制。飞地经济通过建立地区之间互利共赢的利益机制，找到了突破行政区划分割、推进区域经济协调发展的新思路（冯云廷，2013）。由于在飞地经济模式中，作为产业飞出地一方的政府在产业转移到飞地经济园区后，仍然可以获得GDP、税收和土地收益的分成，因而对于产业飞出方的行政区而言，飞地经济模式既对飞出方行政区的经济指标的影响程度较小，又能为产业转型升级留出空间。在实践中，飞地经济发展良好的案例都是因为建立了良好的利益分享机制，从而充分调动了双方的积极性，尤其是飞出方行政区的积极性。例如，江阴开发区靖江园区、大连长海工业园区、厦门同安工业集中区等是我国飞地经济发展的成功典范，而它们的成功关键在于飞入地政府和飞出地政府之间通过协商确定了互利共赢的利益共享机制。同样，我国中西部地区的加工贸易重点承接地可以借鉴飞地经济发展的成功经验，开辟专门的加工贸易承接的飞地经济园区，通过与东部沿海地区的政府建立利益分享机制，充分调动东部沿海地区政府促进加工贸易向东西部地区转移的积极性和主动性。

（2）飞地经济模式能否有效降低加工贸易的综合经营成本，提供良好的政府服务，进而提高加工贸易企业向东西部地区转移的意愿？

加工贸易企业主要集中于产业链低端的加工和制造环节，大多从事低附加值产品的生产和加工，因而对生产成本非常敏感。在我国从事加工贸易的企业中，外商独资企业在加工贸易进出口总额和数量中占主体地位，本土加工贸易企业在加工贸易进出口总额和数量中所占的比例较低，因而我国加工贸易的根植性不强，加工贸易企业具有显著的追逐低成本而迁徙的“游牧”特征。中西部地区要吸引东部加工贸易转移，必须相比于东部地区和越南、缅甸、泰国等周边国家具有更低的成本优势。当然，成本优势并不是简单地体现在资源价格上，而是体现在考虑劳动力成本、土地成本、水电成本、物流成本、政府服务效率、产业配套能力等诸多因素之后的综合成本优势上。东部地区加工贸易转移的意愿并不非常强烈，主要原因在于中西部地区在综合经营成本上的比较优势并不明显。虽然中西部地区在劳动力成本、土地成本、水电成本、生活成本等方面具有较为明显的低成本优势，但是相比于东部发达地区，中西部地区既在基础设施、物流运输、政府服务、产业配套等硬环境方

2010年第16编第2期，第71页。

面具有显著的差距，也在市场意识、法治意识、竞争意识等软环境方面存在较大的差距。作为企业行为，加工贸易企业在决定是否向中西部地区转移时，会结合东部地区和中西部地区的综合经营成本情况，综合权衡向中西部地区转移的风险和收益。如果中西部地区的综合成本优势不显著，加工贸易企业会选择继续留在东部地区或者转移到成本更低的周边国家。

通过共建共管机制，飞地经济模式可以在充分利用飞出地和飞入地双方比较优势的基础上，实现优势资源的整合利用，降低加工贸易在中西部地区经营的综合成本，增强加工贸易企业主动转移的意愿。飞地经济具有优势互补、合作共赢的特点。在我国的飞地经济实践中，飞地经济园区大多是采用飞出方政府主导、飞出地政府和飞入地政府共建共管的合作模式。在飞地经济园区的建设过程中，飞出方和飞入方政府按协商的出资比例成立园区开发公司，为飞地经济园区的基础设施建设提供资金保障。在飞地经济园区的管理上，双方共同管理，一起成立园区管理委员会。飞地经济可以超越产业转移的“嵌入性”约束，降低实现产业转移的“脱嵌”难度和成本（杨玲丽，2014）[①]。飞出地政府既组织和引导项目、资金、人才、企业、配套产业、中介机构等有形经济资源向飞地经园区转移，还提供管理、招商经验、服务等无形经济资源。这样，在中西部地区和东部地区具有显著的梯度落差的背景下，合作共赢的飞地经济模式既可以充分利用中西部地区的资源成本优势，又可以分享到东部地区先进的管理经验和优质的政府服务。因此，如果我国中西部地区借鉴飞地经济模式，通过与东部地区政府充分协商，在加工贸易承接地设立专门的加工贸易飞地经济园区，就可以利用飞地经济模式中的共建共管机制，大幅降低中西部地区发展加工贸易的综合成本，增强东部加工贸易企业向加工贸易飞地经济园区转移的意愿。

（3）飞地经济模式能否改善中西部地区承接加工贸易的恶性竞争局面，提高中西部地区承接加工贸易的效能，增加加工贸易的国内增值率？

党的十七大报告提出“促进加工贸易转型升级”的战略任务以后，为推动区域协调发展，我国商务部已分三批先后认定了 44 个全国加工贸易重点承接地。地方各省（市）又在各自行政区内确立了为数不少的省级加工贸易重点承接地。例如，江

---

① 杨玲丽：《超越嵌入性约束共建产业园区——苏州工业园“飞地经济”促产业转移》，《经济体制改革》，2014 年第 3 期，第 105-109 期。

西省先后分三批确立了 17 个省级加工贸易重点承接地。为了承接珠三角和长三角地区的加工贸易转移，发展当地经济，中西部地区数量众多的加工贸易承接地展开了激烈的招商竞争。这种招商竞争既表现为中西部地区省与省之间的激烈竞争，也表现在省内各市县之间的激烈竞争。由于缺乏统筹协调，加工贸易承接地在招商竞争中存在无序、分散、重复的突出问题，有些甚至为了以低成本吸引东部地区的加工贸易企业入驻，不惜以低价出让土地和牺牲自然环境为代价。中西部地区激烈的招商竞争导致了低水平的重复建设，造成集群化水平较低、对当地产业的带动效果不佳、生态环境恶化等严重问题。不少中西部地区的加工贸易承接地所承接的加工贸易规模化程度不高，且主要以资源密集型和劳动密集型加工贸易企业为主，与当地的企业缺乏产业链关联，难以开展深加工结转，影响了加工贸易的国内增值率，且对当地经济发展的辐射和带动效果不佳。要提高中西部地区加工贸易承接的效能，真正形成布局合理、比较优势明显、区域特点鲜明的加工贸易发展局面，必须在承接东部地区加工贸易时避免恶性竞争，要充分利用当地的产业基础，发挥当地的资源优势，着力于提高加工贸易承接地的规模化和集群化水平。

飞地经济模式通过政府之间的协商、引导和组织，可以实现加工贸易从点对点的自发性转移转为面对面的集群式转移，有效破解中西部地区承接加工贸易转移过程中出现的分散、无序、重复、恶性竞争等招商问题，提高我国中西部地区承接加工贸易转移的整体效能，达到协调区域发展和实现加工贸易转型升级的战略目标。东部地区政府在中西部地区寻找加工贸易飞地时，既会考虑区位优势和经济资源的成本优势，也会考虑加工贸易飞地所在地的现有产业基础和产业配套能力。一般而言，东部地方政府会选择在具有综合保税区、物流发达且相关产业基础好的中西部某地设立加工贸易飞地经济园区。一旦选择了建设加工贸易飞地的最佳位置，加工贸易飞出方政府就会发动、引导和组织加工贸易企业及其上下游相关服务企业集体转移到加工贸易飞地。因此，飞地经济模式可以实现由单纯的资金承接向管理与项目的复合承接转变，扩大两地的合作广度，加深两地的合作深度。对于中西部省份而言，如果与东部地区政府在省内某市（县）共建了加工贸易飞地经济园区，还可鼓励省内其他县市把加工贸易招商项目向省际合建的加工贸易经济飞地集中，提高加工贸易经济飞地的开发利用程度和集群化水平。由于加工贸易飞地经济园区的建设中不仅有飞出地政府和飞入地政府的对接、引导和组织，又充分地权衡了飞入地的产业基础、产业链配套情况、区位优势等市场情况，因而加工贸易转移的飞地经济模式既发挥了市场在资源配置中的决定性作用，也充分发挥了政府的宏观调控和管理功能，减少了市场失灵的负面作用。

2. 中西部地区承接加工贸易梯度转移的飞地经济模式选择

在我国飞地经济的发展实践中，目前尚无专门的加工贸易飞地经济园区。已有的飞地经济实践主要局限在省内，比如成都市和阿坝州共建的成阿飞地经济园区、江阴市和靖江市共建的江阴开发区靖江飞地经济园区、长海县与普兰店区共建的大连长海飞地工业园区、长沙市和宁乡县共建的金玉工业集中区等。加工贸易从东部地区向中西部地区梯度转移，这是跨省性的产业转移，因而加工贸易飞地经济园区的建立必然是跨越省级行政区的，体现的是省际区域经济合作关系。同时，加工贸易是一种受到特殊监管的生产组织形式和贸易方式，不同于非加工贸易企业的转移。加工贸易向中西部转移，对报关通关、检验检疫、出口退税等方面具有特殊的监管要求，因而中西部地区的加工贸易飞地经济园区的建设应该与当地的海关特殊监管区（比如综合保税区）结合起来，以便获得优质高效的监管服务和物流服务。因此，在充分借鉴我国飞地经济发展中取得的成功经验探索加工贸易飞地经济园区的建设模式时，必须要充分考虑到加工贸易的特殊情况。

探讨中西部地区承接东部地区加工贸易梯度转移的飞地经济模式，关键在于确定飞地经济园区建设的共建共管机制和互利共赢的利益分享机制。本书结合国内外飞地经济的理论研究成果和国内飞地经济发展的实践经验，并结合加工贸易自身的特殊性，构建了中西部地区承接东部地区加工贸易梯度转移的飞地经济模式（如图5-11所示）。东部地区政府根据产业转型升级的需要，明确需要向中西部地区转移的中低端加工贸易，尤其是资源密集型和劳动密集型加工贸易。东部地区的加工贸易经过30余年的发展，已经呈现出鲜明的产业集群特征，在空间上集聚分布，主要集中在保税区、出口加工区等海关特殊监管区。东部地区加工贸易在空间上的聚集分布有利于向中西部地区进行面对面的集群式转移。东部地区政府在中西部广阔的地域内，综合考虑地理区位、产业基础、物流效率、政府服务、资源成本等因素后，选定一块综合优势最优的区域作为加工贸易飞地。加工贸易飞地的选择应充分利用中西部地区已有的出口加工区、保税区等海关特别监管区。在选定飞地经济园区的地址后，东部地区政府与当地政府进行沟通、协商和谈判，重点协商加工贸易飞地经济园区的共建共管机制和利益分享机制。如图 5-11 所示，东部地区作为加工贸易飞出方，引导和组织加工贸易企业进驻中西部加工贸易飞地经济园区，同时还在企业转移的同时，一起输出人才、招商经验、管理模式、关联企业和中介服务机构等。为了实现“腾笼换鸟”，东部地区可以把出口加工区、保税区等海关监管区的加工贸易企业整体转移到加工贸易飞地经济园区。加工贸易飞地经济园区由飞出地和飞入地共同建设，飞出方主要提供建设所需的资金，飞入方主要提供土地，然后通过共同成立园区开发公司来完成基础设施的建设任务。加工贸易飞地经济园区投入运营之后，由飞出方和飞入方协商成立加工贸易飞地经济共建共管联席会议和管理委员会，负责园区事务的充分协调和科学管理。由于加工贸易飞地经济模式解决的是省际行政区之间的产业转移与承接问题，因而相比于省内之间产业转移的飞地经济园区，加工贸易飞地经济园区的政府间协调更为复杂。因此，在加工贸易梯度转移的飞地经济模式中，除了建立加工贸易飞出地市（县）和飞入地市（县）之间的沟通协商机制外，还应该由省级行政区双方指定负责部门和负责人，派出代表参加飞地经济园区共建共管联席会议，从而建立省际沟通协商机制，为加工贸易飞地经济园区的运营提供良好的保障。

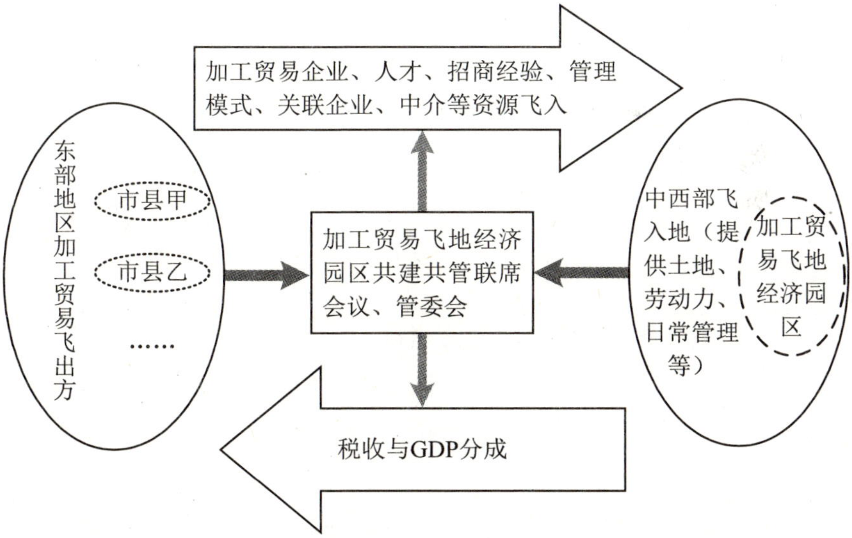

图 5-11　中西部地区承接加工贸易梯度转移的飞地经济模式

以上对中西部地区承接加工贸易梯度转移的飞地经济模式的基本机制进行了整体性探讨，接下来在此基础上探讨加工贸易飞地经济园区的具体运行模式。从东部地区加工贸易飞出方所涉及的市（县）数量来划分，加工贸易飞地经济园区有一对一和多对一这两种飞地经济模式。所谓一对一加工贸易飞地经济园区模式是指东部地区某一市（县）在中部地区选择一块经济飞地建立加工贸易飞地经济园区，飞入地和飞出地政府之间建立一对一的加工贸易承接关系。所谓多对一加工贸易飞地经济园区模式是指东部地区多个市（县）共同在中西部地区选择并建立一个加工贸易飞地经济园区，然后引导和组织当地的加工贸易向该飞地经济园区转移。显然，一对一的加工贸易飞地经济园区模式协调起来相对容易，但要建立规模化和集群化程度高的飞地经济园区并不容易，而多对一的加工贸易飞地经济园区模式的协调难度显著增加，但有利于大幅提高加工贸易飞地经济园区的规模化和集群化程度，进而降低加工贸易企业的综合运营成本，提高加工贸易的增值率。从加工贸易飞地经济园区的产业集中程度来划分，加工贸易飞地经济园区可以分为综合型加工贸易飞地经济园区和专业型加工贸易飞地经济园区。所谓综合型加工贸易飞地经济园区是指东部地区不同行业的加工贸易转移到飞地经济园区后，形成多种加工贸易产业混存的飞地经济园区。综合型加工贸易飞地经园区由于加工贸易产业规模大，加工贸易企业数量众多，有利于提高加工贸易飞地经济园区的开发效能。所谓专业型加工贸易飞地经济园区是指东部地区某一产业（比如服装箱包产业）及其配套企业和服务机构转移到中西部飞地经济园区，形成产业集中程度很高的加工贸易飞地经济园区。专业型加工贸易飞地经济园区虽然整体规模小，但有利于加工贸易企业开展深加工结转和获得专业化配套服务。当然，如果东部地区的多个市（县）能联合起来，引导当地的某产业加工贸易企业向飞地经济园区转移，也能建成规模化程度较高的专业型飞地经济园区。

（五）加工贸易梯度转移的政策建议

随着东西部比较优势的改变以及国家鼓励加工贸易从东部密集地区向中西部转移的一系列有效政策的施行，我国加工贸易梯度转移已取得了明显成效。2005—2007年，东部地区加工贸易进出口额年均增长率为21.6%，而中西部地区加工贸易进出口额年均增长率为30.8%，高出东部地区9.2个百分点。[①] 虽然我国加工贸易梯度转移已经初见成效，但由于中西部地区存在物流成本高、产业配套程度低、市场

① 刘容欣：《加工贸易向中西部的梯度转移》，《开放导报》，2009年第5期，第80页。

环境较差等诸多问题，加工贸易梯度转移依然任重道远。同时，我国还应该鼓励和引导沿海的劳动密集型加工贸易向邻近发展中国家转移，充分利用国内外市场和资源。因此，我国应该结合雁行理论、东亚国家（地区）加工贸易梯度转移的经验、我国当前加工贸易梯度转移的影响要素以及加工贸易梯度转移的飞地经济模式研究，从以下 6 个方面努力。

第一，增强政策倾斜，重点支持中西部地区加工贸易的承接和发展。一方面，国家要继续强化东部和中西部地区加工贸易发展的差别化政策，鼓励东部地区利用资金和技术优势发展高新技术产业和服务业，通过执行差别化税收政策和调整加工贸易商品目录，引导加工贸易向中西部地区转移。另一方面，国家要加强资金投入，优先支持中西部地区出口加工区的建设。目前，我国的出口加工区主要集中在东部地区。2000 年 4 月至 2007 年年底，全国已封关运行的出口加工区有 34 个，分布在 19 个省（自治区、直辖市）。其中，东部沿海地区有 24 个，占全国出口加工区总数的 70. 6%；中部地区有 3 个，仅占 8. 8%。①

第二，进一步加强中西部地区基础设施建设，缩减物流成本。目前，我国加工贸易商品的主要进出口运输方式是水路运输，而国内的港口码头主要集中在东部沿海地区。东部的公路和铁路运输也比中西部便利高效。2008 年，全国的进出口商品总值的 66. 1% 通过水路运输。② 我国物流基础设施的 54% 分布在东部、30% 分布在中部、16% 分布在西部，明显呈现梯级递减模式。③ 加工贸易从东部向中西部转移，物流成本会显著增加。对于本来获利就比较微薄的加工贸易企业而言，高昂的物流成本会带来巨大的营运压力，同时也会降低交货和报关效率。不完善的交通基础设施会阻碍外商进入非沿海地区（Amiti & Javorcik，2007）。因此，一方面，我国要加强中西部的铁路和高速公路建设，提高运输效能；另一方面，要更多地赋予中西部出口加工区物流功能，建设一批保税物流园区和仓库。

第三，鼓励配套产业的发展，着力提高中西部地区加工贸易梯度转移重点承接

① 马凌：《中部地区承接加工贸易梯度转移探讨》，《商业研究》，2009 年第 9 期，第 110 页。

② 中华人民共和国海关总署：《中国海关统计年鉴（2008）》，中国海关出版社，2009 年，第 22 页。

③ 刘容欣：《加工贸易向中西部的梯度转移》，《开放导报》，2009 年第 5 期，第 82 页。

地的产业配套水平。虽然商务部选定的31个加工贸易重点承接基地具有承接加工贸易转移的优势，但它们目前的产业配套能力不足，集群水平较低。我国应借鉴国际经验，通过建立一批功能完善、设施配套、机制灵活、政策优惠、特色鲜明的加工贸易工业园区，把东部的资金、技术、管理等优势，与中部地区的土地、劳动力和优惠政策等优势结合起来，引导东部产业集群中的核心企业与相互配套的企业整体迁移到中部的产业园区，发挥工业园区作为加工贸易转移和发展的最佳载体和最优平台的作用（梁小萌，2007）。因此，中西部加工贸易转移重点承接基地要在引进东部地区的重点加工贸易项目的同时，还要引进产业上下游的配套产业或鼓励当地资本发展相关配套产业，提高集群水平。

第四，中西部地区应增强市场和开放意识，营造有利于加工贸易承接和发展的投资和市场环境。东部地区领改革开放的风气之先，经过30多年的市场经济发展，市场经济的意识深入人心，市场机制和市场秩序良好。相比之下，中西部地区则相对落后，官僚主义和地方保护主义相对浓重，行政服务的质量和效率相对较低，乱收费和私设关卡的现象相对严重。因此，中西部地区要加强与东部地区的沟通和联动，学习和研究东部地区发展加工贸易和创办出口加工区的经验，深化改革，拆除不利于加工贸易梯度转移和发展的制度藩篱。

第五，鼓励和引导沿海地区的劳动密集型或资源密集型加工贸易向邻近发展中国家转移。目前，我国东南沿海地区的劳动密集型和资源密集型加工贸易正面临着资源价格上涨、经营成本上涨的困境。此外，东部沿海地区正在积极进行产业升级，致力向外转移资源消耗大、创收能力不强的劳动密集型和资源密集型加工贸易企业。在此背景下，我国可以出台政策，引导东南沿海地区过剩的劳动密集型和资源密集型加工贸易生产能力向邻近的越南、印度尼西亚、泰国等发展中国家转移。相比国内，由于它们的工资水平低、资源价格低和加工贸易政策更为优惠，在这些邻近的发展中国家开展劳动密集型和资源密集型加工贸易，企业的经营成本要低，利润水平会相应提高。向邻近国家转移加工贸易生产能力，既可以延续部分加工贸易企业的生命周期，又可以积累海外投资的经验，带动我国原材料和零部件出口。截至2002年6月，我国已设立境外加工贸易项目230个，中方投资7.8亿美元，其中实物投资5.3亿美元，用汇2.5亿美元，项目主要集中于邻近发展中国家。这些境外加工贸易项目每年可带动原材料、零部件出口18亿美元。[①]

第六，积极利用飞地经济模式促进加工贸易向中西部地区梯度转移。党的十八届五中全会提出了创新、协调、绿色、开放、共享的发展理念，促进加工贸易向中西部地区梯度转移是落实这种先进发展理念的科学战略。虽然国内尚无采用飞地经济模式建设加工贸易飞地经济园区的实践案例，但从理论上分析，飞地经济模式能有效地解决加工贸易向中西部地区梯度转移中的突出问题，且国内已有不少省内飞地经济发展的实践经验可供借鉴，因而具有较强的实践意义。结合加工贸易的特殊性与飞地经济模式的特征，实践中西部承接加工贸易梯度转移的飞地经济模式，必须要在以下几方面进行改革和创新。

在宏观层面，国家要充分落实创新、协调、绿色、开放、共享的发展理念，改革和创新区域经济发展的体制和机制，消解经济发展中的地方保护主义，加强开放型经济发展，消除行政区经济对资本、人才、项目等经济资源在全国范围内优化配置所造成的壁垒，鼓励和支持中西部地区利用飞地经济模式承接加工贸易梯度转移。飞地经济模式是在现有行政区经济背景下的一种创新性区域经济发展模式，它既是对地方保护主义的一种突破，同时它的可持续发展又需要更协调、开放、共享的发展环境。中西部地区承接加工贸易梯度转移的飞地经济园区将是省际区域经济合作，国家应在GDP认定与考核、税收的分成、政绩考核等制度上做出相应的改革和创新，出台相关的配套支持政策，调动地方政府的积极性和主动性，建立加工贸易飞地经济园区发展的激励机制。

在中观层面，中西部地区既要夯实物流运输、人才引进与培养、配套产业发展等方面的基础，又要充分学习东部地区发展、监管、服务加工贸易的先进经验，不断提高政府的管理效率和服务水平，营造开放、竞争、公平的营商环境，努力降低中西部加工贸易发展的综合成本，增强对东部地区加工贸易转移的吸引力；东部地区要自觉贯彻国家协调区域经济发展的经济战略，突破地方保护主义的狭隘思维，以创新、协调、绿色、开放、共享的发展理念为指导谋划经济发展，积极主动地探索以飞地经济模式引导在本地区失去比较优势的中低端加工贸易企业向中西部地区梯度转移，既为当地的产业转型升级和转变经济发展方式“腾笼换鸟”，也为全国

① 李钢主编：《企业跨国经营实务——境外加工贸易》，中国对外经济贸易出版社，2001年，第144-146页。

区域经济的协调发展做出积极贡献。

在微观层面，作为加工贸易飞入方和飞出方的双方要充分协商，建立互利共赢的利益分享机制和科学高效的共建共管机制，确保飞地经济园区的长期可持续发展。在采用飞地经济模式建设加工贸易飞地经济园区时，要充分学习和借鉴国内加工贸易飞地经济发展的成功经验，尤其是它们在利益分享机制和共建共管机制的建立和维护方面所积累的宝贵经验。如果在利益分享机制和共建共管机制中未能充分协调双方的利益，就会为加工贸易飞地经济园区的发展留下隐患，甚至造成区域经济合作的终止。在建立加工贸易飞地经济园区的联席会议制度和管理委员会时，应有省级行政区的相关部门领导参与，这样有利于及时化解合作中的产生的分歧和矛盾。

在发展理念上，加工贸易飞地经济园区的建设要遵循绿色、低碳、循环的理念，不能以损害中西部地区的自然环境为代价来实现加工贸易梯度转移。其一，对于中西部地区而言，在建立飞地经济园区时要充分利用现有的出口加工区、保税区等海关特殊监管园区，从而提高飞地经济园区的规模化水平和集群化水平，提高土地资源的综合利用效能。其二，中西部地区在利用飞地经济模式承接东部地区的加工贸易转移时，要有选择性地进行承接，限制"高污染、高耗能、资源消耗型"的加工贸易企业进入加工贸易飞地经济园区，以免对生态环境造成污染。其三，东部地区在选择加工贸易飞地经济园区时，要充分考虑中西部地区飞入地的产业基础和环境承载力，并积极主动地在环境保护和治理中分担责任。

四、加工贸易转型路径

加工贸易转型和加工贸易升级是两个既有密切联系，又有区别的概念。加工贸易转型和加工贸易升级都可以用来表征加工贸易的发展，而且往往是"你中有我，我中有你"的关系。加工贸易升级的同时伴随着加工贸易的转型，而加工贸易转型也可以视之为一种升级。因而，一般的研究文献并没有把加工贸易升级和转型区分开来，而是合二为一，使用"加工贸易转型升级"这一概念。当然，也有少数文献根据侧重点的不同，对加工贸易升级和转型做了区分。加工贸易升级路径着重于分析加工贸易从低层次向高层次提升的纵向发展路径，而加工贸易转型路径侧重于探讨加工贸易从一种方式转向另一种方式的横向改进路径。本书根据侧重点的不同，在分析了加工贸易升级路径后，对加工贸易转型路径进行专门探讨。加工贸易的转型路径主要有主体转型、贸易方式转型、企业转型和料件采购转型等四种路径（在图 5-4 中，第四象限是加工贸易转型路径示意图）。

第一，主体转型（pt1）。韩国、日本等东南亚国家的加工贸易主体是本土企业，而我国目前加工贸易的进出口主体是外商投资企业，其中半数以上是外商独资企业。2007 年，我国外商投资企业的加工贸易进出口额为 8311. 8 亿美元，占全国贸易进出口总额的 84. 3%，其中外商独资企业在全国加工贸易进出口总额中所占的比重接近 64. 8%。[①] 外资企业的生产经营活动由其全球总部根据各国的相对优势决定，因而我国的加工贸易转型升级政策对它们影响有限。“中国沿海地区的工业化道路中外资主导的加工贸易模式，尽管在初期能迅速推动当地产业结构的演进，但也极易导致当地产业结构高度化的失衡，形成外资挤压性的二元化发展格局，进一步引发本土企业空心化和边缘化的危机。”[②] 我国今后应取消外资企业开展加工贸易的超国民待遇，鼓励民营企业和国有企业积极参与全球生产网络中的加工贸易，并逐渐培育成为加工贸易的主体。

第二，贸易方式转型（pt2）。我国加工贸易是一种外销型生产和贸易方式，对国外市场依赖性很大，一旦美国、欧盟成员国、日本等主要目标出口国家的经济形势发生变化，我国加工贸易就会发生显著波动。随着我国经济的发展和国内需求的扩大，我国应调整相关政策，鼓励本土加工贸易企业开展产品内销，在内销中了解国内市场，建立营销渠道，做大做强，逐渐建立国内品牌，最终实现外销向内销转变，或者内外销兼顾，从加工贸易向一般贸易转型。

第三，企业转型（pt3）。我国还存在大量不具备法人资格的作坊式来料加工贸易企业。它们管理粗放，只能通过开展简单的加工装配业务，赚取微薄的劳务费。不少从事来料加工的外资工厂，由于在我国内地没有法人资格，不能从事一般贸易的进出口，因而无法通过进口先进设备实现转型升级。我国政府应引导和扶持这些不具有法人资格的作坊式来料加工贸易企业进行转型，转型为具有独立法人资格的民营企业或三资企业。在这方面，我国加工贸易最为集中的广东省东莞市在政府的

---

① 傅钧文：《加工贸易发展战略及中国的选择》，《世界经济研究》，2008 年第 7 期，第 6 页。

② 刘志彪，张晔：《中国沿海地区外资加工宽易模式与本土产业升级：苏州地区的案例研究》，《经济理论与经济管理》，2005 年第 8 期，第 57 页。

鼓励和扶持下，一批不具备法人资格的来料加工或简单装配企业成功转型为具有法人资格的民营企业或三资企业，为国内其他城市积累了一些宝贵经验。据统计，2008 年年初至 2009 年 11 月，东莞市共有 448 家来料加工企业成功转型为三资企业或民营企业。[①]

第四，料件采购转型（pt4）。我国加工贸易所需的原材料和零部件绝大部分从国外进口，尤其关键料件对国外依赖性更强。因为国内料件采购比例过小，加工贸易对我国配套产业的带动作用不大，对我国经济增长的贡献有限，“飞料”现象明显。要实现外商投资加工贸易从“候鸟型”向“榕树型”转变，增强“根植性”，我国一方面要出台配套政策鼓励加工贸易企业采购国内料件，降低成本，带动我国料件出口；另一方面，要提高国产料件的质量，大力发展加工贸易料件配套产业，进一步提高加工贸易料件生产的集群水平。

第三节　本章小结

国外学者在分析跨国公司的代工现象时，提出了一些与加工贸易转型升级路径相关的学术观点。我国学术界引介了国外学者的观点，个别文献在探讨加工贸易转型升级时，对加工贸易转型升级的路径或方向有所论及，但目前我国学术界还没有深入探讨加工贸易转型升级路径的专门研究文献。本章对加工贸易转型升级路径的探讨建立在价值链理论、产业内分工理论和产品内分工理论等相关理论的基础上，尤其重点是以产业价值链理论为分析框架。

本章首先主要以我国台湾为例，探讨了东亚新兴工业国家或地区的加工贸易转型升级路径。从价值链的角度分析，东亚新兴工业国家或地区加工贸易转型升级的路径有三：价值链内的横向扩展路径、价值链间的纵向跃升路径和价值链“切片”转移路径。然后，基于国内外已有的相关文献研究和借鉴东亚国家或地区的转型升级路径，本章构建了一个我国加工贸易转型升级的路径模型（见图 5-4）。根据侧重

---

① 符信：《广东省加工贸易转型升级工作现场会在东莞召开》，《东莞日报》，2009 年 11 月 30 日。

点的不同，模型中的第一、二、四象限是我国加工贸易的升级路径，即产业内的升级路径、产业间的升级路径和区域转移升级路径。产业内的升级路径是指加工贸易企业继续从事原来产业的生产经营活动，但向产业价值链两端的高附加值环节延伸的升级路径，实现“简单的组装→复杂的组装→零部件制造→零部件研发→最终产品开发→自有品牌产品的研发、设计和生产”；产业间的升级路径是指加工贸易逐渐脱离原来的劳动密集型或资源密集型传统产业，向资本密集型或技术密集型产业提升的升级路径，如从服装加工贸易转向电子产品的加工贸易；区域转移升级路径是指东南沿海发达地区的加工贸易企业向我国中西部或邻近发展中国家转移的升级路径。我国加工贸易的转型路径包括主体转型、贸易方式转型、企业转型、料件采购转型等四种转型路径。

第六章　加工贸易转型升级的成本、风险和收益

经过改革开放30余年的发展，我国加工贸易整体上实现了较为显著的转型升级，但也有不少加工贸易企业长期满足于劳动密集型产品的加工贸易或者固守在高新技术产业的劳动密集型加工组装环节，不愿意改变现状，进行转型升级。为什么有些加工贸易企业宁愿继续处于产业链低端，从事附加值低的加工贸易，而不愿意转型升级呢？影响它们转型升级意愿的因素是什么呢？国内学术界尚无文献对加工贸易企业转型升级的意愿进行专门研究。已有的文献主要从产业、政府、区域等宏观层面集中研究加工贸易的现状、问题和转型升级对策，大多是笼统的描述性论述，忽视了对加工贸易转型升级的微观主体的研究；且都建立在一个共同的假设基础上，即加工贸易企业都愿意转型升级。因此，为弥补国内学术界在加工贸易转型升级微观研究方面的不足，本章特对加工贸易转型升级的风险、成本和收益进行专门研究，并以之为基础探讨加工贸易企业转型升级意愿的微观决策模型。

第一节　加工贸易转型升级的意愿困境

作为理性的微观经济主体，实现利润最大化是加工贸易企业一切经济行为的目标所在。随着劳动力价格的上涨、人民币的升值、加工贸易政策的紧缩等国内外经济环境的变化，加工贸易企业发展的压力逐渐增大。由于加工贸易企业的具体情况有别，为了实现现有条件下的利润最大化目标，加工贸易企业不得不面对两种选择。

第一，继续沿袭原来的生产模式，停留在价值链低端的加工制造环节，依赖国外客户企业的订单从事“贴牌生产”（OEM）。加工贸易多以 OEM 的方式进行（毛蕴诗，2010）。中国的本土加工贸易企业主要在一些技术水准较低的劳动密集型产品的生产中，吸纳跨国公司发出的国际代工订单（刘志彪，2005）。[①] 我国本土加工贸易企业以“三来一补”的形式，在贴牌生产中往往只获得廉价的加工费，还要受到来自研发（被提高授权费用或提高关键零组件价格）和市场（被压低代工价格）的双重挤压，在劳动力、水电等资源价格不断上涨和人民币不断升值的背景下，劳动密集型和资源密集型加工贸易企业的利润被逐年挤薄。然而，尽管加工贸易企业从事 OEM 代工生产的利润微薄，抵抗经济危机的能力脆弱，但也有一些好处。一方面，委托企业为我国本土加工贸易企业提供产品生产的设备、主要原材料和关键零部件，我国本土加工贸易企业不需要进行产品的研发和设计，既可以节省研发成本，又不需要承担研发失败的风险。另一方面，委托企业具有丰富的海外营销经验和广泛的销售渠道和网络，它们负责加工贸易产品的海外销售，我国本土加工贸易企业可以“借船出海”，无须自建销售渠道，也不要承担品牌构建和推广的风险。在产业链中，我国加工贸易企业负责产品的加工制造，研发、设计、销售、渠道建设、品牌维护等风险较大和投入较多的环节由委托企业负责，只需要根据加工贸易合同的需要，确保及时且保质保量交货。在交货后，加工贸易企业获得合同约定的加工费用。因为料件、设备可以由委托企业提供，对加工贸易企业的资金和技术要求不高，关键在于人力市场能否提供大量廉价的劳动力，尤其是数量丰沛的农民工。目前，尽管我国的劳动力、土地、水电等资源价格在上涨，政策优惠也在缩减，但相对于发达国家，我国在加工制造环节依然具有明显的成本优势。只要全球经济不出现大的波动，能接到订单，大多数加工贸易企业就能在低成本、低风险的基础上维持运转，有些信誉好的加工贸易企业还能获得不错的收益。对于外资加工贸易企业而言，我国还是开展产品加工制造的理想东道国，因为它们既可以利用我国的劳动力、土地等资源优势，又可以享受到相对优惠的政策优惠。因而，外资加工贸易企业主要

---

① 刘志彪：《中国沿海地区制造业发展——国际代工模式与创新》，《南开经济研究》，2005 年第 5 期，第 37 页。

在我国开展服装、鞋帽、家具、玩具等劳动密集型产品和高新技术产业的劳动密集型环节的加工制造。

第二，改变现状，突破低附加值的 OEM 加工制造环节，积极地进行转型升级。企业升级是一个企业或经济体提高迈向更具获利能力的资本和技术密集型经济领域的能力过程（Gary Gereffi，1999）。[①] 从价值链的角度看，企业升级有四种模式：工艺流程升级（process upgrading），即重组生产体系，提高投入产出效率；产品升级（product upgrading），即通过引进更先进的生产线，推出新产品或改进原有产品；功能升级（functional upgrading），即从生产环节转向研发、设计、营销等高附加值的环节，实现从 OEM 到 ODM 或 OBM 的转换；跨产业升级（inter-sectoral upgrading），即从劳动密集型或资源密集型产业进入附加值较高的高新技术产业（Humphrey J. & Schmitz H.，2002）。[②] 在第五章中，笔者在总结韩国等东南亚转型升级先行国家的加工贸易转型升级路径的基础上，从产业价值链的角度分析了我国加工贸易转型升级的路径：同一产业价值链内的横向扩展的升级路径、向具有更高附加值的产业链纵向跃升的升级路径和主体转型、企业转型、贸易方式转型、料件采购转型等转型路径。具体而言，加工贸易企业可以先从工艺流程升级入手，在原有产业链内逐渐实现产品和功能升级，在条件许可的情况下最终向新的产业链升级。加工贸易企业在实现转型升级后，逐渐拥有了主要零部件的生产技术，并有可能由 OEM 企业提升为 ODM 或 OBM 企业，进而摆脱对客户企业的依赖，提高利润率。但是，加工贸易企业要实现转型升级，需要改变经营思想，确立新的企业发展战略，并追加资金投入，引进研发人才、设计人才、销售人才等高级人力资源，组建研发团队，开展产业链上下游的研发、设计和营销活动。加工贸易转型升级是一个涉及面广且时间较长的复杂过程，因而本土加工贸易企业将要面临新的挑战和不确定性。

从以上两方面的分析可知，本土加工贸易企业面临着转型升级的意愿困境。一方面，在我国相比发达国家还具有一定成本优势的情况下，大部分本土加工贸易企业还可以依赖国外的代工订单维持运营，无须承担研发、销售、市场开拓等方面的

---

① Gary Gereffi.International Trade and Industrial Upgrading in the Apparel Commodity Chains[J].Journal of International Economics,1999(48),pp.37-70.

② Humphrey J.,Schmitz H.How does insertion in global value chains affect upgrading in industrial clusters?[Z].Regional Studies,2002,36(9),pp.27-101.

风险，因而尽管政府鼓励和引导加工贸易转型升级，但部分本土加工贸易企业仍固守在加工装配环节，主要从事来料加工和进料加工业务，其转型升级的意愿并不强烈。另一方面，本土加工贸易企业明白，如果停留在OEM代工的加工制造阶段，短期内可以起到一定的规避市场风险的作用，但从长期看绝非长久之策。只有实现了转型升级，才能形成核心竞争力，打造品牌，获取更高的附加值，这又激发了本土加工贸易企业转型升级的强烈意愿。因此，在为跨国公司代工的过程中，本土加工贸易企业要承担更高的产业风险以及合作的关系风险，而发展自主的产品品牌又会影响原有代工业务的发展，陷入“代工”与“自创品牌”的两难困境（杨桂菊，2007）。① 作为追求利润最大化的理性主体，加工贸易企业并不是天生就具有转型升级的意愿，是否转型升级以及如何转型升级，是它们在综合考虑转型升级的风险、成本和收益后自主做出的经营决策。

我国本土加工贸易企业主要集中在劳动密集型的加工制造环节，创新能力薄弱，关键零部件和核心技术对国外委托企业具有严重的依赖性。以广东经济运行情况为例，在高新技术出口产品中，70%以上的产品为国外或港台地区在粤企业生产，关键核心技术和设备如CPU、集成电路、通用软件等主要依赖进口，大部分制造业仍属中低技术和传统产业（毛蕴诗，等，2010）。② 本土加工贸易企业在从事价值链低端的加工、装配和制造活动时，只需投入一定的关系专属投资，然后按照订单需要招聘廉价劳动力（其中绝大部分是农民工），确保及时且保质保量地交货，无须开展研发、设计、销售等活动，是一种低投入和低风险的经济活动。因此，本土加工贸易要实现转型升级，必须提高研发投入，逐渐掌握关键零部件生产的核心技术，但这个转型升级的过程意味着风险的增大、成本的增加以及收益的不确定性。

---

① 杨桂菊：《国际代工关系中本土代工企业的风险及防范策略》，《国际经贸探索》，2007年第3期，第58页。

② 毛蕴诗，吴瑶，邹红星：《我国OEM企业升级的动态分析框架与实证研究》，《学术研究》，2010年第1期，第63页。

第二节 加工贸易转型升级的风险分析

加工贸易转型升级意味着加工贸易企业对原来的经营方式、经营内容、企业形态等众多方面做出调整和改变，因其前景难以充分预料，必然伴随着风险。所谓加工贸易转型升级的风险，是指加工贸易企业在转型升级过程中面临的不确定性损失。这种风险可能发生，也可能因为处置得当而得以避免。因而加工贸易转型升级的风险损失额可以用风险概率与相应损失额之积来表示。加工贸易转型升级是一个系统工程，其风险体现在转型升级的方方面面，不可能一一细述。从整体上来看，影响本土加工贸易企业转型升级意愿的风险主要体现在三个方面。

一、客户和订单流失的风险

我国本土加工贸易主要靠承接国外跨国公司的代工订单实现正常经营，而跨国公司之所以愿意把加工制造环节的代工订单交给我国本土加工贸易企业，是因为我国本土加工贸易企业在加工制造环节具有明显的成本优势，从而可以降低单位产品的生产成本，提高经营利润。但是，跨国公司进行业务外包会面临难以控制产品质量、时机以及知识外溢等风险（Quinn，1999），同时跨国公司也担心合作双方共享的信息与技能会泄露给第三者，影响自身的竞争力（Das and Teng，1998）。跨国公司不希望我国本土加工贸易企业因为在合作中获得信息、技能后，逐渐强大，成为它们的竞争者，与其争夺市场份额。因此，当国外委托客户意识到我国本土加工贸易企业积极进行转型升级时，它们就会把订单转交给其他的加工贸易企业。因为，一旦我国本土加工贸易企业试图进入功能或价值链的高端阶段，试图建立自己的核心技术研发能力、品牌和销售终端，就会对国际大购买商或跨国公司的买方垄断势力和既得利益形成挑战（刘志彪，2007），[①] 就会立刻引起委托企业的警惕，让它们不再信任，随之而来的便是委托企业对 OEM 企业的技术封锁和订单减少（毛蕴诗，

---

① 刘志彪：《全球代工体系下发展中国家俘获型网络的形成、突破与对策——基于 GVC 与 NVC 的比较视角》，《中国工业经济》，2007 年第 5 期，第 42 页。

2009）。例如，台湾的明基自推出自有品牌 BenQ 后，代工订单不断流失：手机领域流失了摩托罗拉的订单，投影仪领域和电脑领域流失了惠普的订单。此外，台湾的台积电、广达和华硕等知名代工企业在尝试建立自主品牌的过程中，都面临代工订单的严重流失问题。代工订单的流失是我国本土加工贸易企业转型升级面临的致命风险，一旦大量订单流失，本土加工贸易企业的资金链将会断裂，可能破产倒闭。因此，加工贸易在决定进行转型升级，尤其是致力创建自主品牌时，往往顾虑重重。一些资金实力较弱的本土加工贸易企业缺乏市场开拓能力和研发能力，为了避免因代工订单流失而停工倒闭，不敢越雷池一步，只能老实本分地开展加工制造业务，充当委托企业的生产车间或厂房。

二、研发和设计失败的风险

研发和设计是产业价值链中的两个重要的环节。企业的研发和设计活动虽然关键在于技术开发和应用，但能否成功受到诸多方面的综合影响。“研发是一个技术与资金投入、新产品产出的过程，是一个技术与经济、技术与管理、经济与管理紧密结合的过程，是一个知识形态的技术在信息、资金与管理的作用下转变为物质形态的新产品的过程，是一个创意从产生到研究、开发、试制完成的过程。”[①] 研发是新产品的技术来源，国外学者对影响研发成败的内外部因素做出了较多探讨（见表 6-1）。“从系统的观点出发，影响企业研发活动的因素来自于两个方面：一个是企业内部因素，即把企业作为一个独立的系统，来自于企业内部的人、财、物等的影响因素，另一个是企业的外部因素，即把企业作为一个子系统融于其所存在的外部政治、经济、环境中，来自于市场、政策、体制等方面的影响因素。”[②] 在影响研发成败的过程中，有些影响因素是企业自身难以控制和把握的，例如市场情况的风云变化、消费者行为的嬗变、政府相关政策的调整等，它们构成了企业研发中不可控的环境变量；有些影响因素是企业通过努力可以控制和把握的，例如研发项目的市场前景、可行性，高管层参与的积极程度，部门之间的协调和沟通程度等，它们是企业研发中可控的内部变量。设计可以看作是研发活动的延续，主要指将研发出的

① 刘沓：《关于研发项目风险的新思考》，《商业经济》，2008 年第 10 期，第 40 页。

② 赵文红，许圆：《企业研发活动的影响因素及失败原因分析》，《科技进步与对策》，2011 年第 4 期，第 70 页。

技术转化为产品的过程，包括结构设计、外形设计、功能设计等方面，影响研发的内外部因素同样也会影响到产品的设计活动。

表 6-1 研发成败的内外部影响因素

研究者	内部影响因素	研究者	外部影响因素
Maidique	富有经验的项目团队，职能领域的有效连接	Pinto 和 Slevin	客户接受程度
Rubenstein	各职能部门之间的沟通水平、项目团队成员之间的沟通水平、项目的目标和责任明确、组织之间沟通的效力、自助团队	Cooper	市场潜力、市场竞争、产品的竞争态势
Pinto 和 Slevin	高层支持、团队激励、明确目标、技术优势、个人激励、资金支持	Lynn	理解市场及其动态变化
Canlantone	技术资源和技巧、技术竞争力、技术优势、市场竞争力、开发前的技术活动	Mishra 等	政府的作用、客户需求的改变
Cooper	技术（项目）的熟练程度；企业整体环境和协同开发；充足的人和金钱、研发投入、高质量的团队、高层管理者的参与与承诺、创新型的气氛和文化、分工明确	Parry	消费者需求、消费者行为分析信息
Lynn	拥有最佳团队技巧、高层管理者的支持、历史项目提供的经验积累与学习，融洽的团队氛围，防止有经验的团队成员流失	Balbontin	准确的市场预计和对消费者需求的把握
Ballbontin	团队技术成员和商业成员充分的信息交流	Calantone	市场竞争力
Kandemir	财务分析、跨职能的团队、专注的队伍	Bstiele 和 Gross	市场不确定性

参考资料：赵文红，许圆：《企业研发活动的影响因素及失败原因分析》，《科技进步与对策》，2011 年第 4 期，第 70-73 页。

我国本土加工贸易企业普遍缺乏自主研发能力和关键零部件的设计能力。要实现转型升级，就必须在研发和设计能力上下功夫。本土加工贸易企业的主体是制造型企业，而制造型企业的核心能力可以分解为研发能力、市场开拓能力、生产能力和综合能力等四个构成要素，它们的市场研发能力和设计能力越强，就越容易实现技术层面的升级，从 OEM 向 ODM 或 OBM 转型升级（陈宏辉，罗光，2008）。[①] 通过积极开展研发而拥有关键零部件的自主技术，是本土加工贸易企业实现工艺、

① 陈宏辉，罗兴：《“贴牌”是一种过时的战略选择吗——来自广东省制造型企业的实证分析》，《中国工业经济》，2008 年第 1 期，第 103 页。

产品、功能和价值链转型升级的基础和前提。但由于本土加工贸易企业技术基础差，资金实力大多不雄厚，因而开展研发和设计面临的风险更大。如果进行产品和技术研发，一方面，本土加工贸易企业需要大力引进高素质的研发人才，购买研发设备，组建研发机构，并尽量与相关研究机构、高校开展合作。研发人才可以通过两种途径获得：直接招聘从高校毕业的高学历、高素质的研发人才；从其他企业吸引有丰富研发经验的研发和技术人才。另一方面，本土加工贸易企业需要加强研发管理，密切跟踪技术前沿和市场信息，管理成本会显著提高。这两方面都需要企业追加资金和人力投入，给企业带来了巨大的短期经营压力。此外，由于研发进程的难以预料性，可能面临研发失败的风险。研发的失败将造成人财物的巨大损失，在融资渠道不畅通和资金基础不雄厚的前提下，本土加工贸易企业可能面临破产的风险。

三、营销和品牌失败的风险

营销和品牌建设是加工贸易企业实现转型升级的两个重要软环节，也是附加值较高的价值链环节。营销和品牌建设具有密切的内在联系，在此主要论述加工贸易转型升级的营销风险。加工贸易企业要实现从 OEM 向 OBM 升级，形成自有品牌，必须加大营销力度，让潜在的客户全方位地了解产品的技术、性能等消费信息，而品牌建设的成功又能降低营销费用，提高营销效益。营销和品牌建设能否成功，既受到宏观环境的影响，又受微观环境的制约，具有很大的不确定性，因而存在失败的风险。张云起、李军（2009）深入研究了企业的营销风险和营销风险的形成机理。[①]张云起认为，企业营销的风险来自于营销环境的变化、营销系统的波动和营销管理三个方面。企业的营销环境分为宏观营销环境和微观营销环境（见图 6-1）。人口环境、经济环境、科技环境、社会文化环境、政治法律环境等构成企业营销的宏观环境。宏观环境的不确定性导致企业的宏观销售风险。顾客、供应商、经销商、竞争者、社会公众和企业内部关系等构成企业营销的微观环境，微观环境的不确定性导致企业的微观销售风险。“在公司和市场之间，存在着产品流、服务流、促销流、信息流和货币流，它们共同构成一个营销系统。”[②]

---

① 张运起，李军：《企业营销风险形成机理的研究》，《管理世界》，2009 年第 3 期，第 178-179 页。

② 张运起，李军：《企业营销风险形成机理的研究》，《管理世界》，2009 年第 3 期，

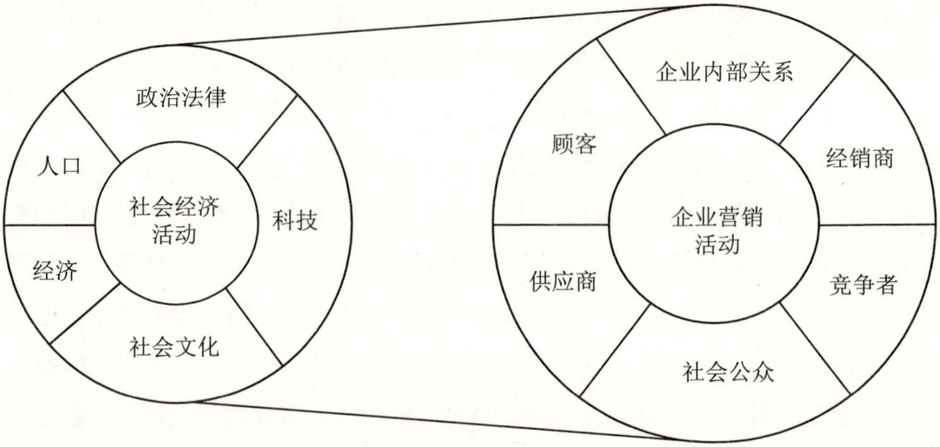

图 6-1　企业营销环境

资料来源：张云起，李军：《企业营销风险的形成机理》，《管理世界》，2009 年第 3 期，第 178 页。

加工贸易企业开拓海外市场时，将面临营销本土化的风险。营销本土化是指“企业在全球范围内开展营销活动时，按照各国市场的自然和社会环境的不同而对全球市场进行适度细分，并结合企业自身的条件选择目标市场，针对各目标市场顾客需要的不同、当地渠道特点及当地的消费文化等采用不同的营销策略和行为，以获取最大利润的营销过程”。[①] 一方面，我国本土加工贸易企业要实现转型升级，除了进行本土营销活动、开展内销之外，还需要大力开展海外营销，建立海外营销渠道和网络。海外市场与国内市场的政策环境、文化环境、消费习惯具有明显的差距，因而要取得海外营销的成功，必须适应海外市场的特性，进行本土化营销。另一方面，外资加工贸易企业要增加在我国的内销份额，必须加大营销力度，设立营销部门。要适应我国的文化环境、消费者习惯和市场情况，外资加工贸易企业的营销必须要本土化，从而面临营销本土化的风险。靳俊喜、王雪梅（2010）把营销本土化的风险归纳为宏观环境风险、微观环境风险和营销本土化活动的过程风险（见表 6-2）。宏观环境风险包括政治风险、政策法律风险和文化风险。微观环境风险是指竞争者风险、供应商风险和顾客风险。营销本土化活动的过程风险有营销战略风险、市场

第 178 页。

① 靳俊喜，王雪梅：《营销本土化风险管理模式与控制策略》，《企业经济》，2010 年第 11 期，第 97 页。

细分风险、目标市场选择风险、营销组合风险、品牌风险、营销人员风险、绩效评估风险等。

表 6-2 营销本土化风险

	类型	风险内容
1	宏观环境风险	政治风险即当地政局不稳定，国家与国家的外交和合作关系等给当地子公司带来的风险；政策法律风险即当地政策、法律条款的变化导致的经济形式和市场需求变化；文化风险即管理者没有正式的当地文化价值观与母国的差异给企业决策带来的风险
2	微观环境风险	竞争者风险即企业未能及时觉察竞争者的竞争能力、战略的变化给企业带来的风险；供应商风险即当地供应商的价格策略变动给企业带来的经济损失；顾客风险即企业没有准确认识到顾客消费观念的变动给企业带来的风险
3	营销本土化活动的过程风险	营销战略风险即没有准确认识企业在市场中的地位、所在产业的特征等等导致企业选择了错误的营销战略；市场细分风险即不重视调研使企业拥有的信息资源有限或采用不合理的细分标准所带来的风险；目标市场选择风险即市场范围选择不合适、企业自身能力不能满足市场需求导致的风险；营销组合风险主要指定价过高的定价风险和渠道选择不适应当地消费习惯的渠道选择风险；品牌风险即企业的产品类型、价格策略、分销策略和促销方式等的不同，会导致消费者读品牌认知模糊的风险；营销人员风险即营销人员缺乏责任心、工作不认真、提供的服务质量差、违规作业、消极营销等给企业带来的风险；绩效评估风险是指各个子公司绩效评定方法不一致使子公司员工形成分配不公平的心理的风险；其他风险包括自主权下放给企业带来的控制风险；企业精力和资源过于分散给企业会影响企业决策的质量和产品、服务的质量的风险

资料来源：靳俊喜，王雪梅：《营销本土化风险管理模式与控制策略》，《企业经济》，2010 年第 11 期，第 98 页。

我国本土加工贸易企业大多资金实力不强，管理水平相对落后，进行自主营销和品牌建设时面临的风险更大。加工贸易企业营销风险的产生具有多米诺骨牌效应，一旦孕险因子产生或营销环境发生改变，就可能通过营销系统的传导，最终导致风险损失。“营销环境的不确定变化引起营销系统不规则波动，如果营销管理失效，使得营销系统波动没能得到有效控制，会使营销系统的规律性波动变为不规则振荡，从而会发生营销事故，进而引起营销风险。”① 图 6-2 诠释了加工贸易企业营销风险

① 张运起，李君：《企业营销风险形成机理的研究》，《管理世界》，2009 年第 3 期，第 179 页。

的产生机理。加工贸易企业的营销活动包括外部环境分析、战略制定、市场细分、目标市场选择、制定营销组合策略和品牌策略、营销绩效评估等活动。如果在营销的过程中出现调研不充分、管理人员能力有限、战略制定缺乏依据、细分标准选择欠妥等问题，就会形成孕险因子。加工贸易企业的宏观环境和微观环境构成了营销的孕险环境。当孕险因子出现，或者孕险环境发生变化时，就会引发营销风险，造成风险损失。

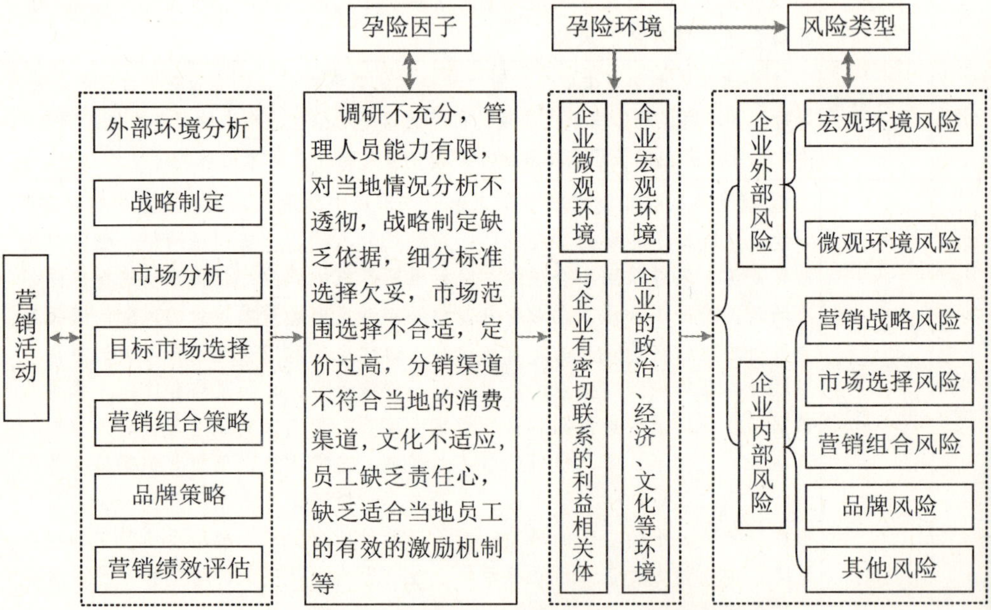

图 6–2 加工贸易企业营销风险产生机理

资料来源：靳俊喜，王雪梅：《营销本土化风险管理模式与控制策略》，《企业经济》，2010 年第 11 期，第 99 页。

第三节 加工贸易转型升级的成本分析

加工贸易企业从事 OEM 加工制造的成本相对较低，它们一般只需拥有适合代工订单生产所需的厂房和机器，雇佣一批劳动力价格低廉的农民工和少数管理人员，成本支出不大。然而，如果加工贸易企业在价值链内进行从 OEM 向 ODM 或 OBM

转型升级，或向高新技术产业转型升级，它们投入的成本将显著增加。归纳起来，影响加工贸易转型升级的成本主要表现在以下几方面。

一、人力成本增加

我国的加工贸易企业集中在劳动密集型产业，它们主要利用我国的廉价劳动力优势获取工缴费收入。人力成本是加工贸易企业成本的主要组成部分。由于我国具有丰富的农村剩余劳动力，丰富而廉价的农民工供应是加工贸易企业维持运营的必要条件。但是，加工贸易企业要进行转型升级，就必须要提高创新能力，主要包括研发能力、设计能力和营销能力。要创新就需要在研发和品牌行销方面付出长期而大量的人力投入，风险高且周转回收期长（瞿宛文，2005）。为了提高研发能力、设计能力、营销能力等企业竞争力，本土加工贸易企业必须改变用人观念，不能只依赖廉价的初级劳动力，而要重视高级人力资源的培育。因此，加工贸易企业必须大力引进优秀的研发人才、管理人才和营销人才等高素质的人才。高素质人才作为高级生产要素，其劳动力价格是倍增的初级劳动力价格，这意味着加工贸易企业的人力成本将显著增加。

二、机器和设备成本增加

加工贸易转型升级需要引进新的机器和设备。在来料加工贸易中，关键机器和设备由委托方提供，我国的来料加工企业主要负责产品的加工制造。来料加工产品是处于产品生命周期中的成熟期或衰退期的产品，生产该产品的技术已是成熟技术，而机器和设备自然也是成熟技术的外化。国外通过来料加工方式转移的生产力也是母国的过剩生产力。来料加工贸易企业很难从委托企业获得产品生产的先进机器和设备。在进料加工贸易中，本土进料加工贸易企业大多是由中小集体所有制企业或国有企业转变而来，主要是利用已有的厂房、机器和设备承接加工贸易订单，机器和设备与国外存在较大的差距。无论是要实现产品转型升级、工艺转型升级，还是技术和管理的转型升级，加工贸易企业都有必要逐步对现有的机器和设备进行更新换代。加工贸易企业转型升级的机器设备包括生产用的机器设备和研发用的仪器设备。生产用的机器设备主要用来提高生产效率和改进产品性能，研发用的仪器设备用来组建研发中心，开展研发活动，提高自主创新能力。加工贸易企业进行机器和设备更新的途径有自主研发，改良现有的机器设备或研制新的机器设备，或者从国外引进先进的机器设备。无论是自主研发或改良，还是从国外引进，都需要付出高额的研发或购买费用，这就是加工贸易转型升级的机器和设备成本。

三、学习和研发成本增加

学习是企业长足发展的重要基础。企业的学习活动既包括正式的学习活动，如有组织的参观、培训、研讨等，也包括非正式的学习活动，例如员工在工作中的体验式学习，又称“干中学”。在知识经济时代，学习的重要性尤为彰显，不少企业都提出建设学习型组织的目标。企业的学习活动需要经费维持，这些经费构成企业的学习成本。我国本土加工贸易企业原来主要从事“三来一补”加工贸易，它们按照委托企业的设计和产品要求完成订单，技术要求低，因而学习成本不高。但要实现转型升级，亟须获取大量的显性知识和隐性知识，本土加工贸易企业需要组织大量培训、研讨、参观等学习活动，从而导致学习成本的增加。知识的学习和掌握需要投入大量的时间和资本，学习速度慢，且这种“沉淀性成本”一旦失败不可能像有形资产投入那样可以正常收回（刘志彪，2005）。在学习的基础上，加工贸易企业转型升级离不开研发活动。学习和研发可以互相增长，加工贸易企业能力和水平的提高，有利于提高研发水平，而研发水平的提高反过来能增强企业的学习能力。但相比于学习成本，企业的研发成本更高，不确定性较大。在研发过程中，无论是研发人才的引进，还是研发仪器的购进，都需要很大的开销。尤其一些大型的研发项目，还需要与科研机构进行合作，成本会更高。

四、营销成本增加

营销成本是指与营销活动有关的各项费用支出，主要包括直接推销费用、推广费用、仓储费用、运输费用以及其他市场营销费用。直接推销费用包括直接销售人员的薪金、奖金、差旅费、培训费、交际费及其他相关费用。推广费用包括广告媒体的成本、产品说明书的印刷费用、赠奖及展览会的费用、推广部门的薪金等。仓储费用包括租金、维护费、折旧、保险、包装费、存货成本等。运输费用是指托运费用，如果是自有运输工具，还要计算折旧、维护费、燃料费、牌照税、保险费、司机薪金等。其他市场营销费用是指营销管理人员薪金等。在从事加工贸易业务时，加工贸易业只负责产品的生产制造，产品的营销成本由委托企业承担。如果加工贸易企业要建立自有销售渠道，进而构建自有品牌，必须开展自主营销，因而营销成本是加工贸易企业实现转型升级而新增的一项成本。要与已有的知名品牌竞争，加工贸易企业需要承担高额的营销成本。“知名品牌在市场上已经具有先入为主的优势，消费者为熟悉这些品牌已经付出了信息成本，新品牌必须投入更多的营销成本，降低消费者的信息搜集成本，才能打破知名品牌对消费者的锁定。”[①]加工贸易企业需要制定具有创新性的广告战略，利用电视、报纸、网络等媒介开展营销活动，并组建优良的营销团队。

第四节　加工贸易转型升级的收益分析

在广义上，收益是指获得的利益或好处。本书在广义上使用收益这一概念。所谓加工贸易转型升级收益是指加工贸易从转型升级中获得的利益。虽然加工贸易企业进行转型升级会面临风险和成本的增加，但它们如果顺利地实现了转型升级，就可以获得良好的收益。加工贸易转型升级的收益最终体现在产品销售价格的提高和销售量的增加上。概括而言，加工贸易成功实现转型升级后将获得以下几种收益。

一、技术收益

虽然我国加工贸易经过 30 多年的发展，进料加工贸易的进出口总额远远超过了其他形式加工贸易的总和，成为加工贸易的主要形式，但是我国绝大部分加工贸易企业在开展进料加工时，由于没有掌握核心技术，关键零部件严重依赖国外高价进口。关键零部件的外部依赖性极大地降低了加工贸易的国内增值率。通过转型升级，加工贸易企业在自主掌握关键零部件的生产技术后，不必再高价进口关键零部件，就可以利用我国经济资源相对低廉的优势，自主生产关键料件，降低产品生产成本，提高利润水平。如果同时掌握了产品生产的核心技术和关键零部件生产技术，加工

---

① 陈柳，刘志彪：《代工生产、自主品牌与内生激励》，《财经论丛》，2006 年第 5 期，第 9 页。

贸易企业就彻底摆脱了技术依赖，为进一步的自主创新奠定了坚实的技术基础。由于拥有技术优势，加工贸易企业具有了自主定价能力，可以通过提高销售价格获得技术垄断收益，增强抵抗经济风险的能力。

二、渠道收益

渠道是商品营销中的一个概念，是指生产企业与外部的代理商、批发商、零售商组成的产品营销网络。本书所谓的渠道是狭义上的营销渠道。营销渠道是沟通生产企业和终端消费者的桥梁，在企业经营中具有重要的作用。只有建立了优良的营销渠道，才能让终端消费者全面了解产品的性能、品质、技术等情况，从而增加产品的销售量。在产业价值链中，加工制造环节的附加值最低，而销售环节的附加值比较高。如果企业没有构建自己的销售渠道，产品的利润会在销售过程中大量流失。我国加工贸易企业主要集中在产业价值链中间的加工、组装和制造阶段，充当着国外委托企业的生厂车间的角色，没有自己的销售渠道，只能获取廉价的加工费用。委托企业则利用其对销售渠道的控制权，掌握着产品的定价权，通过压低产品出厂价和提高终端销售价，获得高额的垄断利润。因此，通过转型升级，加工贸易企业拥有自主销售渠道后，可以减少销售环节的利润损失，产品直接对接产品消费者，提高利润水平。

三、品牌收益

品牌是一种能给企业带来溢价、产生增值的无形资产，是企业长期努力经营的结果。它的直接载体是用以和其他竞争者的品牌或劳务相区分的名称、术语、象征、记号、设计及其组合，间接载体包括产品服务、知名度、美誉度、市场占有率等。品牌对企业和消费者都具有重要作用，因为它是产品或企业核心价值的体现、识别商品的分辨器以及信用和质量的保证，并能增强客户的忠诚度、信任度和追随度。品牌在企业竞争中的意义重大，是企业的核心竞争力所在。“现代富有竞争力的企业，不是看它有多少设备、厂房、土地等有形资产，而是它的品牌有多少价值。”[1] 加工

① 李曜：《品牌价值与产权改革——MBO后的美的电器案例研究》，《当代经济科学》，2008年第1期，第77页。

贸易企业主要从事贴牌生产，大多没有专有品牌，因而在价值链中获得的利润非常微薄。从 OEM 生产企业转型升级为 OBM 生产企业，建立自有品牌，是加工贸易企业转型升级的最高目标。如果通过转型升级建立了自有品牌，加工贸易企业就可以获得如下品牌收益：利用自有品牌开展和扩大内销；摆脱对国外品牌企业的依赖性，实现从“制造”向“创造”的跃升；拥有了自主定价能力，提高利润水平；增强客户对产品的信任度和忠诚度。

第五节　加工贸易转型升级的风险—成本—收益分析

从以上的风险、成本和收益分析中可知，对加工贸易企业而言，转型升级既会加大经营的风险，增加成本的投入，又可能带来巨大的收益。因而，加工贸易企业既有来自转型升级的利益诱惑，又有对转型升级失败的担忧。是转型升级还是故步自封，是小步慢转还是从 OEM 向 OBM 进行跨越性转型升级？作为理性的微观经济主体，加工贸易企业必然要结合已有的资金、技术、管理等综合能力，综合评估转型升级的风险、成本和收益，然后再做出是否转型升级的战略决定。因此，对转型升级的风险、成本和收益的评估、比较和权衡，从根本上决定了加工贸易企业转型升级意愿的强弱和方向。

表 6-3　加工贸易企业转型升级的风险、成本和收益

风险	成本	收益
1. 客户和订单流失的风险(β_1) 2. 研发和设计失败的风险(β_2) 3. 营销和品牌失败的风险(β_3)	1. 人力成本的增加（$\triangle C_1$） 2. 机器和设备成本的增加（$\triangle C_2$） 3. 学习成本的增加（$\triangle C_3$） 4. 营销成本的增加（$\triangle C_4$） 5. 税收成本的增加（$\triangle C_5$）	1. 掌握关键零部件生产技术后增加的收益（$\triangle R_1$） 2. 建立自有销售渠道后增加的收益（$\triangle R_2$） 3. 形成自有品牌后形成的收益（$\triangle R_3$）

注：β_1、β_2、β_3 是风险系数，介于 0~1 之间，表征风险的大小；$\triangle C$ 表征增加的成本；$\triangle R$ 表征增加的收益。

为了进一步分析的需要，表 6-3 对加工贸易企业的风险、成本和收益进行了归

纳。本书遵从经济学中经典的理性人假设，即加工贸易企业的一切经济行为的目标是追求利润最大化，对它们的转型升级意愿进行风险—成本—收益综合分析。那么，加工贸易企业做出是否转型升级的决策之前，必然要计算转型升级的成本，权衡风险损失，然后对比预期的收益。尤其当它们决意向 OBM 转型升级时，更要事先全面衡量收益和风险，因为自有品牌的创造是个艰难而痛苦的过程（于明超，2008）。根据理性人假设和上文对转型升级风险、成本和收益的分析，本书构建了一个本土加工贸易转型升级意愿的决定模型。

$$NR=\sum_{t=1}^{\infty}[\Delta TR_t-\Delta TC_t-(\beta_1+\beta_2+\beta_3)\pi]$$

在以上模型中，NR 表示净收益；ΔTR_t（$\Delta TR=\Delta R_1+\Delta R_2+\Delta R_3$）代表转型升级所带来的新增的总收益；$TC_t$（$\Delta TC=\Delta C_1+\Delta C_2+\Delta C_3+\Delta C_4+\Delta C_5$）代表因为转型升级所需增加的总成本；$\beta_1$、$\beta_2$、$\beta_3$ 代表风险系数，其大小除了与委托企业的专属关系和努力程度密切相关外，也与加工贸易企业已有的资金、技术、管理等基础的强弱存在密切的关系；（$\beta_1+\beta_2+\beta_3$）π 代表可能的风险损失额，当评估的 β_1、β_2 和 β_3 越大时，加工贸易企业的转型升级的风险损失越大，它们可能因惧怕风险而不愿转型升级，转型升级的意愿越弱。因为转型升级是一个持续不断的时间序列过程，因而净收益是转型升级过程中各年增加的收益减去各年增加的成本和风险损失额之后的余额。从以上模型不难得出，只有当转型升级净收益（NR）大于零时，加工贸易企业才具有转型升级的意愿。净收益越多，加工贸易企业转型升级的意愿越强烈。反之，当净收益小于零时，加工贸易企业愿意保持现状，就没有转型升级的意愿。因此，要增强加工贸易企业转型升级的意愿，必须要尽力减少它们转型升级的风险和成本，增加预期的净收益。

本书构建的加工贸易企业转型升级的意愿决定模型表明，要增加转型升级的净收益，从而增强本土加工贸易转型升级的意愿，可以从降低转型升级的风险损失额和成本两方面入手。模型对政府制定引导加工贸易转型升级的政策和加工贸易企业制定转型升级策略具有启发作用。第一，政府要在尊重加工贸易企业在转型升级中的主体作用的基础上，通过灵活合理的政策和服务，降低它们转型升级的风险损失额和成本，增强它们的风险和成本承受能力。例如，鼓励和扶持加工贸易企业进行研发，给予税收减免和奖励；健全和强化知识产权保护制度，降低加工贸易企业的创新风险；加强对加工贸易企业转型升级的金融支持，缓解它们的资金压力。第二，加工贸易企业要结合已有的资金、技术和管理等基础，在全面评估风险和成本承受能力后选择适宜的转型升级模式和时机。例如，对于已经具备较好的技术和资本实力的 ODM 加工贸易企业而言，可以同时进行自主品牌生产和代工。因为在激烈竞争的环境下，自主品牌和代工生产并举可以分享产能和降低成本，提高竞争力，完全集中于某种业务活动不会好于 OEM、ODM、OBM 模式同时并行的业务活动（Lee & Chen，1998）。

第六节 本章小结

已有的研究加工贸易转型升级的文献都是以加工贸易企业具有转型升级意愿为假设而展开的。通过分析，本书认为这一假设并不成立。加工贸易企业转型升级虽然可能获得因产品附加值提高带来的增值收益，但面临客户和订单流失的风险、研发和设计失败以及营销和品牌失败的风险，且人力成本、机器与设备成本、学习成本、营销成本和税务成本都会增加。因此，作为理性的转型升级的微观经济主体，加工贸易企业是否具有转型升级的意愿及其意愿强弱，不是主要取决于政府的引导和鼓励程度，而是取决于它们对转型升级的风险、成本和收益的评估、比较和权衡。当预期的转型升级净收益大于零时，加工贸易企业才有转型升级的意愿。净收益越多，转型升级意愿越强，反之亦然。

第七章　广东省加工贸易转型升级案例研究

本书在前面几章中探讨了加工贸易转型升级的路径、机制和风险—成本—收益等三方面的理论问题，为研究广东省加工贸易转型升级问题做出了理论铺垫。一般而言，没有理论基础的研究必然缺乏深度，而单纯地进行理论思辨，不结合现实问题，难免陷入空泛。在这一章中，笔者将在先前理论探讨的基础上，对广东省加工贸易转型升级这一现实问题进行全面而深入的探讨。之所以选择广东省加工贸易转型升级作为研究案例，原因在于它的典型性和代表性：第一，广东省加工贸易在全国起步最早，我国第一家加工贸易企业和第一单加工贸易业务合同皆出自广东；第二，广东省加工贸易发展最快，规模最大，广东省是我国加工贸易发展的龙头省份；第三，广东省加工贸易的发展对广东省的经济快速发展做出了重大的贡献；第四，广东省率先在全国开展加工贸易转型升级实践，正在着力打造转型升级示范区，是政府和学术界关注加工贸易转型升级问题的热点和焦点所在。

第一节　广东省加工贸易发展的历程

广东省加工贸易开始于 1978 年，伴随着改革开放的光辉历程，已经历经了 30 多年的发展。在这 30 多年中，得益于改革开放的历史机遇、灵活而优惠的经济特区政策、毗邻港澳的沿海地理位置以及海外侨商众多的优势，广东省加工贸易在全国率先起步，并迅速发展。一方面，从时序发展来看，广东省加工贸易发展的成绩斐然。在图 7-1 中反映了 1987—2010 年广东省加工贸易进出口总额的时序发展情况。1987 年，广东省加工贸易进出口总额为 135. 16 亿美元。2010 年，广东省加工贸易进出口总额达到 4460. 73 亿美元，相比于 1987 年，增长 32 倍。从图 7-1 可以看出，2000 年之前，广东省加工贸易进出口总额稳步增长，而 2000 年之后，除了受全球金融危机影响严重的 2009 年外，广东省加工贸易进出口总额的增长速度明显加快。

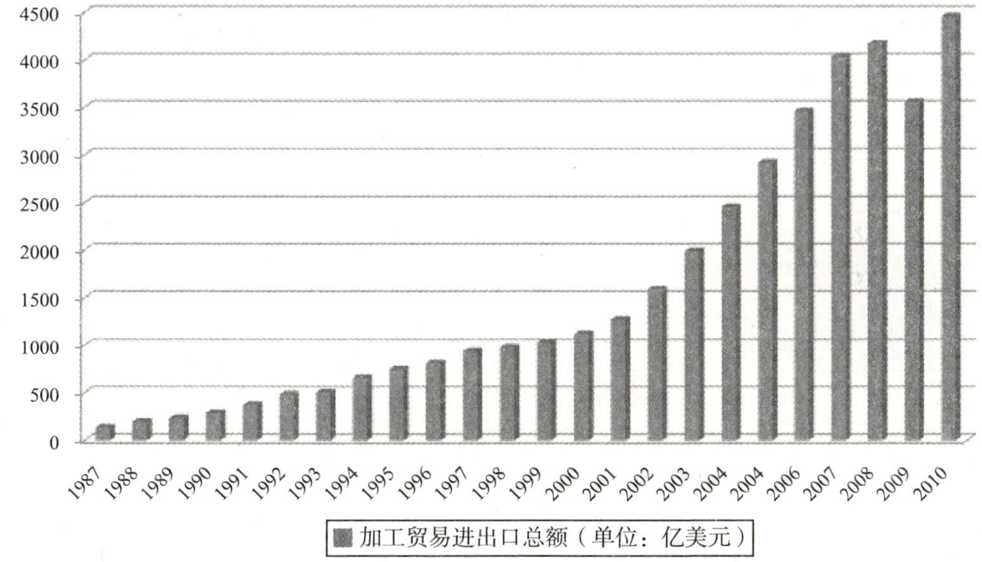

图 7-1　1987—2010 年广东省加工贸易进出口总额

另一方面，广东省加工贸易的快速发展还可以从与全国加工贸易发展的对比中看出。广东省是全国加工贸易最为集中的省份，广东省加工贸易的发展在全国具有举足轻重的地位。在表 7-1 中，列举了 1987—2010 年间广东省和全国加工贸易的进口值和出口值，并计算出了广东省加工贸易进出口值在全国加工贸易进出口值中的相应比重。在 2003 年之前，广东省加工贸易进、出口值都占到全国进出口值的 50% 以上，其中 1988 年以前，广东省加工贸易的进、出口值连续占到全国加工贸易进、出口值的三分之二以上。2002 年以后，随着国内长江三角洲、环渤海地区以及中西部地区加工贸易的加速发展，广东省加工贸易进、出口值在全国加工贸易进、出口值中的相应比重有所下降，但是仍占到全国加工贸易进、出口值的四成。图 7-2 采用折线图的形式，直观地对比了 1987—2010 年广东省和全国加工贸易出口值情况。

从折线图可以看出，在20世纪80年代早期，两条折线几近重合，说明当时全国的加工贸易出口值几乎全部出自广东省。20世纪90年代以后，两条折线逐渐拉开了距离，表明广东省加工贸易虽然仍在快速增长，但在全国的比重有所下降。

表7–1 1987—2010年广东省加工贸易进、出口值及其在全国所占比重

年份	加工贸易出口值（亿美元）			加工贸易进口值（亿美元）		
	广东	全国	占比	广东	全国	占比
1987	67.51	89.94	75.06%	67.65	102	66.32%
1988	97.86	140.60	69.60%	99.33	147	69.46%
1989	128.10	197.85	64.75%	104.25	164	63.57%
1990	160.08	254.20	62.94%	127.61	187	68.24%
1991	204.44	324.30	63.04%	167.41	250	66.96%
1992	252.62	396.20	63.76%	210.63	315	66.87%
1993	291.36	442.50	65.84%	234.75	364	64.49%
1994	362.14	569.80	63.56%	295.16	476	62.01%
1995	422.76	737.00	57.36%	323.93	584	55.47%
1996	471.56	843.30	55.92%	337.87	623	54.23%
1997	548.31	996.02	55.05%	389.51	702	55.49%
1998	583.61	1044.54	55.87%	359.44	686	52.40%
1999	603.98	1108.82	54.47%	420.50	736	57.13%
2000	717.80	1376.52	52.15%	493.71	926	53.32%
2001	765.02	1474.33	51.89%	504.44	940	53.66%
2002	932.86	1799.28	51.85%	655.48	1222	53.64%
2003	1181.45	2418.51	48.85%	809.16	1629	49.67%
2004	1456.29	3279.70	44.40%	996.84	2217	44.96%
2005	1750.70	4164.67	42.04%	1170.50	2740	42.72%
2006	2083.90	5103.55	40.83%	1377.33	3215	42.84%
2007	2461.70	6176.60	39.86%	1272.30	3684	34.54%
2008	2612.64	6752.00	38.69%	1557.85	3784	41.17%

续表

年份	加工贸易出口值（亿美元）			加工贸易进口值（亿美元）		
	广东	全国	占比	广东	全国	占比
2009	2231.27	5870.00	38.01%	1328.14	3223	41.22%
2010	2755.71	7403.00	37.09%	1705.02	4174	40.85%

数据来源：历年《中华人民共和国统计年鉴》和《广东省统计年鉴》。

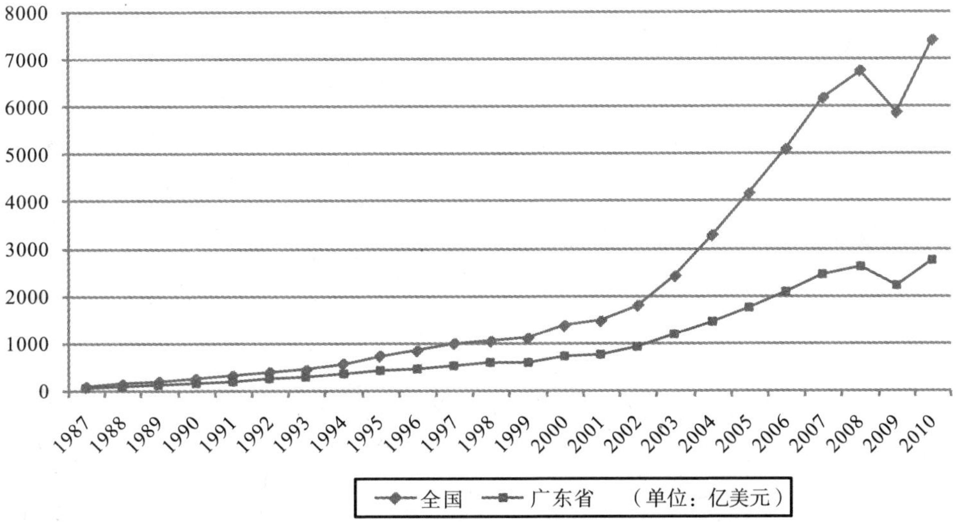

图 7-2　1987—2010 年广东省加工贸易出口额与全国加工贸易出口额

广东省加工贸易经过 30 余年的发展，既实现了量的快速增长，又实现了明显的质的提升。量的增长体现在加工贸易进出口值的增长、加工贸易企业数量的增加、就业人数的增加、纳税额的增加等众多方面；质的提升体现在加工贸易产业结构的升级、加工贸易企业技术和管理水平的提高、产品附加值的提高等诸多方面。因为广东省加工贸易的发展并不是一个直线式的发展过程，而是受国家政策、国内外宏观经济环境、资源状况等因素的影响，在不同的时期具有一定的发展特征。在此，本书结合广东省加工贸易发展的量质特征、国家相关政策变化情况、宏观经济环境等情况，把广东省加工贸易发展历程区分为以下几个发展阶段。

一、以来料加工贸易为主导的早期发展阶段（1978—1992）

1978年，我国开启了改革开放的光辉征程，进入了发展对外贸易的新的历史时期。新中国成立以后至1978年间，由于受意识形态的束缚，我国主要与少数社会主义国家开展经贸活动，而与美国、日本和欧洲国家的经贸关系一度停顿。为了融入全球经济体系，参与全球经济分工，充分利用国际、国内两个市场和两种资源，积累外汇，增加就业，引进发达国家先进的技术和管理知识，促进经济发展，解决人民群众日益增长的物质文化需求和落后的社会生产力之间的矛盾，我国做出了打开国门、积极发展与发达资本主义国家的经贸关系的战略决策。由于受计划经济的影响，我国改革开放初期的外贸、外汇、税收等体制很难短期内完成改革，造成我国的关税壁垒很高，市场服务环境和经济秩序尚待构建，阻碍了对外贸易的发展，因而我国学习日本、韩国、新加坡等战后迅速发展的国家的发展经验，决定开展以"三来一补"为主体的加工贸易。1978年7月15日，国务院颁布实施了《开展对外加工装配和小型补偿贸易办法》，这是我国加工贸易发展的第一个具有里程碑意义的规范性文件。由于广东省具有地处东南沿海，海运便捷，毗邻香港和澳门，海外侨商众多等得天独厚的条件，国家把加工贸易发展的试验田选在了广东省，尤其是广东省的珠江三角洲地区。

广东省抓住改革开放和发展加工贸易的历史机遇，通过进行一系列外贸体制改革和制定发展加工贸易的鼓励性配套政策，促进了加工贸易快速进入了发展的早期阶段。1978年7月29日，广东省东莞市太平手袋厂承接了香港信孚手袋制品公司的手袋来料加工订单。这是改革开放以来广东省签订的第一份加工贸易订单，同时也是我国第一份加工贸易订单，标志着广东省乃至全国加工贸易发展的开端。1979年5月，从事毛纺生意的香港商人曹光彪在广东省珠海市创办的中国第一家外商投资加工贸易企业——香洲毛纺厂投产。1979年8月，香洲毛纺厂与澳门纺织公司签订了珠海第一个"三来一补"合同。该合同属于采用补偿贸易的形式，约定由澳门纺织公司提供设备和技术，香洲毛纺厂用加工费收入补偿外商设备投资和利息。1979年，中共中央、国务院转批了《中共广东省委关于发挥广东优势，扩大对外贸易，加快经济发展的报告》，同年决定创办经济特区，经济特区在对外经济活动中实行"特殊政策、灵活措施"。在最初的四大经济特区中，除了厦门经济特区之外，深圳、珠海和汕头三个经济特区都集中在广东省珠江三角洲。作为改革的“试验田”和对外开放的窗口，经济特区允许外国企业或个人以及华侨、港澳同胞进行投资活动，并实行特殊政策。在经济特区内，外商投资企业在企业设备、原材料、元器件的进口、产品出口、公司所得税税率、外汇结算、利润汇出、土地使用、出入境手续、家属或随员的出入等方面享有诸多政策优惠。深圳、珠海和汕头经济特区为广东省加工贸易的发展营造了良好的制度环境，增加了对邻近广东的港澳商人的吸引力。一大批有远见的港澳商人前往珠三角尤其是深圳、珠海、汕头投资办厂，采用加工贸易形式开展生产和贸易。同时，广东省出台了鼓励加工贸易发展的配套政策。1988 年 3 月 2 日，广东省人民政府颁布了《广东省鼓励开展对外加工装配、补偿贸易方式》。1989 年 3 月 11 日，广东省政府又颁布了《广东省私人（外商）承包经营对外加工装配业务、补偿贸易业务暂行规定》，允许私人（外商）承包经营对外加工装配业务。

在广东省加工贸易发展的早期，广东省加工贸易发展具有三个方面的鲜明特征。其一，从投资主体看，广东省加工贸易的投资主体是港澳投资者。由于港澳原属广东省，毗邻珠三角，港澳投资者对国内的政策反应最为灵敏，且不少港澳企业家原籍为广东，回大陆投资的愿望较为强烈，因而在全国实行改革开放后，港澳企业家率先响应国家和广东省的改革开放政策，纷纷到劳动力、土地、水电价格低廉，政策优惠的广东省珠三角地区投资设厂。在改革开放初期，广东省整体的技术水平低、设备落后、生产原料紧缺且质量不高，但如果港澳投资者把生产的制造环节转移至广东省，广东省低廉的资源价格和几近无限供给的廉价劳动力，可以显著地降低生产成本。在此背景下，港澳投资者把研发、设计、营销等高附加值生产环节留在港澳原地，而把生产制造环节转移至广东省，成了生产空间布局的最优选择，这样可以充分利用两地各自的优势。于是，大批港澳投资者采用外商投资的形式，把工厂搬迁到广东省，形成了港澳和广东省“前店后厂”的分工格局。其二，从贸易形式看，来料加工是广东省加工贸易的主要形式。在 1978 年至 20 世纪 80 年代初期，进料加工贸易形式的出现和发展显著地晚于来料加工贸易形式，以“三来一补”为形式的来料加工贸易占据压倒性主导地位。图 7-3 用折线图的形式反映了 1987—2009 年之间广东省来料加工和进料加工贸易进出口总额的历年变化情况。在 1992 年之前，广东省来料加工贸易的进出口总额持续超过进料加工贸易的进出口总额，居于主导地位。以 1987 年为例，广东省来料加工贸易的进出口总额为 107. 52 亿美元，占加工贸易进出口总额的 75.5%；进料加工贸易的进出口总额为 27.64 亿美元，占加工贸易进出口总额的 20.45%。当然，随着广东省加工贸易的发展，进料加工贸易在加工贸易中所占的比重逐步上升，并在 1993 年取代了来料加工贸易的主导地位。广东省加工贸易之所以在早期以来料加工贸易形式为主，其原因在于广东省本地技术落后、设备陈旧、本地料件质劣价高等，因而由外商直接提供设备、料件和生产技术，这样港澳投资的来料加工贸易能以更低的成本保质保量地尽快完成委托订单。其三，从产品层次来看，劳动密集型产品是广东省加工贸易的主要产品。在全球范围看，港澳地区的制造业技术水平不高，主要是给美国、德国、英国、日本等发达资本主义国家的企业代工生产箱包、皮具、服装、食品、鞋类等劳动密集型产品，因而从港澳地区转移过来的加工贸易企业的技术水平虽然高于广东省，但在全球产业分工中仍处于劳动密集型的加工制造环节。这种情况决定了广东省加工贸易在发展的早期阶段，必然主要集中于劳动密集型加工贸易产品，例如服装、鞋类、箱包、皮革、塑料制品等。劳动密集型加工贸易产品附加值较低，因而这一时期广东省加工贸易企业主要收入来自于来料加工贸易的工缴费收入。

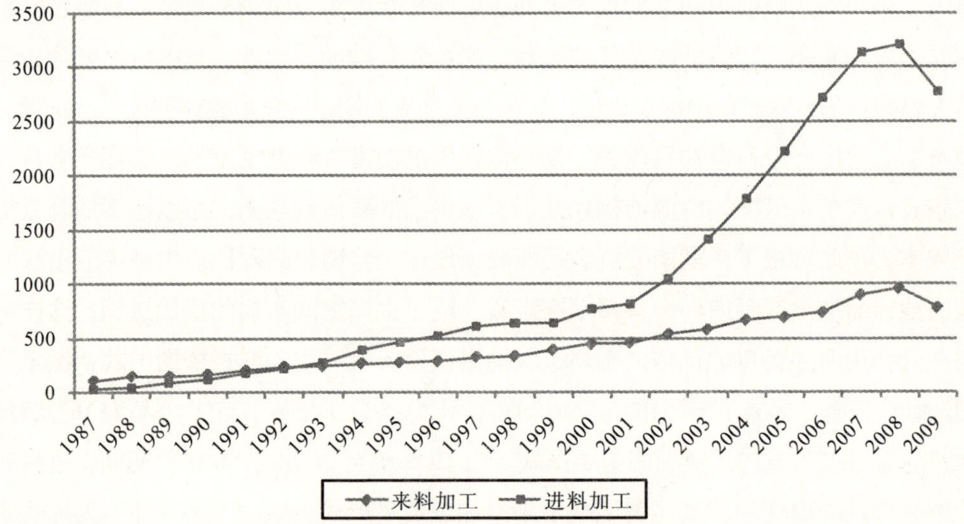

图 7-3　1987—2009 年广东省来料加工和进料加工贸易进出口总额变化情况

二、以进料加工贸易为主导的快速发展阶段（1992—2002）

1992 年之后，广东省加工贸易进入了一个快速发展的新阶段。尽管广东省在加工贸易发展早期取得了显著的成就，在增加就业、引进技术、出口创汇、促进经济发展方面起到了明显的作用，但也有人在质疑“经济特区要不要继续‘特’下去”时，对广东省引进外资发展加工贸易的策略发出了诘难，认为引进外资发展加工贸易使改革偏离了社会主义方向。1992 年，改革开放的总设计师邓小平在 1 月 18 日至 2 月 21 日南方武昌、深圳、珠海、上海等地时，发表了一系列有关改革开放的观点，史称邓小平“南方谈话”。邓小平“南方谈话”澄清了改革开放过程中的一些思想认识误区，结束了关于姓资姓社的长期争论，为继续推进改革开放进程扫除了思想障碍。邓小平“南方谈话”为广东省继续加快发展加工贸易解除了思想桎梏，广东省加工贸易进入了一个新的快速发展时期。从图 7-1 和图 7-2 中可以看出，1992 年可以视之为广东省加工贸易发展的一个拐点，之后广东省加工贸易进入了一个更为快速发展的阶段。1992 年，广东省加工贸易出口额为 252. 62 亿美元，比 1991 年同比增长 23. 57%；进口额为 220. 63 亿美元，比 1991 年同比增长 37. 19%。而到 2002 年，广东省加工贸易出口额增长至 932. 86 亿美元，进口额增长至 655. 48 亿美元。

在 1992—2002 年的快速发展阶段，广东省加工贸易具有三个方面的显著特征。其一，进料加工贸易超过来料加工贸易，成为广东省加工贸易的主要贸易形式（见表 7-2）。1993 年，广东省来料加工贸易进出口总额为 244. 68 亿美元，占加工贸易进出口总值的比重为 48. 44%，首次低于 50%；而进料加工贸易进出口总额为 281. 43 亿美元，占加工贸易进出口总值的比重为 51. 56%，首次超过来料加工贸易而成为加工贸易的主要形式。相比于来料加工这种初级的加工贸易形式，进料加工则是一种较为高级的加工贸易形式。在来料加工贸易中，加工贸易企业对生产料件没有采购权，也没有所有权，对产品也没有所有权，只是利用我国廉价的资源优势获取工缴费收入，属于一种彻底的“两头在外，大进大出”的加工贸易形式。而在进料加工贸易中，加工贸易企业可以根据需要自主采购料件或进行深加工结转，并可以承接产品设计功能，因而进料加工的利润要高于来料加工，对当地配套产业的带动作用也要更大。当然，进料加工是在来料加工的基础上发展进化而来，因为在来料加工的过程中，加工贸易企业通过提高生产技术、引进设备、改进工艺等方面的积累，逐渐具备了进料加工的能力。在这期间，国家出台了《以进养出试行办法》《关于加强综合管理促进对外加工装配业务发展的通知》《中华人民共和国海关对进料加工进口货物的管理办法》等一系列政策法规，为发展进料加工贸易提供了政策便利。

广东省通过贯彻落实这些有助于进料加工贸易发展的政策法规，引导和鼓励进料加工贸易的发展。其二，韩国、新加坡等亚洲新兴工业国家和美、日、欧盟国家等发达资本主义国家的跨国公司以外商直接投资的形式进入广东省开展加工贸易，使广东省加工贸易产业结构和产品结构得到了明显的改善。在广东省加工贸易发展的早期，广东省加工贸易的投资主体是港澳（其中以香港为主）资本。而进入 20 世纪 90 年代以后，随着全球产业结构的新一轮调整，美、日、欧盟国家等发达资本主义国家和邻近的韩国、新加坡等新兴工业国家向我国东南沿海，尤其是广东省转移剩余生产能力。但与港资加工贸易有所不同，美、日、欧盟国家、韩国等国家的跨国公司主要在广东省开展电子信息、家电、化工、机械制造、生物制药等产业的加工贸易，进行资本密集型或技术密集型产品的加工贸易生产，打破了港资加工贸易占绝对主体地位的局面。其三，广东省加工贸易产业结构和产品结构实现了明显的优化升级。如上所述，随着港澳之外的外资进入广东开展加工贸易，广东省服装、制鞋、皮革、塑料制品、五金产品等传统产业的加工贸易份额开始缩小，而电子信息、光机电设备器材、化工等产业的加工贸易进出口额逐年显著增加。尽管这些外商投资加工贸易企业从事的是技术密集型产品或资本密集型产品中劳动密集型环节（加工制造环节）的生产，但还是显著改善了加工贸易产业结构和出口产品结构。在这一时期的广东省加工贸易产品的出口中，高新技术产品和机电产品的出口比重逐年增加。

表 7-2　1987—2009 年广东省来料加工和进料加工贸易进出口额及其所占比重

年份	来料加工进出口总额（亿美元）	所占比重	进料加工进出口总额（亿美元）	所占比重
1987	107.52	75.55%	27.64	20.45%
1988	148.73	75.42%	48.46	24.58%
1989	151.06	65.01%	81.29	34.99%
1990	167.90	58.36%	119.79	41.64%
1991	204.00	54.86%	167.85	45.14%
1992	239.58	51.71%	223.67	48.29%
1993	244.68	48.44%	281.43	51.56%
1994	269.92	40.91%	388.48	59.09%
1995	278.29	37.27%	468.40	62.73%

续表

年份	来料加工进出口总额（亿美元）	所占比重	进料加工进出口总额（亿美元）	所占比重
1996	288.49	35.64%	520.94	64.36%
1997	328.92	37.07%	608.90	64.93%
1998	335.59	34.28%	643.46	65.72%
1999	391.17	38.24%	632.71	61.76%
2000	444.89	36.72%	766.62	63.28%
2001	457.29	36.02%	812.17	63.98%
2002	536.30	33.78%	1050.79	66.22%
2003	577.22	28.98%	1413.17	71.02%
2004	664.07	27.07%	1789.31	72.93%
2005	688.98	23.59%	2232.10	76.41%
2006	735.49	21.25%	2725.62	78.75%
2007	895.90	22.21%	3138.10	77.79%
2008	954.46	22.29%	3217.01	77.14%
2009	778.41	21.87%	2781.00	78.13%

注：所占比重是指其占加工贸易进出口总额的比重。

资料来源：历年《广东省统计年鉴》。

三、由政府自觉引导的加工贸易转型升级阶段（2003 年至今）

随着改革开放的推进和市场经济的发展，广东省在取得了巨大经济建设成就的同时，开始面临环境、资源等方面的瓶颈制约，转变经济发展方式和外贸增长方式的需要日益迫切。2003 年 10 月，中共十六届三中全会召开，会上提出了科学发展观。为了贯彻落实科学发展观，十六届三中全会首次提出了加工贸易转型升级的战略任务：“要继续发展加工贸易，着力吸引跨国公司把更高技术水平、更大增值含量的加工制造环节和研发机构转移到我国，引导加工贸易转型升级。”2004 年 4 月，时任国务院副总理吴仪在全国出口加工区加工贸易研讨会上指出，要落实十六届三中全会的会议精神，加快推进加工贸易转型升级，在保持加工贸易数量增长的同时，努力提高加工贸易发展的质量和效益。党的十六届五中全会关于“十一五”规划的建议又进一步提出，要“继续发展加工贸易，着重提高产业层次和加工深度，增强国内配套能力，促进国内产业升级”。党的十七大报告进一步强调：“要加快转变外贸增长方式，立足以质取胜，调整进出口结构，促进加工贸易转型升级。”十六届三中全会后，加工贸易转型升级成为国家落实科学发展观、转变经济增长方式的一个发展战略，广东省加工贸易发展也由此进入了一个转型升级的新时期。

2003 年以后，广东省开始转变加工贸易发展思路，由先前的以注重数量型增长为主转变为以注重加工贸易发展的效益为主。尤其在 2008 年的金融危机中，广东省加工贸易发展深受重创，加工贸易转型升级显得更加重要和迫切。“国际金融危机发生后，据统计，2008 年广东加贸企业关停搬迁 2452 家。其中，关闭 1730 家，搬迁 189 家，转型 169 家，停产 364 家；100 人以下的企业 1814 家，占总数的 73%，100 人至 500 人的企业 576 家，占 23%，大企业只有 62 家，仅占 2. 53%。”[①] 为了促进加工贸易转型升级，广东省进行了努力探索和实践。2003 年以来，广东省先后出台了《关于推进外商投资、加工贸易企业扩大内销工作的指导意见》《广东省来料加工企业不停产转型操作指引》《关于促进加工贸易转型升级的若干意见》《关于进一步加大投资力度扩大内需促进经济平稳较快发展的若干意见》《粤港关于促进港资加工贸易企业转型升级的合作协议》《广东分署关于贯彻落实总署支持促进经济发展十项措施的指导意见》《广东省支持港澳台资企业应对国际金融危机和加快转型升级若干政策措施》《关于推进产业转移和劳动力转移的决定》等促进加工贸易转型升级的相关政策，并设立了加工贸易转型升级专项资金。2008 年，广东省制定的《珠江三角洲地区改革发展规划纲要（2008—2020 年）》，提出“要创新对外贸易发展方式，鼓励加工贸易延伸产业链，扶持一批有规模、有优势的加工贸易企业从贴牌生产、委托设计向自主品牌转型，增强设计研发能力和品牌营销能力，增加内销业务，支持建设全国加工贸易转型升级示范区”。广东省提出了创建“加工贸易转型升级示范区”的战略规划，希望在加工贸易转型升级方面走在全国前列，在加速推进广东省加工贸易转型升级的同时，为全国其他地区加工贸易转型升级积累和提供经验。2010 年 4 月，广东省下发《广东省人民政府办公厅关于确定加工贸易转型升级重点市的通知》，确定广州、深圳、佛山、惠州、东莞、中山等六市为

---

① 马强：《国际金融危机后对创建广东加工贸易转型升级示范区的思考》，《对外经贸实务》，2009 年第 11 期，第 11 页。

广东省加工贸易转型升级重点市。2010 年 11 月，东莞市被确定为全国加工贸易转型升级首批两个试点城市之一。[①] 为了营造加工贸易转型升级的良好环境和条件，广东省还与香港、国家质检总局、商务部等开展加工贸易转型升级合作。2000 年 8 月粤港双方共同签署了《粤港关于促进港资加工贸易企业转型升级的合作协议》。2010年，国家质检总局根据广东出入境检验检疫局的调研意见，出台了《国家质检总局关于促进广东省加工贸易转型升级的检验检疫措施的通知》（国质检通〔2010〕456 号），支持广东省建设全国加工贸易转型升级试验区。2011 年，时任商务部部长陈德铭与时任广东省省长黄华华分别代表商务部和广东省人民政府签署《共同建设珠江三角洲地区全国加工贸易转型升级示范区合作协议》，进一步促进加工贸易转型升级，推进区域经济协调发展。

2003 年以来，广东省加工贸易转型升级取得了显著成效。具体而言，广东省加工贸易的转型升级体现在以下几方面。第一，加工贸易的产业结构和产品结构实现了明显的转型升级。表 7-2 比较了广东省加工贸易项下高新技术产品的出口变化情况。从表 7-2 中很容易看出，2003 年以后，广东省以加工贸易形式出口的高新技术产品的出口额显著增加，从 2003 年的 450. 8 亿美元增长为 2010 年的 1375. 1 亿美元，占加工贸易出口总值的相应比重从 38. 2% 上升为 49. 9%。第二，广东省加工贸易的深加工结转额和内销额有了明显增加。深加工结转的频率和深度反映本地相关配套产业的发展程度，从深加工结转金额可以窥见加工贸易的配套产值的增长情况。2004 年，广东加工贸易深加工结转金额 658 亿美元，增长 25%。[②] “2006 年广东省加工贸易深加工结转总金额达 1032. 2 亿美元，约占全省加工贸易进出口总额的三成。”[③] “目前深圳和周边地区的产品本地化配套达到了较高水平，以电子信息行业的主导产品为例：打印机本地配套率达到了 91%、PC 机达 80%、激光机视盘机达 64%，深圳市现有计算机配套工厂 1500 多家配套能力在 2000 万台以上。”[④] 鼓励加工贸易企业开展内销，既可以增加国家的税收收入，扩大加工贸易企业的产品销售范围，又

---

① 另一个全国加工贸易转型升级试点城市是苏州市。

② 黄树辉：《转型升级：广东加工贸易的生死大考——访广东拱北海关关长龚维钊》，《大经贸》，2005 年第 3 期，第 71 页。

③ 卢小平：《促进加工贸易转型升级》，《大经贸》，2007 年第 6 期，第 39 页。

④ 牛竞：《加工贸易对广东省经济增长影响研究》，中南大学硕士学位论文，2006 年。

是促使加工贸易建立自主品牌的一种转型升级措施。“2005 年全省加工贸易内销征税 44. 6 亿元人民币，比上年增长 100. 9%。2006 年全省加工贸易内销征税 54. 6 亿元人民币，增长 22. 4%。”①“2009 年和 2010 年，广东省内海关内销征税连续两年大幅增长，2010 年全年广东加工贸易经批准内销征税款 102. 1 亿元人民币，同比上升 32. 8%。”②第三，进料加工贸易的比重越来越高，与来料加工贸易的距离越拉越大。因为进料加工贸易的要求要高，加工贸易企业参与加工制造的深度要大，因而进料加工贸易比重的快速增长，也是广东省加工贸易转型升级的一种体现。从图 7-3 可以明显看出，2003 年是广东省进料加工贸易发展的一个拐点，此后广东省进料加工贸易以更快的加速度增长，而广东省来料加工贸易则是平稳增长。2003 年，广东省来料加工贸易出口额为 577. 22 亿美元，占加工贸易出口额的 28. 98%，进料加工贸易出口额为 1413. 17 亿美元，占加工贸易出口总额的 71. 02%。2009 年，广东省来料加工贸易出口额为 778. 41 亿美元，占加工贸易出口总额的比重下降至 21. 87%；进料加工贸易出口额为 2781 亿美元，占加工贸易出口额的比重增至 78. 13%。第四，加工贸易发展的产业集群水平提高，产业集群效应明显。广东省加工贸易在发展过程中，呈现越来越明显的地理集聚特征，形成了一些颇具特色的产业集群。以东莞市为例，目前东莞已经形成了虎门服装、长安五金模具、厚街制鞋、大朗毛织、石龙电子信息、塘厦高尔夫制品等产业集群，其中东莞塘厦聚集了近 60 家从事球杆、球头、球套等高尔夫用品的加工制造企业，为 Callaway、Taylormade、Cleverland 等国际高尔夫品牌产品进行贴牌生产。第五，广东省加工贸易企业的整体技术水平明显提高。在长期从事代工生产的过程中，广东省加工贸易企业充分利用加工贸易的知识溢出效应，既积累了资金，又积累了生产和管理知识，技术水平得以提高。一些广东省加工贸易企业逐渐设立了研发机构，具备了一定的自主创新能力。

---

① 郭楚：《四川灾后重建与广东加工贸易转移》，《特区经济》，2008 年第 6 期，第 18 页。

② 谢越：《广东海关力促加工贸易转型升级》，《国际商报》，2011 年 2 月 17 日。

表 7–3　广东省加工贸易项下高新技术产品出口情况

年份	加工贸易高新技术出口额（亿美元）	高新技术产品出口额（亿美元）	加工贸易出口总额（亿美元）	比重 1	比重 2
1999	113.3	120.3	603.98	94.2	18.8
2002	293.6	309.6	932.86	94.6	31.5
2003	450.8	481.7	1181.45	93.6	38.2
2005	763.4	835.7	1750.70	91.4	43.6
2007	1100.9	1283.5	2461.70	85.8	44.7
2010	1375.1	1753.5	2755.71	78.4	49.9

注：比重 1= 加工贸易高新技术出口额 / 高新技术产品出口额；

比重 2= 加工贸易高新技术出口额 / 加工贸易出口总额。

数据来源：历年统计年鉴和广东省对外贸易经济合作厅。

当然，虽然本书以 2003 年召开的十六届三中全会为标志，把 2003 年至今的时期划分为广东省加工贸易的转型升级阶段，但并意味着广东省加工贸易的转型升级是从 2003 年才开始。事实上，广东省加工贸易转型升级是一个贯穿始终的过程，只是 2003 年之后由先前的一种自发转型升级进程转变为政府自觉引导的转型升级进程。

第二节　广东省加工贸易转型升级的机制和路径

一、广东省加工贸易转型升级的机制分析

从以上对广东省加工贸易发展历程的阶段分析中和第二章对广东省加工贸易转型升级的文献综述中可知，广东省加工贸易在规模快速发展的同时，实现了明显的转型升级。广东省加工贸易的转型升级表现在几个方面：第一，广东省加工贸易的增值率逐步提高，附加值明显增加；第二，服装、家具、皮革、纺织、鞋子等劳动密集型加工贸易产品的出口比重下降，加工贸易项下的机电产品和高新技术产品出口的总量和比重显著增长；第三，加工贸易企业的技术水平和管理水平明显提升，

一些加工贸易企业不再简单地从事产品的加工组装，而是向设计、营销、研发等高附加值的产业价值链环节扩展和攀升，少数企业在发展加工贸易的过程中，随着技术水平、产品研发能力和市场开拓能力的提高，最终从早期的 OEM 代工企业成长为拥有自主品牌和国际竞争力的 OBM 企业，如华为、中兴、格力、格兰仕、比亚迪等；第四，广东省加工贸易的产业链不断延伸，深加工结转的金额显著提高，对当地产业的带动能力增强；第五，形成了一些特色鲜明的加工贸易产业集群，如东莞市的虎门服装产业集群、厚街制鞋产业集群以及佛山市的南海陶瓷产业集群等。

广东省加工贸易之所以在规模快速发展的同时，实现了较为明显的转型升级，是加工贸易转型升级的四种机制共同作用的结果。在本书的第三章详细分析了加工贸易转型升级的机制，即加工贸易转型升级是动力机制、支撑机制、学习机制、创新机制等四种机制共同促成的。同样，本书对加工贸易转型升级机制的理论研究适用于广东省加工贸易转型升级的具体研究，加工贸易转型升级的四种机制可以很好地解释广东省加工贸易转型升级的机理和内在原因。广东省加工贸易转型升级的动力机制包括民工荒、市场竞争加剧、经济环境改变、要素价格上涨、汇率上升、环保标准提高等因素，它们是加工贸易转型升级的动力来源。支撑机制包括广东省政府的支持和服务质量的改善，产业集群的形成和效应的发挥以及人力资源的积累，为广东省加工贸易的转型升级提供了外围环境和基础。动力机制是广东省加工贸易转型升级的动力来源，支撑机制为广东省加工贸易转型升级提供外围环境和基础。动力机制和支撑机制共同构成广东省加工贸易转型升级的外在机制。知识溢出效应、“干中学”、技术引进构成了广东省加工贸易转型升级的学习机制，它是广东省加工贸易企业获得知识来源的基础机制。模仿创新和自主创新构成了广东省加工贸易转型升级的创新机制。学习机制和创新机制共同构成广东省加工贸易转型升级的内在机制，外在机制为内在机制的运行提供动力和基础。具体而言，可从以下四方面进行分解。第一，广东省资源价格的上涨、劳动力供给状况的改变、人民币升值等国内外经济环境的变化，倒逼加工贸易转型升级，这是广东省加工贸易转型升级的动力所在。第二，广东省加工贸易企业通过知识溢出、“干中学”、技术引进等途径，获得了学习机会，为转型升级储备了所需的知识。第三，广东省加工贸易企业通过模仿创新和自主创新，为转型升级奠定了技术基础。第四，政府服务能力和水平的提高、产业集群的形成、基础设施的改善以及人力资源的积累，为广东省加工贸易转型升级提供了良好的支撑条件。

二、广东省加工贸易转型升级的路径分析

从对广东省加工贸易发展历程的回顾中可知，广东省加工贸易不断转型升级，并遵循着明显的转型升级路径。在第五章中，本书结合韩国、日本等东亚国家的加工贸易转型升级实践、雁行理论和产业价值链理论，对加工贸易转型升级的转型升级做出了专门的理论研究。第五章中的理论研究和分析结论可以为探讨广东省加工贸易转型升级的路径提供一个较好的分析框架。从产业链理论的视角看，广东省加工贸易转型升级的路径可以用第五章中的理论模型（见图 5-4）进行明晰的分析。广东省加工贸易转型升级的路径主要有产业内升级路径、产业间升级路径和区域转移升级路径。

广东省加工贸易的产业内升级路径是指广东省加工贸易企业继续从事原来产业的生产经营活动，但向产业价值链两端的高附加值环节延伸的升级路径，实现“简单的组装→复杂的组装→零部件制造→零部件研发→最终产品开发→自有品牌产品的研发、设计和生产”。从整体上看，广东省加工贸易实现了较为明显的价值链内横向拓展升级，一些加工贸易企业从价值链低端的简单加工制作环节拓展至设计、物流、研发等环节，实现了从 OEM 向 ODM 或 OBM 生产方式的转型升级。广东省少数加工贸易企业逐渐建立了自己的品牌，掌握了产品生产的核心技术和关键零部件生产技术，成为具有全球竞争力的品牌生产商，如惠州的德赛、TCL，深圳的康佳、华为、长城、中兴，顺德的格兰仕、美的、科龙，珠海的格力等。广东省加工贸易的产业间升级路径是指广东省加工贸易逐渐脱离原来的劳动密集型或资源密集型传统产业，向资本密集型或技术密集型产业提升的升级路径，如从服装加工贸易转向电子产品的加工贸易。20 世纪 90 年代以后，发达国家的跨国公司大批进入广东省开展加工贸易，美、日、欧盟国家等的跨国公司主要在广东省开展电子信息、家电、化工、机械制造、生物制药等产业的加工贸易，进行资本密集型或技术密集型产品的加工贸易生产，打破了港资加工贸易占绝对主体地位的局面。广东省一些本土加工贸易企业从低附加值的劳动密集型产业转型升级至资本或技术密集型的高新技术产业。因此，广东省加工贸易产业结构和产品结构实现了明显的优化升级。服装、制鞋、皮革、塑料制品、五金产品等传统产业的加工贸易份额开始缩小，而电子信息、

光机电设备器材、化工等产业的加工贸易进出口额逐年显著增加，高新技术产品和机电产品的出口比重逐年增加。广东省加工贸易区域转移路径是指广东省珠三角地区的加工贸易企业向广东省粤北、粤西和粤南的山区或我国中西部地区转移的升级路径。随着珠三角地区劳动力成本和资源成本的上升以及产业升级的推进，珠三角地区加工贸易企业的生存和发展压力显著增加。为了降低成本，在广东省政府的引导和支持下，很多珠三角劳动密集型加工贸易企业向成本较低的广东省山区或我国中西部省份转移。

第三节　广东省加工贸易发展的主要贡献

一、加工贸易对广东省 GDP 增长的贡献

加工贸易对广东省 GDP 的快速增长做出了重要贡献。改革开放以前，广东省是一个位于祖国东南边陲的农业大省，工业基础薄弱，基础设施差，经济相对落后。改革开放给广东省带来了前所未有的巨大历史机遇，实现了经济的迅速腾飞，创造了世界经济增长的奇迹。1988 年，广东省的 GDP 为 1155. 37 亿元，占全国 GDP 的比重为 7. 7%，而 2010 年，广东省 GDP 增长为 45472. 83 亿元，占同期全国 GDP 比重的 11. 4%。广东省能实现经济持续高速增长，加工贸易可谓居功甚伟。一方面，加工贸易是一条吸引外商投资有效渠道。广东省通过发展加工贸易，充分利用了政策优势和资源优势，首先吸引了来自香港、澳门和台湾的投资，后来又吸引来自韩国、新加坡、日本以及欧美发达国家的外商投资。1979 年，广东省签订外商投资项目 1642 个，实际引进外资 9143 亿美元；1984 年，广东省签订的外商投资项目增加到 17452 个，实际利用外资 64379 亿美元，分别增长为 1979 年的 10. 63 倍、7. 04 倍。由此可以看出，加工贸易在广东省引进外资中的显著作用。另一方面，加工贸易需要相关产业提供配套和服务，它的发展必然带动配套产值的增长。“2006 年，广东省以加工贸易为主体的外商投资企业涉外税收收入 1650 亿元，带动国内配套产业产

值 3500 亿元人民币。”[①] 此外，“广东省发展加工贸易不仅获取了大量用货币计量的直接经济收益，还取得了众多的难以用货币计量的非直接经济收益，主要包括人力资本收益、产业集群收益、制度创新收益、技术创新收益等”。[②]

加工贸易对经济增长的贡献可以用加工贸易对广东省 GDP 增长的贡献率和拉动率这两个重要指标来核算。加工贸易对广东省 GDP 的贡献率（用 R_c 表示）的计算公式是从国民收入恒等式中推导出来的。国民收入恒等式为：$Y=C+I+X-M$。由于净出口项可以分解为（$XO-MO$）+（$XP-MP$），其中（$XO-MO$）代表其他贸易方式的净出口，（$XP-MP$）代表加工贸易净出口，因而国民收入恒等式可以表示为：$Y=C+I+(XO-MO)+(XP-MP)$。由公式 $\Delta Y_n/Y_{n-1}=\Delta C_n/Y_{n-1}+\Delta I_n/Y_{n-1}+\Delta(XO_n-MO_n)/Y_{n-1}+\Delta(XP_n-MP_n)/Y_{n-1}$ 可以推算出加工贸易对 GDP 增长的贡献率：$R_c=\Delta(XP_n-MP_n)/\Delta Y_n$。加工贸易对 GDP 的拉动率（用 R_d 表示）是一个与加工贸易对 GDP 的贡献率具有密切联系的数值，表征 GDP 增长率中加工贸易贡献的比重，具体计算公式为：$D_P=R_C\times R_{GDP}$。根据广东省历年统计年鉴的数据，表 7-4 计算了 1987—2010 年广东省加工贸易净出口额对广东省 GDP 的贡献率和拉动率。从表 7-3 中得知，除了 1988 年、1999 年和 2009 年这三年之外，广东省加工贸易净出口额对 GDP 的贡献率和拉动率均为正数。在这 1987—2010 年的 24 年中，广东省加工贸易净出口额对 GDP 的贡献率超过 15% 的年份有 15 年，占 62. 5%，其中还有 4 个年份的贡献率超过 40%；而对 GDP 的拉动率虽然波动较大，但其中有 10 个年份的拉动率超过 3%，占年份数的 41. 7%。由此可知，广东省名义 GDP 的增长，有相当一部分是由加工贸易贡献和拉动的。反之，一旦国内外因素影响了加工贸易的增长，必然降低广东省 GDP 的增长率。例如，1999 年、2008 年和 2009 年，加工贸易受国际市场波动的影响，净出口负增长，相应导致 GDP 增长明显减缓。加工贸易的快速发展是广东省外向型经济快速增长的重要原因，“没有加工贸易的健康、有序发展，就不可能有广东外源型经济的持续、健康、快速发展”。[③]

---

① 卢小平：《促进加工贸易转型升级》，《大经贸》，2007 年第 6 期，第 40 页。

② 梅其洁：《广东发展加工贸易的非直接经济收益分析》，《广东经济》，2007 年第 6 期，第 43 页。

③ 卢小平：《广东加工贸易监管率先实现三方联网》，《大经贸》，2007 年第 2 期，第 36 页。

表 7-4 1987—2010 年加工贸易净出口对广东省 GDP 的贡献率和拉动率

项目年份	净出口总额（亿美元）	净出口增量（亿美元）	GDP 增量（亿元）	人民币兑美元汇率	GDP 增量（亿美元）	R_c（%）	R_{GDP}（%）	R_d（%）
1987	-0.14			3.62				
1988	-1.47	-1.34	308.68	3.944	78.09	-1.72	15.8	-0.27
1989	23.85	25.32	226.02	3.944	57.31	44.18	7.2	3.18
1990	32.47	8.62	177.64	5.079	34.98	24.64	11.6	2.86
1991	37.03	4.56	334.27	5.2	64.28	7.09	17.7	1.25
1992	41.99	4.96	554.24	5.33	103.98	4.78	22.1	1.06
1993	56.61	14.62	984.32	5.7	172.69	8.47	23	1.95
1994	66.98	10.37	1084.77	8.461	128.21	8.09	19.7	1.59
1995	98.83	31.85	1217.34	8.461	143.88	22.14	15.6	3.45
1996	133.69	34.86	785.17	8.314	94.44	36.91	11.3	4.17
1997	158.80	25.11	796.37	8.28	96.18	26.11	11.2	2.92
1998	224.17	65.37	603.61	8.26	73.08	89.45	10.8	9.66
1999	183.48	-40.69	545.19	8.26	66.00	-61.65	10.1	-6.22
2000	224.09	40.61	1197.92	8.26	145.02	28.00	11.5	3.22
2001	260.58	36.49	985.48	8.26	114.46	31.88	10.5	3.35
2002	277.38	16.80	1026.29	8.277	123.99	13.56	12.4	1.68
2003	372.29	94.91	1802.93	8.277	217.82	43.57	14.8	6.45
2004	459.45	87.16	2589.53	8.277	312.86	27.86	14.8	4.12
2005	580.20	120.75	5661.82	8.1917	691.17	17.47	14.1	2.46
2006	706.57	126.37	4267.27	7.8087	546.64	23.12	14.8	3.42
2007	1189.40	482.83	4705.16	7.3397	641.06	75.32	14.9	11.22
2008	1054.79	-134.61	-4977.25	6.8479	-729.05	18.46	10.4	1.92
2009	903.13	-151.66	13385.13	6.8270	1960.62	-7.74	9.5	-0.73
2010	1050.69	147.56	6391.24	6.6227	965.05	15.29	12.2	1.87

注：R_c 表示广东省加工贸易对广东省 GDP 的贡献率；R_d 表示广东省加工贸易对 GDP 增长的拉动率。汇改以后的人民币兑美元汇率为当年平均汇率。数据根据历年《广东省统计年鉴》计算所得。

二、加工贸易对广东省外贸发展的贡献

经过 30 多年的发展，广东省成为我国的外贸大省，外贸进、出口额连续高居全国省市第一。1987 年，广东省外贸进出口总额为 210. 37 亿美元，占当年全国外贸进出口总额的 25. 4%；2010 年广东省外贸进出口总额为 7846. 63 亿美元，占全国外贸进出口总额的 26. 4%。广东省外贸发展不仅在数量上实现了持续快速增长，外贸出口结构也实现了优化和高级化。由于加工贸易是广东省外贸进出口的主体，因而广东省外贸发展之所以能取得巨大成就，主要原因得益于加工贸易的快速发展。

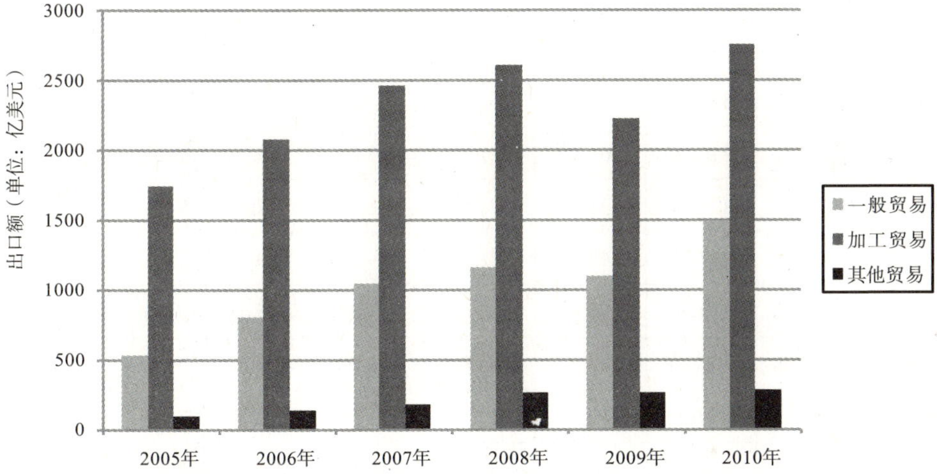

图 7-4　2005—2010 年广东省各类贸易形式的出口额情况

第一，加工贸易的快速发展带动了广东省外贸进、出口数额的快速增长。表 7-4 列举了广东省 1987—2010 年外贸进出口额、外贸出口额和外贸进口额的增长情况，并计算了加工贸易进出口额占外贸进出口额的比重、加工贸易出口总额占外贸出口总额的比重和加工贸易进口总额占外贸进口总额的比重。从表中可以看出，1987—2010 年间，广东省外贸进出口实现了持续快速增长，且三个比重一直都在 50% 以上，其中 2007 年之前的年份都在 60% 以上。这说明在广东省外贸进出口额、出口额和进口额中，加工贸易占到一半以上。当然，表 7-4 中也反映出了一种规律性的变化趋势：加工贸易在外贸中的比重先升后降，在 20 世纪 90 年代后期达到高点。这种变化趋势的原因在于近年来广东省一般贸易出口额的加速增长。

表 7–5 广东省外贸进出口、加工贸易进出口情况及其相关比重

项目 年份	外贸进出口总额①	加工贸易进出口总额②	外贸出口总额③	加工贸易出口总额④	外贸进口总额⑤	加工贸易进口总额⑥	比重 1	比重 2	比重 3
1987	210.37	135.16	101.40	67.51	108.97	67.65	62%	67%	62%
1988	310.39	197.19	148.17	97.86	162.02	99.33	64%	66%	61%
1989	355.78	232.35	181.13	128.10	174.65	104.25	65%	71%	60%
1990	418.98	287.69	222.21	160.08	196.77	127.61	69%	72%	65%
1991	525.21	371.85	270.73	204.44	252.48	167.41	71%	76%	66%
1992	657.48	484.26	334.58	252.62	322.90	210.63	74%	76%	65%
1993	783.44	505.10	373.94	291.36	409.50	234.75	64%	78%	57%
1994	966.63	657.30	502.11	362.14	464.52	295.16	68%	72%	64%
1995	1039.72	746.69	565.92	422.76	473.80	323.93	72%	75%	68%
1996	1099.60	809.43	593.46	471.56	506.14	337.87	74%	80%	70%
1997	1301.20	937.82	745.64	548.31	389.51	389.51	72%	74%	73%
1998	1297.98	979.05	756.18	583.61	395.44	395.44	75%	77%	67%
1999	1403.68	1024.48	777.05	603.98	626.93	420.50	73%	78%	63%
2000	1701.66	1121.51	919.19	717.80	781.87	493.71	71%	78%	62%
2001	1764.87	1269.46	954.21	765.02	810.63	504.44	72%	80%	64%
2002	2211.05	1587.49	1184.58	932.86	1026.34	655.48	72%	77%	62%
2003	2836.46	1991.56	1528.48	1181.45	1306.74	809.16	70%	76%	62%
2004	3571.29	2453.13	1915.53	1456.29	1655.60	996.84	70%	74%	60%
2005	4279.80	2921.20	2381.60	1750.70	1898.20	1170.50	68%	74%	62%
2006	5272.24	3461.23	3019.53	2083.90	2252.70	1377.33	66%	69%	61%
2007	6340.50	4034.00	3692.50	2461.70	2648.00	1572.30	63%	67%	59%
2008	6832.61	4170.49	4040.60	2612.64	2791.64	1557.85	61%	65%	56%
2009	6111.18	3559.41	3589.56	2231.27	2521.62	1328.14	58%	62%	53%
2010	7846.63	4460.73	4531.99	2755.71	3314.64	1705.02	57%	61%	51%

注：比重 1=②/①，比重 2=④/③，比重 3=⑥/⑤；单位：亿美元。

资料来源：历年《广东省统计年鉴》；广东省统计信息网。

加工贸易对广东省外贸进、出口数额快速增长做出了显著贡献。加工贸易对外贸进出口的贡献可以通过计算相应的贡献率来进行量化比较。在表7-5中，抽样选择偶数年，计算了1988—2010年之间加工贸易对广东省外贸的净出口贡献率、出口贡献率和进口贡献率。在这12年中，加工贸易净出口贡献率在100%以上的年份有7年，占58.3%，其中1988年和1992年分别高达942%和360%，表明这些年份里外贸净出口增量全部来自加工贸易，而同期的一般贸易净出口为负数，即为逆差。从表中可知，加工贸易对广东省外贸增长做出了主要贡献。

表7-6 广东省加工贸易对广东外贸进出口的贡献

项目 年份	外贸出口增量（亿美元）①	加工贸易出口增量（亿美元）②	外贸进口增量（亿美元）③	加工贸易进口增量（亿美元）④	外贸净出口总额（亿美元）⑤	加工贸易净出口总额（亿美元）⑥	净出口贡献率（%）⑦	出口贡献率（%）⑧	进口贡献率（%）⑨
1988	46.77	30.35	53.05	31.68	-1.47	-13.85	942%	65%	60%
1990	41.08	31.98	22.21	23.26	32.47	25.44	78%	78%	16%
1992	63.85	48.18	70.42	43.22	11.68	41.99	360%	75%	61%
1994	128.17	70.78	55.02	60.41	37.59	66.98	178%	55%	109%
1996	27.54	48.80	32.34	13.94	87.32	98.83	113%	177%	43%
1998	10.54	35.30	-13.76	5.93	188.17	214.38	114%	335%	-43%
2000	142.14	113.82	155.24	73.21	224.09	137.32	61%	80%	47%
2002	230.44	166.99	215.74	151.04	277.38	158.24	57%	72%	70%
2004	387.05	274.84	348.86	187.68	489.45	259.93	53%	71%	54%
2006	637.93	333.20	354.50	206.83	706.57	838.83	119%	52%	58%
2008	347.56	150.94	143.64	-14.45	1054.79	1248.42	118%	43%	-10%
2010	972.58	524.44	793.02	376.88	1217.35	1050.69	86%	54%	48%

注：⑦=加工贸易净出口总额/外贸净出口总额=⑥/⑤；⑧=加工贸易出口增量/外贸出口增量=②/①；⑨=加工贸易进口增量/外贸进口增量=④/③。

资料来源：根据历年《广东省统计年鉴》计算而得。

第二，加工贸易提升和优化了广东省外贸出口结构。20世纪70年代末至80年代初期，广东省外贸出口额很少，且主要以一般贸易形式出口农产品、矿产资源、原料等初级产品，进口工业产品。随着加工贸易的快速发展，通过引入外商投资，广东省外贸出口结构显著改善。因为加工贸易企业所使用的技术和设备虽然在国外已处于成熟期，但普遍高于当时国内的技术水平，设备要更为先进。外商投资加工贸易企业生产的产品面向国际市场，主要以制造业产品为主，且质量要求较高。在20世纪80年代，广东省加工贸易主要以出口皮革、服装、箱包、鞋子等劳动密集型产品为主，而到20世纪90年代以后，则逐渐升级为以出口电子信息、光机电、生物制药等机电产品和高新技术产品为主。表7-6反映了外贸出口的产品结构变化。从表7-6中可以看出，在外贸出口中，广东省初级产品出口比例逐年缩小，工业制成品比重显著增加。在工业制成品的出口份额中，机电产品和高新技术产品的比重明显增加。2010年，广东省机电产品出口额和高新技术产品出口额占广东省外贸出口总额的比重分别达到69.7%和38.7%。广东省机电产品和高新技术产品的出口中，大部分是采用加工贸易形式进行生产和出口的。据统计，2010年1~10月，广东省高新技术产品出口额为1310.7亿美元，其中以加工贸易形式出口的高新技术产品为1074.3亿美元，占82%（见图7-4）。①

表7-7 广东省外贸出口的产品结构

年份	1990	1995	2000	2002	2004	2006	2008	2010
出口总额（亿美元）	222.2	565.9	777.1	1184.6	1915.6	3019.5	4040.1	4532.0
初级产品（亿美元）	21.7	37.6	30.5	36.7	47.9	57.9	100.4	—
工业制成品（亿美元）	200.5	528.4	746.5	1147.9	1867.7	2961.6	3940.6	—
机电产品（亿美元）	63.9	241.3	386.0	726.5	1297.4	2045.4	2835.6	3156.9
比重1（%）	28.7	42.5	49.7	64.4	67.7	67.7	70.2	69.7
高新技术产品	—	—	120.3	309.6	664.6	1044.4	1486.2	1753.5
比重2（%）	—	—	15.5	26.1	34.7	34.6	36.8	38.7

资料来源：根据历年《广东省统计年鉴》整理计算所得。

① 科技发展与技术贸易处：《2010年1—10月广东省高新技术产品进出口情况分析》，广东省对外贸易经济合作厅网站：http://www.gddoftec.gov.cn/detail.asp?channalid=1351&contentid=11120。

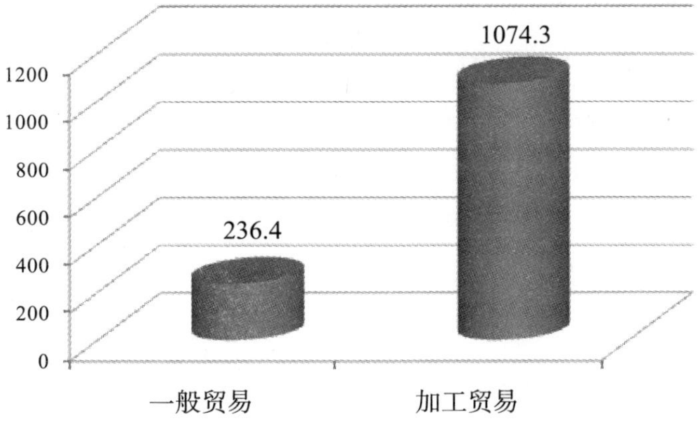

图 7–5　2010 年 1~10 月高新技术产品出口额贸易形式的构成（单位：亿美元）

三、加工贸易对广东省劳动力就业的贡献

加工贸易具有很好的就业效应，不但解决了广东省本地剩余劳动力的就业问题，还吸引了众多来自外省的剩余劳动力。在改革开放之前，广东省的劳动力主要从事农业和渔业活动，不但工资收入低，还存在大量隐性或显性的剩余劳动力，甚至一些人不惜冒着生命危险偷渡香港。加工贸易企业大多从事劳动密集型产品的生产或技术密集型产品的劳动密集型生产环节，对劳动力需求量很大。因此，改革开放后，随着大量外资进入广东省开展加工贸易，大量招聘员工，解决了广东省本地人的就业问题。后来，加工贸易的快速发展使得本地劳动力已经不能满足生产的需求，大量外来劳动地力进入广东，形成了 20 世纪 90 年代的打工潮。加工贸易企业是广东省劳动力就业的重要组成部分。“目前，全中国现有加工贸易企业 9 万多家，在广东有超过 7 万家。据估计，全广东在加工贸易企业的就业人员超过 1600 万人。”[①]“广东海关注册的加工贸易企业有 4. 6 万家左右，接近全国海关注册加工贸易企业总数的 60%。”[②] 这些加工贸易企业主要聚集在珠三角地区的深圳、广州和东莞，因而这几个城市成为全国人口最为密集的城市之一。虽然缺乏专门的加工贸易就业人口的统计数据，但可以从外商投资企业和港澳台投资企业的就业人口来间接反映。因为

① 香港贸发局：《内地加工贸易政策对香港的影响》。

② 黄树辉：《转型升级：广东加工贸易的生死大考——访广东拱北海关关长龚维钊》，《大经贸》，2005 年第 3 期，第 71 页。

我国加工贸易的企业主体是外商投资加工贸易企业（包括港澳台投资企业），其在加工贸易进出口额和就业人数中都占到80%以上。从表8-7中看出，随着加工贸易的快速发展，外商投资企业从业人员和港澳台投资企业从业人员增长迅猛。1985年，二者从业人数之和仅占广东省从业人数的1.2%，而到2009年，二者从业人数之和占到广东省从业人口的28.2%。如果加上民营企业和国有企业中从事加工贸易的就业人员以及加工贸易配套产业的就业人员，广东省将近一半的从业人员在从事加工贸易或相关的工作。

表7-8 广东省外商投资企业和港澳台投资企业从业人员数及其比重

年份	全省从业人员（万人）	外商投资从业人员（万人）	比重（%）	港澳台投资从业人员（万人）	比重（%）
1985	2731.1	0.99	0.03	5.86	0.21
1990	3118.1	6.89	0.22	40.41	1.30
1995	3551.2	35.34	0.99	93.32	2.63
2000	3989.3	46.37	1.16	103.74	2.60
2005	4832.0	263.68	5.46	623.81	12.90
2007	5402.7	261.32	4.84	675.53	12.50
2008	5553.67	262.49	4.73	672.40	12.11
2009	5652.39	658.38	11.64	933.09	16.51

数据来源：根据历年《广东省统计年鉴》计算而得。

加工贸易在吸引了大量剩余劳动力的同时，也为广东省劳动力素质的提升做出了巨大的贡献。加工贸易企业就业人员主要来自农村剩余劳动力，这些劳动力先前主要从事农业生产活动，文化水平低，工业生产技能低下，缺乏企业工作经历，大多只能从事简单重复的低技能工作。当这些农村剩余劳动力进入加工贸易企业工作后，通过学习培训，相当一部分农村剩余劳动力转化成了产业工人，逐渐积累了生产经验，掌握了较为熟练的生产技能。加工贸易企业为广东省培养了大批熟练的技工，同时也造就了一批熟悉现代生产管理的管理人才和不少研发人才，他们都成为广东省宝贵的人力资源。“截至2008年年底，广东省加工贸易吸纳就业人数为1600多万人，培养了大批熟练产业工人和高素质技术、管理人才。其中工程技术和企业管理以上人员占 13. 66%，技术熟练工人占 66. 7%，普通工人占 19. 64%。”[①]

四、加工贸易对广东省产业升级的贡献

改革开放以来，随着加工贸易的快速发展，广东省产业结构实现了明显的优化和升级。加工贸易具有显著的知识外溢效应，它在广东省的产业升级中起到了巨大的作用。改革开放以后，港澳台企业在广东省开展纺织、服装、鞋子、箱包、皮革、家具等产品的加工贸易，促进了第二产业的迅速发展，改变了从农业为主的产业结构，同时也改变了工业结构中消费品不足的局面。20 世纪 90 年代以后，广东省电子信息、通信设备、家电、光机电设备器材等产业的加工贸易快速发展，带动了广东省机电产业和高新技术产业的发展，产业结构进一步高级化。此外，加工贸易的发展离不开金融、会展、物流、培训、餐饮、娱乐等配套服务产业，因而也促进了广东省第三产业的发展。具体而言，加工贸易对广东省产业结构升级的贡献可以从三方面来进行分析。

第一，加工贸易为广东省吸收、引进国外的先进技术和管理经验提供了有效途径。技术进步是产业升级的主要驱动力，外商投资企业通过加工贸易形式在我国进行生产，带来了相对先进的技术和设备。“截至 2008 年年底，世界 500 强已在广东省设立 729 家企业。广东省通过吸收外资发展加工贸易，引进了一大批先进技术设备，累计引进设备 1311 万台（套）；引进技术 52845 项，其中核心关键技术 4676 项。”[②] 一些加工贸易企业通过充分利用加工贸易的知识溢出效应和“干中学”机制，实现了知识和技术的积累，创建了自主品牌。“广东省一批企业在开展加工贸易业务过程中，通过引进、消化、吸收和创新，创建了自主品牌，这批企业共获得名牌产品称号 629 个，占全省的 33. 7%，其中获得中国名牌产品称号 90 个，占全省的 54. 5%；获得广东省名牌产品称号 270 个，占全省的 30. 6%；被认定为中国驰名商标 29 个；省著名商标 240 个，占全省的 32. 2%。”[③] 第二，加工贸易产业结构的不

---

① 广东省对外贸易经济合作厅：《推动广东加工贸易转型升级》，广东省发展与改革委员会：http://www.gddpc.gov.cn/csdh/zhc/gdgmjj/387/201004/t20100412_37185.htm。

② 广东省对外贸易经济合作厅：《推动广东加工贸易转型升级》，广东省发展与改革委员会：http://www.gddpc.gov.cn/csdh/zhc/gdgmjj/387/201004/t20100412_37185.htm。

③ 裴玥：《广东省加工贸易调研报告》，《国际商报》，2006 年 8 月 30 日。

断优化升级，带动了广东省产业结构的升级。从图 7-4 和表 7-6 中可知，广东省以加工贸易形式出口的机电产品和高新技术产品的比重不断增加，表明加工贸易的产业结构在转型升级，它促进了广东省机电产业和高新技术产业的发展。在加工贸易发展的带动下，广东省的产业结构发生了巨大变化，主要出口产品向资本和技术密集型产品转变。从表 7-8 可以看出，目前广东省珠三角九市的出口产品中，光机电设备器材、电子信息、化工产品成了主要的出口产品。珠江口西岸以珠海为核心城市，广州、佛山、江门、中山和肇庆为主干分布的光电机设备及器材产业带，形成沿江西岸经济密集区，其产值和出口值均占全省的 70% 以上。珠江口东岸以深圳为核心城市，以东莞、惠州为节点分布的电子信息产业带，形成沿江东岸经济密集区。这是广东省外商投资企业最密集的地带，其电子信息高端产业的产值和出口总额均占全省的 80% 以上。

表 7–9 珠三角九市主要出口产品

城市	主要出口产品
广州	光机电设备器材、化工产品、交通设备、食品、纺织服饰、医药品、金属制品、皮具
深圳	光机电设备器材、电子信息产品、纺织服饰、医药品、塑料、金属制品、玩具
珠海	化工产品、电子信息产品、食品、纺织服饰、光机电设备、医药品、饲料
佛山	光机电设备器材、纺织服饰、建材、电子信息产品、塑料、金属制品、食品饮料
中山	光机电设备器材、食品、化工产品、纺织服饰、电子信息产品、皮具、金属制品
江门	光机电设备器材、纺织服饰（含化纤）、电子信息产品、食品、化工产品、造纸、金属制品
东莞	光机电设备器材、电子信息产品、纺织服饰、食品、塑料、医药品、皮具、玩具
惠州	光机电设备器材、电子信息产品、纺织服饰、塑料、皮具
肇庆	光机电设备器材、食品饮料、电子信息产品、生物化学产品、金属制品、纺织服饰、工艺品

资料来源：根据珠三角九市历年统计年鉴整理而得。

第三，加工贸易通过带动配套产业的发展而促进广东省产业结构升级。加工贸易对广东省当地配套产业的带动作用可以通过加工贸易增值率和配套率的增长情况来反映。所谓加工贸易的增值率，是指加工贸易净出口值与同期加工贸易进口值的比重，它既可以反映加工贸易转型升级的情况，也可以体现出加工贸易对当地配套产业的带动程度。当地配套产业越发达，加工链条越长，深加工结转越多，当地料件采购比例越高，加工贸易的增值率就越高。具体计算公式如下：$VAR=(XP_n-MP_n)/MP_n$。加工贸易配套率是一个与加工贸易增值率密切相关的概念，二者都可以用来体现加工贸易对当地配套产业的带动作用，区别在于前者更为细致和具体。“可以用加工贸易的进出口差额来简单表示加工贸易的国内配套值，但这个配套值明显高估了，至少还应该减去加工贸易企业的利润（约占 5%），再减去加工贸易企业除进口的原材料、零部件以外的费用，如工资、利息、水电费用等（约占 10%），以此国内配套值与加工贸易进口值比较，即可以求出加工贸易的国内配套率。”① 图 7-6 显示了 1987—2010 年广东省加工贸易增值率和配套率的变化情况。在此期间，广东省加工贸易的增值率和配套率在稳定提高，表明广东省加工贸易在发展的过程中不断转型升级，并对当地配套产业的带动作用越来越大。“据统计，目前广东七成加工贸易企业的采购配套以深加工结转的方式实现；全省 IT、计算机和家电行业中，80％以上的手机部件、90％以上的计算机零部件和 100％的彩电部件都可以在珠三角地区内实现配套。2005 年，广东加工贸易深加工结转额达 870. 1 亿美元，同比增长 18. 7％，约占全省加工贸易进出口总额的三成，带动国内配套产业产值 3000 多亿元。”②“2008 年，我省加工贸易深加工结转总金额达 1280. 9 亿美元，增长 7. 9％，深加工结转金额约占全省加工贸易进出口额的三成。”③“深圳有 1500 多家计算机配套工厂，能生产几乎所有的计算机部件，打印机本地配套率达 91%，PC 机达 80%，计算机主板达 41%。”④

---

① 邵祥林，王玉梁，任晓薇：《未来国际贸易的主流——加工贸易》，对外经济贸易大学出版社，2001 年，第 89-93 页。

② 裴玥：《广东省加工贸易调研报告》，《国际商报》，2006 年 8 月 30 日。

③ 广东省对外贸易经济合作厅：《推动广东加工贸易转型升级》，广东省发展与改革委员会：http://www.gddpc.gov.cn/csdh/zhc/gdgmjj/387/201004/t20100412_37185.htm。

④ 于瀚，闫岩：《我国加工贸易转型升级要素分析》，《国际贸易》，2008 年第 12 期，第 20 页。

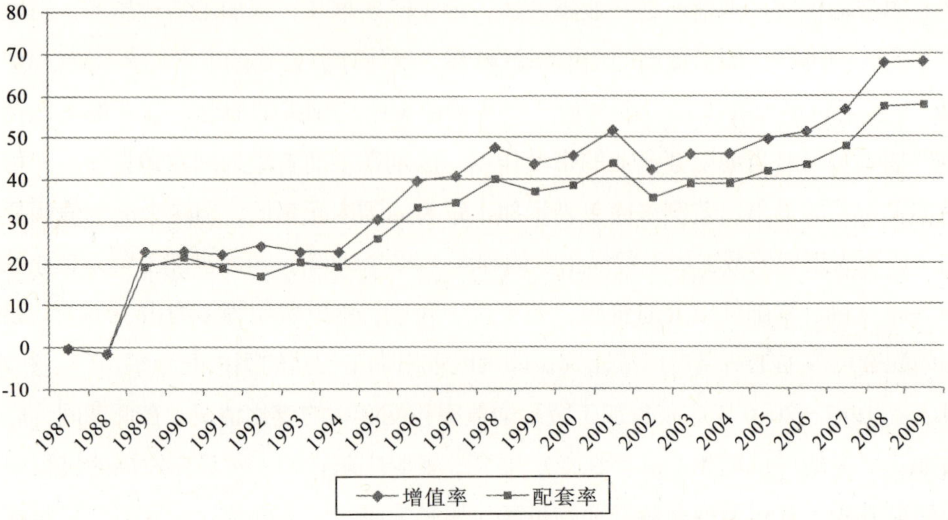

图 7-6　1987—2010 年广东省加工贸易增值率和配套率的变化情况

第四节　广东省加工贸易发展的主要问题

改革开放 30 余年以来，广东省加工贸易既实现了数量上的快速发展，也实现了较为明显的转型升级，产品的技术含量和附加值得以提高。在分析广东省加工贸易的发展历程和主要贡献的过程中，对广东省加工贸易转型升级的情况做出了一些分析。概括起来，广东省加工贸易的转型升级体现在几个方面。第一，广东省加工贸易的产品出口结构实现了明显的优化升级，机电产品和高新技术产品出口比例逐年显著增加，并成为加工贸易出口产品的主体（见图 7-5、图 7-6、表 7-2、表 7-6）。第二，广东省加工贸易的产业结构实现了明显的转型升级，机电和高新技术产业的加工贸易取代了传统劳动密集型产业加工贸易的主体地位（见表 7-8）。第三，广东省加工贸易对当地配套产业的带动作用不断增强，加工贸易增值率和配套率不断提高（见图 7-6）。第四，进料加工贸易成为加工贸易的主要形式，且比重越来越高（见表 7-2、图 7-3）。然而，虽然广东省加工贸易取得了巨大的成就，并实现了较为明显的转型升级，但也存在以下几方面的问题。

一、外商为投资主体，本土企业参与度不高

广东省加工贸易发展至今，外商投资加工贸易一直充当着广东省加工贸易的主体。改革开放后广东省具有劳动力、资源和政策优势，但是缺乏资本和开拓国际市场的能力。当时广东省的国有企业和集体所有制企业因为长期以来受计划经济的影响，机制僵化、技术落后、设备陈旧，难以成为承接国际产业转移的主体。因此，发展加工贸易的一个主要初衷是引进外资，进而促进经济发展和外贸增长。外商通过发展加工贸易，既利用了熟悉国际市场的优势，又充分地利用了广东省的资源和政策优势。当然，广东省也通过发展加工贸易实现了“借船出海”，融入了全球生产网络。在20世纪80年代，广东省加工贸易的投资主体是港澳资本，到了90年代以后，韩国、新加坡等亚洲新兴工业国家和美、日、欧盟国家的外资加工贸易企业迅速增多。

广东省加工贸易以外商投资加工贸易为主体，主要体现在三个方面。第一，广东省外商投资加工贸易的进、出口额占广东省加工贸易进、出口额的比重较大。表7-10根据《广东省统计年鉴》计算了外商投资加工贸易进出口情况及其在加工贸易进、出口中的比重。表7-10显示，外商加工贸易进、出口总额增长迅速，比重整体增加，无论是进出口总值、进口值和出口值，均占到八成左右。第二，在广东省机电产品和高新技术产品加工贸易进、出口额中，外商投资企业占主体地位。2010年广东省高新技术产品的进出口总额中，三资企业（主要是加工贸易企业）出口额为1319.8亿美元，占高新技术产品进出口总额的75.3%。第三，在广东省加工贸易的企业数量上，外商投资加工贸易企业占绝大多数。“目前广东加工贸易企业中外商投资企业占80%的绝对比例，内资企业占20%，其中民企只占5%。”[①] 在外商投资加工贸易企业中，港台加工贸易企业居多。“根据香港工业总会2008年的调查数据，在珠三角投资的香港厂家共有5.75万家，其中47.4%属于来料加工，34%属于进料加工，15.5%属于一般贸易，3.2%属于其他方式。也就是说，加工贸易企业占了港资企业的八成以上。此外，在珠三角投资的台资有2万余家，绝大多数也是加工贸易企业。”[②]

---

① 陈恩：《广东加工贸易转型升级影响因素的实证分析》，《广东社会科学》，2007年第5期，第21页。

② 龚唯平：《珠三角加工贸易转型升级研究》，《产经评论》，2010年第6期，第38页。

表 7-10 广东省外商投资加工贸易进出口情况

年份	外商加工贸易进出口总额		外商加工贸易出口		外商加工贸易进口	
	总额（亿美元）	比重（%）	总额（亿美元）	比重（%）	总额（亿美元）	比重（%）
1995	446.52	59.8	248.16	58.7	198.36	61.2
2000	714.40	63.7	452.21	63.0	262.19	64.7
2004	1822.68	74.3	1077.65	74.0	745.03	74.8
2006	2783.17	76.4	1674.53	80.4	1108.64	80.5
2007	3216.99	79.7	1972.73	80.1	1244.26	79.1
2010	3648.51	81.8	2218.35	80.5	1430.16	83.87

资料来源：根据历年《广东省统计年鉴》计算而得。

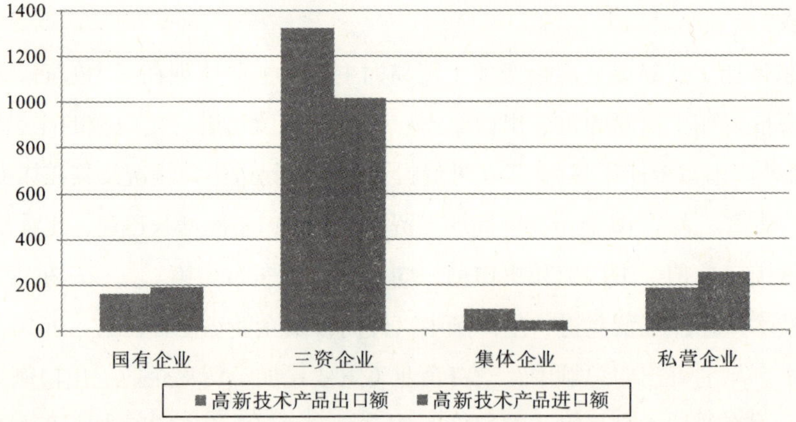

图 7-7 2010 年广东省各类企业高新技术产品进出口额（单位：亿美元）

资料来源：广东省经济合作厅科技发展与技术贸易处。[①]

与日本、韩国等国家的加工贸易以当地企业为主的情况不同，广东省本土企业参与加工贸易的程度不高。表 7-11 统计了广东省加工贸易进出口总额中外资企业、国有企业、民营企业加工贸易出口额及其比重。从表中可以看出，国有企业加工贸易出口额和民营企业加工贸易出口额虽然金额在增长，但所占比重在下降，即使二

① 广东省经济合作厅科技发展与技术贸易处：《2010 年 1—10 月广东省高新技术产品进出口情况分析》，http://www.gddoftec.gov.cn/dept_detail.asp?deptid=1044&channalid=1180&contentid=11378。

者加在一起，所占比重也不到20%。由于广东省外贸出口主要是由加工贸易带动的，因而在广东省外贸出口中，外商投资企业的出口额占广东省出口总额的主要份额（见图7-8）。2010年，广东省外商投资企业出口额为2818.5亿美元，占广东省外贸出口总额的62%。当然，从表7-11可以看出一个可喜的变化趋势，虽然国有企业在加工贸易中所占比重在逐年下降，但民营企业的加工贸易参与度在增强，比重在增加。“1996年，广东民企加工贸易出口仅10万美元，到2004年已达6亿美元，增长6万多倍。然而，目前广东加工贸易企业中外商投资企业占80%的绝对比例，内资企业占20%，其中民企只占5%。”[①] 广东省国有企业主要集中在具有垄断性质的行业中，竞争程度低，又因为体制原因，缺乏开拓国际市场的经验和能力，因而其加工贸易参与度在下降。随着资金、技术和市场开拓能力的积累，广东省民营企业参与加工贸易的能力和积极性在显著增长。

表7-11 广东省加工贸易进出口总额中各类企业加工贸易进出口总额及其比重

年份	加工贸易进出口总额	外资企业		国有企业		民营企业	
		金额（亿美元）	比重	金额（亿美元）	比重	金额（亿美元）	比重
2000	1211.51	771.74	63.70%	439.17	36.25%	0.6	0.05%
2001	1269.46	827.1	65.15%	439.50	34.62%	2.86	0.02%
2002	1587.49	1080.2	68.04%	498.04	31.25%	9.25	0.06%
2003	1991.56	1442.55	72.43%	482.63	24.23%	66.38	3.33%
2005	2921.08	2274.6	77.86%	513.04	17.56%	133.44	4.56%
2006	3461.11	2783.17	80.41%	518.67	14.98%	159.27	4.60%
2010	4460.83	3648.51	81.80%	357.80	8.02%	454.62	10.19%

数据来源：根据历年《广东省统计年鉴》计算而得。

① 裴玥：《广东省加工贸易调研报告》，《国际商报》，2006年8月30日。

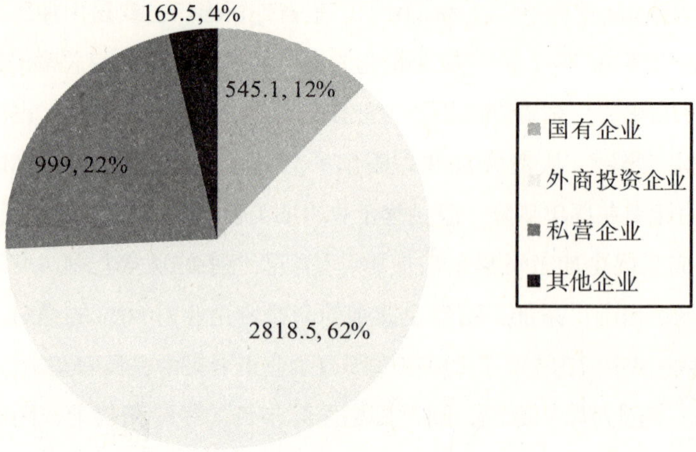

图 7-8　2010 年广东省外贸出口额中各类企业进出口额（亿美元）及其比重

资料来源：广东省统计信息网。

广东省外商投资加工贸易占主体，本土企业参与程度不高，导致广东省加工贸易对外依存度过高。所谓加工贸易对外依存度是指加工贸易对外商投资企业、国外技术和国外市场的依赖程度。广东省加工贸易过高的对外依存度体现在两个方面。第一，加工贸易进、出口绝大部分由外商投资企业创造，本土企业参与度低。由于前面已有详细论述，在此不再赘述。第二，加工贸易所需的核心技术和关键零部件生产技术控制在外商手中。广东省加工贸易所需的核心技术和关键料件严重依赖进口，广东省加工贸易企业主要集中在产业链的加工制造环节。过高的对外依存度可能造成产业“空心化”。外商在广东省开展加工贸易，主要看重广东省的劳动力、资源和政策优势，一旦这些优势弱化或丧失，外商投资企业可能转移至越南、泰国、马来西亚等生产成本更低的国家。

二、地理分布高度集中，区域发展严重失衡

广东省加工贸易在地理上高度集中于珠三角地区，东、西两翼和山区所占比重很低：珠三角地区是指广州、深圳、珠海、佛山、江门、东莞、中山、惠州和肇庆等九市；东翼是指汕头、汕尾、潮州和揭阳四市；西翼指湛江、茂名和阳江三个市；山区是指韶关、河源、梅州、清远和云浮五个市。珠三角地区毗邻港澳，拥有丰富的港口资源，如盐田港、虎门港、黄埔港等优质港口，具有发展加工贸易的地理优势，

可以降低运输成本。“在粤北山区的运费最少要占成本的10%，而在深圳、东莞的运费只占生产成本的3%。”[①] 深圳和珠海是国家最初划定的四大经济特区之二，因此珠三角具有发展加工贸易的政策优势。此外，珠三角地区的工业基础和基础设施相对较好，具有发展加工贸易的硬件优势。因此，广东省加工贸易在30余年的发展中兴起于珠三角，并高度集中于珠三角。

广东省加工贸易进出口额和就业人口高度集中在珠三角九市。珠三角九市虽然在广东省所占面积不大，不到广东省国土面积的14%，但加工贸易进、出口额所占的比重非常大。表7-12统计了2003—2010年广东省珠三角各市的加工贸易出口额，并计算了珠三角九市加工贸易出口额占广东省加工贸易出口总额的比重。2003—2010年间，珠三角九市的加工贸易出口额都占到广东省加工贸易出口总额的94%以上。2010年，珠三角九市加工贸易出口额为2683.88亿美元，占广东省加工贸易出口总额的97.4%，占全国加工贸易出口值的36.3%。在珠三角九市的内部，加工贸易发展也很不平衡，高度集中在深圳、东莞和广州三市。深圳、东莞和广州的加工贸易进、出口额始终位居前三，且所占比重很大。2010年，深圳、东莞、广州三市共占珠三角加工贸易出口额的75.4%，占广东省加工贸易出口额的73.5%。由于广东省加工贸易集中在珠三角地区，因而导致加工贸易就业人口聚集在珠三角地区，尤其是深圳、东莞和广州三市。虽然目前缺乏广东省加工贸易就业人数的准确统计，但广东省就业人口的地区分布可以反映出加工贸易就业人数集中在珠三角的现实（见表7-13）。2009年，广东省珠三角就业人口为3261万人，占广东省就业人口总数的57.7%。2009年，深圳、东莞和广州的就业人口总和为1860.25万人，占广东省就业人口总数的32.9%。

表7-12 2003—2010年广东省珠三角九市加工贸易出口额（亿美元）及其所占比重

城市	2003	2004	2005	2006	2007	2008	2009	2010
深圳	498.11	579.81	754.32	945.73	1068.54	1097.59	932.26	1174.27
东莞	274.10	343.20	391.60	446.83	563.00	601.40	487.82	590.16
广州	105.57	135.35	159.36	181.49	202.25	222.33	199.16	259.65
佛山	67.54	86.54	96.48	106.04	120.80	134.14	116.02	143.15

① 龚唯平：《珠三角加工贸易转型升级研究》，《产经评论》，2010年第6期，第40页。

续表

城市	2003	2004	2005	2006	2007	2008	2009	2010
珠海	41.46	42.27	87.64	117.12	146.07	153.31	124.93	145.95
江门	28.39	29.49	32.25	38.30	44.78	46.97	34.93	43.86
中山	63.01	73.13	86.34	109.26	115.39	120.93	114.20	140.39
惠州	67.74	80.41	99.90	103.24	118.73	142.48	116.48	173.10
肇庆	5.46	6.41	6.90	9.09	11.91	13.84	10.82	13.35
合计	1151.38	1373.61	1714.9	2057.10	2391.47	2532.63	2136.62	2683.88
占比	97.5%	94.3%	97.9%	98.7%	97.1%	96.9%	95.8%	97.4%

资料来源：珠三角九市历年统计年鉴。

表 7-13　广东省就业人口地域分布（万人）

地区	2000	2003	2004	2005	2006	2007	2008	2009
珠三角	1902.93	2250.43	2492.27	2822.60	2992.34	3102.26	3204.26	3261.00
东翼	717.93	662.69	672.40	680.47	694.31	706.82	751.12	763.60
西翼	723.75	718.12	730.28	738.99	763.71	778.81	801.74	819.12
山区	810.44	764.70	784.59	778.87	797.70	812.88	794.82	808.66

数据来源：《2010 年广东省统计年鉴》。

广东省加工贸易过度集中于珠三角，尤其是集中于深圳、东莞和广州三市，给加工贸易今后的进一步发展带来了难题。珠三角地区的加工贸易在快速发展 30 余年后，虽然创造了珠三角经济发展的世界经济奇迹，但同时使得珠三角人口大增，环境污染较为严重，水力资源、电力资源和土地资源面临着空前的供给压力。珠三角地区的土地租售价格快速上涨，居民生活成本快速提升，水电供应不足，造成加工贸易企业的经营成本迅速增加。尤其是加工贸易最为发达的深圳、东莞和广州三市，正面临着“四个难以为继”，即土地、空间难以为继；能源、水资源难以为继；实现万亿 GDP 需要投入更多劳动力，而城市已经不堪人口重负，难以为继；环境承载力难以为继。以深圳市为例，目前深圳市常住人口已经达到 1000 万以上，户籍人口达到 250 多万，而 1980 年深圳经济特区初建时，人口才 60 多万；深圳水资源短缺，人均水资源占有量不到全国人均水资源占有量的五分之一；可供继续开发建设的土地面积已经不到 200 多平方公里；多条河流受到严重污染，阴霾天气超过一年中的 1/3。

三、进出口市场高度集中，市场结构严重分化

广东省加工贸易出口集中于亚洲、北美洲和欧洲，其中主要是港澳地区、美国和欧盟。目前，没有广东省加工贸易出口市场的详细统计数据，但因为加工贸易是广东省外贸出口额的主体，因而广东省加工贸易的出口情况可以由外贸出口的市场和区域统计得以反映。表 7-14 统计了广东省外贸出口各大洲的比重。亚洲、北美和欧洲是广东省加工贸易的主要出口市场，共计占到外贸总出口的 90% 以上。2009 年，广东省出口亚洲、北美和欧洲的外贸额占外贸总出口额的 91. 8%。在广东省对亚洲、北美和欧洲的外贸出口中，又高度集中于港澳地区、美国和欧盟（见表 7-15）。港澳地区、美国和欧盟是广东省外贸出口的主要国家或地区，出口至此的外贸出口额占广东省外贸出口额的 70% 左右。由于港澳地区在我国大陆和其他国家中充当着贸易中介的重要作用，我国大陆的外贸出口到港澳地区后，又经过转口，然后出口至美国和欧盟国家等主要国家。因此，如果把我国经由港澳转口至美国和欧盟的贸易额计算在内，我国出口至美国和欧盟的贸易额占到全部外贸出口额的 60% 以上。从以上的分析得出，广东省加工贸易出口额的 60% 以上是出口至美国和欧盟的，广东省加工贸易的出口市场高度依赖于美国和欧盟。

表 7-14 广东省对外贸易出口市场构成

年份	1996	1998	2000	2002	2004	2006	2007	2008	2009
亚洲	58.8%	54.6%	53.5%	54.9%	54.6%	53%	54.1%	53.4%	55.0%
北美	24.3%	26.1%	26.9%	26.1%	25.0%	23.8%	21.6%	20.5%	20.4%
欧洲	13.2%	14.4%	14.9%	14.7%	15.6%	17.1%	16.9%	18.0%	16.4%
拉美	1.5%	2.3%	2.3%	1.9%	2.1%	3.0%	3.6%	4.0%	3.8%
大洋洲	1.2%	1.4%	1.4%	1.4%	1.2%	1.2%	1.4%	1.4%	1.6%
非洲	1.0%	1.2%	1.0%	1.0%	1.3%	1.9%	2.4%	2.7%	2.8%

资料来源：根据历年《广东省统计年鉴》计算而得。

表 7-15　广东省外贸出口主要国家（地区）所占比重

区域	2000 年	2005 年	2006 年	2007 年	2008 年	2009 年
港澳地区	34.9%	35.7%	36.1%	35.8%	33.6%	32.7%
美国	25.7%	24.0%	22.5%	20.0%	19.1%	19.2%
欧盟	13.7%	14.0%	15.7%	14.8%	15.9%	15.0%
合计	74.3%	73.7%	74.3%	70.6%	68.6%	66.9%

数据来源：根据《2010 年广东省统计年鉴》计算而得。

广东省加工贸易进口主要集中在邻近的我国台湾地区、日本和东盟国家。从表 7-16 中可知，在广东省的外贸进口中，80% 以上的进口额来自亚洲，其他大洲的进口额很少。2009 年，广东省外贸进口的 79. 2% 来自亚洲，14. 8% 来自北美和欧洲，其他大洲只占 6%。在亚洲地区，广东省的进口额主要来自台湾地区、日本和东盟（印度尼西亚、马来西亚、泰国、菲律宾等）（见表 7-17），来自这三个地区的进口额占到 40% 以上。2009 年，广东省外贸进口额中，13. 7% 来自台湾地区，14. 3% 来自日本，14. 5 来自东盟，三者共占广东省外贸出口额的 42. 5%。从表 7-17 还可以看出，在广东省外贸进口额中，台湾和日本所占的比重有所下降，东盟的比重在提高。从以上分析可知，广东省加工贸易的进口主要来自于台湾、日本和东盟。广东省加工贸易进口之所以主要来自于这三个地区，主要原因在于地理位置近、运输方便、成本较低。广东省机电产品和高新技术产品加工贸易所需料件主要从台湾和日本进口，少数关键料件从美国和欧盟进口，而原辅材料则主要从印度尼西亚、马来西亚、泰国、菲律宾等成本更低的东盟国家进口。

表 7-16　广东省对外贸易进出口市场构成

年份	1996	1998	2000	2002	2004	2006	2007	2008	2009
亚洲	76.1%	78.3%	77.1%	78.5%	80.6%	81.4%	81.5%	80.3%	79.2%
北美	9.8%	8.9%	7.7%	7.3%	6.2%	5.4%	5.4%	5.4%	5.4%
欧洲	11.1%	9.7%	10.8%	9.9%	8.8%	8.3%	8.2%	8.9%	9.4%
拉美	0.8%	0.8%	1.1%	1.6%	2.0%	2.2%	2.4%	2.8%	2.6%
大洋洲	1.3%	1.4%	2.3%	1.9%	1.5%	1.5%	1.3%	1.2%	2.0%
非洲	0.9%	0.9%	1.0%	0.8%	0.9%	1.0%	1.2%	1.5%	1.4%

资料来源：根据历年《广东省统计年鉴》计算而得。

表 7-17 广东省外贸进口的主要国家（地区）所占比重

地区	2000	2005	2006	2007	2008	2009
中国台湾	19.3%	16.3%	15.6%	15.1%	13.9%	13.7%
日本	17.9%	15.9%	14.8%	14.8%	14.8%	14.3%
东盟	11.7%	13.3%	13.1%	13.4%	13.6%	14.5%
合计	48.9%	45.5%	43.5%	43.3%	42.3%	42.5%

数据来源：《2010 年广东省统计年鉴》。

广东省加工贸易进出口市场高度集中且分化严重，主要具有两方面的不利后果。第一，出口市场高度依赖美国和欧盟，导致广东省加工贸易对美国和欧盟经济具有严重的依赖性，稳定性不足。当经济处于增长和繁荣阶段时，美国和欧盟就会增加对我国相对廉价的加工贸易产品的需求，进口量增加，广东省的加工贸易订单增多，出口增加，加工贸易也会相应地处于增长和繁荣阶段。然而，一旦出现经济衰退和萧条，美国和欧盟的消费需求降低，对我国加工贸易产品的需求下降，进口量减少，广东省加工贸易将面临订单减少、工厂倒闭、员工下岗、出口减少的局面。因此，出口市场的高度集中造成广东省加工贸易与美国和欧盟的经济周期具有共振性。例如，当肇始于美国的次贷危机演变为全球经济危机后，美国和欧盟的经济发展陷入危机。与此同时，广东省的加工贸易深受美国和欧盟经济下滑的影响，订单急剧萎缩，广东省很多加工贸易企业因没有订单而破产倒闭，大批工人失业。2008 年 10 月 15 日，全球玩具代工厂商东莞合俊玩具厂和俊领玩具厂同时倒闭。“据统计，2008 年广东加贸企业关停搬迁 2452 家。”[①] “据广东对外贸易经济合作厅的数据显示，2009 年广东加工贸易企业关停搬迁 2452 家，96%为 500 人以下的中小企业；其中，关闭的企业就达到 1730 家。”[②] 第二，广东省加工贸易进口市场和出口市场高度集中，容易引发贸易摩擦。广东省加工贸易的出口集中在美国和欧盟，进口则集中于台湾地区、日本和东盟，导致我国和美国、欧盟之间的贸易顺差增大，这成为产生贸易摩擦的

① 马强：《对创建广东加工贸易转型升级示范区的思考》，《中国投资》，2009 年第 7 期，第 58 页。

② 孙亚平：《后危机时代广东加工贸易企业的生存与发展》，《对外经贸实务》，2011 年第 1 期，第 40 页。

重要原因。“2002 年至 2004 年针对广东省企业的贸易救济案件累计达 47 起，2005 年又发生了 27 起，而遭遇反倾销调查的产品大多是加工贸易出口产品，从纺织品到鞋子，从空调到刻录光盘，以及彩电、自行车、陶瓷、玩具、皮具、钢材等产品接连遭遇反倾销调查，频率一年比一年高。”①

四、经济环境发生变化，初始的比较优势弱化

所谓加工贸易发展的经济环境，泛指跟加工贸易发展密切相关的各种经济因素，它们共同构成加工贸易发展的基础。经济环境的客观状况决定了现实的比较优势。在改革开放初期，广东省劳动力廉价且丰沛，土地租售价格便宜，水电价格低，同时享有特殊的政策优惠，这些构成了当时广东省的经济环境，决定了广东省在发展加工贸易方面具有的资源优势和政策优势。随着改革开放的推进和经济的持续发展，广东省加工贸易发展经济环境发生了改变，初始比较优势明显弱化，主要体现在以下两方面。

第一，经济资源日益稀缺且价格明显上涨，资源优势弱化。广东省（尤其是珠三角地区）资源优势弱化包括土地日益稀缺且租售价格明显上涨，水、电、煤、气等资源价格明显上涨，劳动力短缺且价格上涨等方面。由于土地、水、电等资源优势弱化的问题在论述广东省加工贸易地理过度集中的问题时做过探讨，因而在此重点论述广东省劳动力优势弱化的问题。广东省的劳动力优势明显弱化，廉价劳动力无限供给的局面已不复存在。由于广东省加工贸易企业大多是劳动密集型企业，主要从事简单的产品加工制作，因而需要大量的廉价劳动力。只有劳动力充足且廉价，加工贸易企业才能降低成本、获取利润。长期以来，充足的廉价劳动力供应是广东省加工贸易快速发展的基础。20 世纪 80 年代，广东省本地的大量剩余劳动力满足了广东省加工贸易早期发展的需要。在 20 世纪 80 年代初期，广东省工人工资仅相当于香港地区工人工资的 1/10。20 世纪 90 年代以后，广东省本地的剩余劳动力满足不了加工贸易发展的需要，在我国中西部经济发展不足的大背景下，大量的中西部剩余劳动力涌向广东省，尤其是加工贸易企业集聚的珠江三角洲地区，为广东省加工贸易的发展提供了丰富和廉价的劳动力。由于我国人口众多，中西部地区经济发展

---

① 袁欣：《加工贸易与比较优势陷阱——来自广东的实证分析》，《宏观经济研究》，2005 年第 9 期，第 59 页。

相当落后，在改革开放后的很长时期内，我国廉价劳动力处于无限供给的状况，为广东省加工贸易的发展提供了人口红利。然而，由于计划生育的开展、新《劳动合同法》的颁布实施、生活成本的提高、中部经济的崛起和西部开发的推进等众多因素的影响，进入 21 世纪后，我国劳动力廉价无限供给的局面发生了改变。加工贸易企业的用工成本增加，且面临着"民工荒"问题。"广东共有 1900 多万民工，主要集中在珠三角这一全国最大的加工贸易集聚区，该地区缺工最为严重，有近 200 万人的缺口，缺工比率约为 10%。其中，深圳的民工数量为 420 万，缺口约 40 万。东莞 17% 的企业表示有用工短缺，缺口近 27 万人。"[①]"珠三角 99% 以上的企业缺工严重，特别是以加工贸易为主的企业，用工缺口普遍在 10%~30% 之间，有的甚至缺口高达 50% 以上。"[②]用工短缺倒逼着劳动力成本上升。例如，从事加工贸易的农民工最集中的东莞，最低工资标准从 1994 年的 350 元 / 月提高到 2008 年的 770 元 / 月，2011 年又提高至 1100 元 / 月。深圳市 2008 年 7 月调整的最低工资标准为特区内 1000 元 / 月，特区外 900 元 / 月。2011 年，深圳市最低工资标准增加至 1320 元 / 月。用工成本增长，加重了加工贸易企业的经营压力。"据一项对东莞企业的调查显示，东莞企业平均可以承受的涨薪幅度为 3%~5%，最好的企业也只有 10% 左右。东莞企业平均工资涨幅如果超过 5%，资方就会难以承受。"[③]

第二，加工贸易优惠政策不断收缩，政策优势弱化。在改革开放初期，为了大量吸引外资，我国出台了一系列鼓励加工贸易发展的优惠政策，广东省也出台了一系列相关的优惠配套政策。随着我国经济的快速发展，资源和环境压力的增大，转变经济增长方式和外贸发展方式逐渐成了经济发展的战略方向。党的十六届三中全会明确提出了科学发展观的重要指导思想，同时在此次会议上首次以政府文件的形式提出了"促进加工贸易转型升级"的战略任务。为了实现经济增长方式从粗放型的数量增长方式向集约型的质量增长方式转变和优化外贸结构，国家对原有的加工

---

① 劳动和社会保障部课题组：《关于民工短缺的调查报告》，http: //news.xinhuanet.com/zhengfu/2004-09/14/content_1979817.htm. 2004-09-14。

② 江宜航，王月金：《珠三角 99% 企业缺工严重　廉价劳动力时代不复返》，《中国经济时报》，2010 年 1 月 11 日。

③ 孙亚平：《后危机时代广东加工贸易企业的生存与发展》，《对外经贸实务》，2011 年第 1 期，第 42 页。

贸易政策陆续进行了调整，对原有的一些加工贸易相关优惠政策进行了收缩，旨在引导和促进加工贸易转型升级。例如，2003年，国务院增补《加工贸易禁止类商品目录》，调整了出口退税政策，把出口退税率从17%下调为13%；2006年，财政部、商务部、海关总署和环保总局等有关部门共同发布了《财政部、发展改革委、商务部、海关总署、国家税务总局关于调整部分商品出口退税率和增补加工贸易禁止类商品目录的通知》（财税〔2006〕139号）、《加工贸易禁止类商品目录》（商务部、海关总署、国家环境保护总局〔2006〕82号）等。“国家原来将出口退税率从17%降为13%后，而加工贸易出口（包括不含国产料件的加工贸易出口）由于企业实行‘免、抵、退’的税收政策，其4个点的税差同样由企业负担。以生产企业进料加工为例，由于国家降低4个点的退税率，2005年广东加工贸易企业增负65.7亿元，其中纺织服装、鞋、箱包等一批轻纺加工贸易企业负担13亿元。若国家进一步降低出口退税率，这些加工贸易企业的负担将达20亿元。若再将其列为加工贸易限制类，实行银行保证金台账‘实转’，据测算，这些行业的加工贸易企业需缴纳约200亿元的保证金，加上因降低退税率多缴的20亿元税差，对企业而言无疑是雪上加霜。”[①]2007年，财政部和国家税务总局联合国家发展改革委、商务部、海关总署发布了《财政部国家税务总局关于调低部分商品出口退税率的通知》，规定自2007年7月1日起，调整部分商品的出口退税政策，这次政策调整共涉及2831项商品，约占海关税则中全部商品总数的37%。2007年7月23日，商务部、海关总署联合发布2007年第44号公告，公布新一批加工贸易限制类目录，主要涉及塑料原料及制品、纺织纱线、布匹、家具等劳动密集型产业，共计1853个十位商品税号，占海关全部商品编码的15%，对列入限制类的商品将实行银行保证金台账实转管理。2007年第44号公告规定，企业按海关管理类别缴纳台账保证金。A类和B类企业缴纳50%的保证金；C类企业按全部保税进口料件应缴进口关税和进口环节增值税和100%计征保证金。“2007年，受‘44号公告’影响的广东省加工贸易进出口额则达190.8亿美元，累计涉及台账保证金155.3亿元；此外，据测算，该项政策2007年增加广东省相关外贸企业出口成本30亿元。受此影响，上半年广东省纺织服装出口增速同比回落53.7个百分点，玩具出口回落25.4个百分点，塑料制品出口回落22.4个百分点，灯具出口回落14.2个百分点，旅行箱包出口回落12.6个百分点。与出口退税影响立竿见影

① 裴明：《广东加工贸易调研报告》，《国际商报》，2006年8月28日。

的效果相异，‘44 号公告’对企业主要的影响是，企业需按应征进口关税和进口环节增值税总额的 50% 缴纳台账保证金，对企业现金流造成循环的压力。”[①] 2008 年 1 月 1 日开始，我国开始实行“两税合一”，统一了内外资企业的所得税税率，结束了外资企业在税收方面享受超国民待遇的历史。2010 年 9 月 29 日，商务部、海关总署发布公告又对加工贸易禁止类目录进行调整，自 2010 年 11 月 1 日起，将 44 个十位商品编码增列入加工贸易禁止类目录，主要是涉及高能耗、高污染、资源消耗型的商品，其中，多晶硅等商品禁止出口，废汽车压件等商品禁止进出口。广东省积极促进经济增长方式转变和外贸发展方式转变，在贯彻落实国家相关加工贸易政策的同时，还制定了地方性的政策。例如，为了加快珠三角地区的产业升级，重点发展高新技术产业和先进服务业，2008 年广东省制定和下发了《关于产业转移和劳动力转移的决定》，鼓励加工贸易向广东省东西两翼和山区转移。加工贸易优惠政策的收缩，增加了加工贸易企业的营运成本（尤其是生产被列入限制类或在禁止类加工贸易产品的企业），削减了加工贸易企业的政策红利，弱化了广东省加工贸易发展的政策优势。

五、整体创新能力仍然不强，产品附加值不高

尽管广东省的加工贸易孵化出了华为、中兴、比亚迪、格力等拥有较强自主创新能力的 OBM 企业，但整体而言，广东省加工贸易企业的整体创新能力仍然不强。第一，外商投资加工贸易企业大多只是充当着跨国公司生产车间的角色，利用我国的廉价劳动力优势开展产品的加工和组装活动。外商投资加工贸易企业很少具备研发、设计和营销功能，而其研发、设计、营销等高附加值生产环节集中在地区总部或集团总部。外商投资加工贸易企业所应用的技术是总部以直接投资方式转移而来的处于产品生命周期成熟期的技术。即使外商投资企业从事的是高新技术产品的加工贸易，也主要是涉及高新技术产品的劳动密集型环节或部件的生产加工。此外，外商投资加工贸易企业的关键料件由国外母公司提供，因而对本地配套产业的带动作用不强。在引进外商投资加工贸易的过程中，广东省获得的主要好处在于增加了就业，工人获得了劳务报酬。因此，由于料件采购和市场销售“两头在外”，外商投资加工贸易企业在广东省的附加值并不高，产业配套值增长缓慢。第二，本土加

① 易茗：《广东加工贸易转型升级拉开大幕》，《国际商报》，2008 年 8 月 18 日。

工贸易企业普遍规模小，资金实力弱，自主创新能力低下。广东省本土加工贸易企业的主体是民营加工贸易企业，但这些民营加工贸易企业大多依靠代工订单勉力维持经营。它们缺乏代工产品的核心技术和关键零部件的生产技术，依赖进口或客户企业有偿提供，只能在产业链低端从事低附加值的产品加工与制造。由于本土加工贸易企业规模小，资金实力有限，很难组建自有的研发团队，形成自主创新能力，通过工艺创新、流程创新和产品创新来提高产品附加值。

广东省加工贸易企业整体创新能力不强，导致加工贸易出口产品的附加值不高。从加工贸易出口产品来看，服装、制鞋、箱包、皮革、纺织等劳动密集型加工贸易产品的出口额依然占据广东省加工贸易出口总额中的较大份额。在这些劳动密集型产品加工贸易的出口中，由于母公司或委托企业掌握着市场销售、研发、设计等高附加值环节，广东省加工贸易企业只是赚取了廉价的加工收入，主要利润仍被国外公司所赚取。即使是在广东省加工贸易出口中占主体的机电产品和高新技术产品，由于广东省加工贸易企业大多仅仅是充当劳动密集型环节的加工制造车间，在整体利润中只赚取到了微薄的利润额。“以美国苹果公司（Apple）生产的第一款 MP3 播放器 iPod 为例。在 iPod 的整个价值链上，每部 iPod 的售价为 299 美元，而在广东省的代工企业富士康每加工组装一部 iPod 仅获利 8 美元，占销售收入的 2. 8%。同样，罗技鼠标售价为 40 美元，代工企业仅得收益 3 美元，占 7. 5%。”[①] 畅销全球的芭比娃娃在美国售价为 30 美元以上，但广东省加工贸易企业只能获得 35 美分加工费，大部分利润归委托企业所有。广东省加工贸易整体上处于产业价值链低端的加工组装环节，资源消耗大，对环境的负面影响大，亟须向产业价值链中附加值高的设计、研发、营销、品牌维护等高附加值环节延伸，实现价值链间的横向拓展升级，或从劳动密集型产业向资本（技术）密集型产业升级，实现价值链间的纵向跃升式的升级。

---

① 刘志彪：《长三角制造业向产业链高端攀升路径与机制》，经济科学出版社，2009 年，第 25 页。

第五节　广东省加工贸易转型升级的对策探讨

虽然加工贸易在广东省经济的快速发展中起到了重要的作用，在吸引外资、引进先进技术和管理经验、增加就业、促进外贸发展、增加外汇等方面做出了巨大的历史贡献，但也存在着本土企业参与度不高、区域发展严重不均、附加值低等一系列问题。随着土地、水资源、劳动力等资源瓶颈的显现，环境承载压力的日增，以及经济增长方式和外贸发展方式的转变，广东省加工贸易亟须转型升级。十六届三中全会后，广东省一直在努力推进加工贸易转型升级，积累了较为丰富的实践经验。虽然学术界对加工贸易转型升级对策进行了不少有价值的思考，但大多比较零散。本书对广东省加工贸易转型升级对策的探讨，其理论基础是本书的第四章、第五章和第六章，即建立在对加工贸易转型升级的机制、路径、风险—成本—收益研究的基础上。因为加工贸易转型升级的机制解释了加工贸易转型升级的影响要素及其作用机理，加工贸易转型升级的风险和成本揭示了加工贸易企业是否转型升级的微观决策模型，而加工贸易转型升级的路径探究了加工贸易转型升级的方向。因而，广东省加工贸易转型升级的整体思路是：遵从加工贸易转型升级的机制和路径，降低加工贸易企业转型升级的成本和风险，增强加工贸易企业转型升级的净收益，从而增强加工贸易企业转型升级的意愿。加工贸易转型升级是一个长期的系统工程，既需要加工贸易企业自身的努力，也需要政府提供高效优质的综合配套服务。具体而言，广东省加工贸易转型升级可以从以下几方面入手。

一、利用知识溢出效应，加强知识学习

知识学习和积累是广东省加工贸易企业缩短与国外委托企业的知识差距，进行转型升级的前提和基础。加工贸易具有明显的知识溢出效应。在开展加工贸易的过程中，客户企业在组织培训、提供样品、供给设备等环节中溢出产品生产相关的显性或隐性知识，为广东省加工贸易企业提供了一条快捷且成本低廉的知识获取途径。我国台湾地区通过发展加工贸易融入世界经济体系，台湾的加工贸易企业则通过为

品牌企业代工而进入全球生产网络，依据比较优势参与全球范围内的产业分工。在开展加工贸易的过程中，台湾企业利用多种途径学习品牌厂商溢出的各方面知识，迅速缩小了知识差距。广东省本土中小型加工贸易企业仍与客户企业存在巨大的知识差距，而充分利用加工贸易的知识溢出效应是获取知识的成本最小的途径。因此，广东省加工贸易企业要增强学习意识和知识吸收能力，尽可能多地获取知识溢出，为转型升级储备知识。在整体上，广东省加工贸易企业技术和管理水平不高，主要集中在价值链中间的加工制造或装配环节，利润空间微薄，其中中小型内资加工贸易企业与国外的技术差距更大。广东省大多数本土加工贸易企业由于资金不足和人才缺乏，且自主研发的成本高昂，因而无法在短期内快速提高自主创新能力。通过充分利用加工贸易过程中的知识溢出效应，加工贸易企业可以以低廉的成本获取客户企业的技术、管理等各方面的知识，尽快缩短知识差距。因此，广东省加工贸易企业要高度重视知识学习，增加知识学习的投入，多组织培训、考察、研讨等学习活动。此外，知识溢出与双方的信任程度有关，信任程度越高，从客户企业溢出的知识越多，学习机会就会增多，因此广东省加工贸易企业要重视与客户企业的沟通和交流，适当增加关系投入，增强彼此的信任程度。

加工贸易企业还要增强知识溢出的消化、吸收和创新能力，提高知识溢出的利用水平。知识溢出不等于现实的生产力。要把从客户企业获取的知识溢出转化成企业的生产技能和管理能力，必须要经历一个消化、吸收和创新的转化过程，而转化效果则取决于加工贸易企业的消化、吸收和创新能力。首先，加工贸易企业要充分消化吸收从图样、说明书、协议等文件和谈判、参观、培训等交流活动中获取的知识溢出，然后在此基础上进行设计、创意、技术等方面的创新。因此，加工贸易企业应有长远的战略眼光，要重视高素质的科技人才引进、储备和培养，同时要加强鼓励创新的制度和文化建设，激励技术人才在消化、吸收知识溢出的基础上进行创新。只有充分消化和吸收了知识溢出，加工贸易企业才能掌握好代工产品的生产技能，才可以独立仿制代工产品，在具备了一定的创新能力以后，从OEM代工厂商转化成ODM代工厂商或OBM厂商，由一般制造商跻身为品牌制造商。

二、加强研发投入，增强自主创新能力

在整体上，广东省加工贸易企业研发投入少，自主创新能力低下，这是导致广

东省加工贸易附加值不高、利润水平低的核心原因，因而培育自主创新能力是广东省加工贸易企业实现转型升级的关键所在。从产业价值链的角度来看，广东省加工贸易转型升级的路径有价值链间的横向扩展路径和价值链间的纵向跃升路径，而要实现这两种路径的升级，离不开自主创新能力的提高。一方面，在产业链内，广东省加工贸易企业缺乏核心技术和关键零部件生产技术，必须高价从国外客户企业进口，增加了生产成本，降低了利润，因而，要从低端的加工组装环节向设计、研发、品牌等高附加值环节延伸，实现从OEM向OBM转型升级，必须要加强研发投入，进行关键零部件的研发，力争掌握产品的核心技术。只有在关键零部件和核心技术方面摆脱对国外企业的严重依赖，才有可能获得较高的附加值，实现“简单加工→复杂组装→零部件制造→中间产品的生产→国外品牌产品的生产→自创品牌”的产业内转型升级，实现“一般供应商→主要供应商→合同制造商→品牌领导者”的角色改变。另一方面，广东省加工贸易企业要实现从箱包、服装、制鞋、皮革、家具等劳动密集产业跃升至电子信息、通信设备、光机电一体化、生物制药等技术密集型产业，也必须加强研发投入，增强自主创新能力，掌握高新技术产业所需的生产技术。

要提高自主创新能力，广东省加工贸易企业不能满足于现状，必须增加研发投入，勇于自主创新。台湾宏碁公司总裁施振荣曾提出著名的“微笑曲线”，他认为在一个技术主导的行业里，产业链上游的研究开发及下游的营销和品牌维护的利润最大，而中间的加工制造部分的利润最微薄。在这种思想的指导下，宏碁公司非常重视研发和品牌建设，最终由普通的小型代工企业发展成为全球OBM品牌企业。此外，由于重视自主创新能力，台湾涌现出明碁、华硕、冠捷、雅新等一大批ODM或OBM厂商。广东省本土中小型加工贸易企业大多从事OEM生产，利润微薄，且对海外市场存在严重的依赖性。因此，广东省本土加工贸易企业要像华为、中兴、美的等转型升级成功的企业一样，具有长远的战略眼光，重视技术人才的引进和技术研发，提高自主创新能力，努力实现从OEM向ODM或OBM转型升级。自主创新需要引进高级研发人才，购置研发设备，成立研发团队，这都需要大量资金支持。在这种情况下，广东省加工贸易企业必须具有长远的战略眼光，不能满足于长期从事低附加值代工的现状，努力为引进研发人才、购置研发设备和成立研发团队积累资金。此外，广东省加工贸易企业还可以充分利用高校、研究院的研发资源和能力，与它们开展研发合作，实现优势互补，降低研发成本和风险。通过提高自主创新能力，广东省一些加工贸易企业实现了明显的转型升级。例如，“东莞茂森金属冲压有限公司过去一直以纯样板加工为主，2005年开始向研发、设计等方面延伸，通过不断创新技术、更新设备实现了转型，2007年开始实行产品转型，由生产和销售金属冲压及组件向生产加工金属冲压组装技术及精密转变，并增加了汽车零配件的生产。转型升级后，茂森金属冲压有限公司的生产总值由每年11.8亿美元增加到12.5亿美元，工作效率由每月产量4500吨增加到5000吨，内销比例由5%增加到12%。”[①] 当然，广东省政府要大力鼓励和扶持加工贸易企业开展研发，提高自主创新能力。广东省可以借鉴台湾促进加工贸易转型升级的经验，一方面实行转型升级相关的税收减免，另一方面设立类似台湾的“生产力及贸易中心”“经济部联合工业研究所”“中小企业辅助工作小组”等技术支持和服务机构，为加工贸易企业提供免费或低廉的技术服务。为支持加工贸易开展研发并进行转型升级，广东省应该继续设立加工贸易转型升级专项资金，在原来10亿元的基础上适当增加投入，加大扶持力度，并对加工贸易企业的相关研发活动进行税收方面的减免，积极为加工贸易企业转型升级拓宽融资渠道。

三、改革管理方式，提供优质高效服务

相比一般贸易，加工贸易的进口、加工、深加工结转和出口等各环节都受到严格的管理。不同于台湾地区，我国大陆的加工贸易比较分散，只有一少部分集中在出口加工区，因而管理起来较为复杂，难度较大。20世纪70年代末期以来，广东省对加工贸易企业的进口料件实行保税管理，并在实践中探索和改进加工贸易的监管方法，逐渐形成了一个较为完整的加工贸易监管体系，为确保广东省加工贸易持续快速发展奠定了重要的基础。但随着广东省加工贸易的发展，原有的加工贸易监管模式需要根据形势的变化做出改革。广东省以往的加工贸易大多是劳动密集型制造业加工贸易，而随着以IT为代表的服务业加工贸易的增长，加工贸易开始呈现出“订单网络化、物流全球化、生产零库存”以及其产品“市场变化快、技术更新快、生产周期短”的特征，传统的加工贸易监管模式需要通过改革提高监管效率，以便减

① 姚惠怡：《全面推动加工贸易转型升级：“塘厦制造”迈向“塘厦创造”》，《东莞日报》，2008年4月9日第A10版。

少通关时间，提高通关效率，为加工贸易转型升级降低通关的时间成本。由于加工贸易的管理部门较多，涉及海关、边检、工商、税务、口岸管理等部门，因而广东省加工贸易管理的组织架构应由管理部门纵向一体化管理架构向扁平化的综合协调监管的组织架构转变，形成海关监管、政府协管、企业自管、社会共管的协力共管的管理格局。因此，广东省应该充分利用现代先进的计算机技术，改变传统的以纸质手册为主的监管方式，开发和构建连接加工贸易企业、海关、口岸、边检等管理部门的先进电子联网监管平台。目前，广东省已经开始推行加工贸易联网监管，率先在全国实现了外经贸、企业和海关三方联网，搭建了三方联网的电子公共平台（如图 7-9）。通过三方联网的公共平台，外经贸部门、企业和海关可以实现内部信息共享，有效地提高加工贸易监管的频率和效率。广东省今后应进一步完善和强化联网公共平台，提高监管的信息化程度。

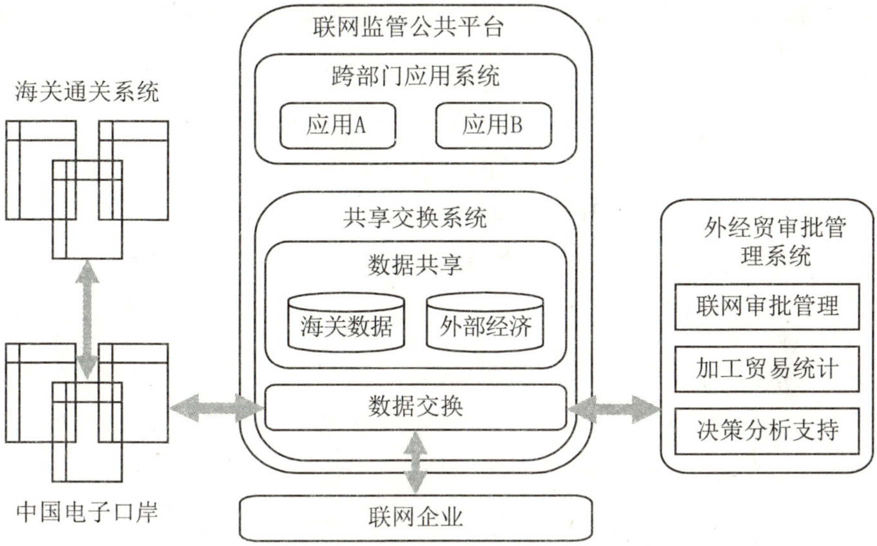

图 7-9 三方联网公共平台示意图

资料来源：卢小平：《广东加工贸易率先实现三方联网》，《大经贸》，2007 年第 2 期，第 35 页。

除了改革加工贸易监管方式之外，广东省政府还应该为加工贸易转型升级提供其他高效优质的配套服务，降低加工贸易企业转型升级的成本和风险。第一，加强园区建设，提高加工贸易集群水平。截至 2009 年年底，广东省共有国家级开发区 19 个，其中经济技术开发区 4 个、保税区 6 个、出口加工区 4 个、保税物流园区 2 个、跨境工业区 1 个、保税港区 2 个，此外还有 56 个省级开发区。广东省要加强园区的基础设施建设和配套服务，增强对加工贸易企业入园的吸引力，增强集群效应。尤其要重点建设好南沙出口加工区、深圳出口加工区和广州出口加工区，为广东省加工贸易企业的集聚发展提供理想的空间。出口加工区通关快捷、政策优惠、设施完善，应该成为促进加工贸易转型升级的先行区。广东省要制定明确的出口加工区产业政策，完善出口加工区的准入制度；增加出口加工区的保税物流功能，允许企业从事维修、检测、包装等附属经济活动，积极引入第三方物流和研发中心。第二，广东省要继续积极争取商务部、国家质检总局等部门的支持，为加工贸易转型升级提供海关、质检、检验检疫等方面的高效优质服务。在广东省的努力争取下，2010 年 9 月，国家质检总局制定了 10 条促进广东省加工贸易转型升级的检验检疫措施；2011 年 3 月 11 日，广东省与商务部共同签署了《共同创建珠三角地区全国加工贸易转型升级示范区合作协议》；同年 5 月 16 日，广东省与海关总署签署了《共同建设全国加工贸易转型升级示范区，推进转变发展方式合作备忘录》。广东省的海关、质检、税务、工商等相关部门要适应加工贸易转型升级的需要，积极进行服务创新。第三，加快建设全国加工贸易转型升级示范区建设，认真总结加工贸易转型升级的实践经验。在《珠江三角洲地区改革发展规划纲要（2008—2020 年）》中，广东省提出了建设全国加工贸易转型升级示范区的战略愿景。广东省把广州、深圳、佛山、惠州、东莞、中山等珠三角六市确定为“全省加工贸易转型升级示范市”，其中东莞市成为全国加工贸易转型升级示范区。广东省在加工贸易转型升级方面开展了不少实践，取得了比较显著的成绩，因而广东省应该认真地反思已有的加工贸易实践，为进一步加快加工贸易转型升级而总结经验。第四，要进一步健全和完善知识产权立法，并加强执法力度，解除外资和本土加工贸易企业开展自主创新的后顾之忧。

四、引导梯度转移，优化区域发展结构

广东省加工贸易高度集中在珠江三角洲地区，尤其是深圳、东莞、广州三市，而面积广大的东西两翼和山区在加工贸易出口总额中所占比重不到 3%，区域分布严重失衡。《珠江三角洲地区改革发展规划纲要（2008—2020 发）》提出，珠三角要优先发展现代服务业，加快发展先进制造业，大力发展高技术产业，努力建设成为世界先进制造业和现代服务业基地。随着珠三角地区土地、劳动力、水电等资源价

格的上涨，环境承载力日益不堪承受之重，广东省亟须引导珠三角加工贸易企业进行科学、有序的梯度转移，为珠三角发展先进制造业和现代服务业腾出空间。目前，珠三角地区还存在大量低附加值的劳动密集型加工贸易企业，主要集中在服装、皮革、造纸、箱包等传统行业，它们是广东省加工贸易转移的重点。因为广东省东西两翼和山区的土地资源丰富且低廉，劳动力、水、电等资源价格相对要低，所以广东省要重点引导珠三角劳动密集型加工贸易企业把生产基地转移至汕头、汕尾、潮州、揭阳、湛江、茂名、阳江等东西两翼和韶关、河源、梅州、清远、云浮等山区五市，而研发、销售、财务等总部可以继续保留在珠三角地区。当然，对于符合珠三角产业发展规划的高新技术加工贸易企业，可以继续保留。此外，广东省也可以推动珠三角地区劳动密集型加工贸易企业向生产成本更低的其他国家转移，发展境外加工贸易。“据不完全统计，目前珠三角已设立境外企业 1404 多家，分布在 88 多个国家和地区，尤其是一批综合实力雄厚、有产品和品牌优势的大型企业，纷纷在国外投资办厂，开展境外加工贸易。”[①] 例如，康佳在印度开设了彩电生产厂，美的在越南设厂，格力在巴西设厂。

广东省内的加工贸易梯度转移并不能一蹴而就，需要努力创造有利于梯度转移的各种条件。第一，要加强广东省东西两翼七市和山区五市的基础设施建设，降低物流成本。相比珠三角地区，广东省东西两翼和山区远离港口，加工贸易产品必须先通过陆路运输至港口，才能完成出口。珠三角地区的加工贸易企业完成转移后，将增加物流成本。因而，广东省要加强东西两翼和山区的道路交通和物流设施建设，为加工贸易企业提供高效、快捷的物流服务。第二，要加强东西两翼和山区的产业转移园区建设，为加工贸易转移提供良好的产业环境。产业转移园区是珠三角加工贸易企业转移的承接地，良好的硬件设施和产业配套情况能增强吸引力，降低经营成本。2005 年，广东省为推动省内产业转移，推出了“产业转移工业园”这一两地合作的创新性模式，即由珠三角某市负责组织、投资、规划、开发、建设和招商引资等工作，而由东西两翼或山区某市提供场地和具体管理，双方实行利益分成的模式。这一模式在促进广东省产业区域转移中发挥了重要作用，今后应该进一步改进和完善。第三，要加强东西两翼和山区的劳动力培训，提高劳动者技能，为加工贸易发

---

① 张伟，伍晶：《珠三角制造业企业国际化经营影响因素分析》，《珠江经济》，2006 年第 8 期，第 60 页。

展提供具有较高职业技能水平的劳动力。相比珠三角地区，东西两翼和山区的劳动力技能水平较低，因而广东省一方面要通过大力发展职业教育，增强造血能力；另一方面要创造良好的人才引进环境，吸引更多具有较高职业技能水平的外来劳动力，增强输血能力。

五、鼓励国内料件的采购和深加工结转

通过增加国产料件采购和鼓励深加工结转，可以带动国产料件的出口，延长产业链，进而促进广东省加工贸易配套产业的发展，提高增值率，增强加工贸易的“根植性”，促使加工贸易企业由“候鸟型”转变为“榕树型”。虽然广东省加工贸易企业的国内料件采购数量有所增长，但依然没有改变主要依赖国外进口的局面，加工贸易企业采购的国内料件只占所用料件中的很小比例。加工贸易企业之所以更倾向于从国外进口料件，主要原因有二：国产料件生产不足，价格贵而质量不高；使用国产料件，手续烦琐，且退税时间长。为了缩短退税时间，一些国内企业先把料件出口到香港，然后再从香港进口，出现了所谓的料件“香港一日游”现象。所谓深加工结转是指加工贸易企业将保税进口料件加工的产品转至另一加工贸易企业，进一步加工后复出口的经营活动。对转出企业而言，深加工结转视同出口，应办理出口报关手续；对转入企业而言，深加工结转视同进口，应办理进口报关手续。广东省深加工结转开展的时间不长，且目前结转额还不多，主要原因在于开展深加工的程序较多，手续烦琐，耗时较长。

广东省要增加国内料件的采购比重和扩大深加工结转，必须从多方面努力。第一，鼓励和支持国内企业生产加工贸易企业所需料件，尽快提高国内料件的生产质量，满足加工贸易企业对料件的质量需要，并通过规模生产获得料件销售的价格优势。只有国产料件在质量和价格上都获得优势，广东省加工贸易企业才会为了降低料件成本而就地取材，采用国产料件。这样，既促进了配套产业的发展，又带动了国内料件的出口。第二，通过政策调整，激励广东省加工贸易企业使用国产料件。广东省当前的加工贸易税收减免政策主要集中在下游最终产品，而对上游的料件和中间品采购的激励政策不足。目前，广东省进料加工贸易企业采购国内料件可以申请退税，但手续比较麻烦，而来料加工贸易企业因为没有销售收入，只收取工缴费，使用国产料件不能申请退税。广东省今后应该简化手续，对加工贸易出口产品中使用的国

产料件，可以在出口退税政策方面享受等同于进口料件的待遇，以增强加工贸易企业使用国产料件的动力。第三，加强对国产料件的宣传和展示，加深外商投资企业对国产料件的了解。广东省既可以收集国产料件相关产品信息和企业信息，建设网上电子展示平台，又可以在省内外开设料件现场展览。第四，要尽可能减少深加工结转的审批环节，简化手续，降低时间成本。

六、加快来料加工企业转型，扩大内销

来料加工是加工贸易的一种低级形式。因为来料加工企业并不具备独立法人资格，不拥有料件和加工产品的所有权，只是充当加工制造车间的角色。来料加工企业主要开展劳动密集型产品的加工制造，规模小，对环境的负面影响大，只能获得微薄的工缴费收入。如果不转型，来料加工企业无法扩大经营范围，不能开展自主研发，不能注册商标和申请专利，因而不能进行内销，也很难融资。一旦欧美等主要出口市场的经济发生危机，由于来料加工贸易企业的抗危机能力弱，将出现大批企业停产或倒闭的局面。虽然广东省来料加工贸易进出口额在加工贸易进出口总额中的比重逐年下降，目前只占到20%多，但来料加工企业的数量众多，主要以港澳来料加工企业为主。尽管这些来料加工贸易企业只能开展简单的加工制造，但在引进外资和增加就业方面发挥了重要的作用，因而广东省不能简单地放弃，而应促使来料加工贸易企业转型升级为具有独立法人地位和外贸经营权的三资企业或民营企业。在推动来料加工贸易企业转型升级为三资企业或民营企业方面，广东省东莞市走在了全国前列，并积累了宝贵的经验。东莞市为降低来料加工贸易企业转型的成本，创新性地采取了“不停产就地转型”的方法，[①] 取得了显著的成效。“2010年，东莞市共受理1250家来料加工企业转型。”[②] 例如，“由来料加工企业转型而成的三资企业东莞永嘉盛针织有限公司转型后用工人数从4500人减少至1800人、产值从2.5亿元增加至3.8亿元；通过‘就地不停产’转型成立的独资企业东莞柏能电

---

① 所谓不停产就地转型，是指来料加工贸易企业在转型为三资企业或民营企业的过程中，生产不中断，实行“设备就地转、料件就地转、类别就地转、企业就地转”。

② 东莞市统计局：《2010年东莞市国民经济和社会发展统计公报》，东莞市统计调查信息网，http://tjj.dg.gov.cn/website/web2/art_view.jsp?articleId=3922。

子科技公司三次增资共1340万美元进口国内外先进设备、创立自主品牌。”[①] 因此，广东省要总结经验，加强外经、海关、工商、税务、环保、消防等众多部门的协调，简化审批手续，进一步探索来料加工贸易企业转型的有效途径。

广东省加工贸易企业开展内销，既可以扩大产品的销售范围，增强抵抗经济危机的能力，又可以有效地促进加工贸易企业转型升级。一方面，广东省要鼓励本土加工贸易企业开展内销。一些来料加工贸易企业转化为有法人资格的民营企业后，广东省要鼓励它们在进行外向型出口生产的同时，积极开拓内销市场，兼顾国内国外两个市场。对于本土进料加工贸易企业，广东省要给它们营造更好的内销政策环境，扩大内销比例。鼓励本土加工贸易企业开展内销，广东省既可以增加税收，又可以激励它们进行产品升级、工艺升级和流程升级，提高产品质量，增强竞争力，创建内销品牌。通过在内销中积累市场开拓经验、打造品牌，广东省一些本土加工贸易企业可能会向一般贸易企业转型升级。另一方面，广东省要鼓励外商投资企业开展内销，在增加税收的同时，提高外资企业的本地化水平。因为我国市场广大，广东省外商投资加工贸易企业在开展内销的过程中，为了使产品适合国内市场的需要，会增强研发、销售、品牌推广的本土化程度，把研发、设计、销售、财务等地区总部转移到广东省，从而在促进外资加工贸易企业转型升级的同时，推动广东省产业结构的优化升级。2007年以来，广东省大力支持加工贸易企业开展内销，取得了良好的成效。“据统计，2010年广东加工贸易经批准内销征税款102.1亿元人民币，同比上升32.8%。”[②] 2011年1~5月，广东省江门海关的加工贸易企业内销征税达8500多万元人民币，同比增长66%。[③] 要扩大加工贸易企业内销份额，一方面，加工贸易企业要改变原来单纯外销的传统思维，努力了解和开拓国内市场，建立销售渠道，提高产品质量，打造内销品牌；另一方面，广东省要适应内销转型的需要，加快内销监管改革改革，简化审批程序，提供优质的内销服务。

七、调整外商引资政策，优化引资结构

广东省加工贸易的进、出口额中，外商投资加工贸易企业占了八成左右的份额。

---

① 邓红辉：《努力为加工贸易转型升级提供示范》，《广州日报》，2011年6月15日。

② 吴哲：《共建加工贸易转型升级示范区》，《南方日报》，2011年5月16日。

③ 华莹：《加工贸易企业半年内销征税同比增66%》，《广州日报》，2011年6月14日。

外商加工贸易占的比例过大是造成广东省加工贸易增值率和配套率较低、对当地产业带动性不强的重要原因，并容易导致“飞地效应”。所谓“飞地效应”是指一旦广东省省外的其他国家或地区的生产成本相对较低，外商投资加工贸易企业就可能进行地域转移，造成产业“空心化”。广东省要实现加工贸易的长期稳健发展，提高外商投资加工贸易企业对当地产业的带动作用，增强产业之间的前后向联系，应该对以往的重量轻质的外商投资政策进行调整，改“招商引资”为“择商引资”，重视外商投资的综合经济效应。第一，广东省要根据经济增长方式和外贸发展方式转变的需要，结合长期产业发展规划，适时修订《外商投资指导目录》，限制劳动密集型或资源密集型产业的外商投资，禁止外商开展“两高一低”产品的加工贸易，重点引入电子信息、光机电一体化、生物制药、新材料等高新技术产业项目。第二，要重点吸引大型跨国公司前来投资。大型跨国公司（尤其是位列世界500强的跨国公司）的资金实力强，技术实力雄厚，知识溢出效应大，对当地相关产业发展的带动作用大。第三，要鼓励外商投资企业在广东省设立研发、销售、设计、物流等区域总部，增加外商投资加工贸易企业的附加值，延长产业链条。第四，要鼓励外商在广东开展高端服务业领域的加工贸易，如软件设计、检测、维修、展示等服务业加工贸易，既可以促进经济发展和增加就业，又可以最大限度地降低传统制造业加工贸易对环境的污染和对资源的过度消耗。为此，广东省要对外商投资的税收优惠政策进行调整，应对不同类型的外商投资加工贸易实行有区别的税收政策。取消外商从事低附加值劳动密集型加工贸易享有的优惠政策，对从事高附加值的高新技术产品生产的外商投资加工贸易企业实行税收优惠，同时对外商投资加工贸易企业在我国的研发、设计、营销等经济活动执行鼓励性的优惠政策。

八、大力扶持本土加工贸易企业的发展

虽然在广东省加工贸易的发展过程中，本土加工贸易企业参与程度有所提高，主要表现为民营加工贸易企业的出口额在加工贸易出口总额中所占的比重有所增长，但总体而言，本土加工贸易企业仍然参与程度不高，实力非常弱小。本土加工贸易企业主要包括国有加工贸易企业和民营加工贸易企业。广东省国有企业由于体制僵化、市场适应能力差、管理滞后等原因，没有利用好加工贸易发展的机遇融入全球生产体系，导致国有企业原有的大工业基础、技术和人力资源没有得到充分的发挥。

改革开放后发展起来的广东省民营企业由于起步较晚，资金和技术实力弱，海外市场开拓能力较低，因而也没有成为我国加工贸易的企业主体。本土加工贸易企业发展落后，既造成广东省加工贸易严重依赖外商投资，又导致广东省加工贸易对本地产业的带动性差，潜伏着“飞地效应”的风险。从整体上来看，不仅广东省加工贸易的进、出口额的80%以上由外商投资加工贸易企业创造，加工贸易所需的核心技术、关键零部件也掌握在外商手中。有鉴于此，广东省应该采取有效措施，大力引导和鼓励本土企业参与加工贸易。一方面，经过改革开放后30余年的发展，广东省民营企业在资金、技术和管理等各方面的实力有所增强，参与加工贸易的能力显著提高。广东省可以学习台湾的经验，大力支持民营企业参与加工贸易。例如，台湾通过“投资奖励条例”“促进产业升级条例”“产业创新条例”等制度重点支持岛内中小型加工贸易企业的发展和转型升级。民营企业普遍面临融资难的问题，广东省要通过多渠道拓宽民营企业的融资渠道，缓解资金短缺的困境。另一方面，广东省要加强国有企业体制改革，激励国有企业充分利用剩余的生产能力，积极参与加工贸易。当然，要大力扶持本土加工贸易企业的发展，使其成为广东省加工贸易的企业主体，还需取消外资企业在税收等方面享有的超国民待遇，努力营造一个内外资平等竞争的政策环境。

第六节　本章小结

在前面章节探讨加工贸易转型升级理论的基础上，本章重点研究了广东省加工贸易转型升级的相关问题。本章根据广东省加工贸易发展的量质特征、国家相关政策变化情况、宏观经济环境等情况，把广东省加工贸易发展历程区分为以来料加工为主导的早期发展阶段（1978—1992）、以进料加工为主导的快速发展阶段（1993—2002）和政府自觉引导的转型升级阶段（2003年至今）。加工贸易在广东省的经济发展中发挥了重要的作用，主要表现在促进了广东省GDP增长、带动了外贸增长、增加了就业和促进了产业升级等四个方面。同时，广东省加工贸易也存在着一些问题：外商为加工贸易主体，本土企业参与度不高；地理分布高度集中，区域发展严重失衡；

进出口市场高度集中，市场结构严重分化；经济环境发生变化，初始比较优势弱化。要促进广东省加工贸易转型升级，必须利用知识溢出效应，加强知识学习和积累；加强研发投入，增强自主创新能力；改革管理方式，提供优质高效的服务；引导梯度转移，优化区域发展结构；鼓励国产料件采购和深加工结转；加快来料加工企业转型，扩大内销；调整外商引资政策，优化外商引资结构；大力扶持本土加工贸易企业的发展。

第八章　结论与研究展望

自 2003 年党的十六届三中全会提出加工贸易转型升级的任务以来，加工贸易转型升级成为学术界一个重要的研究课题。虽然学术界对加工贸易转型升级的研究已经取得了少数有价值的研究成果，但整体上仍远落后于实践的需要，很多问题有待深入研究。本书在已有文献的基础上进行了较长时间的研究，得出了一些研究结论，以期对促进加工贸易转型升级有所裨益。但限于主客观条件，本书还存在一些不足，有待进一步深入研究。

第一节　主要结论

由于加工贸易转型升级是一个综合性的研究课题，既涉及国际贸易相关理论，也涉及产业经济学相关理论，因而加工贸易理论、国际贸易相关理论和产业经济学相关理论共同构成了本书的理论框架。在此理论框架上，本书重点研究了加工贸易转型升级的机制、路径、风险—成本—收益以及广东省加工贸易转型升级的相关问题。归纳起来，本书的主要结论如下。

第一，加工贸易转型升级的影响因素众多，根据作用机理的不同，它们共同构成了加工贸易转型升级的动力机制、学习机制、创新机制和支撑机制。动力机制包括“民工荒”、市场竞争加剧、经济环境的改变、要素价格不断上涨、汇率提高、环保标准提高等因素，它们是加工贸易转型升级的动力来源。支撑机制包括政府的支持和服务质量的改善，产业集群的形成和效应的发挥以及人力资源的改善，为加工贸易的转型升级提供了外围环境和基础。动力机制和支撑机制共同构成加工贸易转型升级的外在机制。知识溢出效应、“干中学”、技术引进构成了加工贸易转型升级的学习机制，是加工贸易获得知识来源的基础机制。模仿创新和自主创新构成了加工贸易转型升级的创新机制。学习机制和创新机制共同构成加工贸易转型升级的内在机制。外在机制为内在机制的运行提供动力和基础。

第二，加工贸易升级的路径有产业内的升级路径、产业间的升级路径和区域转移升级路径。产业内的升级路径是指加工贸易企业继续从事原来产业的生产经营活动，但向产业价值链两端的高附加值环节延伸的升级路径，实现“简单的组装→复杂的组装→零部件制造→零部件研发→最终产品开发→自有品牌产品的研发、设计和生产”。产业间的升级路径是指加工贸易逐渐脱离原来的劳动密集型或资源密集型传统产业，向资本密集型或技术密集型产业提升的升级路径，如从服装加工贸易转向电子产品的加工贸易。区域转移路径是指东南沿海发达地区的加工贸易企业向我国中西部或邻近发展中国家转移的升级路径。我国加工贸易的转型路径包括主体转型、贸易方式转型、企业转型、料件采购转型等四种转型路径。

第三，加工贸易企业转型升级虽然可能获得因产品附加值提高带来的增值收益，但也会面临客户和订单流失的风险以及研发和营销失败的风险，且人力成本、机器与设备成本、学习成本、营销成本和税务成本都会增加。因此，作为理性的转型升级的微观经济主体，加工贸易企业是否具有转型升级的意愿及其意愿强弱，不是取决于政府的引导和鼓励程度，而是取决于它们对转型升级的风险、成本和收益的评估、比较和权衡。当预期的转型升级净收益大于零时，加工贸易企业才有转型升级的意愿。净收益越多，其转型升级意愿越强，反之亦然。

第四，根据广东省加工贸易发展的量质特征、国家相关政策变化情况、宏观经济环境等情况，广东省加工贸易发展历程可区分为以来料加工为主导的早期发展阶段（1978—1992）、以进料加工为主导的快速发展阶段（1993—2002）和加工贸易转型升级阶段（2003 年至今）。加工贸易在广东省的经济发展中发挥了重要的作用，促进了广东省 GDP 增长，带动了外贸发展，增加了就业，推动了产业升级。同时，广东省加工贸易也存在如下问题：外商为加工贸易主体，本土企业参与度不高；地理分布高度集中，区域发展严重失衡；进出口市场高度集中，市场结构严重分化；经济环境发生变化，初始比较优势弱化。要促进广东省加工贸易转型升级，必须利用知识溢出效应，加强知识学习和积累；加强研发投入，增强自主创新能力；改革管理方式，提供优质高效的服务；引导梯度转移，优化区域发展结构；鼓励国产料件采购和深加工结转；加快来料加工企业转型，扩大内销；调整外商引资政策，优化外商引资结构；大力扶持加工贸易企业的发展。

第二节　进一步研究展望

目前，国内关于加工贸易转型升级的研究文献不多，具有理论深度的文献更为少见，很多理论空白有待填补。在本书的文献查阅和写作过程中，随着阅读和思考的深入，更多的理论问题随之出现，有待进一步探讨和研究。然而，限于时间紧迫和囿于财力匮乏，本书的一些不足之处有待在今后的研究中加以弥补、充实和深化。

第一，深入加工贸易企业进行细致的实地调查研究，搜集一手资料，实现理论研究与社会实践的零距离对接。在本书的写作过程中，虽然查阅了近千万字的文献，参考和借鉴了隆国强、刘德学、邬关荣等学者的调查数据，查找了大量相关的官方统计数据，但由于客观条件的限制，未能选择一些具有样本意义的加工贸易企业进行实地调查研究。实地调查研究既可以丰富自己对加工贸易企业的感性认识，也能具体而微地了解加工贸易企业转型升级的相关问题。在本书构思和撰写的过程中，我深切感觉到实地调查的必要性，但由于条件所限，这一遗憾有待在今后条件改善之后进行弥补。

第二，深化加工贸易转型升级相关的一些重要理论问题的探讨。在本书的资料收集、酝酿和写作过程中，随着资料占有范围的扩大和思考的深入，我发现虽然自十六届三中全会以后，关于加工贸易转型升级的研究显著增加，但很多重要的理论问题并没有进行深入专门的探讨。例如，政府和市场在加工贸易转型升级中各自的职能何在？如何延长加工贸易的产业链？如何提高加工贸易国内配套水平？如何开展深加工结转？如何扩大加工贸易企业的内销？……已有的研究文献大多是空泛的宏观论述，对这些重要的理论问题缺乏专题性的深入探讨。限于篇幅限制，本书虽借用了加工贸易深加工、加工贸易内销、加工贸易产业链等概念，但没有进行深入系统的研究。在今后的学术研究中，我将对以上相关问题进行专门的深入探讨。

第三，继续对广东省加工贸易转型升级问题进行跟踪研究。广东省加工贸易在全国具有举足轻重的地位，是加工贸易转型升级的重点地区。同时，广东省正在努力探索，力争创建全国加工贸易转型升级示范区。改革实践既需要理论的反思和指导，也为理论研究提供了宝贵的素材。在今后的学术研究中，我将继续关注广东省加工贸易转型升级的实践进程和理论发展，并在此基础上深化本书的已有研究。

参考文献

一、中文著作

[1] 伯尔蒂尔•俄林．地区间贸易和国际贸易 [M]，北京：商务印书馆，1986.

[2] 崔玮．加工贸易与中国经济增长——产品内分工的视角 [M]. 北京：经济科学出版社，2010.

[3] 陈田正，加工贸易走私犯罪解析 [M]. 北京：中国检察出版社，2005.

[4] 邓伟根，等．产业转型经验、问题与策略 [M]. 北京：经济管理出版社，2006.

[5] 邓福光．中国加工贸易发展和海关监管创新 [M]. 北京：中国海关出版社，2010.

[6] 郭建宏．中国加工贸易问题研究——发展、挑战和结构升级 [M]. 北京：经济管理出版社，2006.

[7] 金碚．中国工业化经济分析 [M]. 北京：中国人民大学出版社，1994.

[8] 金碚．中国工业国际竞争力——理论、方法与实证研究 [M]. 北京：经济管理出版社，1997.

[9] 蒋昭侠．产业贸易理论教程 [M]. 北京：中国经济出版社，2008.

[10] 隆国强．加工贸易——工业化的新道路 [M]. 北京：中国发展出版社，2003.

[11] 刘家顺．产业经济学 [M]. 北京：中国社会科学出版社，2006.

[12] 刘德学．全球生产网络与加工贸易升级 [M]. 北京：经济科学出版社，2006.

[13] 刘希宋，加工贸易发展中贸工农一体化经营与政策研究 [M]. 北京：中国人事出版社，2002.

[14] 廖翰．我国加工贸易发展战略研究 [M]. 北京：中国财政经济出版社，2002.

[15] 吕伟红等．加工贸易 [M]. 北京：中国海关出版社，2005.

[16] 迈克尔．波特．国家竞争优势 [M]．李明轩，邱如美．北京：华夏出版社，2002.

[17] 毛林根．产业经济学 [M]. 上海：上海人民出版社，1996.

[18] 刘志彪，江静．长三角制造业向产业链高端攀升路径与机制 [M]. 北京：经济科学出版社，2009.

[19] 李钢．企业跨国经营实务——境外加工贸易 [M]. 北京：中国对外经济贸易出版社，2001.

[20] 苏东斌．中国经济特区导论 [M]. 北京： 商务印书馆．2010.

[21] 苏东水．产业经济学 [M]. 北京：高等教育出版社，2004.

[22] 沈玉良，孙楚仁，凌学岭．中国国际加工贸易模式研究 [M]. 北京：人民出版社，2007.

[23] 沈志澄．国际加工贸易与补偿贸易 [M]. 上海：上海科学技术文献出版社，2002.

[24] 邵祥林，王玉梁，任晓薇．未来国际贸易的主流：加工贸易 [M]. 北京：对外经济贸易大学出版社，2001.

[25] 陶一桃．中国经济特区史论 [M]. 北京： 社会科学文献出版社， 2008.

[26] 王怀民．新型工业化之路——我国加工贸易的基础、模式与利益分配研究 [M]. 北京：中国财政经济出版社，2007.

[27] 王岳平．开放条件下的工业结构升级 [M]. 北京：经济管理出版社，2004.

[28] 王建廷．区域经济发展动力与动力机制 [M]. 上海：上海人民出版社，2007.

[29] 王立军．加工贸易与贸易融资 [M]. 北京：中国金融出版社，1996.

[30] 邬关荣．加工贸易转型升级研究——以服装产业为例 [M]. 北京：经济科学出版社，2007.

[31] 袁易明．中国经济特区产业结构演进与原因 [M]. 北京：商务印书馆，2010.

[32] 姚钟华，张涛．OEM 与加工贸易管理方略 [M]. 广州：广东经济出版社，2002.

[33] 张南．中国产业结构调整的金融机制 [M]. 西安：陕西人民出版社，1998.

[34] 钟坚．世界经济特区发展模式研究 [M]. 北京：中国经济出版社，2006.

二、中文期刊论文

[35] 崔玮．加工贸易的产业结构升级效应分析——理论模型与对策建议 [J]. 甘肃社会科学，2010(1)：114-116.

[36] 崔凯，孟令岩．辽宁省加工贸易转型升级的对策分析 [J]. 特区经济，2009(10)：86-89.

[37] 陈恩，刘青．广东加工贸易转型升级影响因素的实证分析 [J]，广东社会科学，2007(5)：19-24.

[38] 陈小俊．加工贸易转型升级的科学路径探析——从一次政策调整尝试引出的思考 [J]. 上海海关学院学报，2009(1)：18-20.

[39] 党军．论加工贸易产业向中西部转移的背景与对策 [J]. 生产力研究，2008(2)：91-93.

[40] 范兆斌．广东省加工贸易转型升级的金融约束分析 [J]. 统计与决策，2005(1)：78-80.

[41] 范承泽，胡一帆，郑红亮．FDI 对国内企业技术创新影响的理论与实证研究 [J]. 经济研究 2008(1)：89-102.

[42] 龚唯平．珠三角加工贸易转型升级研究 [J]. 产经评论，2010(6)：33-35.

[43] 胡军．珠三角 OEM 企业持续成长的路径选择——基于全球价值链外包体系的视角 [J]. 中国工业经济，2005（8）：43-46.

[44] 何斯斐．关于推动我国加工贸易转型升级的宏观思考 [J]. 金融经济，2006(6)：24-25.

[45] 何骏．上海发展跨国公司总部经济的现状与对策 [J]. 上海投资，2007(5)：12-16.

[46] 黄树辉．转型升级：广东加工贸易的生死大考——访广东拱北海关关长龚维钊 [J]. 大经贸，2005(3)：70-72.

[47] 孔海燕．加工贸易转型升级理论与实践探析 [J]. 上海海关学院学报，2009(1)：27-30.

[48] 刘德学，李晓姗．加工贸易升级机制实证分析 [J]. 国际经贸探索，2010(8)：3-5.

[49] 刘志彪．中国沿海地区制造业发展：国际代工与创新 [J]. 南开经济研究，2005(5)：40-42.

[50] 刘志彪，张哗．中国沿海地区外资加工贸易模式与本土产业升级：苏州地区的案例研究 [J]. 经济理论与经济管理，2005(8)：56-58.

[51] 刘沓．关于研发项目风险的新思考 [J]. 商业经济，2008(10)：39-41.

[52] 刘钻石．“民工荒”问题的实证分析 [J]. 开放导报，2008(4)：83-85.

[53] 李琳．国际分工视域下我国加工贸易转型升级与结构优化问题 [J]. 长白学刊，2008(1)：102-104.

[54] 隆国强．加工贸易转型升级之探讨 [J]. 国际贸易，2008(12)：10-12.

[55] 兰勇，杜红梅．论我国加工贸易升级的内涵与路径 [J]. 2006（7）：132-134.

[56] 梁小萌．全球生产网络化与珠三角加工贸易产业转型升级 [J]. 岭南学刊，2009(6)：83-85.

[57] 廖明中．珠三角加工贸易转型升级探讨 [J]，特区实践与理论，2010(4)：52-53.

[58] 罗建兵．加工贸易产业升级与国内价值链构建 [J]. 当代财经，2010(2)：100-102.

[59] 卢小平．促进加工贸易转型升级 [J]. 大经贸，2007(6)：38-40.

[60] 卢小平．广东加工贸易监管率先实现三方联网 [J]. 大经贸，2007(2)：35-37.

[61] 靳俊喜，王雪梅．营销本土化风险管理模式与控制策略 [J]. 企业经济，2010(11)：96-98.

[62] 马强．对创建广东加工贸易转型升级示范区的思考 [J]. 中国投资，2009(7)：57-59.

[63] 毛蕴诗，姜岳新，莫伟杰．制度环境、企业能力与 OEM 企业升级战略——东菱凯琴与佳士科技的比较案例研究 [J]. 管理世界，2009(6)：136-138.

[64] 梅其洁．广东发展加工贸易的非直接经济收益分析 [J]. 广东经济，2007(6)：42-44.

[65] 潘悦．在全球化化产业链条中加快升级换代——我国加工贸易的产业升级

状况分析 [J]. 中国工业经济，2002(6)：27-29.

[66] 裴长洪．加工贸易转型升级“十一五”时期我国外贸发展的重要课题 [J]. 宏观经济研究，2006(1)：12-13.

[67] 任家华，牟绍波．企业创新升级机制研究：全球价值链视角 [J]. 科技管理研究，2009(7)：43-45.

[68] 宋红军．我国加工贸易转型升级的制约因素及对策 [J]. 经济纵横，2005(11)：17-19.

[69] 宋志勇．促进加工贸易转型升级的对策 [J]. 国际贸易，2005(8)：21-24.

[70] 苏州海关课题组．加工贸易转型升级的现状、问题与对策 [J]. 上海海关高等专科学校学报，2006(4)：43-51.

[71] 孙杭生．我国加工贸易转型升级问题研究 [J]. 经济问题研究，2009(4)：60-62.

[72] 孙国辉．我国加工贸易转型升级机制的研究 [J]. 经济管理，2007(8)：75-78.

[73] 孙亚平．后危机时代广东加工贸易企业的生存与发展 [J]. 对外经贸实务，2011(1)：39-41.

[74] 苏桂富．全球生产网络下我国加工贸易转型升级与结构优化升级 [J]. 特区经济，2005(5)：37-39.

[75] 荀克宁．加快山东省加工贸易转型升级的对策思考 [J]. 东岳论丛，2007(6)：186-187.

[76] 王晓红．积极发展加工贸易着力推进升级转型 [J]. 国际贸易，2010（1）：32-37.

[77] 王子先，杨正位，宋刚．促进落地生根——我国加工贸易转型升级的方向 [J]. 国际贸易，2004(2)：10-13.

[78] 王雷．长三角本土代工企业竞争战略演变驱动力及实现途径——基于全球价值链的视角 [J]. 中央财经大学学报，2009(11)：92-95.

[79] 王凤洲，孔丰．总部经济发展战略及其成本效益分析研究 [J]. 东南学术，2006(5)：74-76.

[80] 王承云，毛睿奕，张婷婷．上海跨国公司总部的空间集聚及影响因素 [J]. 经济地理，2010(6)：897-899.

[81] 万容．论我国总部经济的发展 [J]. 社会科学辑刊，2010(1)：113-115.

[82] 肖冬华，姚会元．金融危机下农民工回流问题的实证解析 [J]. 云南财经大学学报，2009(6)：75-77.

[83] 许经勇．论社会主义市场竞争的动力机制 [J]. 财经问题研究，1995(5)：18-20.

[84] 袁欣．加工贸易与比较优势陷阱——来自广东的实证分析 [J]. 宏观经济研究，2005(9)：58-60.

[85] 于瀚，闫岩．我国加工贸易转型升级要素分析 [J]. 国际贸易，2008(12)：20-23.

[86] 易雪玲．我国加工贸易转型升级的理论探讨 [J]. 湘潭大学学报（哲学社会科学版），2007(2)：38-40.

[87] 杨桂菊．本土代工企业产品研发体系构建理论与案例 [J]. 管理科学，2008(2)：33-36.

[88] 杨桂菊．本土代工企业竞争力构成要素及提升路径 [J]. 中国工业经济，2006（8）：25-26.

[89] 张燕生．我国加工贸易未来转型升级的方向 [J]. 宏观经济研究，2004(2)：16-17.

[90] 张晓娜，刘希宋．产业价值链视角下的我国加工贸易转型升级研究 [J]. 改革与战略，2009(12)：20-23.

[91] 张辉．全球价值链理论与我国产业发展研究 [J]. 中国工业经济，2004(5)：38-46.

[92] 张运起，李君．企业营销风险形成机理的研究 [J]. 管理世界，2009(3)：177-179.

[93] 张广荣．跨国公司在华设立地区总部若干问题探析 [J]. 中国外资，2008(5)：44-46.

[94] 张丽丽，郑江淮．国外总部经济研究进展与述评 [J]. 上海经济研究，2011(4)：90-92.

[95] 赵文红，许圆．企业研发活动的影响因素及失败原因分析 [J]，科技进步与对策，2011(4)：69-71.

[96] 曾贵．加工贸易企业转型升级的意愿研究——基于风险、成本和收益的视角．国际经贸探索 [J]，2011（7）．

[97] 曾贵．加工贸易转型升级的机制研究 [J]. 财经科学，2011（2）：84-90.

[98] 曾贵，钟坚．台湾加工贸易转型升级的路径、机制及其启示 [J]. 世界经济与政治论坛，2010（5）：38-49.

[99] 曾贵，钟坚．全球生产网络中加工贸易转型升级的路径研究 [J]. 软科学，2011（2）：62-66.

[100] 曾贵，钟坚．我国加工贸易向中西部梯度转移的影响要素分析——基于钻石理论的视角 [J]. 深圳大学学报，2010（6）：68-72.

[101] 曾贵，钟坚．深圳市加工贸易发展与转型升级研究 [J]. 开放导报，2010(2)：88-92.

[102] 曾贵，钟坚：加工贸易“民工荒”的经济学分析 [J]. 云南财经大学学报，2010（4）：20-26.

[103] 曾贵，钟坚．基于知识溢出的加工贸易转型升级探讨 [J]. 江淮论坛，2010（4）：49-53.

[104] 曾贵．基于“雁行理论”的加工贸易梯度转移研究 [J]. 经济与管理，2011（1）：93-97.

三、学位论文

[105] 白颖．全球生产网络下我国加工贸易转型升级问题研究 [D]. 昆明：云南财经大学，2008.

[106] 崔蕾．广东省加工贸易转型升级研究 [D]. 广州：广东外语外贸大学，2009.

[107] 杜晓英．我国加工贸易转型升级问题研究 [D]. 太原：山西财经大学，2006.

[108] 翟月．广东省加工贸易的环境效应研究 [D]. 杭州：浙江大学，2008.

[109] 邓小燕．广东省加工贸易与经济增长关系研究 [D]. 广州：暨南大学，2008.

[110] 杜义飞．基于价值创造与分配的产业价值链研究 [D]. 成都：电子科技大学，

2005.

[111] 贾玉洁．我国加工贸易转型升级对策研究 [D]. 合肥：安徽大学，2005.

[112] 金辉．我国加工贸易的转型升级研究 [D]. 北京：首都经济贸易大学，2005.

[113] 刘亚玲．广东省加工贸易转型升级研究 [D]. 广州：暨南大学，2007.

[114] 李晓珊．广州市加工贸易转型升级研究——基于全球价值链的视角 [D]. 广州：暨南大学，2008.

[115] 李多．我国加工贸易转型升级问题研究 [D]. 长春：吉林大学，2005.

[116] 牛竞．加工贸易对广东省经济增长影响研究 [D]. 长沙：中南大学，2006.

[117] 林燕．我国加工贸易转型升级研究 [D]. 成都：西南财经大学，2007.

[118] 李莹莹．中国加工贸易升级研究 [D]. 北京：首都经济贸易大学，2010.

[119] 李婧．中国加工贸易发展状况与转型升级 [D]. 长春：吉林大学，2009.

[120] 李静茹．我国加工贸易现状与问题研究 [D]. 北京：首都经济贸易大学，2004.

[121] 曲佳音．中国服装产业加工贸易转型升级研究 [D]. 哈尔滨：黑龙江大学，2009.

[122] 沈宏伶．关于我国加工贸易转型升级的研究 [D]. 北京：首都经济贸易大学，2008.

[123] 宋红军．我国加工贸易转型升级问题研究 [D]. 郑州：郑州大学，2006.

[124] 王鹏．基于加工贸易转型升级中的海关保税核查与企业稽查研究 [D]. 济南：山东大学，2008.

[125] 王福君．比较优势演化与装备制造业升级研究——基于辽宁省的实证研究 [D]. 长春：东北师范大学，2009.

[126] 王倩．转型升级加工贸易与我国外贸增长方式转变 [D]. 长春：吉林大学，2006.

[127] 杨肖锋．利用加工贸易转型升级优化我国出口商品结构研究 [D]. 湘潭：湘潭大学，2007.

[128] 杨慧．我国加工贸易转型升级问题探析 [D]. 北京：对外经济贸易大学，2005.

[129] 叶焜洪．东莞加工贸易转型升级路径问题研究 [D]. 天津：天津大学，2007.

[130] 张大勇，加工贸易对中国工业化的影响研究 [D]. 武汉：华中科技大学，2005.

[131] 张亚斌．内生比较优势理论与中国对外贸易结构转换 [D]. 北京：中国社会科学院，2002.

[132] 张纪．产品内国际分工：动因、机制与效应研究 [D]. 上海：上海社会科学院，2007.

[133] 张小霓．我国加工贸易转型升级问题研究 [D]. 广州：广东外语外贸大学，2008.

[134] 周维良．广东省加工贸易转型的金融支持 [D]. 广州：广东外语外贸大学，2008.

[135] 祝晓峰．中国加工贸易转型升级问题研究——从区位角度分析 [D]. 长春：吉林大学，2009.

四、报纸文献

[136] 邓红辉．努力为加工贸易转型升级提供示范 [N]. 广州日报，2011-06-15.

[137] 何帆，唐岳华．贸易顺差将长期存在 [N]. 中国证券报，2006-12-27.

[138] 华莹．加工贸易企业半年内销征税同比增 66%[N]. 广州日报，2011-06-14.

[139] 蒋耀平．继往开来推动加工贸易转型升级 [N]. 国际商报，2008-04-28.

[140] 江宜航，王月金．珠三角 99% 企业缺工严重廉价劳动力时代不复返 [N]. 中国经济时报，2010-01-11.

[141] 裴明．广东加工贸易调研报告 [N]. 国际商报，2006-08-28.

[142] 谢越．广东海关力促加工贸易转型升级 [N]. 国际商报，2011-02-17.

[143] 吴哲．共建加工贸易转型升级示范区 [N]. 南方日报，2011-05-16.

[144] 吴哲．广东省政府召开全省加工贸易转型升级工作现场会 [N]. 南方日报，2009-11-28.

[145] 易茗．广东加工贸易转型升级拉开大幕 [N]. 国际商报，2008-08-18.

[146] 姚惠怡．全面推动加工贸易转型升级：“塘厦制造”迈向“塘厦创造”[N].

东莞日报，2008-04-09.

[147] 邹志武．积极推动加工贸易转型升级 [N]. 深圳商报，2007-10-09.

五、外文文献

[148]Arrow K. J. The Economic Implications of Learning by Doing[J]. Review of Economic Studies, No. 80, 155-173, 1962.

[149]Balassa B. Exports and Economic Growth:Further Evidence[J]. Journal of Development Economics, No. 5, 181-189, 1978.

[150]Chenery, H. and Keesing, D. The Changing Composition of Developing Country Exports in The World Economic Order:Past and Prospects[M], edited by S. Grassman and E. Lundberg, 82-116, Macmillan, London, 1981.

[155]Dutt, A. K. Vertical Trading and Uneven Development. Journal of Development Economics, No. 20, 339-359, 1986.

[156]Findlay R. The Terms of Trade and Equilibrium Growth in the World Economy [J]. American Economic Review, No. 70, 291-299, 1980.

[157]Grossman G. M. and Helpman E. Trade, Innovation and Growth[J]. American Economics Review, No. 80, 86-91, 1990.

[158]Gary Gereffi. International trade and industrial upgrading in the apparel comodity chain[J]. International Economics, June, 1999, PP. 37-70.

[159]J. F. Rayport & J. J. Sviokla. Exploiting the Virtual Value Chain[J]. Harvard Business Review, Vol. 73, No. 6（1995）, pp. 75-85.

[160]Krugman, P. A Technology-gap Model of International Trade in Structure Adjustment in Developed Open Economics[M], edited by K. Jungenfelt and D. Hague, Macmillan Press, London, 35-49, 1986.

[161]Kaplinsky, R. , and Morris. M. A Handbook for Value Chain Rearch[M]. Prepared for the IDRC, 2001.

[162]Klaus, W. Innovation And Knowledge Spillover With Geographical And Technological Distance In And Agent：Based Simulation Model[R]. Discussion Paper, University of Bielefeld, 2005.

[163]Long, N. V. outsourcing and Technology Spillovers[J]. International Review of Economics&Finanee, 2005, 14(3), 297-304.

[164]Michaely, M. Export and Growth:An Empirical Investigation[J]. Journal of Development Economics, vol. 29, 111-122, 1977.

[165]Mathews, J. A. and Cho, D. S. Tiger Technology: The Creation of a Semiconductor Industry in East Asia[M]. Cambridge: Cambridge Univewrsity Press, 2000, pp. 127.

[166]Maskus, E. K. , Encouraging International Technology Transfer[A]. Intellectual property Rights and Sustainable Development[M]. Switzerland:International Center for Trade and Sustainable DeveloPment(ICTSD), 2004.

[167]Ocampo J. A. New Developments in Trade Theory and LDCs[J]. Journal of Development Economics, No. 22, 129-170, 1986.

[168]Rivera-Batiz, L. A. and P. Romer. International Trade with Endogenous Technological Change[J]. European Economic Review, vol. 35, 971-1004, 1991.

[169]Vernon, R. (1966), "International investment and international trade in the product cycle" [J]. Quarterly Journal of Economics, Vol. 80.

本书相关的公开学术研究成果

[1] 曾贵．加工贸易企业转型升级的意愿研究——基于风险、成本和收益的视角．国际经贸探索 [J].2011（7）：10-14.（CSSCI 来源期刊）

[2] 曾贵．加工贸易转型升级的机制研究 [J]. 财经科学，2011（2）：84-90.（CSSCI 来源期刊）

[3] 曾贵，钟坚．台湾加工贸易转型升级的路径、机制及其启示 [J]. 世界经济与政治论坛，2010（5）：38-49.（CSSCI 来源期刊）

[4] 曾贵，钟坚．全球生产网络中加工贸易转型升级的路径研究 [J]. 软科学，2011（2）：62-66.（CSSCI 来源期刊）

[5] 曾贵，钟坚．我国加工贸易向中西部梯度转移的影响要素分析——基于钻石理论的视角 [J]. 深圳大学学报，2010（6）：68-72.（CSSCI 来源期刊）

[6] 曾贵，钟坚．深圳市加工贸易发展与转型升级研究 [J]. 开放导报，2010(2)：88-92.（CSSCI 扩展版来源期刊）

[7] 曾贵，钟坚. 加工贸易“民工荒”的经济学分析 [J]. 云南财经大学学报，2010(4):20-26.（CSSCI 来源期刊）

[8] 曾贵，钟坚．基于知识溢出的加工贸易转型升级探讨 [J]. 江淮论坛，2010(4)：49-53.（CSSCI 来源期刊）

[9] 曾贵．基于“雁行理论”的加工贸易梯度转移研究 [J]. 经济与管理，2011（1）：93-97.（CSSCI 扩展版来源期刊）

[10] 曾贵．关于经济危机下珠三角产业升级的几点思考 [J]. 深圳职业技术学院学报，2009（4）：18-22.

[11] 曾贵，徐运保．加工贸易向中西部地区梯度转移的飞地经济模式研究 [J]. 湖南财政经济学院学报，2016（04）：152-160.

经济转型与要素内部投入结构

栾大鹏 / 著

国家行政学院出版社

图书在版编目（CIP）数据

经济转型与要素内部投入结构／栾大鹏著．—北京：国家行政学院出版社，2014.4

ISBN 978-7-5150-1165-3

Ⅰ．①经…Ⅱ．①栾…Ⅲ．①中国经济－经济增长－研究
Ⅳ．①F124.1

中国版本图书馆CIP数据核字（2014）第082557号

书　　名 经济转型与要素内部投入结构
作　　者 栾大鹏
责任编辑 李少军
出版发行 国家行政学院出版社
（北京市海淀区长春桥路6号100089）
电　　话 （010）68920640　68929037
编 辑 部 （010）68928873
经　　销 新华书店
印　　刷 北京市昌平开拓印刷厂
版　　次 2014年4月北京第1版
印　　次 2014年4月北京第1次印刷
开　　本 787毫米×1092毫米　1/16
印　　张 10.5
字　　数 145千字
书　　号 ISBN 978-7-5150-1165-3
定　　价 21.00元

出 版 说 明

近年来，中国工业化、信息化、城镇化、市场化、国际化进程加快，国民收入稳步增长，经济结构转型提速。同时，中国进入了一个高风险的经济社会大转型、大发展时期，经济社会发展中不平衡、不协调、不可持续问题突出。其中，经济增长的资源环境约束强化、投资和消费关系失衡、收入分配差距较大、科技创新能力不强、产业结构不尽合理、城乡区域发展不协调、就业总量压力和结构性矛盾并存、社会矛盾明显增多等问题表现得尤为明显。此外，随着中国国际地位不断提升和多极化趋势的发展，地区争端增多和多边贸易中的利益纠葛等一系列问题的出现，都亟需在政策层面给予回应。

事实上，当前中国面临的诸多“疑难杂症”并非中国独有，如行政效率的提高、公共资源的分配与监督，城市化进程中的建设与治理、多元文化的社会融合与社会和谐、新技术新传媒给政治生活带来的机遇与挑战、国际组织与国际条约体系对国内的多重影响等问题具有相当的普遍性。

发展中国家被这些问题困扰，发达国家也没有完全解决这些问题。所以，问题的普遍性或世界性，使得当代执政者在面临和解决这些问题时，必须具有国际视野和创新观念，而不能拘泥于既有的执政经验和套路，也不应囿于一地一国的有限资源。

面对这种种挑战，我国各级党政领导干部和公务员应具有较强的应对问题、开拓局面、保持稳定、推动发展的综合素质与能力，应不断地

主动拓宽理论和知识视野，积极跟踪世界范围内最新而有效的解决问题的政治实践模式，谨慎探索和总结中国现实中的成功经验。同时，也更需要知识阶层积极研究中国社会转型期的新形势、新问题，为应对挑战、解决问题提供智力支持。

“政治前沿新知识文库”是基于上述设想而产生的。这套文库以“资政”为目的，以世界眼光和创新视角聚焦公共政策与治理、社会建设与发展、政党与政治权威、政府与新技术、经济发展与金融战略、国际问题与国际战略等方面的重大问题，将多学科研究的前沿知识与“国家治理”实践中的重要政治、政策问题结合起来，力图打通理论、政策和实践的边界，让理论和政策更好地源于实践、关怀实践。

本书库致力于提供解决现实问题的理论参考、世界经验和丰富案例，以中高级党政领导干部、公务员、政策研究与制定者为主要读者对象，致力于更新其理论视野，提升其执政能力，努力打造影响深远的出版工程。

应该说，本书库是国内知识界在政治前沿问题研究上的一次较为全面的展示，是力图将学术科研界的研究成果转化为政治实践的有益尝试。这套丛书在编写过程中摒弃了传统的体系性的学科知识介绍，而以针对性研究问题的方式出现，看似没什么章法，实则切中肯綮。它既是实践的探索，也是实践的总结，既是经验的浓缩，也是经验的拓展，既是理论的创新，也是理论的积淀。我们认为，不论最终效果如何，这种尝试对于中国转型期许多问题的深入研究，将提供一种新的解决问题的思路。

尝试诚可贵，然纰漏难免。我们也希望能够得到各方面的批评和建议，帮助我们完善这个文库，为读者提供更优质服务，为实现“中国梦”多出一份力。

政治前沿新知识文库编委会

2013年5月

目 录

导　论

生产要素内部投入结构，是本书所提出的一个新的概念。其主要是指资本、劳动以及人力资本三个生产要素各自在产业间或层次上的投入结构（或比例）。并可具体界定为资本、劳动各自在产业间的投入结构（或比例）和人力资本在层次上的投入结构（或比例）。之所以提出这个概念，重点基于以下两方面的考虑：一是已有研究发现，在长期内，除技术进步和生产要素总量投入以外，诸如产业结构等一些结构性因素的变动，也会对国家或地区的经济增长产生重要影响。而生产要素内部投入结构，从本质上讲属结构性因素的一种；二是已有研究得到的相关结论表明，诸如产业结构等结构性因素的变动之所以会影响经济增长，主要在于其会通过改变生产要素的内部投入结构，来影响要素的产出效率水平。

一、选题背景和研究意义

（一）选题背景

对于一个国家和地区而言，经济增长的重要意义是不言而喻的。虽然经济增长不是经济社会发展的最终目标，却是经济社会发展的重要内容之一，更是人类社会实现全面可持续发展的重要物质基础和必要现实条件。这也就是即便在发展已经成为时代主旋律的今天，经济增长问题仍然为国内外学者所广泛关注的重要原因之一。从实践上来看，自实施改革开放以来，我国经济在总量上保持了持续的高增长态势，实际国内生产总值年均增长速度达到9%以上，远高于该时期的世界平均水平。长

期以来的高增长，在创造出“中国的奇迹”的同时，也使得中国成为了世界各国所普遍关注的焦点。在此背景下，探讨和研究我国经济增长的动力、动因等相关问题，愈加成为一个热点领域。自上世纪 90 年代中期以来，越来越多的国内外学者，开始从不同角度、不同层面，应用不同的方法，对近些年我国经济增长的动力、动因，以及经济增长进程中所存在的问题等展开探索，期间也得出了很多富有见解性的结论。应该说，这一方面为后续相关研究的有序开展奠定了更加坚实而稳固的理论基础，一方面也为我国经济社会在未来的快速健康发展提供了很多切实而可行的实践经验。

然而需要指出的是，在相关研究不断增多、深化，以及逐步取得推进和拓展的同时，也引致了一些新问题的出现，并集中体现在以下两个方面：第一，从横向维度来看，对于某些共同的话题，不同学者往往采取不同的研究方法来展开讨论，同时也得出了很多不同的研究结论，因而针对同一问题，存在着不同学者持不同观点和态度的现象；第二，从纵向维度来看，伴随着经济增长问题相关研究的逐渐深入，越来越多影响经济增长的因素不断地被发现和提出，很多新的研究结论陆续地被提出和建立。这使得在已有研究不断得到完善和修正的过程中，很多先前的相关研究结论也在一定程度上被动摇。更为重要的是，这两方面问题的存在也就表明了，关于我国经济增长的某些相关问题，在学术界还远没有形成统一的定论，故而也就有必要进一步地展开深层次的讨论。而且，这同时也说明了，在发展成为时代主题的今天，围绕中国的经济增长问题展开探索和论证，仍具有着十分重要的理论和现实意义。也正是因为如此，本书首先将选题的重点落在中国的经济增长问题上。

正如上面所指出的那样，对于一个国家或地区的经济增长而言，其现实中的影响因素着实有很多。因此，如果试图将所有与经济增长有关的因素都考虑和囊括在内，继而来讨论一个国家或地区的经济增长问题，注定将是无功而返的。这也就意味着，在研究和探讨我国经济增长问题时，必

须要选择一个或几个具体的点来进行切入。而且一般来说，关于经济增长，又需从短期和长期两个视角来进行划分。因为依据正统的西方经济理论，首先，凯恩斯主义学派认为，短期内，一个国家或地区的经济增长主要取决于消费、投资、出口三驾马车的拉动。即对于短期内（非均衡）的经济波动或经济增长，主要与社会的有效需求水平有关；其次，依据新古典及内生增长理论，长期内，一个国家或地区的经济增长，主要取决于生产要素的投入和技术进步的带动，即对于长期内（均衡）的经济增长，主要与各生产要素的投入量以及技术水平的变化情况有关（也就是取决于总供给方面）。这也就是说，研究中国的经济增长问题，必须要确定所关注的是短期还是长期，在此基础上，再来选择具体的研究切入点。

遵循着这一逻辑思路，本书进一步将我国的长期经济增长问题选作为具体的研究对象。这一方面是因为在当前，人们更为关心的是我国的经济能否以及如何能够在未来的结构调整中继续保持高增长态势；一方面是由于进入本世纪以后，中国经济已经步入了“需求约束”经济时代。中国经济发展的短期效应时代已基本结束，今后的经济增长，将越来越依赖于长期因素（胡永远和杨胜刚，2003）[1]。在此基础上，再以理论和现实依据为指导，将研究的切入点具体落在生产要素的内部投入结构上。这又是因为在近些年来，随着产业结构的不断调整、教育结构（阶段或层次结构）的不断变化，我国国内生产要素的内部投入结构也随之发生了动态变化。而且从一些研究中我们能够发现，生产要素内部投入结构上的变动，往往会在很大程度上影响到要素自身的配置和产出效率水平，继而对经济增长和增长的方式产生重要影响。从实践上来看，这也就意味着，在“转方式、调结构”成为国家经济社会发展重点的背景下，当前及未来较长一段时期内，通过对生产要素内部投入结构进行合理地规划和调整，继而来提高要素资源的配置和产出效率水平，对于推动我国经济增长方式由“外延型”向“内涵型”转变来说，注定将具有着极其重要的现实意义。然而我们却能够发现，关于生产要素内部投入结构变动对于我国经济增长所具有

和形成的实际影响，以及在今后“转方式”和“调结构”的过程当中，应如何来合理而有效地对生产要素的内部投入结构进行调整这两个话题，相关研究尚没有能够给出有力的解释和回答。当然，对于以哪些具体的指标来衡量资本、劳动以及人力资本的内部投入结构，本书将在后面陆续地给出说明。

（二）研究意义

如前所述，从近些年来看，虽然关于经济增长问题，以及关于我国长期经济增长问题的相关研究日益增多，研究的视角也变得愈加广泛，但是从生产要素的层面来看，已有关于我国长期经济增长问题*的各方面研究，还是多侧重于从生产要素投入数量、生产要素之间投入结构等两个方面来进行切入。相比之下，关于生产要素内部投入结构上的变动是否会影响我国经济增长、生产要素内部投入上的结构变动为何会影响我国经济增长，以及生产要素内部投入结构上的变动对于我国经济增长所具有和形成的实际影响等三方面的研究，仍显得十分的欠缺和不足。而且更为重要的一点是，即便是从生产要素内部投入结构这一层面来进行切入的一些相关研究，也尚未能够对生产要素内部投入结构变动对于我国经济增长的影响展开全面的盘查。因此，本书将会在已有研究之基础上，从生产要素内部投入结构的层面对我国经济增长的动力、近年来我国经济保持高增长的动因、我国经济在增长进程中所存在的问题，以及我国生产要素内部投入结构在今后的调整方向等方面做出一些新的诠释和说明，继而填补已有研究所遗漏和或缺的空白之处。与此同时，以促进生产要素内部投入结构在未来的合理有效调整而展开的讨论，也将使得本书会在我国产业结构、教育结构的今后调整方向上提出一些新的见解。

---

* 为了论述上方便，如没有特殊说明，后文中所提及的经济增长，均指的是长期经济增长。

二、研究目的和研究方法

（一）研究目的

从生产要素的内部投入结构入手，构建包含生产要素总量投入和内部投入结构的宏观经济增长模型，并以该经济增长模型为指导，展开相关的实证研究。继而实现在考察总量问题的同时，进一步地对生产要素内部投入结构变动对于我国经济增长的影响进行实证探索，以发掘近年来我国经济增长的要素结构动力、要素结构动因，以及近年来我国在生产要素内部投入结构方面所依然存在的问题。在此基础上，再以经济增长为主要导向，提出具体的政策建议，为“十二五”及未来一段时期内我国生产要素内部投入结构的调整方向提供决策参考，并借此来推动我国的经济增长方式由“外延型”向“内涵型”成功转变。也就是说，通过开展相关的理论和实证研究，本书将完成以下四个目标：

第一，通过构建包含生产要素内部投入结构的宏观经济增长模型，应用生产要素内部投入结构与经济增长方面的相关数据（面板数据），对生产要素内部投入结构变动对于我国经济增长的影响展开实证探索，继而在讨论要素动力的基础上，继续对我国（以及各地区）经济增长的要素结构动力进行考察。与此同时，在上述实证分析的过程中，通过结合我国经济增长的地区性差异和特征（在前述面板数据模型中加入反映地区性特征的解释变量），本书也将重点对我国各地区经济增长的要素动力优势展开全面考察。

第二，在对我国及各地区经济增长的动力问题进行考察之基础上，再次应用近些年我国生产要素内部投入结构方面的相关数据，从整体和分地区两个层面出发，对我国及各地区每一年的生产要素产出效率水平（以生产要素边际产出弹性来衡量）分别进行估算，对近年来我国及各地区生产要素产出效率水平的变动状况和趋势进行描述，继而在发现要素动因的基础上，进一步挖掘近年来我国和各地区经济增长的要素结构动因。

第三，以生产要素的产出效率水平是否得到有效改善为准则，结合近年来生产要素内部投入结构的具体变动状况，基于整体和分地区两个层面，对我国和各地区在生产要素的内部投入结构上所依然存在的问题进行挖掘。

第四，以改善生产要素内部投入结构状况、促进我国经济在未来的又好又快增长和发展为导向，从产业结构、教育结构两个方面入手，从我国整体和分地区两个层面进行切入，提出具体的解决对策。指出我国生产要素内部投入结构在今后的重点调整方向，指明我国各生产要素在区域间的具体转移和流动方向。借此来为我国“转方式、调结构”经济发展战略在“十二五”及未来一段时期的更为有效落实，以及为“促发展”目标在今后的顺利实现，提供决策上的参考，最终推动我国的经济增长方式由“外延型”向“内涵型”成功转变。

（二）研究方法

描述分析方法。从整体和分地区两个层面，对近年来我国和各地区生产要素内部投入结构的变动趋势和现状进行描述，并通过全国与地区之间的对比、地与地区之间的对比，发掘我国生产要素内部投入结构在变动的趋势和现状上所具有的共性和个性特征。借此来为后续研究的顺利展开铺平道路。

理论分析方法。从已有相关研究来看，在讨论生产要素内部投入结构变动对于经济增长的影响时，已有可供选择的测度方法主要包括三个：转移——份额法、索洛余值分解法和全要素生产率差额法。本书在后面的第四章将指出，对于这三种测度方法而言，都还存在着明显的缺陷和不足，因此其合理性还有待于商榷。有鉴于此，以生产要素内部投入结构变动影响各要素自身的产出效率水平（以边际产出弹性来进行反映）为基础，通过进一步地转变思路，以及展开深层次的分析和讨论，本书对刘伟和李少荣于 2002 年所建立的变产出弹性生产函数模型进行了修正和扩展，并且对修正和扩展后的变产出弹性生产函数模型的合理性进行了论证，继而实现

在重新构建测度模型的同时，增强其理论上的说服力。

实证分析方法。以修正和扩展后的变产出弹性生产函数模型为指导，应用1997~2009年全国31省市的面板数据，实证考察生产要素内部投入结构变动对于我国经济增长所具有和形成的实际影响，并对实证结果背后所蕴含的思想进行全面解读。

三、技术路线和创新点

（一）技术路线

为保持逻辑链条的缜密性，增强问题论证的严谨性，在整个研究过程中，本书采取了“文献阅读——发现问题——选择切入点——构建分析框架——搭建研究模型——请教和咨询专家——收集数据——数据处理和分析——多次修改书稿——完成书稿撰写”的技术路线，并借此来保证本书论证的科学性和系统性。

（二）主要创新点

总体而言，本书的创新点集中体现在以下三个方面：

第一，通过查阅国内外相关文献可以发现，已有研究未能够同时对资本、劳动，以及人力资本各要素自身的内部投入结构变动对于经济增长所具有和形成的实际影响展开全面而系统的盘查。而本书则在考察各生产要素总量投入的基础上，进一步地对三个生产要素各自内部投入结构的变动对于我国经济增长的实际影响展开了全面而深入的讨论。相对于已有研究而言，这无疑是一个推进，同时构成了本书的第一个创新点。

第二，如前所述，鉴于转移——份额法、索洛余值分解法和全要素生产率差额法三者自身在理论的设计上仍然存在着一定的缺陷和不足，本书避开了对于该三种方法的选取和运用，并转而以生产要素内部投入结构变动影响生产要素的边际产出弹性为基础，对刘伟和李绍荣（2002）所建立的变产出弹性生产函数模型[2]进行了修正，对修正后的变产出弹性生产函

数模型的合理性进行了论证。在此基础上，应用该一新建立的经济增长模型，对生产要素内部投入结构变动对于我国经济增长所具有的实际影响展开了实证探索。总体上遵循了搭建经济增长模型、论证模型的合理性、应用新的模型这一科学的论证范式，在一定程度上坚持了理论和实证的紧密结合。与此同时，对于原有变产出弹性生产函数理论模型所进行的修正，也构成了本书的第二个创新点。

第三，以我国市场化改革、经济社会发展的梯度推进特征为基础，通过在模型中加入反应区域特征的虚拟（弹性）变量，本书在构建生产要素内部投入结构与中国经济增长之间关系的计量模型的同时，有效控制了制度、基础设施等要素（及变动）对于各地区经济增长所产生的影响，进而增强了实证研究结果的稳健性。

第一章

国内外文献述评

已有研究表明，在其他条件不变的情况下，诸如产业结构、教育结构等一些结构性因素的变动，同样会对国家和地区的经济增长产生影响。同时，结合一系列的有关研究能够发现，这些结构性因素的变动影响经济增长的逻辑机制，在于其背后所发生的生产要素内部投入结构的变动，改变了要素的产生效率。然而，在已有研究中，对资本、劳动、人力资本三个生产要素内部投入结构变动对于国家和地区经济增长影响展开系统性探讨的，到目前仍显得非常不足，有待于进行拓展和填补。

第一节　国内外相关文献综述

在现实当中，生产要素内部投入结构的变动，往往是以产业结构等一些结构性因素的变动作为基本体现，并且以这些结构性因素的变动作为外在表征。也正因为如此，近年来有关生产要素内部投入结构变动影响经济增长的研究，主要围绕和出现在了两个方面，或者也可以看做两个层次：第一个层次是从生产要素内部投入结构发生变动的外在表征，即从诸如产业结构等一些结构性因素的变动入手，就这种变动对于经济增长的影响展开相关的理论和实证分析；第二个层次是从生产要素内部投入结构的变动入手，对产业结构等结构性因素变动影响经济增长的逻辑机制展开了探讨。就目前而言，两方面的研究都得出了很多富有见解性的结论。

一、结构性因素变动影响经济增长的相关研究

按照 Solow（1956）的新古典增长理论[3]以及 Romer（1996）的内生经济增长理论[4]，一个国家或地区的长期经济增长，主要与各生产要素的投入总量、生产要素间的投入结构（在投入数量上的比例）和技术水平的变动有关。与此同时，技术进步则是经济增长的最终源泉。而且应该说，除技术进步之外，各生产要素的总量投入，以及各生产要素相互间投入结构的变动会影响经济增长，已成为当前主流学界内所普遍公认的事实。

然而，Chenery（1960）在早期研究中就曾发现，即使是在技术水平保持固定、各生产要素投入数量保持一定的情况下，诸如产业结构等一些结构性因素的变化，也会影响到国家或地区的长期经济增长，而对于发展中国家来说，情况就更是如此[5]。在这方面，Denison（1967）[6]、Chenery（1986）[7]在对多国的比较中，肯定了产业结构变动对于经济增长的重要作

用。Feder（1986）[8]、Syrquin（1986）[9]的研究结果则表明，除了技术进步之外，生产要素再配置也是要素生产率提高和经济总量保持增长的一个重要来源。结构性变革是经济增长和生产率改进的一个重要来源这一假说，也是 Maddison(1987)增长核算文献的核心观点[10]。沿袭这一思路，近年来，更多的学者将目光从总量转向结构，继而开始探讨和研究某些结构性因素变动对于经济增长所具有和形成的实际影响。Sonobe 和 Otsuka（1997）的研究发现，在第二次世界大战以前，日本国内工业结构的变化，对于该国的经济增长产生了重要影响[11]。Nelson 和 Pack（1999）通过对 1960~1996 年间在经济上取得高速增长的一些亚洲国家展开研究后发现，结构性变动在这些国家的经济增长中扮演了十分重要的角色[12]。Fagerberg（2000）对 1973~1990 年世界上 39 个国家 24 个部门的数据进行了对比性研究，发现结构性变动虽平均上并没有显著地表现出有利于生产率增长的趋势，但是该期间发展了技术上最为进步的（电子）工业的国家所经历的生产率增长却远高于其他国家[13]。Timmer 和 Szirmai（2000）对韩国、印度、印度尼西亚以及我国台湾地区 1963~1993 年间的制造业部门进行研究后发现，“结构红利*”只在印度一个国家显著地存在[14]。Berthelemy（2001）对 27 个非洲国家 1960~1996 年的经济增长问题展开实证研究后发现，结构性变动确实对于经济增长具有着重要影响[15]。Caree（2003）在发现 Fagerberg 所应用的研究方法存在一定不足之后，对该方法进行了修正，并使用修正后的方法对前者所研究的问题再次展开了实证探索，结果发现，尽管结构性变动对于经济增长的影响较之前 Fagerberg 所得到的结果有所减小，但是仍显著地存在[16]。Peneder（2003）对 28 个 OECD（经济合作发展组织）国家的实证研究结果表明，在上世纪 90 年代，产业结构变迁对于这些国家的宏观经济增长以至宏观经济发展都起到了决定性作用[17]。Singh（2004）围绕

* Timmer 和 Szirmai（2000）[14]在解释上述国家或地区制造业结构调整和改革对于生产率增长的影响的时候，将结构调整和改革对于要素生产率提高所形成的这种正向影响称之为“结构红利”，此后这一术语为学术界所广泛使用。

韩国制造业部门所展开的研究发现，在1970~1980年的这段时期，经济增长的结构效应是显著存在的[18]。Paas（2010）对欧洲27个国家与爱沙尼亚之间经济水平关系的实证研究结果表明，地区间生产率差异的形成，主要是与地区间经济部门的结构性差异有关[19]。

从我国国内来看，刘伟和李绍荣（2002）较早地将产业结构这一结构性因素加入到了新古典增长模型之中，并以产业结构变动引起资本和劳动产出效率水平的变动为基础，对我国经济增长的动因等问题展开了实证探索。其结果显示，改革开放以来中国的经济增长，并非单纯地由资本和劳动两个生产要素各自投入数量的增长所推动，而更多的是靠第三产业的发展来带动的[2]。沈坤荣和马俊（2002）对新中国成立以来，特别是改革开放以来我国省际间的经济增长差异进行了实证探索。结果表明，我国地区间的经济增长，不仅存在着显著的“俱乐部收敛”特征，而且还具有“条件性收敛”特征。与此同时，各地区工业化水平上的差异，以及产业结构变动上的差异，则对各地区经济增长的收敛性差异构成了最为显著的影响[20]。邱晓华等人（2006）通过建立中国经济增长的综合因素模型，并基于所建立的模型开展实证分析后发现，虽然资本投入的增加是改革开放以来我国经济增长的最为重要源泉，但是包括结构升级、人力资本效率的提高，以及制度变迁等在内的广义技术进步，在我国经济增长中的贡献也较为突出[21]。韩建雨等人（2006）的研究发现，我国产业结构与经济增长间存在着双向的Granger因果关系[22]。Bosworth和Collins（2007）的研究显示，1993年实施市场化改革以后中国经济的加速增长，主要集中在工业部门，其构成了中国全要素生产率增长的60%[23]。黄茂兴和李军军（2009）的研究发现，借助合理的资本深化等途径来促进产业结构升级，将能够提升中国省域经济的劳动生产率，以及实现经济的快速增长[24]。唐玉娟和高家颂（2012）的研究发现，我国产业结构与经济增长之间存在着显著的相关性，而且与一、三产业相比，第二产业对于经济增长的贡献最大[25]。

与上述研究所得到的基本结论不同，李小平和卢现祥（2007）的研究

发现，我国制造业行业的生产率增长主要来自于制造业部门内部，相比之下，（产业间的）结构性变动对生产率增长的作用还明显较弱[26]。刘伟和张辉（2008）的后续研究也显示，结构性变迁对我国经济增长的推动作用正在不断减弱，相对而言，技术进步对我国经济增长的推动作用则在逐渐增大[27]。

对于相反性结论的出现，姚战琪（2009）认为，这主要是与各部门内要素配置结构的不合理有关，具体表现为要素配置在三大产业部门间的扭曲，即各产业部门内资本与劳动结合的比例不合理。与此同时，由于我国正处于工业化、市场化的渐进改革进程中，结构性变迁在今后也将会长期存在，因此在这样一个重要的转型时期，要素（内部投入）结构变动和其所引致的要素资源再配置对我国生产率增长的推动作用仍不容忽视[28]。聂辉华和贾瑞雪（2011）的研究发现，中国制造业行业中较为严重的资源误置问题，是企业的效率相对低下的主要原因[29]。干春晖等人（2011）还通过将产业结构变迁分为产业结构合理化和产业结构高级化两个部分，就产业结构变迁对于我国经济增长的波动和影响展开了更加细致的实证探索。其研究结果表明，产业结构合理化和高级化进程对我国经济增长具有明显的阶段性影响，与产业结构高级化相比，产业结构合理化与我国经济增长之间的关系存在着更强的稳定性，并且对我国经济发展的贡献更为显著。此外，虽然这两者都是通过影响不可预期的周期性波动对我国的经济产生影响，但是，它们对于经济波动的影响机制却截然相反，产业结构高级化是经济波动的一个重要源泉，产业结构合理化则有助于抑制经济波动[30]。

应该说，对于结构性因素变动是否会影响我国经济增长这一议题，绝大多数研究都得到了肯定性结论。但是我们同时也能够发现，上述研究也存在一定的不足，即在所构建的包含结构性因素的相关经济增长模型之中，并没有涵盖人力资本这一要素，而更多考虑的是资本和劳动两个生产要素。然而，Mincer（1958）[31]、Schulth（1961）[32]、Becker（1962）[33]、Black 和 Lynch（1996）[34] 等人的研究均表明，对于人力资本的投资，以及人力资本

水平上的变化，对整个社会的收入分配结构、劳动力自身的产出效率水平、以至于整体的宏观经济增长，都有着至关重要的影响。Glaeser（2007）更是认为，只有人力资本才是劳动力进步和经济增长的最终源动力[35]。从我国国内来看，胡永远（2002）[36]、Wang 和 Yao（2003）[37]、汤向俊（2006）[38]、许和连等（2006）[39]一些学者的研究也发现，中国经济在过去一段时期能够实现高速增长，除了在于资本和劳动的贡献以外，人力资本确实也发挥了显著的推动作用。这也就是说，无论从哪个角度来研究我国的经济增长问题，在构建宏观经济增长模型时，都有必要考虑人力资本这又一重要的生产要素。

二、结构性因素变动影响经济增长的逻辑机制

从生产要素的层面来看，在产业结构等结构性因素发生变动的过程中，其背后所暗含的是资本和劳动两个生产要素各自在产业或部门之间的不断转移和流动。而从宏观的意义上来讲，正是由于此时所发生的生产要素在产业或部门间的转移和流动，以及生产要素的转移和流动所引致的其在产业或部门间投入结构的不断变化，才使得结构性因素的变动对于经济增长产生影响在事实上成为可能。也就是说，虽然生产要素内部投入结构发生变动的外在表征，是以产业结构为代表的一些结构性因素的变动，但诸如产业结构等一些结构性因素的变动之所以会影响到经济增长，又恰恰是在于其背后所发生的资本和劳动两个生产要素在内部投入结构上的变动，引致了两个要素自身产出效率上的变化。如 Kuznets（ 1979）就曾指出，如果没有各种要素在不同经济部门间的充分流动，获得人均产出和经济总量的高增长率是不可能的[40]。Chenery 等人（1986）更是认为，发展中国家的经济非均衡现象是一个常态，在这些国家的经济体中，存在着要素自由流动的各种阻碍，因此，适应于需求结构来对生产结构进行调整，从而主动地推进要素资源向生产率更高的部门转移和流动，可以实现经济的高速增长[7]。Peneder（2003）也认为，鉴于各部门具有着不同的生产率水平和

生产率增长率，因而当投入要素从低生产率水平或低生产率增长率部门向高生产率水平或高生产率增长率部门转移和流动时，就会促进社会总生产率水平的不断提高，继而也就会带来结构红利并维持整个经济的长期持续增长[17]。

从更为广泛的意义上来讲，诸如产业结构等结构性因素的变动，除了是与社会上已有的资本和劳动两个生产要素各自在产业或部门间的不断转移和流动有关之外，还与社会新创造或引进的资本和劳动要素在产业或部门间投入比重的不断变化有关。这也就意味着，在产业结构等结构性因素发生变动的过程中，资本和劳动两个生产要素在内部投入结构上的变动通常将表现得更为持续和显著。而从国内外的相关研究来看，首先，对于资本要素而言，其在三次产业内投入状况的不同，以及其内部投入结构上的变动，一般会引起资本产出和配置效率发生改变，继而对经济增长产生影响，这已被很多的相关研究所证实。在非完全市场化的国家，这种情况的出现就表现得更为普遍。如 Oulton 和 Srinivasan（2005）的研究结果就表明，对于第三产业内信息和通信行业资本投入的提高，对 1970~2000 年间英国的经济增长产生了重要的推动作用[41]；张世贤（2002）的研究显示，自 20 世纪 90 年代以来，在我国的国内，工业投资远比第三产业投资更加富有效率[42]。另一方面，关于资本的内部投入结构，已有研究通常以三次产业内资本存量占社会总资本存量的比重来进行衡量，而且对于这一指标的合理性，到目前为止也并不存在什么争议；其次，对于劳动要素而言，由于其需要较长的成长和形成周期，因此如果从短期来看的话，在产业结构等一些结构性因素发生变动的过程中，其背后更多发生的是劳动人口在产业和部门间的不断迁移和流动（以至其所带来的劳动内部投入结构的变动），而发展经济学派一些代表人物在早期的研究中就曾发现，劳动人口在不同产业间的迁移和流动，也会在很大程度上影响到经济增长。特别是当劳动人口从传统的、生产率水平较低的第一产业向现代化的、生产率水平较高的二、三产业转移和流动时，往往会提高其自身的产出效率水平，继

而能够更为有效地推动国家或地区的经济增长。而对于中国而言，关于劳动内部投入结构变动是否会影响经济增长这一问题，多数研究也得到了肯定性的结论（如罗国勋，2000 [43]；徐现祥和舒元，2001 [44]；郭熙保，2002 [45]；李杨和殷剑峰，2005 [46]；王小鲁等，2009 [47]；薛继亮和李录堂，2010 [48]）。另外，尽管 Ghose（1990）曾发现，对于 19 世纪 80 年代的非洲和拉丁美洲国家而言，当其国内的经济增长速度放慢或出现负增长时，这种迁移和流动的现象在现实中也时有发生，但是通过开展深层次的考察和分析，Ghose（1990）又近一步发现，对于此时所发生的劳动人口迁移和流动现象，并非是导致这些国家的经济出现衰退的原因 [49]。与此同时，与资本内部投入结构相类似，关于劳动的内部投入结构，已有研究也通常以三次产业内劳动人口占社会总劳动人口的比重来进行衡量，而且对于这种衡量方式，到目前为止也并不存在什么争议。

更近一步地，除资本和劳动两个生产要素之外，对于人力资本要素而言，Birdsall 和 Londonno（1997）[50]、Lopez 等（1998）[51]，以及 Barro 和 Lee（2000）[52] 等人的研究均表明，在总量及平均投入水平固定时，人力资本自身内部投入结构上的变化，也会对社会的收入水平，以至国家或地区的整体经济增长产生实质性的影响。在这方面，Birdsal 和 Londonno（1997）主要是将通过计算所得到的劳动人口受教育年数的标准差，来作为劳动人口人均受教育非均等程度的代表，并进一步以该标准差所代表的人均受教育非均等程度，来衡量人力资本的内部投入结构状况 [50]。随后，Thomas（2001）等人继续发展了该思想，并应用类似于衡量收入差距的基尼系数法，构建了反映人力资本非均等程度的人力资本结构系数 [53]，为后来的一些学者所采用。

三、其他因素（及变动）对经济增长的影响研究

除上述因素外，已有的相关研究还表明，在宏观层面上，影响长期经济增长的因素还包括对外开放度、城市化水平、政府公共支出水平、对外负债大小、金融发展程度、宏观制度结构、基础设施建设水平，以及利用

外资情况等等。如在对外开放影响经济增长方面，麦迪逊（1997）在总结世界经济二百年的发展历程后发现，从长期来看，四大因素决定着人均产出的持续增长：技术进步、物质资本的积累、人力资本的提高和对外开放[54]。中国社会科学院经济研究所经济增长前沿课题组（2004）的研究表明，以贸易为导向的对外开放和高资本积累共同推动了中国的经济增长，与此同时，廉价的劳动力供给则为中国贸易的长期增长提供了重要支撑[55]；在政府公共支出影响经济增长方面，Barro（ 1990）探讨了在一个公共支出分为生产性支出和消费性支出的经济里，公共支出影响经济增长和社会福利的传递机制。简言之，就是将生产性支出以生产外部性的形式加入生产函数，将消费性支出以消费外部性的形式加入效用函数，与此同时，该项研究的结果表明，它们分别改善了企业的生产效率和消费者的效用水平，进而促进了经济增长速度的提升和长期社会福利水平的提高[56]。娄洪（2004）的研究显示，如果政府部门的公共支出资本具有纯公共品性质，那么就能够产生恒定的内生增长，如果公共支出资本具有拥挤（准公共品）的性质，那么其虽不能产生恒定的内生增长，但也能够减缓经济增长率的递减，从而在一定程度上提高长期的经济增长率[57]；在对外负债影响经济增长方面，Eaton（1993）在对 Uzawa-Lucas 的经济增长模型进行扩展后发现，由借债成本增加所导致的外债减少，将降低长期的经济增长速度[58]。胡翠和许召元（2011）的实证研究结果表明，对于发达国家而言，当对外负债率处于较低的水平时，负债率的增加会促进经济增长，而当对外负债率超过一定水平时，负债率的增加就不利于经济增长。但是，对于发展中国家而言，不论对外负债率处于何种水平，负债率的增加都会导致经济增长速度的下降[59]；在金融发展影响经济增长方面，Schumpeter（1911）认为，一个发达的金融体系能够通过降低信息成本和交易成本，来影响居民的储蓄和投资决策，继而促进生产力的提高和推动经济的快速增长[60]。杨龙和胡晓珍（2011）的实证研究结果显示，整体上而言，我国的金融发展规模与效率改善虽对经济增长具有正向影响，但其促进作用在区域的层面上还存在着“门

槛效应”，其中，东、中部地区的金融发展与金融体系效率的改善对经济增长不仅具有正的影响，而且金融体系效率的经济增长效应也表现得更为显著，而在西部地区，这种促进作用和增长效应都不是十分的明显[61]；在宏观制度结构影响经济增长方面，North 和 Thomas（1973）[62]、Acemoglu 等（2001）[63]，以及方颖和赵扬（2011）[64]等人的研究均表明，无论是静态的制度结构，还是动态的制度变迁路径，都对经济增长具有着决定性的影响；在基础设施水平影响经济增长方面，Sanchez-Robles（1998）的跨国别研究表明，基础设施投资对于两个不同样本国的经济增长均具有着显著的正向推动作用[65]。王任飞和王进杰（2007）对我国的研究表明，在基础设施与经济增长两者之间的互动关系中，基础设施促进经济增长居于主导地位[66]；在利用外资影响经济增长方面，Chenery 和 Stout（1966）在一个双缺口模型中证明了，国外资本的流入会提高国内投资并加速国内经济向自我可持续的增长路径转型[67]。江小涓（1999）认为，近年来，国际资本流动在全球经济中所起到的作用愈来愈重要，与此同时，这种重要性不仅体现在其对于各国经济增长速度的影响方面，而且还体现在其对于各国经济增长方式和质量的影响方面[68]。高铁梅和康书隆（2006）的研究发现，外商直接投资对我国经济增长的贡献率虽低于我国的国内投资，但也在促进我国经济增长方面发挥了积极作用，而且在 1999 年以后，外商直接投资对我国国内投资的影响还由先前的挤出效应转变成拉动效应[69]。

第二节　简要评价

首先，从上述相关研究及所得到的基本结论中可以发现，除了各生产要素投入数量的提高和内生技术进步等因素之外，以上关于经济增长问题的研究越来越清晰地揭示了生产要素内部投入结构变动对于国家或地区经

济增长所具有的影响。但是我们也应该注意到，上述的各项研究都还没有能够对资本、劳动以及人力资本三个生产要素各自内部投入结构的变动对于经济增长所具有和形成的实际影响展开全面而系统的考察，从而也就会使得相关的研究结果出现一定偏差。然而从整体上来看，通过对上述两方面国内外文献进行考量之后，我们终究会得到如下判断：即除了各生产要素总量投入和技术进步之外，生产要素内部投入结构上的变动，也会对国家和地区的经济增长产生重要影响。而对于生产要素内部投入结构变动影响经济增长的原因，则主要在于其会引起生产要素的产出效率水平发生改变。由于要素产出效率水平的提高是一国经济实现和保持持续健康增长的核心和关键，因此这也就进一步地说明了，探讨和研究生产要素内部投入结构变动为何会影响我国经济增长，以及生产要素内部投入结构变动对于我国经济增长所具有和形成的实际影响，无论是对于我国当前的经济发展来说，还是对于我国长远的经济持续发展而言，都将具有着重要的现实指导意义。

其次，上述相关研究及所得到的基本结论还表明，对于长期经济增长（以及我国的长期经济增长）而言，其在现实中的影响因素着实有很多。而这也就意味着，在探索生产要素内部投入结构变动对于我国经济增长的影响时，有必要适当地考虑上述因素以及其各自的变动对于我国经济增长所形成的实际影响。然而需要说明和重点强调的是，对于上述影响经济增长的诸多因素而言，其本质上也属于结构性因素，而且从更为宽泛的意义上来讲，这些结构性因素的出现以至其自身所发生的变动，也主要是会引起生产要素产出效率水平的改变。因此可以十分肯定地说，从影响经济增长的传递机制上来看，以上各因素的出现及其自身所发生的变动，也主要是通过影响生产要素的产出效率水平，来间接地影响经济增长的。从这一逻辑出发，在对生产要素内部投入结构变动对于我国经济增长的影响展开实证考察时，通过技术和方法上的处理，继而实现同时对上述因素及其变动对于我国经济增长的实际影响展开实证考量，将构成本书所开展的另一

项新的探索。此外，鉴于颜鹏飞和王兵（2004）[70]、赵志耘等人（2007）[71] 的研究还得出了技术进步在改革开放以来中国经济增长中所发挥的积极作用不仅显著，而且还表现为逐年提高这一基本结论，因此，与已有的多数研究将技术水平及其对于经济增长的影响假定为保持固定不变不同，本书还将进一步实证考察技术进步是否对于我国的经济增长形成了递增效应。

第三节 研究框架的提出

通过对已有的研究文献进行评述，使得本书的研究思路变得更加清晰，因此在这里给出本书的总体框架思路：对于本书所要展开的研究而言，首先需要从理论的层面入手，构建生产要素内部投入结构变动影响我国经济增长的理论基础；其次，需要从市场化改革以来我国经济社会的实际发展脉络和某些特征入手，提出生产要素内部投入结构变动，以及生产要素内部投入结构变动影响我国经济增长的现实条件；再次，需要构建相关的经济增长模型，就生产要素内部投入结构变动对于我国经济增长所形成的影响展开实际考察。并基于实际考察的结果，从生产要素内部投入结构的角度分析近年来我国经济增长的动力和动因，以及我国经济在增长进程中所依然存在的问题；最后，以促进我国经济在未来的又好又快增长和发展为主要导向，以“转方式、调结构”战略的更为有效落实为目的，重点针对我国在生产要素内部投入结构方面所存在的突出问题，提出具体的解决对策，借此来推进我国生产要素内部投入结构在今后的更加优化。并以此为基础，指引我国未来经济结构的重点调整方向（见图 1~1）。

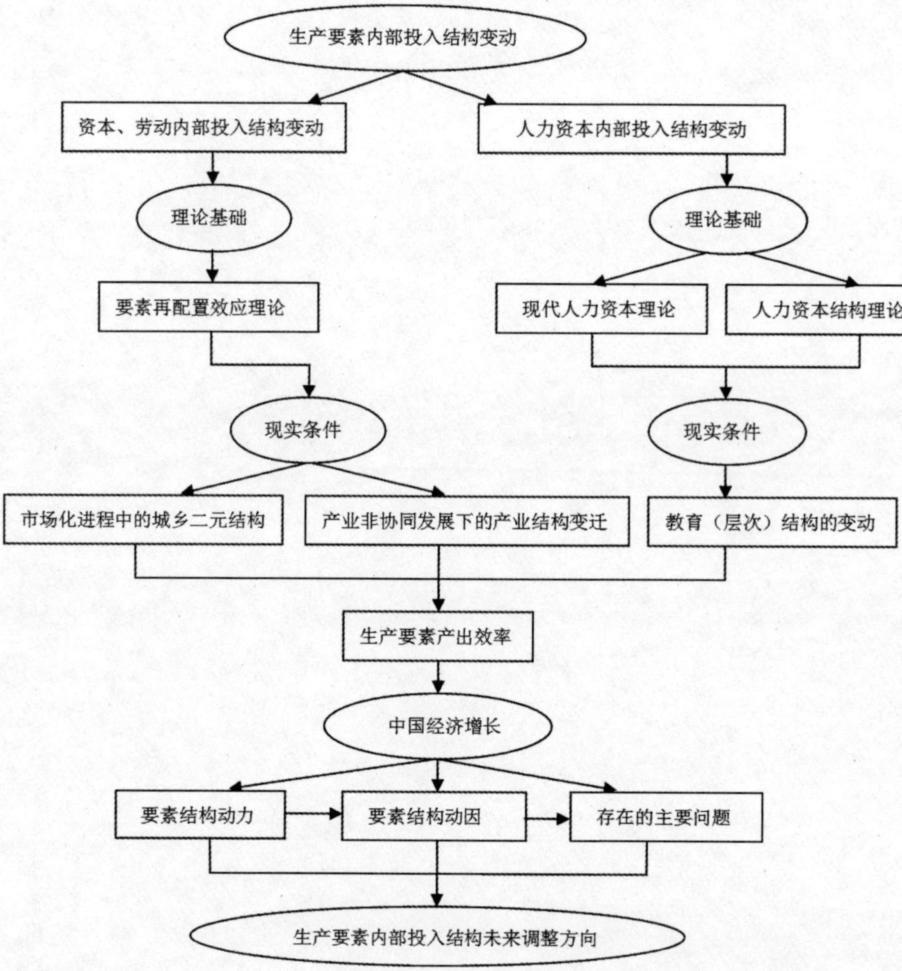
生产要素内部投入结构变动
资本、劳动内部投入结构变动
人力资本内部投入结构变动
理论基础
理论基础
要素再配置效应理论
现代人力资本理论
人力资本结构理论
现实条件
现实条件
市场化进程中的城乡二元结构
产业非协同发展下的产业结构变迁
教育（层次）结构的变动
生产要素产出效率
中国经济增长
要素结构动力
要素结构动因
存在的主要问题
生产要素内部投入结构未来调整方向

图 1~1　研究框架

第二章

理论基础和现实条件

一方面，要素再配置效应理论和人力资本结构理论，为生产要素内部投入结构变动影响我国经济增长奠定了理论基础，而鉴于人力资本理论的形成和出现，要在以资本和劳动两个生产要素为核心而建立起来的新古典增长理论之后，因此在阐述人力资本结构理论之前，这里也对现代人力资本理论粗略地进行了介绍；另一方面，市场化进程中的城乡二元结构、产业非协同发展下的产业结构变动，以及我国教育结构在近年来的不断变化，为资本、劳动和人力资本三个生产要素内部投入结构的变动，以及这种内部投入结构的变动影响我国的经济增长创造了现实条件。具体而言，产业非协同发展下的产业结构变动，不仅为我国资本和劳动两个生产要素内部投入结构的变动创造了现实条件，同时也使得两个生产要素内部投入结构变动对于我国经济增长产生影响在现实中成为可能。而市场化进程中的城乡二元结构，则进一步增加了该两个生产要素内部投入结构变动影响我国现实经济增长的可能性。市场化改革以来我国教育结构的不断变化，为我国人力资本内部投入结构在近年来持续变动，以及人力资本内部投入结构变动影响我国经济增长，创造了可能的现实条件。

第一节　理论基础

从方法论上来看，对于古典经济学的基本理论体系而言，主要是以理论的推导加事实（以案例分析为主）的描述为基础而建立起来的。而当步入新古典主义时期以后，随着计量经济学、数理经济学等一批新兴学科的相继出现和逐渐兴起，自上世纪中期以来，越来越多的国内外学者更加热衷于借助数学分析工具，通过结合事实与经验上的数据，开展相关的实证分析，来不断地对传统的经济理论进行检验、论证和修正。在检验和修正传统经济理论的过程中，很多新的经济理论也应运而生，陆续地被一些学者所提出和建立。这突出地体现在宏观经济研究领域。总体上来说，本书下面所提及的三个基本理论，都是基于这一背景而得以产生并取得逐步发展的。

一、要素再配置效应理论

（一）要素再配置效应的内涵和存在前提

概括而论，要素再配置效应主要是指生产要素的再配置或重新分配，对于要素自身的产出效率水平以及宏观经济增长所形成的效应*。而从基本内涵上来看，要素再配置效应理论认为，在存在潜在的“结构红利”的情况下，生产要素（这里具体指资本和劳动两个要素）在国家、产业和部门间的再配置，会改变要素自身的产出效率水平，继而对经济增长产生重要

*潘琦（1991）曾对资源配置和资源再配置两者进行了区分，有助于加深我们对要素再配置这一名词的理解。具体而言，他将前者定义为以要素增量分配为特征的部门间的资源分配；将后者定义为以要素存量流动为特征的部门间的资源转移。具体可参见：潘琦《我国农业过剩人口再配置的约束因素》[J].《人口研究》，1991,(4):42.

影响，并且是生产率提高和总产出增长的重要来源之一。

从时间脉络上来看，虽然发展经济学派的代表人物 Lewis（1964）等人很早就曾发现并指出劳动力人口从传统农业部门向现代化工业部门的迁移和流动对于工业化进程中国家经济增长的重要性[72]，但是直至上个世纪 80 年代的中期，除 Denison（1967[6]，1983[73]）之外，试图从定量角度来对生产要素再配置对于经济增长所形成的效应展开讨论的还很少。而真正对这种效应同时从理论和实证两个层面来展开全面验证的，其最早应属 Feder（1986）[8] 和 Syrquin（1986）[9]。通过进行部门间的比较和对比，Feder（1986）发现，在半工业化的不发达国家，除资本和劳动两个生产要素在投入数量上的增加之外，两种存量资源从低效率的非工业部门或非出口部门向高产出的工业部门和出口部门的再分配，也会提高其各自的产出效率水平，继而能够更为快速地推动国家的经济增长[8]。Syrquin（1986）的研究则发现，在一定的国家或一定的时期内，各部门的生产率水平，以及生产率水平的变化存在着很大的不一致性，这使得社会总产出的增长不仅依赖于生产要素投入数量的增加，还有赖于生产要素配置和使用效率的提高。因此可以说，生产要素在部门间的再配置，对各要素自身的生产率增长和经济总产出水平的提高都具有着重要而突出的贡献。与此同时，除部门间的再配置以外，对于工业国和迅速增长中的国家而言，部门内的要素再配置效应也是十分重要的[9]。随后，Dowrick 和 Gemmel（1991），以及 Poirson（2000）等人借助于实证分析工具，从劳动再配置的角度入手，进一步证实了这种效应在现实中的大量存在。如 Dowrick 和 Gemmel（1991）发现，劳动力人口从农业部门向工业和服务业部门的再配置，对于经济增长具有着重要的现实意义，不仅如此，不同国家人均收入上的差异，其中的四分之一左右也都能够被劳动再配置效应所解释[74]。Poirson（2000）更是发现，劳动再配置效应在投资率较高的国家比投资率较低的国家表现得更为显著，而且一般来说，在现实中，经济的二元化程度越高，劳动的再配置效应也就表现得越大[75]。

这里所需要注意的一点是，在理论上而言，要素再配置效应在现实中的存在，是需要一定前提条件的。上述学者都认为，国家、产业或部门间要素产出效率水平的不同，即“结构红利”的存在，是要素再配置效应得以产生的根源。然而现实中我们能够发现，要素产出效率水平在国家、产业或部门间的不同，往往又表现为常态。因为诸如经济中的二元结构、迁移和流动成本上的限制、政府干预所导致的生产要素在部门间配置的不合理、不完善的市场经济体制等一系列阻碍市场有效配置要素资源的因素，都会导致国家、产业和部门间要素产出效率水平上的不同。如 Feder（1986）就认为，分割的市场对于要素转移和流动的限制、政府部门对于投资支配的过度干预，以及持续不断的技术变革等因素，都是阻碍生产要素有效流动，继而造成国家间、产业间、部门间要素产出效率水平不同的现实原因[8]。Syrquin（1986）也认为，虽然市场力量倾向于改善整体的资源配置状况，使经济系统向更加均衡的方向运动，但是，系统的稳定性和系统调整所面临的高额成本无疑减弱了这种力量。同时，这种力量还可能会受到诸如外部事件、不平衡的生产率增长，甚至是政府政策所带来的冲击[9]。也就是说，因为西方经济学者所假想的完全（竞争）市场状态是无法在现实中真正得以形成的，所以对于某一国家或地区而言，无论其自身处于任何发展阶段，要素再配置效应都可能或大或小地存在。

当然，仅对于资本和劳动两个生产要素而言，其内部投入结构的变动除了与两个要素各自在国家、产业或部门间的重新配置有关之外，还与社会新创造和引进的资本和劳动要素在国家、产业、部门间的投入结构较之前发生较大的变动有关。然而在理论上来看，要素再配置效应的存在，也使得这些新的资本和劳动要素各自在投入结构上的变动，对于经济的总产出产生影响在现实中成为可能。因为正如前面所述，国家、产业、部门间生产效率的不同，是要素再配置效应在现实中得以存在和出现的最为根本前提，因此在这种情况下，新的资本和劳动要素在投入结构上的变动，必然会引起两个要素自身产出效率水平的改变，继而也就会对国家或地区的

经济增长产生实质性的影响。

（二）要素在配置效应理论在中国的适用性

从时间维度上来看，吴仁洪（1990）较早地对要素资源再配置对于我国经济增长和增长效率所具有的重要影响进行了肯定[76]。郭克莎（1992[77]，1994[78]）发现，由所有制结构变动（引致产业结构变动）所带来的资本和劳动两个要素资源的再配置及其对生产率增长的贡献，是改革开放以来中国经济增长速度和增长效率大幅提高的一个重要原因。Maddison（1998）也充分肯定了生产要素再配置在改革开放以来中国生产率增长中所发挥的积极作用[79]。胡永泰（1998）的研究表明，当考虑到迁移问题后，来自农业部门的劳动力人口向工业和服务业部门的再配置，对于1978~1993年中国的经济增长做出了巨大贡献[80]。蔡晳和王德文（1999）通过测算1982~1997年各生产要素（资本、劳动和人力资本）对于我国经济增长的贡献后，发现在全要素生产率的贡献中，劳动要素的重新配置发挥了最为显著的作用[81]。吕铁（2002）的研究发现，1980~1997年中国制造业行业间的劳动力转移和流动，对于劳动生产率增长所产生的影响并不大[82]。张军（2002）认为，在市场化改革进程中，要素资源在部门间的再配置会改变其整体配置效率，故而会对我国的经济增长产生现实影响[83]。Wu（2004）的研究结论充分肯定了要素再配置效应对于改革开放以来中国经济增长的积极作用[84]。方军雄（2006）发现，随着市场化进程的深入推进，我国的资本也实现了由低效率领域向高效率领域的转移和流动，这使得资本的整体配置效率得到了一定改善[85]。Ozyurt（2007）研究了1952~2005年间我国工业部门的总体生产率表现，发现快速进行的工业化通过吸收大量劳动力，极大地促进了劳动生产率水平的提升[86]。Bosworth和Collins（2007）的研究表明，1993年以后我国的生产率增长中，劳动力人口从农业部门向工业和服务业部门的再配置贡献了1.2个百分点[23]。李小平和陈勇（2007）实证检验了1998~2004年我国省际工业间的劳动力流动和资本转移对于两

个要素自身生产率增长所形成的影响，结果发现劳动力流动对其自身生产率增长的促进作用并不显著，而资本转移则对其自身生产率的增长产生了一定的促进作用[87]。高文博（2008）的研究发现，劳动力再配置对转型时期的中国经济增长发挥了重要推动作用，而且从目前来看，这一推动过程还远未结束[88]。姚战琪（2009）对1985~2007年我国的经济总体，以及我国工业部门的生产率增长和要素再配置效应进行比较、分析和评估后发现，要素再配置效应在改革开放以后的整体表现差强人意，虽然劳动要素的结构变化伴随着经济6部门的劳动生产率增长，但工业部门内劳动生产率的总配置效应却表现为负值。而且，工业部门和经济总体资本生产率的再配置效应也均为负数[28]。张军等人（2009）的研究表明，由工业结构改革引致的行业间的要素重置，对改革开放期间我国工业生产率的提高乃至整体的工业增长都起到了实际推动作用[89]。温杰和张建华（2010）的研究显示，自改革开放以来，要素资源的再配置效应始终是我国经济增长的重要源泉，而且，由于现实中产业间要素边际生产率仍存在着较大差异，因此未来的中国经济依然能够从产业结构变迁中获取巨大收益[90]。曾先锋和李国平（2011）的研究发现，1985年以来我国工业整体生产效率水平的提升，主要是依赖于工业行业自身全要素生产率的提高，相比之下，要素再配置效应虽然也发挥了一定的积极作用，但并不显著[91]。赵春雨等人（2011）对1999~2009年我国经济总体8大部门和工业16个分行业部门的生产率增长，以及劳动和资本要素的配置效率进行了测算、对比和分析。结果发现，劳动要素的配置效率伴随着我国经济总体生产率的增长而增长，但资本要素的配置效率却为负数。在工业部门内部，劳动和资本两个要素的配置效率均为负值。此外，全要素生产率增长和要素重置效应对经济增长贡献的回归结果还显示，全要素生产率增长对我国经济增长具有显著的正效应，而要素重置效应的贡献则表现为负[92]。

总体而言，虽然关于要素再配置效应的大小，以及其在近些年我国经济增长进程中的现实表现状况，相关研究所得到的结论还存在着一定的不

同，但是可以确定的一点是，对于大多数的研究而言，都肯定了要素再配置效应在我国的实际存在。因此可以说，对于要素再配置效应理论而言，在中国是同样适用的。

二、现代人力资本理论

（一）现代人力资本理论的形成与核心观点

第二次世界大战结束以后，伴随着世界各国经济的逐渐复苏和兴起，以要素（资本和劳动）同质作为基本前提假设而建立起来的新古典经济学，对于一些国家在经济增长与收入分配领域所出现的新现象、新问题，无法给出合理的解释。而现代人力资本理论，正是在这一背景下得以产生。

首先，一些学者发现，步入20世纪50年代以后，美国国内总产出水平的增长率在数量上要远远高于资本和劳动两个投入要素的增长率之和。出现了所谓的“余值”。经济学家们试图从“技术进步”、“教育”和“全要素生产率（广义上的技术进步）”等角度来对其进行诠释，但都没有得到十分令人满意的答案。

其次，二战结束后，以日本、德国等为代表的一些新兴工业国在短时期内迅速腾飞，其经济发展速度令人震惊。特别是日本，在短短30年内就完成了美、英两国花费上百年时间才完成的工业化进程。与日本不同，绝大多数发展中国家的经济在二战结束后却发展缓慢，并且曾一度停滞不前。这种截然相反的格局，虽引起越来越多学者的关注和热议，但应用新古典经济学所建立的经济增长理论，却无法对其进行解释和说明。

再次，收入分配上的问题，在当时也引起了学术界的广泛关注。因为按照要素同质性假说，（一个国家）公民之间的收入水平不应出现很大的差距，但是在美国，出现了严重的公民收入不平等现象。毫无疑问，这也对新古典经济学的基本假说形成了挑战。

基于上述问题的出现，并力图对这些“反常”的经济现象作出有力的

解释和回应，Mincer（1958）[31]、Schulth（1961）[32]，以及 Becker（1962）[33]等人在前人研究的基础上，创造了现代人力资本理论，期间不仅对人力资本的概念、内涵进行了系统而全面的阐述，还从微观的层面对人力资本对于经济增长的贡献，以及对于收入分配的影响进行了测度。总体而论，该理论的核心观点主要包括以下三个方面：（1）人力资本是通过投资而体现在劳动者身上的一种资本类型，其包含劳动者的知识程度、技术水准、工作能力以及健康状况等多个方面，是与劳动力素质有关的一系列价值的总和。关于这一点，Schulth（1960）在当选美国经济学会会长，发表题为《人力资本投资》的就职演说时就曾指出："人力资本主要是指凝聚在劳动者本身的知识、技能以及劳动者自身所表现出来的劳动能力，它是人们通过有目的的投资而获得的，并且是资本的一种表现形式"①。Becker（1962）也曾指出，人力资本不仅包括才干、知识和技能，还包含时间、健康和寿命等[33]。（2）资本可分为物质资本和人力资本两种形式，因此除物质资本和劳动以外，人力资本也是一项重要的生产要素。而且，人力资本不但对于经济增长具有着重要的推动作用，还是经济得以持续、长期增长的最终源动力。（3）在其他条件相接近的情况下，劳动者自身的人力资本水平差异，是构成劳动者异质性、个体间收入分配差距，以至宏观经济增长差异的最为重要原因。

（二）人力资本理论与宏观经济增长模型的发展

现代人力资本理论的形成和建立，也推动了经济增长理论的不断丰富和向前发展。从发展的脉络上来看，继 Solow（1956）[3] 创立新古典 * 增长

* Schultz（1961）还曾指出："劳动者并非传说中的是因为公司股份所有权的扩散才变成资本家，而是由于他们获得了具有经济价值的知识和技能。这种知识和技能大半是投资的产物，并且与其他人力资本一起，构成了技术先进国在生产力方面占优势的主要原因。在研究经济增长的时候无视这些人力投资，就等于试图不用马克思主义来解释苏联的意识形态一样"。具体可参见：Schultz, T.W. "Investment in Human Capital", The American Economic Review, 1961, 51(1), p. 3.

理论以后，Uzawa（1965）率先对索洛的经济增长模型进行了拓展，并通过引入教育部门，把只包含生产部门的新古典经济增长模型扩充成为一个包含“非生产型”教育部门和“有形要素投入”部门的“两部门增长模型”。该两部门模型的理论推导过程表明，技术的变化源自于专门生产思想的部门，假定社会配置一定的资源到非生产型的教育部门，则会促进新知识的产生。而新知识的运用反过来又会促进本部门生产率水平的提高，并且能够被其他部门以零成本的方式所获取，继而提升这些生产部门的生产率和产出水平。同时，该教育部门内要素的递增边际收益不仅能够抵消物质生产部门内要素的递减边际收益，也能够在整体上保证经济的持续增长[93]。在此之后，Romer（1986）通过将知识视为一项独立的要素，构建了“知识溢出增长模型”。在该模型中，知识或技术被看作是私人厂商意愿投资的产物。虽然与物质资本的投资相类似，即私人厂商进行知识投资也将导致知识资本在边际收益上的递减，但是，假设知识具有足够高的溢出效应，那么就足以抵消这种递减趋势，从而使知识投资的整体社会收益率水平保持不变或呈现出递增趋势[94]。从实践上来看，该模型不仅能够解释世界各国的经济为何在Romer所处的那个年代大都经历了高速的增长，同时也能够说明发达国家和发展中国家的经济水平差距为何会表现出日益扩大。此外，Lucas（1988）还对人力资本理论和索洛的新古典增长理论进行了整合，并通过对“两部门增长模型”进行拓展，构建了包含专业化人力资本积累的“人力资本溢出模型”，为后来研究人力资本与经济增长关系的很多学者所采用[95]。以外部溢出效应对于提升其他劳动者产出效率水平所具有的积极促进作用，以及劳动者从教育中所获得和积累的人力资本对于提高自身产出效率水平、经济总产出水平所具有的直接推动作用两方面入手，该模型能够说明，专业化的人力资本是经济增长的真正源动力，而且在长期内，两国之间经济增长率和收入水平上的差距，也主要是源自于人力资本投入上的差异。

（三）人力资本的度量

因为“干中学”（工作过程中的“边干边学”）对于人力资本的积累和提高幅度很难在数量上进行精确测算，因而在实证过程当中，对于人力资本水平的测度，多是从劳动者受教育年限的角度来进行切入。而在这其中，广为接受和普遍被采用的方法又主要包括以下两种：（1）总量上的度量，即以劳动者受教育年限的加总值来反映一个国家或地区的总体人力资本水平。（2）平均上的度量，即以劳动者的人均受教育年限来反映一个国家或地区的平均人力资本水平。从已有实践来看，为同时体现人力资本对于劳动者素质的提高（溢出效应）和人力资本对于经济增长的直接推动作用两个方面，在 Lucas（1988）的人力资本溢出模型中，采用了总量和平均相结合的方式[95]。与之不相同，Barro 和 Lee（2001）则在详细分析和论证的基础上，建立并采用了人均受教育年限法[52]。此外，从后续的相关研究来看，尽管各学者都是立足于不同的研究侧重点，以及基于不同的理论模型，而区别性地对该两种方法进行了选取，但是这其中也呈现出了趋势性的变动轨迹，即近几年来，越来越多的学者更加倾向于选择 Barro 和 Lee（2001）[52] 所建立的人均受教育年限法。

三、人力资本结构理论

准确来讲，关于人力资本结构方面的研究，截止到目前也尚未形成一套完整的理论体系。因此本书这里所要描述的人力资本结构理论，主要是指近年来逐渐兴起的关于人力资本结构变动影响经济增长的相关讨论，以及期间所出现的关于人力资本结构应该如何来进行衡量的问题。

（一）人力资本结构变动与经济增长

该方面的研究最早也出现在实证领域，并且随着相关实证探索的不断深化和扩展而取得了逐步推进。具体而言，伴随着现代人力资本理论的出现和逐渐趋近成熟，步入上世纪 90 年代以后，国外一些学者开始转向关

注人力资本结构变动是否以及会如何影响到经济增长，并重点对以劳动者受教育非均等程度为主要内容的人力资本结构变动对于经济增长的影响展开了实证探索。这其间的主要代表人物有 Barro 和 Sala-i-Martin（1995）[96]、Birdsall 和 Londonno（1997）[50]、Lopez 等（1998）[51]、Tomas 等（2001）[53]，以及 Casello 和 Domenece（2002）[97] 等人。通过开展相关的实证考察，上述学者都发现，除人力资本总量和平均水平以外，人力资本结构上的变动，对于国家和地区的经济增长也具有着十分重要的影响。而且多数的实证研究结果都表明，在人力资本非均等程度与人均收入水平以及经济总产出水平之间，存在着显著的负向关系。如 Lopez 等人（1998）就曾以亚洲和拉丁美洲 12 个国家 1970~1995 年的面板数据为基础，对这些国家的人力资本结构与经济增长间的关系进行了实证探索。虽然基于线性回归模型所得到的估计结果在各个国家间存在着较大差异，但基于非线性回归模型所得到的估计结果却基本一致，即对于大多数国家而言，人力资本结构指标（人力资本非均等程度）与人均收入水平之间存在着显著的负向关系[51]。Castello 和 Domenech（2002）通过考察 1960~2000 年世界上 108 个国家的相关数据后发现，人力资本结构系数同经济增长之间不仅具有显著的负向关系，而且人力资本结构系数对于经济增长的影响，要比收入分布结构系数、平均受教育水平等指标表现得更为显著[97]。

关于人力资本结构变动影响经济增长的传递机制，Castello（2010）所开展的实证研究提供了一个可供参考和借鉴的思路：人力资本结构上的变动，会通过影响劳动者家庭的生育率和生命预期，来影响劳动者家庭对于人力资本的投资和积累，继而对整个社会的投资水平和人力资本的产出效率产生实质性影响。具体来讲，因为人力资本结构在很大程度上反映了教育家庭和非教育家庭在数量上的比例关系，而这两种家庭往往又具有着不同的生育率和生命预期，如教育家庭的生育率水平一般较低，且倾向于不断地追加人力资本投资，以至于人力资本的产出效率也不断随之提高，而对于非教育家庭而言，情况正恰好相反。此外，该项研究还发现，在人力

资本结构保持一定的情况下，一个国家的信贷市场越是不完善，也越不利于上述各家庭对于人力资本的投资，以及不利于人力资本结构的改善，继而同样会对现实中的经济增长产生负面影响[98]。从我国国内来看，李秀敏（2007）曾借鉴上述学者所采用的相关研究方法，就我国人力资本结构变动对于经济增长的实际影响展开了探索，其研究结果显示，在过去一段时期内，人力资本结构的作用虽然只在我国少数地区是显著的，但是在这些地区，作为衡量人力资本结构的人力资本基尼系数，与经济增长之间的关系显著地表现为负[99]。应该说，人力资本结构变动会对经济增长产生影响这一论断，在近年来逐渐为越来越多的国内外学者所发现和认可。

（二）人力资本结构的衡量

为了能够准确而直观地衡量人力资本分布的非均等程度，在早期的研究中，多以人力资本分布的变异系数（如 Lopez 等，1998[51]）和人力资本分布的标准差（如 Birdsall 和 Londonno，1997[53]；Lopez 等，1998[51]）两个指标作为人力资本结构的代表。其中，人力资本分布的变异系数或标准差越大，就说明人力资本的分布越不均匀。随后，Tomas 等（2001）[52]、Casello 和 Domenece（2002）[97]等人通过对这两种方法进行拓展，建立了一套反映人力资本非均等程度的基尼系数法，并将据此所得到的人力资本基尼系数选作为衡量人力资本结构的指标，为后来国内外一些开展相关研究的学者所采用，如李秀敏（2007）[99]所采用的就是该种衡量方法。然而需要注意的是，对于该方法而言，也有其先天的缺陷和不足，即在现实中，对于整体的教育事业而言，一般存在着多个阶段（或层次），因此，应用人力资本基尼系数来衡量人力资本结构，继而探讨人力资本结构变动对于经济增长的实际影响，虽有着较强的理论含义，却很难发现到底是哪个教育阶段（或层次）的人力资本对现实中经济增长的作用表现得更为突出和重要，这也就会使该种方法在实践上的意义大打折扣。有鉴于此，步入本世纪以来，出现了其他一些衡量人力资本结构的方法，例如，Vandenbussche

等人（2006）就从各受教育阶段劳动人口占总劳动人口比重的角度，对人力资本结构进行了重新度量，并且对人力资本结构变动对于19个OECD国家经济增长的影响进行了实证考察。结果发现，在这些国家内，对全要生产率有显著促进作用的仅仅是受过高等教育的人力资本[100]。从国内来看，廖楚晖和杨超（2008）[101]，以及朱承亮等人（2011）[102]也曾利用此种方法，对我国的人力资本结构，以及人力资本结构变动对于我国经济增长所具有和形成的实际影响展开了实证探索，并且得出很多富有见解性的结论。应该说，相对于人力资本基尼系数法而言，该种方法无疑更加贴切于实际，并且对于问题的揭示力度，以及在现实中的可操作性，都表现得更为强一些。同时，这也是本书为何在文章的开篇部分就直接将人力资本内部投入结构定义为在阶段（或层次）上的投入结构的主要原因。此外，为了便于表述，在后面的论述中，所提及到的人力资本结构、人力资本层次结构，在没有特殊说明的情况下，均指的是从各受教育阶段（或层次）劳动人口占总劳动人口比重的角度而进行衡量的人力资本内部投入结构。

第二节 现实条件

一、产业结构变迁

三次产业的非同步发展，以及其间所发生的产业结构*的持续变迁，是新中国成立以来我国经济发展过程中所呈现出的一个突出特征。虽然从经济发展自身所具有的阶段性特征上来看，任何一个国家的工业化进程，都

* 从定义上来看，产业结构主要是指国民经济中各产业部门的构成状况以及各产业相互之间的联系和某些数量方面的比例关系。而对于产业结构的衡量方法，基于不同的角度，其在现实中可以有很多种。本文这里所采用的是从三次产业的角度来进行衡量，并具体以三次产业产值占三次产业总产值的比重来作为产业结构的衡量指标。

伴随着产业结构的形成和演变过程（李业俊和师婕，2007）[103]，但其更多地是针对于市场经济国家在工业化进程中所经历的产业非同步发展而言。而且从制度变迁的方式上来看，这期间三次产业所取得的发展，多得益于诱致性制度变迁*的推动，即各产业的发展速度、发展规模，是以社会对其所具有的实际需求，以及各产业自身所能够形成的潜在利益为基础而被决定的。一般而言，在国家的不同发展阶段，三次产业的形成和发展基础并不相同。比如在国家建立的早期和经济发展的初期，人们的需求更多地体现在物质生活方面，因此该时期内国家的建设和经济发展，主要是以满足人们对于衣、食、住、用等低级层次的需求为导向，以至相对于二、三产业而言，以农业为主体的第一产业，在该时期内具有着更加稳固的发展基础。随着物质生活上的需求逐步得到满足，以及当农业的发展取得一定规模以后，人们的需求就会上升到更高的一个层次，对于国防、机械化电器及现代化生产设备的需求，将逐渐超越第一产业，开始占据社会的主导。这为国家现代工业化体系的建立和向前推进，提供了现实的基础和条件。此后，随着第二产业的发展逐步满足人们的需求以后，精神层面的需求将逐步占据社会的主导，因此在进入这一阶段以后，以现代化服务业为主要内容的第三产业，就会渐渐取代第二产业的主体地位，成为国家经济社会发展新的重点。

与上述的发展脉络不同，建国后我国三次产业所经历的非同步发展，以及期间所形成的产业结构变动的轨迹，更主要的是与“以计划为主”、“计

---

* 林毅夫（1994）指出，制度变迁可分为诱致性制度变迁和强制性制度变迁两种，其中，诱致性制度变迁指的是现行制度安排的变更或替代，或者是新制度安排的创造，它由个人或一群（个）人，在响应获利机会时自发倡导、组织和实行。与之相反，强制性制度变迁由政府命令和法律引入和实行。在林毅夫看来，其两者之间所存在的最大区别在于，诱致性制度变迁必须由某种在原有制度安排下无法得到的获利机会引起。然而，强制性制度变迁则可以纯粹因在不同选民集团之间对现有收入进行再分配而发生。具体可参见林毅夫：《关于制度变迁的经济理论：诱致性制度变迁与强制性制度变迁》，载于（美）科斯，阿尔钦，诺斯等著．刘守英等译．财产权利与制度变迁——产权学派与新制度学派译文集 [M]. 上海：上海人民出版社，1994：371~393.

划与市场并重”，向“以市场为主”的制度层面上的逐步转变有关。从主要历史阶段上来看，建国后至改革开放前先工业化战略的提出和落实，并非完全基于当时的具体国情，而更多地是为了尽快缩短与发达国家之间的工业差距，以及巩固国家的国防实力，由政府部门所采取的强制性制度变迁所推动的。工业化体系初步建立以后，随着农村家庭联产承包责任制的逐步全面铺开以及改革开放战略的实施，在 1978 年至 1992 年中共十四大召开之前的这段时期，以农业为主体的第一产业和依托于比较优势而建立起来的轻工业才上升为国家的产业发展重点。这也就意味着，虽然建国后至十四大召开以前，我国同样经历了产业之间的非同步发展，但同时也出现了重（工业）、轻（工业）、农（业）在发展顺序上的倒置，而且在这段时期内，国家曾一度忽视对于第三产业的发展，导致第三产业在整体的发展速度和规模上相对滞后。到了 20 世纪 90 年代，三次产业对于我国总体经济的贡献差距明显增大 (周业安和赵坚毅，2004) [104]。此后，随着一、二产业在前两个时期所取得的更为快速推进，自 1992 年中共十四大提出建立社会主义市场经济体制，特别是 1993 年党的十四届三中全会通过《中共中央关于建立社会主义市场经济体制若干问题的决定》以来，尽管我国三次产业间的发展逐渐趋于同步化，但由于人们对于第三产业的需求相对于前两个时期得到了更为有效的释放，使得在 1993 年以后的整个这段时期，我国的产业发展重点更多地指向了第三产业。其具体表现为：在三次产业的整体和其各自的内部结构不断调整和升级的过程中，以交通运输、网络通信、餐饮旅游等一批现代化服务业为主要代表的第三产业，相对于一、二产业而言，取得了更为长足的推进。与一、二产业于国民经济中所占的比重在总体趋势表现为逐渐下降相反，在这段时期内，第三产业于国民经济中所占的比重在总体呈现出逐步上升的趋势（见图 2~1）。而在进入本世纪以后，我国（三次产业间的）产业结构在各年间的波动幅度变得更为剧烈。可以毫不夸张地说，产业结构保持快速变动（王岳平，2004）[105]，成为了我国当前产业发展所具有的主要特征之一（见图 2~1）。

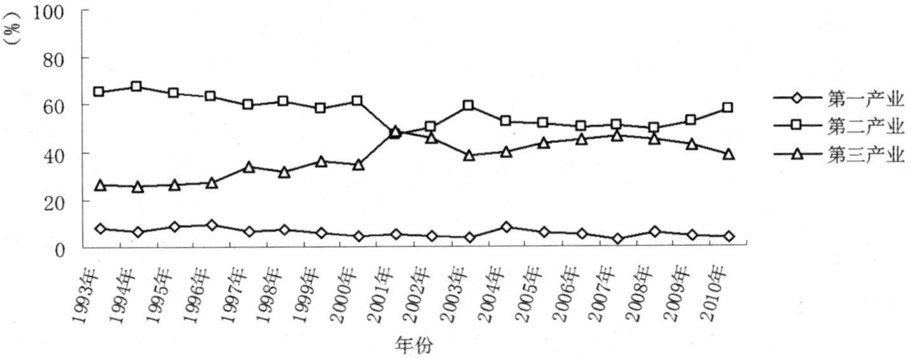

图 2~1 1993 年以来全国三次产业产值占国内生产总值比重变动状况

数据来源：《中国统计年鉴 2011》，2~12：国内总产值中三次产业贡献率。

更进一步来讲，一般而言，在产业结构不断发生变动的背后，所隐含的是资本和劳动两个生产要素各自在产业间投入比重（结构）的不断变动（在后文中，将具体描述这一变化）。当然，正如要素再配置效应理论中所提到，现实中这种变动的出现，一方面与三次产业内已有的资本和劳动存量在不同产业间的重新配置有关，一方面也与社会新创造和引进的资本和劳动要素在三次产业间的投入结构较之前所发生的变化有关。而且也可以推定，在未来三次产业发展逐步趋于同步化的进程中，资本和劳动两个生产要素内部投入结构的不断变动也将在现实中持续发生。这里所需要指出和说明的是，虽然从理论的角度而言，在完善的市场经济体系之中，该两种要素在产业间的横向流动并不会引起其各自产出效率水平的变化，但是对于我国而言，由于还处于市场经济体系的完善期，这不仅使得资本和劳动在产业间转移和流动的过程中往往要面临较大的迁移成本，同时也使得该两种要素在三次产业内产出效率水平的不同在现实中成为可能。而这也就意味着，前述这段期间所发生的资本和劳动内部投入结构上的变动，对于其两者自身的产出效率水平，以至于对于我国的整体经济增长，很可能会形成一定的实际影响。当然，对于这种影响是否在现实中真正形成这一问题，尚需要我们从实证的角度进行考察。

二、二元城乡结构

城乡之间的二元经济结构，是发展经济学派断言劳动力人口在城乡间迁移和流动会影响经济增长的最为根本前提。而众所周知的是，城乡二元结构也是我国经济社会发展进程中所具有的一个典型特征。而且应该说，我国城乡二元结构的形成又有着深刻的历史根源。新中国成立初期，为推进完备工业化体系的快速建立，以尽快缩小与工业化水平相对发达国家之间在经济发展上的差距，我国实行了农业支持工业的经济赶超战略和以差别化户籍制度为核心的城乡分割体制。其要点是实现城市与农村、工业与农业、工人（城市居民）与农民（农村人口）间的人为隔离。对于当时来讲，首先，以重工业优先发展为主要内容的经济赶超战略，不仅严重地偏离了国家的现实比较优势，同时也减弱了国有工业对于农村劳动力的吸纳能力，结合着国有工业内的劳动力保持着极强的自我封闭式循环，因此基本阻断了农村（剩余）劳动力向城市国有工业内有效迁移的途径，继而也人为地强化了城市现代工业部门与农村传统农业部门之间的二元经济结构；其次，为了维持城市人口的低工资和低消费水平，该时期国家所相继出台的户籍制度、粮油供应制度、劳动用工制度和社会保障制度等一系列的制度安排，将城市人口与农村人口人为地分割开来，进而也引致了城乡对立的二元社会结构*。从实际效果来看，这种经济和社会上的“双重”二元结构，虽造成了城乡经济社会发展上的诸多矛盾和差距，但也在整体上满足了工业化起步阶段对于原始资金积累的需求，继而不仅推动了工业化体系在国内的快速建立，也为我国早期现代化的建设奠定了稳固的经济基础。

然而在工业化建设不断向前推进的进程中，随着工业对农业、城市对农村、工人对农民的长期索取，这种城乡间相互隔离的二元经济社会结构，也因城乡经济社会发展差距的日益扩大而逐渐得到固化，并反过来进一步

---

* 关于这方面的详细论述，见蓝海涛.《改革开放以来我国城乡二元结构的演变路径》[J].《经济研究参考》,2005,(17).

助推了城乡经济社会发展差距的拉大，继而使得我国国内出现了城乡经济社会发展的“马太效应”。实施社会主义市场经济体制改革以后，虽然国家逐步加大了对于农村地区的扶持力度，相继落实了工业反哺农业、城市支持农村等支农惠农政策，并逐步对城乡户籍制度的改革进行了探索，但是以社会化大生产为主要特点的城市经济和以家庭式小生产为主要特点的农村经济这一相互对立的格局，一直没有得到妥善解决。与此同时，这种相互对立的二元格局，使得即便是在市场经济体制不断建立和完善的社会主义新时期，我国城乡之间在经济社会协调发展方面仍然面临着诸多的矛盾和问题。其主要有如下五方面的表现：

其一，随着家庭联产承包经营责任制在我国广大农村地区的普遍推行，虽使得这一坚固的二元城乡结构在制度上逐渐有所松动，使得我国的农业发展水平、农民的生产经营积极性、农业的总产出水平，以及农村家庭的实际收入水平都取得了较大幅度的提升，并且使得农业的规模化经营取得了一定推进，但是从当前来看，我国的农业发展尚未完全摆脱以小农生产、粗放经营为基础的传统生产经营模式。因此，对于我国当前的农业来讲，在发展进程上仍与城市地区的现代化大工业和现代化服务业之间存在着较大差距，城乡之间的生产力发展水平，也仍然存在着较大的缺口。

其二，进入上世纪80年代中期以后，国家相继对国有企业及机关事业单位的收入分配制度实施了调整，逐步建立了以城镇企业职工为主要对象的城镇社会保障制度，这不仅扩大了城乡居民间在收入上的差距，也使得城乡间的二元结构进一步固化。基于这样一种现实背景，步入社会主义市场经济体制建立和完善期之后，围绕着逐步妥善处理好效率与公平两者间的关系，国家又对我国的城乡收入分配制度进行了改革和调整。应该说，自此以后，我国城乡居民的收入水平都取得了不同幅度的提升，人们的生活水平也都普遍得到了改善。然而这里所仍然存在的问题是，在此期间，我国城乡居民间的相对收入差距并没有表现出明显的扭转趋势。而且在当前，我国更是已经成为世界上城乡收入差距最大的国家之一，其状况不容

乐观。

其三，自本世纪初以来，随着城乡户籍制度改革在一些地区的相继启动，以及伴随着全国城乡社会保障制度一体化进程的加快推进，在我国国内，农村劳动人口向城市地区的迁移和流动逐渐变得活跃，文艺作家杨豪（2007）曾以“人类历史上前所未有、规模最大的人口迁徙”[106]，来描述近些年所出现的农村劳动人口向城市地区大规模迁移和流动的现象。然而这里所需要认识到的是，截止到当前，我国的二元城乡结构仍未得到全面瓦解，现实中阻碍劳动等要素在城乡间有效流转的因素仍然有很多，生产要素在城乡间配置不合理等问题也依旧普遍存在。当前，城乡生产要素的双向流动，无论是显性成本还是隐性成本都是高昂的*。

其四，虽然我国国内的市场经济体系在近些年愈显完善，但城乡统一的市场化体系仍未完全建立。在这种条件下，农村地区的小农业，在面临城市地区的大市场时，依旧处于明显的劣势地位，因此在当前，工农产品价格间的剪刀差问题，仍在现实中普遍存在。而且，这也在很大程度上限制了农业比较利益的更为有效提升。

其五，近年来，我国城市地区的道路、通信、卫生和教育等公共基础设施建设逐渐趋近成熟，与之相反，在我国的广大农村地区内部，基础设施的建设水平还显得明显地落后和不足。而从已有研究所得到的相关结论来看，对于生产要素来说，自身产出效率水平的高低往往又与其所面临到的基础设施条件有着莫大的联系。

基于上述的诸多矛盾和问题，以及结合要素再配置效应理论，我们可以初步地做出如下推断：无论是在市场经济体制改革和完善的初期，还是在未来一段时期内，资本和劳动两个生产要素自身在城乡（不同）产业间的产出效率水平都有可能表现出较大的不同。而对于各生产要素的产出效率水平在城乡之间究竟孰高孰低，则尚不能作出明确定论。尽管从城乡间

---

* 关于这方面的论述，可参见郭树清.《最重要的问题：应努力实现生产要素在城乡之间的双向自由流动》[J].《中国改革》，2012,(1).

的经济发展差距、收入分配差距，以及基础设施条件差距等方面，我们可以推定生产要素在城市地区将具有更高的产出效率水平，但是生产要素在城乡之间转移和流转障碍的存在，以及其对于生产要素的有效配置所产生的现实影响，则又在一定程度上降低了这种推定的合理性。然而终究可以肯定的一点是：长期存在的城乡二元经济社会结构，无疑增加了产业间要素投入结构变动会对我国现实经济增长产生影响的实际可能性。特别是其两者在第一产业与二、三产业间的重新配置，或是社会所新创造和引进的两种要素在第一产业与二、三产业间的投入结构较之前发生变动之后。

三、教育结构变迁

应该说，世界各国的发展实践都表明，随着市场经济体制的实施和不断完善，一个国家的经济社会发展，对于基础知识人才、专业知识人才，以及各类高素质人才的需求将不断增大并逐渐趋于多样化。在此背景下，教育对于经济增长的作用也将逐步地得到显化和增强。从我国国内来看，自实施社会主义市场经济体制改革以后，为满足国家经济社会发展对于各类人才的需求，我国的教育事业也进入了飞速发展的新阶段。因此在这段时期内，无论是基础教育事业（小学和初中），高中教育事业（普通高中和中高等职业教育），还是高等教育事业（大专、普通本科，以及硕博教育），都取得了长足的推进和扩张。然而我们同样能够发现，在整体上取得长足推进的进程中，我国的教育结构也经历了一个动态的变化过程*。这其中的原因主要在于两个方面：一是尽管各阶段的教育事业在该时期都取得了快速发展，但是在时间上并非完全同步；二是对于各阶段的教育事业而言，在规模扩张的程度上也并非完全相同。

---

* 教育结构是指构成一个国家教育体系的各个组成部分相互之间的比例关系和结合方式。其主要包括教育的层次结构、教育的类型结构、教育的办学形式结构和教育的管理体制结构等等。本书这里所说的教育结构，重点指的是教育的层次结构，并具体指各教育层次（或阶段）相互之间在招生、在校生、升学率和毕业生等方面的数量和比例关系。

从时间脉络上来看，自 1985 年开始实施九年制义务教育制度以后，国家又于 1993 年率先提出以基本普及九年义务教育和基本扫除青壮年文盲两者为核心的基础教育事业发展目标。此后，通过实行分步推进的工作指导方针，持续提高对于义务教育的资金投入水平，以及不断加强师资队伍的建设，到 2000 年，我国就如期实现了前述的这一“两基”战略目标，因此在该段时期内，我国的基础教育事业取得了最为飞速的推进。而按照《关于大力办好普通高级中学的若干意见（1995）》的要求，自 1996 年开始，我国高中教育事业的发展重点也逐步发生了改变，并从调整改革转变为全面推进普通高中教育的规模化发展。从 1996 年至 2000 年，我国的高中教育事业实现了连续六年的高速发展。在本世纪初，以北京市为代表的一些经济发达城市更是率先普及了高中阶段教育。虽然在大力提倡努力发展中等职业教育的背景下，自 2005 年以后，我国普通高中院校的规模扩张幅度明显下降，但是随着中等职业教育事业的快速发展，我国的高中教育事业还是在整体上保持了规模化的推进和扩张。此外，我国的高等教育招生制度虽然在 1977 年就得以恢复，但是高等教育事业在整体上的全面推进，却起源于上世纪的 90 年代后期。1999 年，国务院作出了扩大高等教育招生规模的重大决策，并在 1999 到 2001 年间，连续三年大规模地提高我国高等院校的招生数量，继而在 2002 年就实现了高等教育事业的大众化，同时也在总体上保证了高等教育事业在本世纪以来的最为快速和持续发展。

除发展时间上的不同之外，自 1993 年以来，我国各阶段教育事业在规模的扩张程度上也出现了一定的差异，仅从近几年我国各教育阶段院校在招生人数、升学率和毕业生人数等方面所经历的变化和存在的差异上，就可以很清楚地发现这一点。与此同时，在上述两方面差异的共同作用下，必然也就使得我国各阶段教育事业在纵向的结构上呈现出了不断的动态变化。而这一动态变化的出现，又使得我们可以进一步地做出如下推测：各阶段教育事业在时间发展顺序上的不同，以及在规模扩张程度上所出现的差异，会引致我国就业人口人力资本结构的不断变化（本书同样将这种变

化在后文中给予详细描述）。如自实施社会主义市场经济体制改革以来，随着“两基”战略的逐步完善落实，对于小学毕业生而言，基本都升入到了初级中学，以进一步接受基础教育，因此在“两基”战略得到落实和逐步完善以后，社会总就业人口中受小学教育人口的数量并不会发生很大的变化和波动。与之相呼应，在该期间，随着高中教育和高等教育的持续大力扩招，社会总就业人口中受高中和高等教育人口的数量在近些年则表现为逐渐提高。这必然也就引起了我国人力资本内部投入结构上的变化。因此从人力资本结构理论的基本内容来看，自开始建立社会主义市场经济体制以来，除城乡二元经济社会结构和产业结构的变动之外，教育结构上所发生的变动，以及其所引致的人力资本内部投入结构的变化，也很可能会对我国的经济增长产生了一定的实际影响。

第三章

中国生产要素内部投入结构变动特征

对我国生产要素内部投入结构的整体变动特征展开盘查，能够为后面关于我国经济增长的要素结构动力和动因、我国生产要素内部投入结构存在的问题等方面的研究铺平道路。此外，鉴于我国地域辽阔，各地区间经济社会发展上存在较为普遍的非均衡现象，因此除生产要素内部投入结构的总体变动特征外，描述生产要素内部投入结构的分地区变动特征，也是一件非常具有现实意义的事情。其原因和必要性还在于：只有结合分地区的讨论，才能在考察整体变动情况、抓住整体变动特征的同时，全面把握我国生产要素内部投入结构是否存在某些地区性的差异和特征，并能够以此为基础，进一步围绕各地区经济增长的要素结构动力和动因、各地区生产要素内部投入结构存在的问题等方面展开讨论。

第一节　资本内部投入结构变动特征

一、整体变动特征

如第二章所提到，一般来说，现实中产业结构发生变动的背后，通常隐含着资本和劳动两个生产要素各自在内部投入结构上的变动。而从我国的实际情况来看，在整体产业结构不断发生变化的过程中，资本和劳动两个生产要素的内部投入结构不仅发生了持续的变动，而且还表现得较为活跃，这首先就体现在资本要素的内部投入结构上。就总体发展阶段而言，自实施社会主义市场经济体制改革、建立社会主义市场经济制度以来，我国的产业发展也随之步入了新的历史阶段，进入了产业升级和产业结构转型的全面过渡期。与此同时，在该一时期，伴随着全社会资本投入总量的逐年提高，三次产业间在非协调发展下的继续非同步推进，以及其间第三产业在总体上所取得的更为快速扩张，与我国整体的产业结构变动趋势相类似，在资本内部投入结构方面，也呈现出一、二产业内资本投入比重逐渐缩小，第三产业内资本投入比重逐步提高的总体变动趋势。然而，尽管在波动上表现得较为频繁和剧烈，但资本内部投入结构变动所经历的这一总体趋势并没有像产业结构变动所表现得那样显著。而且该期间我国资本内部投入结构的变动，与产业结构变动还存在另外一个明显的不同，即自1993年开始实施社会主义市场经济体制改革以来，我国第二产业产值占社会总产值的比重始终要高于第三产业；而在同时期，第三产业内资本投入占社会总资本投入的比重却始终要高于第二产业。当然，这里需要指出和说明的是，这在很大程度上与我国二、三产业自身的产业发展特征有关。如我国劳动力人口数量众多，在经济的发展上具有着很高的劳动（成本）

比较优势，因此为充分利用这一优势来提高自身在国内外市场上的竞争地位，对于我国现实中的第二产业而言，更多地聚集在了劳动密集型的行业。以至于相对于资本密集型的行业来说，其自身对于资本要素的依赖和需求程度还明显偏低，故而也就引致了产业内资本投入占社会总资本投入比重相对较低这一情况的出现。

该期间我国三次产业固定资产投资占社会总固定资产投资比重的变动状况，较好地刻画出了资本内部投入结构的总体变动特征。依照国家统计局 2003 年公布的最新《三次产业划分规定》*，中经网统计数据库提供的相关数据显示，我国三次产业固定资产投资占社会总固定资产投资的比重，分别从 1996 的 3.6%、44.2% 和 52.2%，调整为 2010 年的 2.8%、42.5% 和 54.7%。尽管其绝对变动量并未表明资本内部投入结构在变动上的显著性，但如果从相对量的视角来观察的话，那么就会发现这种变动表现得非常直观。具体而言，在这段时期内，我国一、二产业固定资产投资占社会总固定资产投资的比重分别相对下降了 22 和 4 个百分点，而第三产业固定资产投资占社会总固定资产投资的比重则上升了 5 个百分点。此外，在 1993 年以后的整个这段期间，第一产业固定资产投资始终占社会总固定资产投资中很小的一个部分，因而其在比重上虽经历了逐年波动，但上下波动的幅度并不是很大。相对而言，二、三产业固定资产投资占社会总固定资产投资的比重不仅相对较大，而且其两者在各年间所经历的上下波动也较为剧烈，波动的幅度表现得更为突出。从图 3~1 中 **，我们也可清晰地看到资本

* 从世界上通用的产业结构分类标准来看，对于三次产业的划分，主要依据的是社会生产活动在历史上的发展顺序。一般而言，产品直接源自于自然界的部门称为第一产业；对初级产品进行再加工的部门称为第二产业；为生产和消费提供各种服务的部门称为第三产业。但是需要指出的是，在各行业的具体产业归属上，各国之间在现实中还存在着一定的差异。我国对于三次产业的划分，具体可参见：三次产业划分规定 [EB/OL]，中华人民共和国国家统计局网站，http://www.stats.gov.cn/tjbz/t20030528_402369827.htm，2003 年 5 月 28 日。

** 当然，对于资本内部投入结构而言，最为合理的衡量指标是三次产业内资本存量占社会总资本存量的比重，而某一年的资本存量又等于基年的资本存量加上随后几年的

内部投入结构在近年来所表现出的这一整体变动特征。

当然，对于资本这一生产要素而言，其内部投入结构上的变动，除了与三次产业资本存量在产业间的重新配置有关之外，还与社会新创造和引进资本要素在产业间投入结构较之前发生变化有关。然而这并不会动摇上面的分析结论，因为如果从资本内部投入结构在各年间的具体表现上来看的话，那么我们又可以发现，无论是对于产业内原有资本、各产业部门新创造的社会资本来讲，还是对于新进入的国外资本而言，在二、三产业间的相互流动，以及向二、三产业内的大幅投入或撤出，都表现得异常活跃。就其阶段性的表现而言，第一，在实施社会主义市场经济体制改革到本世纪初之前的这段时期内，随着国家对于市场各个领域的逐步放开，人们对于第三产业的发展需求逐步得到了释放，这使得在这段时期内，我国的第三产业较一、二产业取得了更加快速的推进，并且在发展的规模上取得了更为空前的扩张。因此对于这一历史时期而言，我国产业间的资本流动主要表现为由第二产业向第三产业的转移，而且除第三产业自身外，第二产业新创造的资本要素，以及新进入我国的国外资本也更多地投向了第三产业。自中共十四大提出要“坚持社会主义公有制的主体地位，坚持多种经济成分共同发展”之后，伴随着社会主义市场经济体制改革的逐步深入，国外资本开始大量涌入，个体私营企业从无到有，也如雨后春笋般地迅速崛起。与此同时，由于第一产业进一步发展所面临的空间相对较小，而且当时中国工业企业自身存在改革困境，加上政策上的限制，以及结合

连续净投资（以基年的价格水平为标准）。然而通过与已有研究进行比较和对比后本书发现，图 3–1 中所描述的三次产业内固定资产投资占社会总固定资产投资的比重，无论是在总体的变动趋势上，还是在具体的数值和变动特征上，都与干春晖和郑若谷（2009）[107] 所计算出的以 1978 年为基期的三次产业内资本存量占社会总资本存量的比重（及该比重的变动状况）十分相似，而且几乎完全一致。除此之外，张军等人（2004）[108] 的研究结果还表明，就初始资本存量来看，如果给定足够长的投资（时间）序列，那么其对后续估计的影响将微乎其微。这些都说明了，以固定资产投资在三次产业内的投入比重来反映我国的资本内部投入结构状况，不仅是相对合理的，而且是切实可行的。

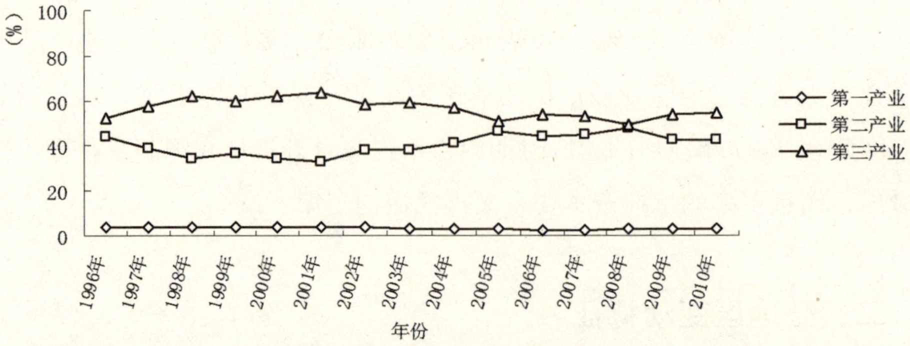

图 3~1　全国三次产业固定资产投资占社会总固定资产投资比重变动状况

数据来源：中经网统计数据库～综合年度数据库所提供的按行业分全社会固定资产投资额。

乡镇企业的兴起为第三产业发展所创造的诸多有利条件，对于这些外资和个体私营企业而言，更多涉足的是以餐饮、旅游、批发、零售等服务业为主体的第三产业；第二，步入 2001 年以后，随着我国加入 WTO，以代工生产等加工制造业为代表的一批工业企业，继改革开放初期后又一次迎来了新的发展机会，面临的市场空间进一步扩大。这不仅推动了第二产业在整体上的快速发展和规模上的持续扩张，同时也扭转了第三产业独占鳌头的产业发展趋势。因而在该历史时期内，产业间的资本流向较前一时期发生了逆转，即主要表现为由第三产业向第二产业的转移。而且，除第二产业自身外，第三产业新创造的资本要素，以及新进入我国的国外资本也更多地投向了第二产业。如自 2001 年加入 WTO 以后，我国沿海地区的大批工业企业就依托资源上的比较优势，紧抓国际产业分工带来的新机遇，通过扩大企业规模，积极吸引内资和外资，迅速而全面地融入到了全球经济体系之中。在这一过程中，我国工业产品的出口数额不断创下新纪录，并逐步取得了“世界工厂”的地位。“中国制造”的电器、服装、玩具等产品均在全球市场占据重要份额；第三，2007 年美国次贷危机的出现，以及随后全球金融危机在 2008 年的爆发,使得世界经济在后面的几年内持续低靡，全球市场需求水平大幅下降。在这种背景下，对于以工业产品出口为基础

来开展对外贸易活动的中国而言，自然受到了国外需求水平下降所带来的冲击，以至于我国第二产业的发展再次面临阻力，多数制造业企业产品出口受挫，大量制造业企业破产倒闭，国内工业产品的整体生产规模大幅下降。因此在2007年以后的这段时期内，不仅大量外资从我国制造业行业相继撤出，而且更多的工业资本要素又再次流向了第三产业。

二、分地区变动特征

能够发现，如果以基本行政划分单位为基础，进而从省市一级的层面来对我国资本内部投入结构的分地区变动特征进行讨论的话，那么无疑将会导致工作量和文章的篇幅过于庞大，并将使得地区性特征的描述过于分散。故而本书选择了从更高一级的层面来进行入手，以便于全面地把握我国资本内部投入结构的分地区变动特征（当然，对于后面将要讨论的劳动和人力资本两个生产要素而言，所遵循的逻辑亦是如此）。

从实际状况来看，依据地理位置、经济社会发展水平、自然资源条件状况等方面的异同，可将我国整个大陆地区划分为东、中、西三大经济区域（经济带）*。与此同时，以"梯度推进"为主要方式的优先发展东部地区、随之逐步向中西部地区推移的改革开放战略，虽导致东、中、西三大区域在经济社会各领域的发展进程上出现了诸多差距，但同时也使得同一区域内各省市间在发展上呈现出很多的相同和相近之处。而这也就意味着，将东、中、西三大经济带各自作为一个整体，继而以三大区域各自的整体为代表，来展开对我国资本内部投入结构分地区变动特征的讨论，是较为合理的。

---

* 该种划分，与基于行政区域所进行的划分存在一定不同。从经济带上来看，我国的东部地区共包括北京、天津、河北、辽宁、上海、江苏、浙江、福建、山东、广东、广西、海南等12个省市；中部地区共包括山西、内蒙古、吉林、黑龙江、安徽、江西、河南、湖北、湖南等9个省份；西部地区共包括四川、重庆（1997年被划出四川省，成为直辖市，并开始被独立列项统计）、贵州、云南、西藏、陕西、甘肃、宁夏、青海、新疆等10个省市。

首先，从三次产业内资本投入占区域总资本投入的比重上来看，中经网统计数据库提供的相关数据显示，1996 年，东、中、西部地区三次产业固定资产投资占区域总固定资产投资的比重分别为 3.0%、39.0%、57.0%，4.4%、45.1%、50.5% 和 5.3%、44.3%、50.4%，而在 2010 年，这组数据分别变为 1.9%、42.0%、56.1%，3.8%、47.6%、48.5% 和 4.0%、38.2%、57.7%。这说明对于我国而言，自实施市场化改革至今，第一产业内资本投入占社会总资本投入比重始终较小、二、三产业内资本投入占社会总资本投入比重始终较大的状况，无论是在整体上，抑或是在分地区上，都是普遍存在的。

其次，从变动方向上来看，对于上述三大区域而言，第一产业资本投入占区域总资本投入的比重，在近年来全部表现为数量上的逐渐缩小。而二、三产业资本投入占区域总资本投入的比重则交替上升。具体而言，对于东部和中部地区而言，第二产业资本投入占区域总资本投入的比重在经历本世纪以前的逐年下降之后，自进入本世纪初开始出现扭转，并在随后的各年间基本保持了逐年提高的趋势，直至 2008 年全球金融危机爆发后才出现略微下降。与之相对应，第三产业资本投入占区域总资本投入的比重在经历本世纪以前的逐年提升之后，自进入本世纪初开始逐步下降，直至 2008 年全球金融危机爆发后才出现略微上升。应该说，这些都与我国资本内部投入结构所具有的整体变动特征相一致；对于我国的西部地区而言，第三产业资本投入占区域总资本投入的比重在经历本世纪以前的快速提升之后，自 2001 我国加入 WTO 开始就始终保持逐年下降。与之相对应，第二产业资本投入占区域总资本投入的比重，在经历本世纪以前的快速下降之后，自 2001 开始则始终保持着逐步上升的趋势。可以发现，这是与我国资本内部投入结构所具有的总体变动特征不同的地方（见图 3~2、3~3 和 3~4）。

再次，从三次产业资本投入占区域总资本投入比重的具体变动数量上来看，中经网统计数据库提供的相关数据显示，除三大区域第一产

业固定资产投资占区域总固定资产投资的比重全部表现为逐渐缩小以外——分别从1996年的3%、4.4%、5.3%，下降到了2010年的2%、3.8%和4%，自1996年以来，对于我国的东部和中部地区而言，第二产业固定资产投资占区域总固定资产投资的比重，在经过前述三个阶段性的上下波动后，到2010年仍较之前有所提高，且其相对升幅的数值分别达到8%和6%。与此同时，该两区域第三产业固定资产投资占区域总固定资产投资的比重，则分别较1996年相应地有所下降，其相对降幅的数值依次达到3%和4%；对于西部地区而言，到了2010年之后，第二产业固定资产投资占区域总固定资产投资的比重较1996年有所下降，且下降的幅度与东、中部地区相差较大，其相对数值达到14%，而第三产业固定资产投资占区域总固定资产投资的比重则较1996年相应地有所提升，其相对升幅的数值达到15%。

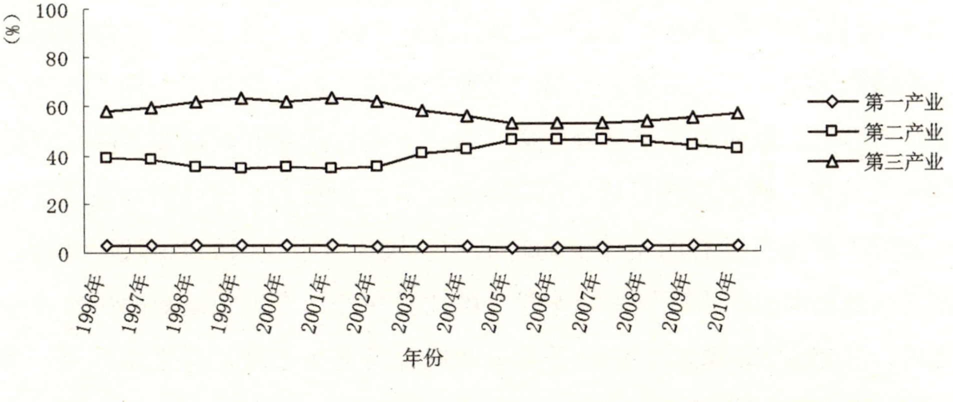

图3~2　东部地区三次产业固定资产投资占地区总固定资产投资比重变动状况

数据来源：中经网统计数据库～综合年度库所提供的东部地区各省市1996~2010年三次产业固定资产投资额。

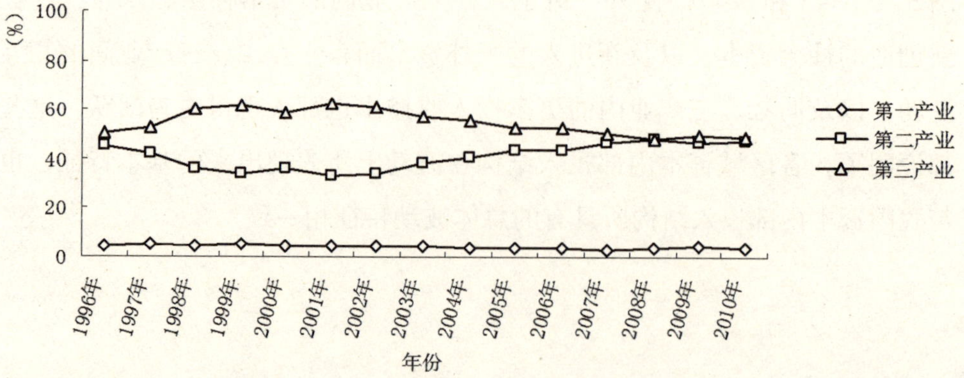

图 3~3　中部地区三次产业固定资产投资占地区总固定资产投资比重变动状况

数据来源：中经网统计数据库～综合年度库所提供的中部地区各省市1996~2010年三次产业固定资产投资额。

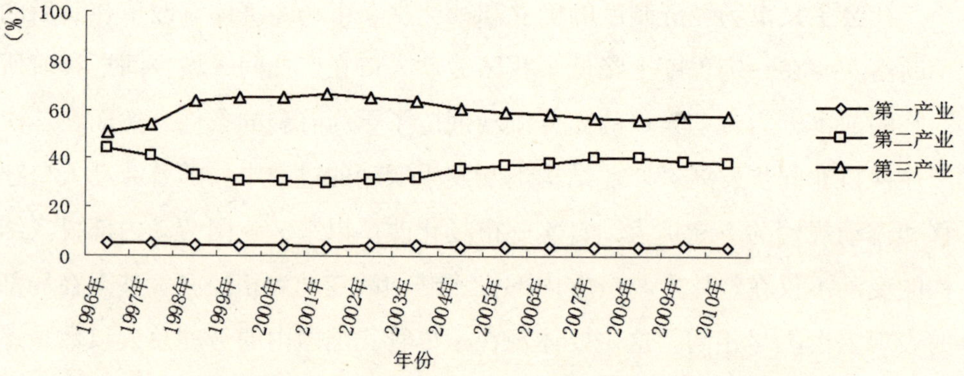

图 3~4　西部地区三次产业固定资产投资占地区总固定资产投资比重变动状况

数据来源：中经网统计数据库～综合年度库所提供的西部地区各省市1996~2010年三次产业固定资产投资额。

最后，从资本内部投入结构在各年所经历的上下波动情况来看，对于三大区域而言，第一产业资本投入占区域总资本投入的比重在各年间的波动幅度都不是非常显著。而二、三产业资本投入占区域总资本投入的比重则不仅在各年间的波动非常明显，其上下波动的幅度也更加显著和突出（见

图 3~2、3~3 和 3~4）。此外，对于二、三产业内的资本存量、二、三产业新创造的社会资本，以及新进入的国外资本而言，在二、三产业间的相互流动，以及向二、三产业内的更多投入或撤出也都表现得更为活跃。这些都说明了，各区域资本内部投入结构在波动上所表现出来的基本特征，也与我国资本内部投入结构所具有的总体波动特征相一致。

第二节　劳动内部投入结构变动特征

一、整体变动特征

社会主义市场经济制度的确立和社会主义市场经济体制改革在其后的不断落实，在一定程度上降低了我国劳动人口在产业间、城乡间迁移时所面临的成本，为劳动人口的充分流动创造了更为有利的条件。然而在三次产业保持非同步发展、产业结构不断发生变动的过程中，随着劳动人口迁移和流动规模的不断扩大，自实施市场化改革以来，我国劳动内部投入结构的变动不仅在整体上与资本内部投入结构的变动大相径庭，甚至在局部的表现上也不尽相同。这主要体现在：尽管我国国内的劳动总人口数量逐年增多，但是在这段时期内，第一产业的劳动人口数量，以及产业内劳动人口占社会总劳动人口的比重，都始终保持着持续下降的趋势。而二、三产业的劳动人口数量，以及产业内劳动人口占社会总劳动人口的比重，则始终保持着持续上升的趋势。与此同时，对于三次产业劳动人口占社会总劳动人口的比重而言，基本保持着与上一年相同的变动方向。这样的变动特征无疑说明了，随着农村家庭联产承包经营责任制的不断巩固、农业生产力水平的逐渐提高、其他两次产业在该时期的更为快速发展，以及城乡（分割）户籍制度的逐渐松动，我国劳动内部投入结构保持了单一稳定

的变动趋势，劳动人口从第一产业向二、三产业的大规模转移，以及社会新增劳动人口更多地向二、三产业流动，表现得最为突出和活跃。“农民工”、“新生代农民工*”这两个社会新名词的相继出现和自本世纪初以来逐渐为人们所耳熟能详，正是劳动内部投入结构表现出前述变动特征的一个完美写照。与此同时，这也与要素再配置效应理论中所描述的市场化改革后国内所发生的大量农村人口向城市地区迁移的基本状况相吻合。然而从图 3~5 中我们仍然能够发现，相对于一些发达国家和地区而言，当前我国第一产业就业人口占社会总就业人口的比重仍然偏高，这说明我国不仅依旧是一个农业人口大国，而且也仍然属于一个传统型农业大国。

该时期我国劳动内部投入结构的变动轨迹，与资本内部投入结构还存在着另外两方面的不同：首先，由于第三产业在该时期内取得了更为有效推进，而且在其发展的初期，产业内的行业又多以劳动密集型的服务业为主，因此对于这些行业而言，自身对于劳动要素具有着很高的实际需求。从现实来看，这使得第一产业劳动人口向第三产业的转移规模，在该时期要显著地高于其向第二产业的流动。尽管在我国加入 WTO 以后，随着以加工制造业为代表的一批工业企业的快速崛起，第一产业劳动人口向第二产业转移的规模得到了一定提升，但整体上仍小于其向第三产业的流动。同样，从下面的图 3~5 中可以清晰地看到这一点；其次，与资本内部投入结构的变动是由三次产业内原有资本存量、各产业新创造的社会资本，以及新进入的国外资本在产业间的不断流动所引致不同，对于劳动内部投入结构的变动而言，除了与第一产业劳动人口向二、三产业的不断转移有关之外，更主要地是由社会新增劳动人口更多地流向第三产业所致。如果从具体的数字变动上来看的话，那么将更加有利于我们清晰地了解这一情况。中经网统计数据库提供的相关数据显示，在总量水平的变动上，我国就业人口从 1993 年的 66808 万人上升到了 2010 年的 76105 万人，就业人

* 当然，本书在这里并没有贬低我国农民身份的意思，而只是以这两个名词的出现来间接地反映近年来所出现的劳动人口由第一产业向二、三产业大幅迁移和流动这一现象。

口净增加 9207 万人，相对涨幅达到 14%；在各产业就业人口数量的变动上，第一产业内的就业人口，从 1993 年的 37680 万人，下降到了 2010 年的 27930.5 万人，人口净减少 9479.5 万人，相对降幅达到 26%；第二产业内的就业人口，从 1993 年的 14965 万人，上升到了 2010 年的 21842.1 万人，人口净增加 6877.2 万人，相对涨幅达到 50%；第三产业内的就业人口，从 1993 年的 14163 万人，上升到了 2010 年的 26332.3 万人，人口净增加 12169.3 万人，相对涨幅达到 93%。

在三次产业就业人口占社会总就业人口比重的变动上，第一产业就业人口占社会总就业人口的比重，从 1993 年的 56.4%，下降到了 2010 年的 36.7%，相对降幅达到 35%；第二产业就业人口占社会总就业人口的比重，从 1993 年的 22.4%，上升到了 2010 年的 28.7%，相对涨幅达到 22%；第三产业就业人口占社会总就业人口的比重，从 1993 年的 21.2%，上升到了 2010 年的 34.6%，相对涨幅达到 39%。而且从近几年来看，第三产业就业人口数量及其占社会总就业人口的比重，都表现出将要逐渐超过第一产业的趋势。

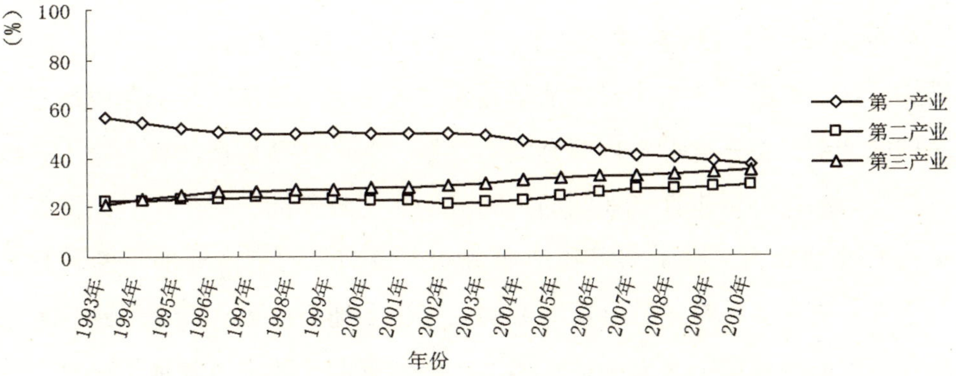

图 3~5　全国三次产业就业人口占社会总就业人口比重变动状况

数据来源：中经网统计数据库～综合年度库～按三次产业分就业人员占总就业人员比重。

二、分地区变动特征

从分地区的层面来看，自 1993 年实施社会主义市场经济体制改革以来，随着二、三产业，特别是第三产业在全国范围内的更为有效推进，在劳动投入数量保持逐年提高的情况下，我国东、中、西三大区域劳动内部投入结构上的变动，都表现出了第一产业劳动人口数量、产业内劳动人口占区域总劳动人口比重相对下降，二、三产业内劳动人口数量、产业内劳动人口占区域总劳动人口比重相对上升的基本特征，这些均与我国劳动内部投入结构在总体变动上所表现出的基本特征相同（见图 3~6、图 3~7 和图 3~8）*。

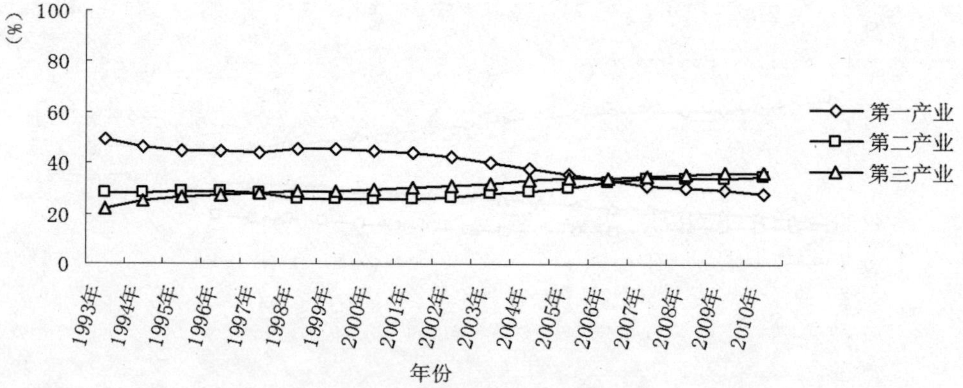

图 3~6　东部地区三次产业就业人口占地区总就业人口比重变动状况

数据来源：中经网统计数据库～综合年度库所提供的东部地区各省市 1993~2010 年三次产业就业人口数量。

* 由于统计数据库及相关统计年鉴中缺失 2006 年我国各地区三次产业就业人口方面的数据，因此在计算各地区三次产业就业人口占地区总就业人口比重的过程中，对于各地区 2006 年三次产业就业人口方面的数据，是以各地区 2005 年和 2007 年三次产业就业人口的平均值进行了代替。并通过进一步的计算，得到东、中、西各区域 2006 年三次产业就业人口占地区总就业人口的比重。

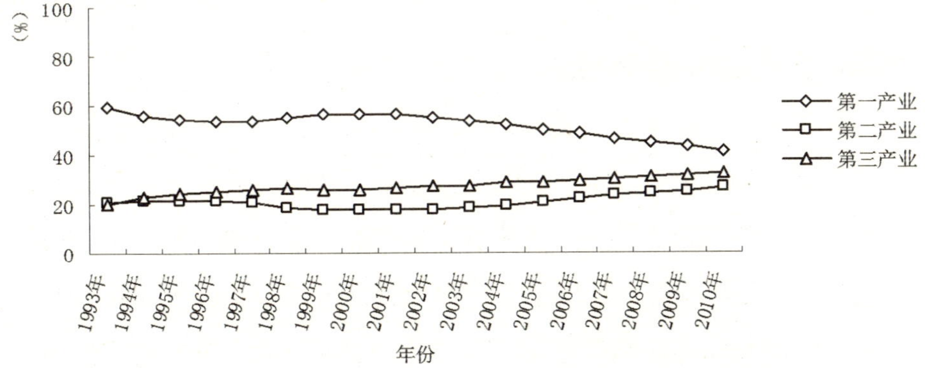

图 3~7　中部地区三次产业就业人口占地区总就业人口比重变动状况

数据来源：中经网统计数据库～综合年度库所提供的中部地区各省份1993~2010年三次产业就业人口数量。

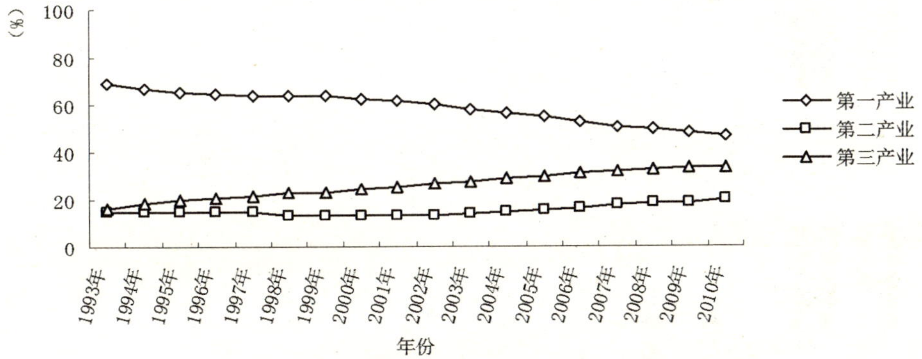

图 3~8　西部地区三次产业就业人口占地区总就业人口比重变动状况

数据来源：中经网统计数据库～综合年度库所提供的西部地区各省市1993~2010年三次产业就业人口数量。

从变动趋势上来看，对于上述三大区域而言，第一产业劳动人口数量、产业内劳动人口占区域总劳动人口的比重，都始终保持着持续下降的趋势。而二、三产业劳动人口数量，以及产业内劳动人口占区域总劳动人口的比重，也都始终保持着持续上升的趋势（见图 3~6、图 3~7 和图 3~8）。两方面的基本特征，使得各区域内三次产业劳动人口占区域总劳动人口的比重，

基本保持了与上一年相同的变动方向。这些也都与我国劳动内部投入结构所具有的总体变动特征相吻合。

从数量表现上来看，与第一产业资本投入占区域总资本投入的比重明显偏低相反，对于上述三大区域而言，虽然第一产业劳动人口占区域总劳动人口的比重在近年来逐渐下降，但是在当前仍然相对偏高，并且在地域上呈自东向西逐步变大的态势。当然，这除了与我国现代化农业的总体发展进程仍明显滞后有关以外，还与农业自身特性所决定的其对于劳动要素的依赖程度要明显地高于资本有关。然而不管怎么说，我们必须承认的一点是，近些年来，我国农业部门内的资本——劳动投入比还是要远低于同时期的世界发达国家和地区。中经网统计数据库提供的相关数据显示，在1993年，东、中、西三大区域第一产业就业人口占区域总就业人口的比重分别为49%、60%和69%，而在2010年，这组数据仅分别下降到了28%，41%，47%。与此同时，除东部地区以外，在当前，中、西部地区第一产业就业人口占区域总就业人口的比重仍要明显地高于其他两个产业（见图3~6、图3~7和图3~8）。而这也就进一步说明了，尽管各区域内第一产业就业人口数量及其占区域总就业人口的比重在近年来都出现了较大幅度的下降，但第一产业就业人口占区域总就业人口比重明显偏高，二、三产业就业人口占区域总就业人口比重相对偏低的状况，在我国仍具有着很大的普遍性，且表现得较为突出。

从变动幅度上来看，中经网统计数据库提供的相关数据显示，1993~2010年间，第一产业就业人口占区域总就业人口的比重，在东部地区下降的速度最快，其相对降幅达到43%，其次依次为西部和中部地区，相对降幅分别达到32%和30%；第二产业就业人口占区域总就业人口的比重，在西部地区上升的速度最快，其相对升幅达到34%，其次依次为中部和东部地区，相对升幅分别达到26%和24%；第三产业就业人口占区域总就业人口的比重，在西部地区上升的速度最快，其相对升幅达106%，其次依次为中部和东部地区，相对升幅分别达到65%和64%。自实施市场化

改革以来，除东部地区第二产业就业人口占区域总就业人口的比重始终与第三产业保持持平以外，在我国的中、西部地区，第三产业就业人口占区域总就业人口的比重，都要始终地高于第二产业（见图 3~6、图 3~7 和图 3~8）。而且自进入本世纪初以来，在我国的东、中部地区，二、三产业就业人口占区域总就业人口的比重，基本保持着同步上升的趋势，因此（二、三产业间）产业内就业人口占区域总就业人口比重上的差距，在各年间的变动很小，基本维持在了一个较为稳定的水平之上。然而在我国的广大西部地区，二、三产业就业人口占区域总就业人口比重上的差距，在进入本世纪以后仍保持着持续拉大的趋势。应该说，这种情况的出现，一方面与我国的工业制造业和工业加工企业主要集中在东部沿海地区这一基本状况相符,一方面也印证了西部地区在承接区域产业转移过程中所遭遇到的“用工荒”和“用工难”两个现实问题。

第三节　人力资本内部投入结构变动特征

从层次或阶段上来看，我国的整体教育事业可划分为小学教育、初中教育、高中教育和高等（大专及以上）教育等四个主要阶段。其中，对于小学教育而言，其在现实中又主要包括普通小学教育和成人小学教育两种；对于初中教育而言，在现实中主要包括普通初中教育、成人初中教育和职业初中教育三种；对于高中教育而言，在现实中主要包括普通高中教育、成人高中教育和中等职业教育三种；对于大专及以上教育而言，在现实中主要包括普通本科教育、普通专科教育、成人高等教育、民办其他高等教育机构教育，以及硕士和博士研究生的教育和培养等五种。同时，在前述的这种划分下，对于我国的劳动人口而言，其自身也就依所接受过的教育水平而被具体细分成为了五个层次：未受过教育人口（即文盲人口）、受小

学教育人口、受初中教育人口、受高中教育人口、以及受大专及以上教育人口。另一方面，由于工作过程中的“边干边学”对于劳动者自身素质和能力的提升，以至其所带来的劳动者自身人力资本存量的增加，很难有效地进行处理和测算，因而关于劳动者的人力资本水平，通常是以其所接受的正规教育的平均受教育年限来进行反映和衡量。当然，这一方面还在于教育事业本身就是培养和提高人力资本水平的一条重要途径。此外，正如前文所述，在近几年的最新研究中，对于劳动人口的人力资本结构，更多地倾向于以各受（正规）教育阶段劳动人口占社会总劳动人口的比重来进行测度和衡量。

一、整体变动特征

正如本书的第二章中所提到，自实施市场化改革、全面建立社会主义市场经济体制以来，我国的教育体制改革也逐渐地向纵深推进。在此背景下，我国的教育事业步入了更为快速的发展阶段。而教育事业在整体上的更加快速发展，除了为提高和改善我国整体人力资本水平做出了更为突出的贡献之外，也使得教育事业在发展进程中呈现出了一些更加显著的趋势性特征，也就是前面所提到的教育层次结构变动及其变动特征。与此同时，我国人力资本内部投入结构的变动趋势，总体上也与该时期我国教育结构的变动趋势相一致。尽管在理论上而言，由于教育对于人力资本的培养和提高需要一定的周期，因此当整体教育结构发生变动之后，其所引致的人力资本内部投入结构的变动将（相对于教育结构的变动而言）表现出一定的滞后性，但是从受教育的阶段性划分上来看，除少数和个别年份之外，在这一时期，随着“两基”教育战略的不断落实和推进，以及中高等（也就是高中阶段）教育事业、高等教育事业自上世纪90年代中期以来先后在规模上的更为快速扩张，我国总劳动人口中的文盲人口、受小学教育人口所占的比重，仍然呈现出了逐年下降的趋势。与之相反，在同时期内，我国总劳动人口中受初中、高中和大专及以上教育人口所占的比重，则全部

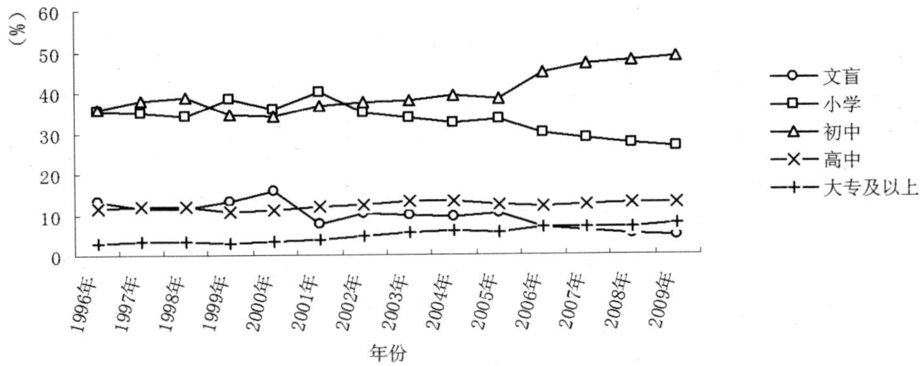

图 3~9　全国总就业人口中各受教育阶段人口所占比重变动状况

数据来源：1997~1999、2000~2006 年中国统计年鉴，2007~2010 年中国人口和就业统计年鉴。图 3~10、3~11、3~12 同。

呈现出了逐年提高的趋势。然而从图 3~9 中也可以清晰地发现*，我国人力资本内部投入结构所发生的这种趋势性变动，无论是与世界上的发达国家相比，还是对于我国自身经济社会的发展进程而言，在速度和进程上都还显得相对较慢。这主要体现在：近几年来，我国的高中教育院校，特别是高等教育院校每一年的入学人数、在校生人数，以及每一年的毕业生人数都远低于九年制义务教育院校（小学和初中）。与之相对应，从劳动人口的人力资本结构来看，近几年来，我国总劳动人口中受小学和初中教育人口，以及其所占总劳动人口的比重，也都仍始终占据着绝对的规模。《中国人口和就业统计年鉴 2010》提供的相关数据显示，2009 年，我国总就业人口中文盲人口所占的比重为 5%，受小学和初中教育人口所占的比重则分别达到 26% 和 49%，而受高中、大专及以上教育人口所占的比重，仅分别

* 上述的中国统计年鉴与中国人口和就业统计年鉴，分别提供了 1997 年、1998 年以及 2006~2009 年我国从业人员的受教育程度及构成情况。具体包括文盲人口、受小学教育人口、受高中教育人口、受大专及以上教育人口占总就业人口的比重。其中，关于我国 1999~2005 年就业人口中各受教育阶段人口所占的比重，以 2000~2006 年中国统计年鉴中所提供的基于抽样调查而得到的全国 6 岁及以上人口受教育程度及构成情况的数据来进行反映。

为 13% 和 7%。与此同时，这也在另一方面说明了，虽然我国的人力资本内部投入结构正处于向高层次教育人口所占比重不断提高的方向转变，但是与发达国家和地区相比，总劳动人口中受高中和高等教育人口所占比重偏低，特别是受高等教育人口所占比重明显偏低的问题，仍表现得十分严重和突出。

二、分地区变动特征

从分地区的表现上来看，自实施市场化改革以来，我国三大区域内人力资本内部投入结构的变动趋势，与全国的整体变动趋势大体一致。其中，除西部地区总劳动人口中受高中教育人口所占的比重表现出略微下降的趋势以外，对于三大区域而言，总劳动人口中文盲人口、受小学教育人口所占的比重，均表现为逐年下降；东、中部地区总劳动人口中受初中、高中和大专及以上教育人口所占的比重，均表现为逐年上升；西部地区总劳动人口中受初中、大专及以上教育人口所占的比重均表现为逐年上升。与此同时，在该期间，受小学和初中教育人口在总劳动人口中占绝对比重的情况，在上述三大区域内均普遍并持续存在（见图 3~10，3~11 和 3~12）*。

然而值得注意的是，在市场化改革初期，除西部地区文盲人口占区域

---

* 根据相关统计年鉴所提供的 1997、1998、2006~2009 年我国各地区（以省和直辖市为单位）从业人员受教育程度及构成情况，以及根据上述年鉴所提供的 1999~2005 年各地区 6 岁及以上人口受教育程度及构成情况，分别计算出了东、中、西地区各年的人力资本内部投入结构。具体做法是：首先，以 1996~1998、2006~2009 年我国各省市总就业人口中各受教育阶段人口所占的比重，以 1999~2005 年各省市 6 岁及以上人口中各受教育阶段人口所占的比重，来分别代表 1996~2009 年各省市总就业人口中各受教育阶段人口所占的比重。在此基础上，再以各省市每一年各受教育阶段人口占总就业人口的比重，分别乘以其所对应的各省市各年的总就业人口，计算出各省市每一年总就业人口中各受教育阶段人口数量；其次，将各省市每一年总就业人口中各受教育阶段人口数量按照三大区域的划分进行加总，继而计算出东、中、西各区域每一年各受教育阶段的总就业人口数量，并将其分别除以三大区域各年的总就业人数，得到东、中、西地区 1996~2009 年总就业人口中各受教育阶段人口所占的比重。以此为基础，本书绘制了图 3~10，图 3~11 和图 3~12。

总劳动人口的比重要显著地高于东、中部地区，以及受初中教育人口占区域总劳动人口的比重要显著地低于东、中部地区外，其他受教育阶段人口占区域总劳动人口比重上的差距，在三大区域间并未表现得十分明显。从图 3~10，3~11 和 3~12 三者之间的比较上，我们可以清楚地看出这一点。但是，由于两方面现实因素的存在，使得随着市场经济体制改革的不断延伸、区域间经济社会发展差距的不断拉大，近年来区域间人力资本内部投入结构的变动幅度，并没有保持住较强的同步性，而且还表现为自东向西的逐渐缩小。其一是在近些年，东部地区整体教育事业的发展速度和规模，要明显地高于中、西部地区（特别是高于西部地区），这突出地体现在中高等教育和高等教育领域；其二是各地区的高中毕业生、高等院校毕业生，多倾向于向中、东部地区流动，且更多地倾向于向东部一些经济发达省市聚集。两方面的现实因素，使得三大区域人力资本内部投入结构的变动和当前状况出现了诸多的不同。这其中，文盲人口、受小学教育人口占区域总劳动人口的比重，表现为东、中、西逐步提高；受初中教育人口占区域总劳动人口的比重，表现为西、东、中逐步提高；受高中、大专及以上教育人口占区域总劳动人口的比重，表现为西、中、东逐步提高。这说明在当前，无论是受小学和初中教育人口在社会总劳动人口中占绝对比重的情况，还是受高中和高等教育人口在社会总劳动人口中所占比重明显偏低的现象，均在我国的中、西部地区，特别是在我国的广大西部地区表现得更为严重和突出。

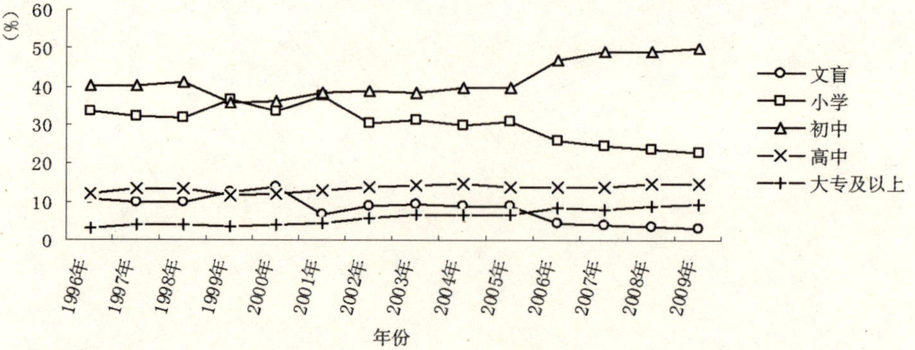

图 3~10　东部地区总就业人口中各受教育阶段人口所占比重变动状况

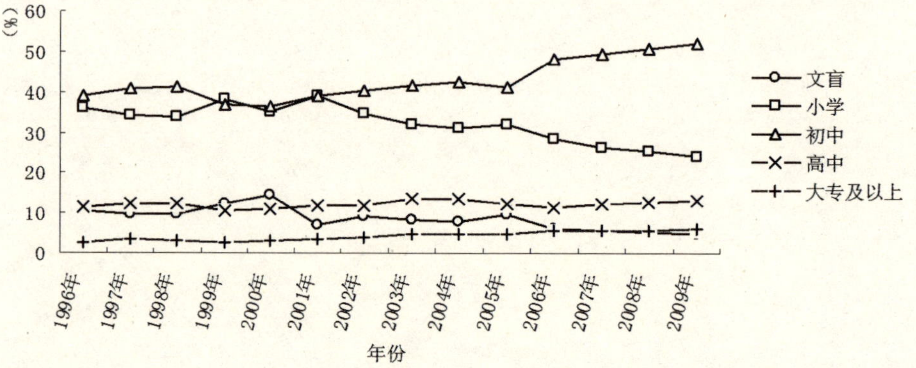

图 3~11　中部地区总就业人口中各受教育阶段人口所占比重变动状况

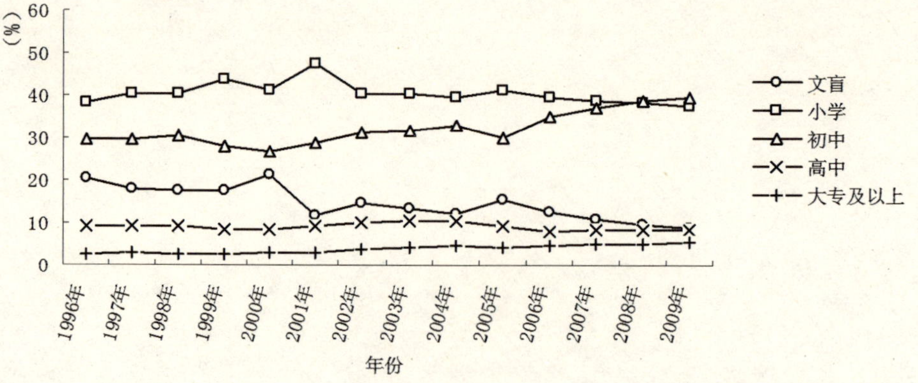

图 3~12　西部地区总就业人口中各受教育阶段人口所占比重变动状况

第四章

生产要素内部投入结构变动影响经济增长的测度模型

为了能够以理论和现实两方面的基础为指导，对生产要素内部投入结构变动对于我国经济增长的影响展开实证探索，并借此来增强实证研究的理论说服力和实证结果的可信度，在进行具体的实证分析之前，建立生产要素内部投入结构变动影响我国经济增长的测度方法，显得尤为必要。而在此之前，对已有的相关测度方法进行介绍和评价，则是一个不可缺少的环节。

第一节 代表性测度方法评介

从已有研究来看，关于要素再配置效应的度量方法，与测度生产要素内部投入结构变动对于经济增长影响所能够采用的方法最为接近，并且也曾为一些学者所采用过。而在这其中，被广泛接受和采用过的又具体包括以下三种：转移—份额法（Shift-Share Analysis）、索洛余值分解法和全要素生产率差额法。当然，这三种方法在模型的设计和分析视角的选择上存在着一定的不同，但是从根源上来讲，其都是以要素产出效率在产业或部门间存在差异为基础建立起来的。而且，尽管前两种方法重点分析的是产业间的要素再配置效应，后一种方法重点关注的是部门间的要素再配置效应，但是对于该三种方法而言，无论是分析国家、产业间的要素再配置效应，还是分析部门间的要素再配置效应，同样都是能够适用的。

一、转移—份额法

转移—份额法（Shift-Share Analysis）最早由 Fabricant（1942）[109] 分析劳动要素的部门间流动对于其自身生产率水平所形成的效应时提出，并经由 Massell（1961）基于新古典经济增长模型对其进行扩展后[110]，建立起的一套考察产业间和产业内结构性变动背后所发生的资本和劳动两个生产要素的流动，对于各要素自身生产率水平如何产生影响以及产生何种影响的方法。它将要素（平均）生产率的增长解释为全部是由技术的变革所引起的。而经过这样的处理，也就可以把技术变革对于经济增长的影响完全归因于其是通过引起生产要素的产出和配置效率发生了变化，继而不仅增强了理论上的说服力，也大大降低了实证分析上的难度。进一步来说，关于技术变革对于要素生产率增长的影响，又可具体分解为产业间要素

再配置所带来的贡献和产业内要素生产效率水平改进所带来的贡献两个部分。此外，产业间要素再配置所带来的贡献又可进一步细分为要素的静态转移效应和要素的动态转移效应两个部分。从实践上来看，由于该方法对于数据上的要求并不十分苛刻，并且求解起来也相对比较容易，因此国内学者在分析我国产业结构、部门结构变动对于要素生产率水平，以及对于经济增长所产生的影响时，多采用的是该种方法。

从模型的具体形式上来看，在下述的（1）式中，假设 g 表示某一时期内要素生产率水平的总体增长率，G 表示某种要素在三次产业内的总体生产率水平（要素包括资本和劳动两种），下标 0 表示初始时期，t 表示期末，i 表示（三次）产业，i=1，2，3，Si 表示产业 i 内某种要素的投入量占该要素在三次产业内投入总量的比重。则转移—份额法的模型形式可表述为：

$$g=\frac{G_t-G_0}{G_0}=\frac{\sum_{i=1}^{3}G_{i0}(S_{it}-S_{i0})}{G_0}+\frac{\sum_{i=1}^{3}(G_{it}-G_{i0})(S_{it}-S_{i0})}{G_0}+\frac{\sum_{i=1}^{3}(G_{it}-G_{i0})S_{i0}}{G_0} \quad (1)$$

其中，（1）式左边的两项表示要素生产率水平在 t 时期内的总体增长率。（自左边数第三项起）右边第一项表示要素的静态转移效应，它反映了在各产业内要素生产率水平保持不变的条件下，要素从低生产率水平产业向高生产率水平产业流动所引起的要素生产率增长；右边第二项表示要素的动态转移效应，它反映了在各产业内要素生产率水平发生改变的情况下，要素从低生产率水平产业向高生产率水平产业流动所引起的要素生产率增长；右边第三项表示产业内的增长效应，它反映了在产业结构不发生变动的情况下，各产业内要素生产率增长的加权平均值。Massell（1961）认为，经过这样的分解之后，（1）式右边的前两项之和，恰好就反映了产业结构变化对于要素生产率所形成的总增长效应，也即资本和劳动两个生产要素在产业间的流动对于其自身生产率水平和整体经济增长所形成的结构效应[110]。

然而需要注意的是，因为所采用的是新古典分析方法，因此在 Massell（1961）的整个分析过程中，技术水平的变化被设定为了满足希克斯中性[110]*，

* 新古典经济增长模型出现以后，关于各种不同性质的技术进步，经济增长理论界已

而且推动经济增长的生产要素被界定为只包括资本和劳动两种，总生产函数的性质也被假定为满足规模收益不变。应该说，这几个相对严格的假设前提虽较为有效地降低了理论分析上的难度，并且也方便了对于模型的构建，但同时也带来了一些问题。其主要体现在以下三个方面：第一，转移—份额法的计算结果并没有囊括结构变化对于生产率增长所产生的全部影响，因为这种方法不能反映规模收益递增的作用（吕铁，2002）[87]。这主要是在于，收益递增除了包括技术进步所带来的动态收益之外，还包括劳动分工和专业化水平不断深化所产生的静态收益。因此，如果由于这两种收益的存在，使得不同产业间在规模收益上存在一定的差异，并且资本和劳动要素出现了向高规模收益水平的产业转移，那么产业结构变化对于要素生产率所产生的实际影响，就会大于依据转移—份额法所得到的结论；第二，在只考虑资本和劳动两个生产要素的情况下，容易偏估产业间的结构效应和产业内的增长效应，因为劳动者自身人力资本水平上的变化，也会影响到劳动的产出效率，特别是当劳动者的人力资本水平提高时，往往会相应地促进其自身的生产率水平的提高。而且即便是退一步来讲，即应用该方法所提供的逻辑思路，从人力资本层次结构变动的角度入手，构建人力资本内部投入结构变动影响经济增长的转移—份额分析法，在逻辑上是能够行得通的。但其要以能够获取到各层次人力资本生产率水平方面的数据为前提，然而，现实中的相关统计资料在这方面并不能够提供切实的帮助；第三，尽管转移—份额法将要素生产率的增长解释为要素的静态转移效应、要素的动态转移效应和产业内的增长效应三个方面所促成，并且

经形成了共同的术语。这其中主要包括三种：（1）Y=F(K，AL)，称为具有哈罗德中性技术进步的生产函数或具有劳动节约型技术进步的生产函数，表明技术进步只会对劳动的生产效率产生影响；（2）Y=AF(K，L)，称为具有希克斯中性技术进步的生产函数，表明技术进步不会对资本和劳动的产出效率产生影响；（3）Y=F (A K，L)，称为具有索洛中性技术进步的生产函数或具有资本节约型技术进步的生产函数，表明技术进步只会对资本的产出效率产生影响。在现实中，为分析上的方便，多将技术进步设定为满足希克斯中性。

Massell（1961）还认为，只有产业内的生产率增长才是真正意义上的技术变革所推动的[110]，但是按照转移—份额法的分析思路，所谓真正意义上的技术变革所带来的增长效应，应很大程度上是由生产要素在产业内各部门间的流动而促成的。而且从现实来看，在产业结构不断发生变化的过程中，本身就包含着产业内各部门间的结构性变动。因此对于某一产业而言，其内部生产率水平的变化，自然也就包含了要素在产业内各部门间流动所带来的影响。在这种情况下，再将要素生产率水平的变化解释为产业间和产业内要素流动所形成的综合影响，就会产生重复计算产业内增长效应的嫌疑。

当然，正如前文所述，资本和劳动两个生产要素在内部投入结构上的变动，除了与三次产业内原有资本和劳动存量在产业间的重新配置有关外，还与社会新创造（和引进）的资本和劳动要素被更多地投向某些产业之有关。所以对于转移—份额法而言，虽是为了测度资本和劳动两个生产要素在产业间的再配置，以及这种再配置对于要素自身产出效率所形成的影响而建立起来的，实际上测度的却是资本和劳动两个生产要素内部投入结构上的变动，以及这种变动对于要素自身产出效率所形成的影响。但是应该说，上述三方面问题的存在，终究还是决定了其并不能够作为测度生产要素内部投入结构变动对于经济增长影响的最佳方法。

二、索洛余值分解法

（一）索洛余值法

该方法最早由美国经济学家罗伯特·索洛（Robert M. Solow，1957）所建立。经过一系列地严格推导，索洛证明了，在仅存在资本和劳动两种生产要素投入，以及在技术进步满足希克斯中性的基本前提下，技术进步引致总产出水平的变动率可表示为产出增长率中扣除资本和劳动两者贡献后的余额[111]。

具体来说，假设 Q 代表经济的总产出水平，K 和 L 分别代表资本和劳

动两个生产要素的投入量，那么加总的生产函数就可表述为如下形式：

$$Q = F(K, L; t) \tag{2}$$

需要指出的是，在上式中，加入时间趋势 t 的目的是为了能够允许技术水平发生变化。而如果技术进步满足希克斯中性，即其不仅独立地影响总产出，而且也不会改变工资和利润两者在国民收入中所占的相对份额，那么（2）式中的模型就可进一步地表述为：

$$Q = A(t) f(K, T) \tag{3}$$

式中的 A（t）代表具有希克斯中性的技术进步。此外，对（3）式左右两边分别关于时间 t 进行求导，并分别除以总产出水平 Q 以后，就可以得到：

$$\frac{\dot{Q}}{Q} = \frac{\dot{A}}{A} + \omega_K \frac{\dot{K}}{K} + \omega_L \frac{\dot{L}}{L} \tag{4}$$

其中，$\dot{Q}$、$\dot{A}$、$\dot{K}$、$\dot{L}$ 分别代表总产出水平、技术进步水平、资本投入、劳动投入关于时间 t 的导数（其各自的绝对变动量）。$\frac{\dot{Q}}{Q}$、$\frac{\dot{A}}{A}$、$\frac{\dot{K}}{K}$、$\frac{\dot{L}}{L}$ 分别代表总产出水平、技术进步水平、资本投入以及劳动投入的增长率（其各自的相对变动量）。$\omega_K = \frac{\partial Q}{\partial K}\frac{K}{Q}$，$\omega_L = \frac{\partial Q}{\partial L}\frac{L}{Q}$，两者分别代表资本和劳动的产出份额（边际产出弹性）。

此外，等式右边的第二项是资本产出份额与资本增长率的乘积，代表总产出增长率中的资本贡献；右边第三项是劳动产出份额与劳动增长率的乘积，代表总产出增长率中的劳动贡献。可以发现，索洛至此就证明了技术进步引致总产出水平的变动率等于产出增长率中扣除资本和劳动两者贡献后的余额这一论断。与此同时，上述这一套关于技术进步对于经济增长贡献的度量方法，为后来的学者称之为索洛余值法。索洛所推导出的这一广义技术（进步）贡献，也被称之为索洛余值，也即我们通常所说的全要素生产率。

应该说，索洛余值法避开了对生产函数具体形式的讨论，而更多关注

的是函数的相关性质，这使得该方法具有了非常广泛的适用性。但是应该注意到的是，对于索洛余值法而言，在模型的设计上也存在着明显的缺陷和不足。其具体表现为，技术进步对于产出增长的贡献只被界定为产出增长中扣除资本和劳动两个生产要素贡献份额之后的"余值"，因此可以说，该"余值"实际涵盖了任何可能导致生产函数发生变动的因素。然而在现实中，并非资本和劳动两种要素之外的任何导致总产出增长的因素都可归结为技术进步。这也就意味着，由于索洛余值里面所包含的因素过于广泛，所以也就不能够准确地反映出技术进步给经济增长所带来的真正贡献，特别是对于中国这样一个处于转型经济时期的发展中国家来说，由于现实中影响经济增长的因素本身有很多，故而问题更是如此。

（二）索洛余值分解法

鉴于索洛余值中所包含的内容过于广泛，因此对其进行进一步的细化和分解，进而使索洛余值更加趋近于现实中技术进步对于经济增长的影响，也就显得十分必要。索洛余值分解法（或称作全要素生产率分解法）正是基于此种背景而得以产生。具体而言，该方法就是在索洛所展开的传统分析之基础上，将一系列非技术因素对于经济增长的影响从索洛余值中分解出来。

首先，在考虑除资本和劳动两个生产要素以外的其他非技术因素的情况下，将索洛的加总生产函数设定为如下扩展形式：

$$Q = F(K, L, X_t; t) \tag{5}$$

其中，Q 代表经济的总产出水平，K 和 L 分别代表资本和劳动两个生产要素的投入量，X_t=（x_{1t}，x_{2t}，...，x_{Nt}），代表其他一些影响经济增长的非技术因素。

其次，通过做出技术进步满足希克斯中性的假定，按照索洛余值法所给出的推理逻辑，可经过逐步地推导，从（5）式中得到：

$$\frac{\dot{Q}}{Q}=\frac{\dot{A}}{A}+\omega_K\frac{\dot{K}}{K}+\omega_L\frac{\dot{L}}{L}+\omega_{x_{1t}}\frac{\dot{x}_{1t}}{x_{1t}}+\ldots+\omega_{x_{Nt}}\frac{\dot{x}_{Nt}}{x_{Nt}} \tag{6}$$

在该式中，$\omega_{x_{it}}=\frac{\partial Q}{\partial x_{it}}\frac{x_{it}}{Q}$（$i$=1，⋯，$N$），分别代表非技术因素$x_{it}$的产出份额，$\dot{x}_{it}$代表$x_{it}$关于时间$t$的导数，$\frac{\dot{x}_{it}}{x_{it}}$代表$x_{it}$的投入增长率。除此之外，其他各项的含义均与其在（4）中所代表的基本含义相同。

但是需要注意的是，这里面的技术进步 A 与其在索洛模型中所包含的内容并不相同，因为经过相对于（4）式的进一步分解以后，很多影响经济增长的非技术因素已经从索洛余值中被分离了出来，继而使得索洛模型中的广义技术进步在范围上得到了缩小，当然也更加地贴近了现实中的狭义技术进步。而且更为重要的是，经过进一步的分解以后，对各种非技术因素及其变动对于经济增长的影响展开实证考察，也在事实上成为了可能。我们知道，在索洛早期所开展的分析中，总产出函数被赋予了 C–D（柯布－道格拉斯）生产函数所具有的基本性质。这也同样适用于基于索洛余值分解法所得到的总产出函数。因此，在实证分析中，就可具体以所建立的扩展型 C–D 生产函数为基础，来考察一系列非技术因素及其变动分别对于经济增长所产生的影响。如 Chenry（1986）[7] 在对多国之间的经济增长问题进行比较时，最早使用的就是该方法，并以该方法为基础，将产业间的要素流动等一些影响经济增长的非均衡因素引入到了新古典增长模型之中 *。而且自本世纪以来，这种方法逐渐被应用得愈加广泛。从我国国内来看，邱晓华等人（2006）曾考虑过人力资本要素、结构性因素和制度因素的投入及变动对于我国经济增长的影响，并基于索洛余值分解法，将经济增长模型具体设定为如下形式：

$$Y=F(K,L,ST,HC,ZD)=K^{\alpha}L^{\beta}ST^{\eta}HC^{\varepsilon}ZD^{\theta} \tag{7}$$

在上式中，Y、K、L 、ST、HC、ZD 分别代表总产出水平、资本投入量、劳动投入量、结构性变动（在该模型中，以第一产业增加值占三次产业总

---

* 在 Chenry（1986）[7] 看来，这种非均衡的增长现象不仅在发展中国家大量存在，而且其在发展中国家还具有着长期性的特征。

增加值比重来代表）、人力资本投入量和制度创新水平，α、β、η、ξ、θ 则分别代表资本、劳动、结构性变动、人力资本和制度创新的边际产出弹性[21]。经过两边对数化处理后，就可结合现实中反映各变量的相关数据来对该模型展开具体的回归分析，从而得到各变量的边际产出弹性估计值。

需要指出的是，以这种形式来对索洛模型中的广义技术进步进行拆分，还存在着一定的不合理性。正如上面的推导过程中所呈现的那样，经过对索洛余值进行分解以后，很多非技术因素被以资本和劳动影响经济增长的同等方式加入了新古典增长模型之中。而这也就意味着，对于这些因素而言，也可看作是除资本和劳动以外影响经济增长的其他生产要素，因为（7）式中模型的具体形式表明，这些因素及其自身上的变动，也会直接地对经济的总产出产生影响，而且其作用于总产出的机制也与资本和劳动两个生产要素完全相同。然而应该说，尽管将人力资本以资本和劳动相等同的形式加入到新古典增长模型之中是切实可行的*，但是在传递机制上来看，对于制度变迁、结构变动等其他一些因素来说，其先是通过作用于资本、劳动和人力资本三个生产要素，才对经济增长产生影响的。而且根据制度的基本功能和要素再配置效应理论的基本内涵，可以进一步地确定，这些因素及其自身上的变动之所以会影响经济增长，往往更多地在于其会在很大程度上改变生产要素的产出效率水平**。也正如黄少安和韦倩（2010）[112]在考察制度如何影响经济增长时所指出的那样："我们认可制度对经济增长的巨大促进作用，但是，如果将制度因素作为显性变量或解释变量出现在生

* 就微观的角度而言，这正好反映了资本、劳动和人力资本三者之间的非完全替代性。

** 当然，对于制度、基础设施条件、产业结构等诸多因素以及其自身上的变动，是通过影响生产要素的投入和生产要素的产出效率两个方面来作用于经济增长的。但是由于现实中各生产要素的投入数量能够被直接观测到，因此为简化实证分析，可将其作为给定的外生变量。相比之下，前述这些因素及其变动对于生产要素产出效率所具有和形成的实际影响，则是我们在实证研究中所需要重点进行估算的。然而需要注意的是，这并不与"制度更是第一生产力"这一科学命题相违背，因为尽管制度是通过作用于生产要素才对经济增长产生影响的，但是这种影响之所以能够形成，恰恰又在于其会在很大程度上影响生产要素的产出效率。

产函数中，可能会遇到一个问题——因为我们常常发现，制度是通过影响其他要素间接影响经济增长的，比如物质或人力资本的投入，技术水平的提高，对人类行为的激励等*。”这也就是说，在实际的经济运行当中，不管制度设计得再怎样好，整体的经济结构搭建得再怎么合理，如果没有生产要素的投入在其中作为核心的纽带和前提，那么这些因素都只会变为空中的楼阁，并不能够对经济增长产生任何实质性的影响。这类似于、也反映了我们日常所说的“巧妇难为无米之炊”的道理。

反观（7）式中模型的具体形式，首先，如果我们对该模型进行拆分，继而将资本（*K*）、劳动（*L*）和人力资本（*HC*）三个生产要素引致的经济产出从该模型的左右两边移出，那么我们能够发现，拆分后的模型昭示了，所剩下的结构变动（*ST*）和制度创新水平（*ZD*）两个变量，也会独立地对经济总产出产生影响，违背了“巧妇难为无米之炊”这一道理；其次，如果假设某一时期内各生产要素的投入为非0的正数，但该时期内并没有发生结构性变动和制度创新（也就是衡量结构变动和制度创新的指标在数量的表现上为0），那么依据（7）式中的生产函数增长模型可知，该一时期内的经济总产出将等于0，明显有悖于现实中所发生的经济增长事实**。

更进一步而言，对于索洛模型来讲，其最初将生产要素界定为只包括资本和劳动两种，根本的原因可能也在于此。因为对于索洛本人而言，不可能没有发现和注意到制度和结构等因素对于经济增长的重要作用。而且从时间脉络上来看，人力资本这一重要的生产要素被发现和提出，也是继索洛之后的事情。因此我们可以推断，将生产要素仅界定为资本和劳动两种，将其他影响经济增长的因素全部归结为广义上的技术进步，是索洛当

* 黄少安，韦倩.《合作与经济增长》[J].《经济研究》,2011,(8):54.

** 当然，如果把生产要素内部投入结构因素以索洛余值的形式加入到模型(7)之中，同样会产生类似的问题，因为我们知道，在只存在传统农业耕作活动的远古时期，即便二、三产业内资本和劳动投入（及其占整个社会资本和劳动总投入的比重）均为0，以及即便是当时所有劳动力自身的人力资本水平都很低，以至于我们可将受过教育人口占总劳动人口的比重看作为0，当时的社会总产出水平也并非等于0，而是实实在在存在的。

时有意而为之，而并非没有意识到或不经意间忽略掉了。

三、全要素生产率差额法

该方法最早由 Syrquin（1986）提出，在他看来，总产出水平和要素生产率水平的增长可以在三组相互作用的供给要素的变化之中得到说明：(1) 要素投入上的变化，即资本的积累和就业的扩大；(2) 部门内要素利用效率的提高，即部门内全要素生产率的增长；(3) 要素资源在各部门之间的再配置[9]。而这也就意味着，对于要素再配置效应而言，在数值上也就等于经济总体全要素生产率增长率中扣除各部门全要素生产率增长率加权平均值后的余额。

具体而言，对于各经济部门总产出的增长来说，如果用一个规模收益不变和具有希克斯中性技术进步的 C–D 生产函数来进行刻画的话，就可将其表述为如下形式*：

$$G_{Yi}=v_i\,G_{K\,i}+(1-v_i)G_{L\,i}+\lambda_i \tag{8}$$

在该式中，i 代表现实中的各经济部门，G_{Yi}、$G_{K\,i}$、$G_{L\,i}$、λ_i 分别代表部门 i 内的总产出水平 Y_i、资本 K_i、劳动 L_i 和全要素生产率的增长率。而 V_i 则代表资本的产出份额。

能够发现，在（8）式的基础上，我们可将经济的总产出增长重新描述为下面的形式：

$$G_Y=\sum\rho_i\,G_{Yi}=\sum\rho_i v_i\,G_{K\,i}+\sum\rho_i(1-v_i)G_{L\,i}+\sum\rho_i\,\lambda_i \tag{9}$$

其中，$Y=\sum Y_i$，代表经济各部门的总产出水平，$\rho_i=Y_i/\sum Y_i=Y_i/Y$，代表部门 i 的产出在经济总产出中所占的比重。

另一方面，根据（8）式，总产出增长函数还可表述为如下形式：

* 如果放开规模收益上的假设来展开讨论的话，那么这里和下面的分析逻辑以及其间所得到的基本结论也是同样适用的。

$$G_Y = vG_K + (1-v)G_L + \lambda \tag{10}$$

其中$K=\sum K_i$，$L=\sum L_i$，$v=\sum \rho_i v_i$，λ则代表经济总体全要素生产率的增长率。

Syrquin（1986）认为，经济总体全要素生产率的增长，来自于两方面的贡献：一是各经济部门内全要素生产率的增长；二是要素流动所带来的要素配置效率的改善[9]。所以，如果将要素再配置效应定义为TRE，那么依据（9）式和（10）式就可得到：

$$TRE = \lambda - \sum \rho_i \lambda_i = \sum \rho_i v_i (G_{K_i} - G_K) + \sum \rho_i (1-v_i)(G_{L_i} - G_L) \tag{11}$$

根据上式可知，对于要素再配置效应而言，其具体由两个部分组成：资本再配置效应和劳动再配置效应。与此同时，如果我们将 $v_i = \frac{MPK_i \times K_i}{Y_i}$ 代入上式，那么就可进一步得到：

$$TRE = \frac{1}{Y}[\sum \dot{K}_i (MPK_i - MPK) + \sum \dot{L}_i (MPL_i - MPL)] \tag{12}$$

在上式中，MPK_i 和 MPL_i 两者各自代表部门 i 内资本和劳动的边际产出弹性，$\dot{K}_i$ 和 $\dot{L}_i$ 分别代表部门 i 内资本和劳动要素的绝对变动量。从该式中各项的具体含义上来看，其无疑说明了，当某一部门内要素的边际产出弹性大于其在经济总体中的边际产出弹性时，生产要素向该部门的流动，就会提高其自身的整体配置效率，并促进整体经济效率的改善和经济总产出的增长。在实践方面，Timmer 和 Szirmai（2000）[14]、曾先锋和李国平（2011）[91]都曾采用过该方法。而且与索洛余值法相类似，自进入本世纪以后，该方法也逐渐被采用得愈加广泛。

我们知道，对于生产要素内部投入结构上的变动而言，很大程度上是由生产要素在产业或部门间的再配置所引起和促成的，因此从这一角度来讲，如果以要素再配置效应来近视地代表生产要素内部投入结构变动对于经济增长的影响，那么在某种意义上来说也是可以接受的。然而我们又不难发现，对于这一方法而言，尽管在求解的过程中始终坚持以索洛所建立

的两要素经济增长模型为基础，但是在求解逻辑思路上，却是以要素再配置效应影响代表广义技术进步的全要素生产率为导向。因此可以说，其与索洛余值分解法并不存在本质上的差别。而这也就意味着，以该种方法来衡量要素内部投入结构变动对于要素的产出效率以及经济增长的影响，也是不尽合理的。

第二节　变产出弹性生产函数的修正和论证

一、变产出弹性生产函数的提出

该函数最早由刘伟和李绍荣（2002）提出，他们认为，技术、资本和劳动是在一定的产业结构中被组织一起进行生产的，对于给定的技术、资本和劳动，不同的产业结构会导致不同的生产[2]。这里所蕴含的基本逻辑是，生产要素必须要借助于市场的自发调节和政府的行政手段，才能够被配置到一定的产业组织结构当中，继而发挥其生产的作用和功能。与此同时，在现实中，不同的产业组织结构，往往又会影响到生产要素的配置和产出效率，因此，当经济体中的产业结构发生变动时，就很可能会改变各要素自身的产出效率水平。而对于生产要素的产出效率水平，又可以以其自身边际产出弹性的大小来进行衡量。基于这样一种思路，在考察和分析产业结构变动为何会影响我国经济增长，以及产业结构变动对于我国经济增长究竟产生了何种影响时，他们对传统的新古典增长模型进行了相应扩展，继而构建了具有变产出弹性特征的生产函数模型。其具体做法为：令 Y 代表经济的总产出水平，A 代表技术进步水平，$x_i = X_i / Y$（$i = 1, 2, \cdots, k$），表示各产业内的产出占经济总产出的比重，并进一步应用这个指标代表第 i 个产业在整个产业结构中的大小。那么，

由 C- D 生产函数可知，把产业结构视为影响要素产出效率的制度性因素的生产函数为：

$$Y = AK^{a_1x_1+a_2x_2+\ldots+a_kx_k} L^{\beta_1x_1+\beta_2x_2+\ldots+\beta_kx_k} e^{\gamma_1x_1+\gamma_2x_2+\ldots+\gamma_kx_k} \quad (13)$$ [2]*

尽管该函数将产业结构视为影响要素产出效率的制度性因素，尚存在一定的不合理性。但是与先前研究所不同的是，其更加准确地描述了诸如产业结构等一些结构性因素的变动影响经济增长的内在逻辑。当然，从具体的设计上来看，该函数还存在以下三方面的不足：一是该函数虽主要考虑的是产业结构这一结构性变量，但没有进一步地展开深层次的探索，因而也就没有能够将产业结构变动影响经济增长的传递机制解释透彻。因为正如本书在前面所提到的那样，在产业结构发生变动的背后，暗含的是资本和劳动两个生产要素内部投入结构上的变动。而根据要素再配置效应理论又可以进一步推知，产业结构变动之所以会影响经济增长，主要就在于其背后所发生的资本和劳动两个生产要素内部投入结构的变动，会对该两种要素自身的产出效率水平产生影响；二是该函数没有考虑人力资本这一要素，更没有进一步地考虑人力资本结构因素。而按照人力资本理论和人力资本结构理论，作为资本和劳动以外又一项重要的生产要素，人力资本的整体投入水平，以及其内部投入结构上的变动，都很可能会对经济的总产出产生影响；第三，在考虑产业结构变动影响资本和劳动产出效率水平

---

* 这里的 A 没有包括时间趋势 t，是表示将技术水平设定为保持固定不变，且具有规模收益不变的性质。即在数量表现上来看，A 代表着一个常数，在理论表现上来看，A 自身所发生的某一单位的相对变化，会引致总产出水平 Y 发生同等单位的相对变化。需要说明的是，这样的设定有两点主要原因：一是就技术本身而言，其具体包括哪些因素很难进行界定，因此关于技术进步水平，无法在数量上进行准确的反应。虽然索洛曾将技术进步水平设定为 $A(t)=e^{rt}$ 或 $A(t)=(1+\gamma)^{t}$ 两种具体形式，但是其是建立在总产出水平的增长率保持固定不变的前提假设下。然而在现实中，经济的总产出水平往往并非保持着固定的增长率；二是对于技术的这种设定，主要是为了实证分析上的方便，因为在希克斯中性的假设下，技术水平对于经济增长的影响在数量上也就等于基于回归分析所得到的常数项。当然，这种设定是有待商榷的，因为从现实来看，对于世界上任何一个国家而言，其国内的技术水平都是在不断发生变化的。

的同时，该函数又借助于索洛余值分解法将产业结构分解成为直接影响经济增长的一项要素*，而从索洛余值分析法的分析中我们知道，这是缺乏理论和事实根据的，而且从某种意义上来讲，还仅仅是起到了画蛇添足的作用。

然而值得我们充分给予肯定的一点是，诚然存在着上述一系列的缺陷和不足，但是该模型的提出和建立，无疑为后来的相关研究提供了一个全新的视角和思路，并且也在某种程度上推动了新古典经济增长理论的进一步向前发展。而这其中所略显遗憾的是，尽管刘伟和李绍荣在 2002 年就提出并建立了该模型，但是截止到目前为止，其重要的理论和现实意义也尚未能够赢得国内外学者的高度重视。只有郑若谷、干春晖等（2010）曾借鉴过该模型，考察了产业结构变动和制度变迁对于我国经济增长的影响[113]**。

二、函数的修正及其合理性论证

（一）函数的修正

正如上面所提到，在发生作用的机制上来看，产业结构变动之所以会影响经济增长，主要就得益于其背后发生的生产要素内部投入结构的变动，

* 因为将（13）式两边进行对数化处理后，其就会变为如下的线性形式：

$$\log Y=(a_1x_1+a_2x_2+\ldots+a_kx_k)\log K+(\beta_1x_1+\beta_2x_2+\ldots+\beta_kx_k)\log L+\gamma_1x_1+\gamma_2x_2+\ldots+\gamma_kx_k$$

可以发现，该式中的 $\gamma_1x_1+\gamma_2x_2+\ldots+\gamma_kx_k$，就是基于索洛余值分解法而从广义技术进步中所拆分出来的结构性因素。虽然从其在模型中的具体表现形式上来看，其与总产出水平之间表现为线性对数的关系，但是不管怎么说，这些结构性因素还是与取对数后的总产出水平之间具有着线性关系。因此该模型无疑昭示了，对于这些因素及其自身的变动而言，除了会通过作用于生产要素而影响总产出之外，也会像生产要素一样直接地对总产出产生影响。这也就是说，（13）式中关于生产函数形式的设定，在实现将这些因素及其自身的变动影响经济增长的传递机制解释为是通过引起生产要素产出效率水平发生变动的同时，也使得这些因素成为了能够直接影响经济增长的“生产要素”。

**在郑若谷等(2010)[114]所构建的模型中，除了产业结构是以三次产业产值占社会总产值的比重和三次产业就业人口占社会总就业人口的比重进行综合衡量之外，关于产业结构和制度因素变动对于经济增长所具有和形成的实际影响，在理论上的设计与刘伟和李绍荣（2002）[2]的思路基本一致。

而生产要素内部投入结构变动之所以会影响经济增长，又主要是因为在现实中，不同产业之间往往具有着不同的产出效率水平，亦即“结构红利”是普遍存在的。与此同时，人力资本结构理论的出现以及其理论体系的趋近成熟，也使得我们开始逐渐认识到，当一个国家（或地区）的整体教育（层次）结构发生调整和变动，继而引致劳动人口的人力资本结构发生改变以后，也很可能会对人力资本自身的产出效率水平，以至对整体的宏观经济增长产生实质性影响。因此，以资本、劳动、人力资本三个生产要素内部投入结构的变动会影响各要素自身的产出效率水平为基础，以解决前述（13）式中生产函数模型所存在的三方面主要不足为导向，本书对刘伟和李绍荣（2002）[2] 所建立的生产函数模型进行了修正，继而构建如下的变产出弹性生产函数模型：

$$Y=A(t)K^{a_1k_1+a_2k_2+\ldots+a_mk_m}L^{\beta_1l_1+\beta_2l_2+\ldots+\beta_ml_m}H^{\gamma_1h_1+\gamma_2h_2+\ldots+\gamma_nh_n} \quad (14)$$

这里所需要再次明确的是，在上式中，Y 代表经济的总产出水平，A 代表技术进步水平（当然，在这里同样被设定为了满足希克斯中性），K 代表资本要素的投入量，L 代表劳动要素的投入量，H 代表人力资本要素的投入量；k_1，k_2，…，k_m 分别代表各产业内资本投入占社会总资本投入的比重，l_1，l_2，…，l_m 分别代表各产业内劳动投入占社会总劳动投入的比重，h_1，h_2，…，h_n 分别代表按照教育阶段来进行划分，各教育阶段劳动人口占社会总劳动人口的比重。此外，a_1，a_2，…，a_m 分别代表各产业内资本投入占社会总资本投入比重的单位变动，引致资本总边际产出弹性变化的大小，$\beta 1$，$\beta 2$，…，βm 分别代表各产业内劳动投入占社会总劳动投入比重的单位变动，引致劳动总边际产出弹性变化的大小，$\gamma 1$，$\gamma 2$，…，γn 分别代表各教育阶段劳动人口占社会总劳动人口比重的单位变动，引致人力资本总边际产出弹性变化的大小。

（二）关于函数合理性的论证

理论上来讲，生产要素内部投入结构上的变动会对经济增长产生影响，

可以以两种极端情形来给予直观体现：一是在技术进步的速度，以及资本、劳动和人力资本三个生产要素的投入增速保持不变的条件下，各生产要素内部投入结构的变动引起了总产出增长速度的变化；二是在技术水平，以及资本、劳动和人力资本三个生产要素各自的投入量均保持不变的条件下，各生产要素内部投入结构的变动，引起了总产出水平的变化。这也就意味着，只要我们能够证明上述（14）式中所设定的模型能够很好地对该这两种情形作出直观解释，那么在某种程度上而言，该模型的设定就是相对合理的。

首先来考虑第一种情形。在这一证明过程中，本书借助了索洛余值法的推导思路和逻辑。如转移——份额法中所描述的那样，在只存在资本和劳动两个生产要素的基本假设下，索洛给出了加总生产函数的一般性形式。借鉴于该函数的形式，当存在资本、劳动和人力资本三个生产要素的情况下，对于总产出函数而言，可具体设定为如下的扩展形式：

$$Q = F(K, L, H; t) \tag{15}$$

该式中的变量 Q，K，L 和 t，与其各自在索洛模型中所代表的基本含义相同，H 代表人力资本要素的投入数量。

我们同样进一步地做出技术进步满足希克斯中性的假设，那么与（2）式向（3）式的变换思路相一致，对于（15）式而言，在该一假设下也可进一步地表述为：

$$Q = A(t)F(K, L, H) \tag{16}$$

更进一步地来说，对（16）式而言，将其左右两边分别对于时间 t 求导，并对求导后所得到的模型中各项分别除以总产出水平 Q 之后，就会得到如下的等式关系：

$$\frac{\dot{Q}}{Q} = \frac{\dot{A}}{A} + \omega_K \frac{\dot{K}}{K} + \omega_L \frac{\dot{L}}{L} + \omega_H \frac{\dot{H}}{H} \tag{17}$$

在该式中，$\omega_H = \dfrac{\partial Q}{\partial H}\dfrac{H}{Q}$，代表人力资本的产出份额，也即人力资本的边

际产出弹性，$\frac{\dot{H}}{H}$代表人力资本投入的增长率。除此之外，该式中其他各项所代表的含义均与其在公式（4）中所代表的基本含义相同。

在此基础上，引入技术进步速度、资本、劳动以及人力资本投入增速均保持固定不变这一前提假设，结合第一种情形中所作出的结论性假设可知，在此情况下，当资本、劳动以及人力资本三个生产要素的内部投入结构发生变动之后，也会影响经济的总产出水平，并且会改变总产出水平的增长速度。从（17）式来看，这种也就意味着，在 $\frac{\dot{A}}{A}$、$\frac{\dot{K}}{K}$、$\frac{\dot{L}}{L}$、$\frac{\dot{H}}{H}$都没有发生改变的情况下，由于生产要素内部投入结构上的变动，同样造成了总产出增长率$\frac{\dot{Q}}{Q}$的变化。与此同时，依据（17）式及其各项的具体形式可以发现，此时总产出增长率变化能够出现的最为合理和可能的解释，就是在此期间，由于生产要素内部投入结构上的变动，使得三个要素自身的边际产出弹性 ω_K、ω_L 和 ω_H 发生了改变。而从本书在（14）式中所设定的模型及其具体形式来看，无疑能够很好地说明这一点。

其次来考虑第二种情形。在这一证明过程中，本书采用先验性地设定出总产出函数的具体形式，然后再进行逐步推导和证明的逆向逻辑。我们知道，C–D 生产函数因满足索洛为总产出函数所规定的各类相关性质，因此不仅为索洛本人所采用，同时也被后来的国内外很多学者所采纳。而按照索洛余值法中所给出的推导思路，当技术水平保持固定时，我们就可将加总的生产函数具体设定为如下的简化 C–D 形式：

$$Y = AK^{\alpha}L^{\beta}H^{\gamma} \tag{18}$$

在此基础上，引入资本 K、劳动 L 和人力资本 H 三个要素的投入量均保持固定不变的前提假设，结合第二种情形中所作出的结论性假设可知，在这种情况下，当三个生产要素的内部投入结构发生变动时，也会引起总产出水平的变化。我们暂且将这种变化描述为总产出水平 Y 从 Y_1 变为了 Y_2。而从（18）式中生产函数的具体形式上来看，当 K、L 和 H 都保持固定不变时，对于总产出水平 Y 的变化，唯一的解释只能是各生产要素的边际产出弹性发生了改变。

即 Y 的变化，只能表现为其是从

$$Y_1 = AK^{\alpha_1}L^{\beta_1}H^{\gamma_1} \tag{19}$$

变为了：

$$Y_2 = AK^{\alpha_2}L^{\beta_2}H^{\gamma_2} \tag{20}$$

可以发现，在上述（18）式中所设定的函数形式下，除了生产要素边际产出弹性的变动之外，不存在任何可能导致总产出水平发生变化的其他途径和方式。这也就是说，在技术水平 A，以及资本 K、劳动 L 和人力资本 H 三个要素的投入量全部保持固定不变的情况下，生产要素内部投入结构上的变动，也应是通过引致各要素边际产出弹性的改变，来作用于经济的总产出，继而影响经济增长的。而从本书所设定的变产出弹性生产函数模型来看，也能够较为合理地说明这一点 *。

* 从相关的实践探索上来看，黄少安等人（2005）曾对 1949~1978 年我国大陆地区土地产权制度变迁对农业经济增长的影响进行了实证研究，并得到在 1949~1952、1953~1958、1959~1962、1963~1978 年的四个历史时期，我国的农业产出效率并不相同这一结果。以这一实证结果为基础，该研究还得到了另外两个较为重要的结论：一是在不同的土地产权制度安排下，所激励的生产要素投入量是不同的，从而农业的总产出也有较大不同；二是在不同的土地产权制度下，尽管投入等量的生产要素和政策要素，农业的产出也会有所不同。与此同时，从他们的回归结果上来看，上述第二个结论中所出现的农业产出的不同，又主要表现为在不同的历史阶段内，各投入要素自身的边际产出弹性发生了改变。这也就是说，虽然这一结论是通过以土地产权制度上的重大变革和调整为切入点，对农业要素投入与农业经济增长之间的关系进行了分阶段的回归后而得到的，但是这里面无疑蕴含了这样一个逻辑：即土地产权制度的变化，会引起农业要素产出效率的变动，而这一变动又主要体现在各要素的边际投入与边际产出之间的关系上，也即体现在各投入要素的边际产出弹性上。美中不足的是，该文将农业生产效率的提高全部解释为是由制度变革所推动的，因而忽略了农业要素内部投入结构等其他因素的变动，对于要素产出效率所具有和形成的实际影响。参见：黄少安，孙胜民，宫明波.《中国土地产权制度对农业经济增长的影响——对 1949—1978 年中国大陆农业生产效率的实证分析》[J].《中国社会科学》，2006,(3):38-47.

三、狭义技术进步的度量

如前所述，对于将技术水平设定为固定不变和以时间趋势来反映技术进步水平这两种方式而言，都是不尽合理的。因为前者是以技术进步对于经济增长的影响保持固定不变且具有规模收益不变的性质为基础，后者是以总产出水平的增长率保持固定不变为基础。而这两个基础很可能都与现实中的情况相左。因此为更加准确地反映出技术进步对于经济增长的实际影响，还有必要对技术进步影响经济增长的具体形式进一步地展开探究。我们知道，依照索洛余值分解法，我们能够从索洛余值中分解出除生产要素以外的一系列影响经济增长的非技术因素，那么通过逆向的思维，从索洛余值中分解出狭义上的技术进步，在实践上也是行得通的。这主要是在于，尽管狭义的技术进步很难在现实中给予准确地衡量和反映，而且对于这种索洛余值分解法所采用的分解方式而言，本身也是不合理的，但是有两方面的现实因素，还是使得将狭义的技术进步从索洛余值中拆分出来成为了可能。首先，对于实施市场经济制度的国家而言，当技术被引进或被成功地开发出来之后，只有再经过进一步地市场交易而逐步得到推广，才能够广泛地应用于生产活动之中，继而发挥出其现实的生产力；其次，与其他影响经济增长的非技术因素不同，自索洛开始，将技术进步设定为具有希克斯中性的性质就广为被接受，并且为众多的学者所采纳。而在满足希克斯中性的条件下，这一狭义技术进步影响经济增长的机制就可描述为独立并等同于生产要素的形式。也就是说，这两方面现实因素的存在，就可使我们将技术进步对于经济增长的影响具体设定为如下形式：

$$Q=A^{\omega}F(K,L,H) \tag{21}$$

其中，A 代表技术在市场中被交易和推广的程度，也即代表现实中相对狭义上的技术进步。除此之外，上式中其他变量的含义均与其在（15）式中所代表的基本含义相同。可以发现，通过对技术进步施以这样的设定后，

就可以脱离掉前述的三个基础假设：首先，去除时间趋势 t 以后，直接就摆脱了总产出增长率保持不变的基本假设；其次，我们知道，在开展实证分析的过程中，该模型会产生一个固定的常数，也就是我们通常所说的全要素生产率，其代表着广义上的技术进步对于经济增长所产生的固定影响。因此，只要实证分析后所得到的狭义技术进步的边际产出弹性估计值大于零，那么就说明技术进步对于经济增长存在着递增效应，反之则存在递减效应，而当其并不显著异于零时，那么就说明技术进步对于经济增长的影响是保持固定不变的。因此通过对狭义的技术进步进行拆分和重新设定后，也就可以摆脱将技术进步对于经济增长的影响设定为保持固定不变和具有规模收益不变性质这两个假设基础的硬性依赖。此外,这里还需要指出和说明的是，经过对狭义的技术进步采取这样的设定以后，前述的（14）式也就可进一步表述为如下形式：

$$Y = A^{\omega} K^{a_1 k_1 + a_2 k_2 + \ldots + a_m k_m} L^{\beta_1 l_1 + \beta_2 l_2 + \ldots + \beta_m l_m} H^{\gamma_1 h_1 + \gamma_2 h_2 + \ldots + \gamma_n h_n} \quad (22)$$

第五章

生产要素内部投入结构变动影响中国经济增长的实证研究

生产要素内部投入结构的变动是否会对我国经济增长产生影响，其具体能够产生哪些实际影响，在现实中，这些影响是否存在区域性差异？只有在前述几章之基础上进一步展开相关的实证研究，我们才能够对这几个问题做出诠释和解答。此外，生产要素内部投入结构影响经济增长的测度模型，是以生产要素投入影响经济增长的新古典增长模型为基础而建立起来的。这就决定了在开展实证研究的过程当中，同时也能够考察生产要素投入对于我国及我国各地区经济增长的影响。

第一节　实证模型设定和样本数据说明

一、实证模型设定

实证模型的设定，应该以相关的经济理论为指导。因此，为全面而有效地增强实证研究的理论说服力，依据第四章扩展和修正后所得到的变产出弹性生产函数模型，在考察生产要素内部投入结构变动对于我国经济增长的影响时，就可具体设定如下的计量经济模型：

$$Y = A^{\omega} K^{\alpha_1 k_1 + \alpha_2 k_2 + \alpha_3 k_3} L^{\beta_1 l_1 + \beta_2 l_2 + \beta_3 l_3} H^{\gamma_1 h_1 + \gamma_2 h_2 + \gamma_3 h_3 + \gamma_4 h_4 + \gamma_5 h_5} e^{\varepsilon} \qquad (23)^{*}$$

---

* 需要给予补充性说明的是，关于包含人力资本的 C-D 生产函数，候亚非 (2000)[114] 最早给出了两个具体形式：一个是将劳动力的平均受教育年限视为与资本和劳动两个生产要素相独立的要素，继而将其作为一个单独的变量放入到生产函数之中，即 $Y = AK^{\alpha} L^{\beta} H^{\gamma}$；一个是将劳动力的平均受教育年限与劳动力的总数量相乘，在此基础上，将该乘积作为一个合并的生产要素放入到传统的 C-D 生产函数之中，即 $Y = AK^{\alpha}(LH)^{\beta}$。应该说，上面两种函数形式，通过两边取对数后都可以对要素的产出弹性进行估计，而为了更加便于分析各生产要素内部投入结构变动对于其各自产出弹性所具有和形成的实际影响，本书选择了第一个形式。

此外，对于人力资本而言，其作用于经济增长的机制较资本和劳动又显得更为的复杂。一般来说，可将其作用于经济增长的途径划分为直接途径和间接途径两大类（也就是直接作用和间接作用）。关于直接途径，主要是指人力资本在水平和结构上的变化，会引起作为人力资本承载主体的劳动力的生产经营效率的改变，继而直接影响到经济增长；关于间接途径，则主要是指人力资本的水平和结构，会很大程度上决定 R&D 活动的活跃程度（经验上来说，人力资本的总水平和平均水平越高，以及高素质人才所占的比重越高，R&D 活动就会表现得越为活跃），继而引起技术进步水平的变化，影响经济增长。然而，对于人力资本和人力资本结构究竟能够在多大的程度上影响到技术创新水平，则很难在量上进行准确把握，因为诸如制度变迁等其他一些因素，也会引起技术创新水平的变化。但是，杨立岩等人（2003）[115] 的研究表明了，对于人力资本与技术创新水平之间的关系，并不能简单地以线性的形式来进行考量，而应以略为复杂的非线性形式来加以分析。这也就是说，将技术进步与人力资本同时放入经济增长模型之中，并不会引起共线性问题。

其中，Y、A、K、L 和 H 所代表的含义均与其在前述相关模型中所代表的基本含义相同。并在现实中具体以实际总产出水平，实际技术市场成交额，实际资本存量，就业人口数量以及就业人口的平均受教育年限（平均人力资本水平）来分别进行反映。ε 代表随机扰动项，并被假定为服从正态分布。加入它是用来反映其他一些影响经济增长的不可观测因素。而将其以 e 的幂次形式加入到模型之中，则主要是为了实证分析上的方便，其更多属于技术上的处理。

此外，在该模型中，ω 具体被用来代表技术水平的边际产出弹性，也即“狭义”技术水平（一个单位）的相对变化能够引起总产出水平相对变化的大小；$\alpha_1k_1+\alpha_2k_2+\alpha_3k_3$ 被用来代表资本要素的总边际产出弹性；$\beta_1l_1+\beta_2l_2+\beta_3l_3$ 被用来代表劳动要素的总边际产出弹性；$\gamma_1h_1+\gamma_2h_2+\gamma_3h_3+\gamma_4h_4+\gamma_5h_5$ 被用来代表人力资本要素的总边际产出弹性。与此同时，k_1、k_2、k_3 分别代表三次产业内资本存量占社会总资本存量的比重；l_1、l_2、l_3 分别代表三次产业内就业人口占社会总就业人口的比重；h_1、h_2、h_3、h_4、h_5 分别代表依据教育的层次进行划分，文盲（未受过教育）人口、受小学教育人口、受初中教育人口、受高中教育人口、受大专及以上教育人口在社会总就业人口中所占的比重。此外，α_1、α_2、α_3 分别代表三次产业内资本存量占社会总资本存量比重的单位变化，引起资本总边际产出弹性绝对变化的大小；β_1、β_2、β_3 分别代表三次产业内就业人口占社会总就业人口比重的单位变化，引起劳动边总际产出弹性绝对变化的大小；γ_1、γ_2、γ_3、γ_4、γ_5 分别代表各受教育阶段就业人口占社会总就业人口比重的单位变化，引起人力资本总边际产出弹性绝对变化的大小*。这 12 个结构性系数，就是后面所要重点估计的 12 个参数。

---

* 需说明的是，按照 Lucas（1988）[95] 的思想，虽然在理论上来讲，这里所集中讨论的是人力资本的外部效应。但是应该注意到，对于内生增长模型“$Y=AK^{\beta}(\mu hL)^{1-\beta}h^{\gamma}$”，在形式上也可进一步地转化为 C-D 函数。因此，在进行具体的实证分析时，基于这两个模型所得到的结论在本质上并不会出现显著的差别。也就是说，尽管两种模型在理论的设定上存在不同，但是在实证分析中，两者所得到的实证结果并不会出现明显的不同。与此同时，由于本书还考虑了人力资本结构变动对于人力资本自身产出效率的影响，因此采用 C-D 生产函数形

可以发现，对于该函数而言，两边对数化处理以后，就可将其进一步转变为下面（24）式所展示的线性形式*：

$$\log Y=\omega\ln A+\alpha_1k_1\log K+\alpha_2k_2\log K+\alpha_3k_3\log K+\beta_1l_1\log L+\beta_2l_2\log L+\beta_3l_3\log L$$
$$+\gamma_1h_1\log H+\gamma_2h_2\log H+\gamma_3h_3\log H+\gamma_4h_4\log H+\gamma_5h_5\log H+\varepsilon \quad (24)$$

二、样本选取及数据说明

（一）面板数据的选取

为了尽可能地避免经济体制上的变迁对于我国经济增长所产生的系统性影响，以切实降低实证分析上的难度，并有利于突出本书的研究重点，在开展具体的实证分析之前，本书同样率先将时间的区间界定在了1993年开始建立社会主义市场经济体制以后的这段时期。与此同时，虽然对于上述（24）式中的模型而言，可供选择的样本数据类型包括横截面数据、时间序列数据和面板数据三种，但是相对来说，面板数据比起只利用横截面数据或只利用时间序列数据具有着更加独特的优势，这主要是因为与后两种数据类型相比，面板数据不仅可以增加模型的自由度，而且也能够减少解释变量之间的多重共线性问题，从而有利于在整体上改进估计结果的有效性。另一方面，由于（24）式的模型中所要估计的参数本身就相对较多，因而为满足回归分析对于样本量的需求，选择面板数据也是顺理成章的。也正是鉴于上述两方面的原因，本书进一步选定以该期间我国31个省市的面板数据作为实证样本。此外，由于重庆市作为独立直辖市而被成立的时间是1997年，因而为保持各年份横截面上样本个体的一致性，并结合数据

式，无疑能够更加有利于实证上的讨论。

* 应该说，在对(23)式中的经济增长模型进行实证估计时，主要有两种线性化处理方式，一是经过对该模型两边取对数后，直接进行回归估计，如邱晓华等(2006)[21]、王小鲁等(2010)[47]都采用的是该方法；二是在对该模型两边取对数的基础上，进一步进行差分化处理，也即采取超对数分析，如蔡晳和王德文（1999）[81]就用了该种方法。相对而言，在考虑要素内部投入结构变动对经济增长的实际影响时，采取第一种方式，会更加便于对这种影响进行估计。

上的可得性，本书最终将时间区间具体限定在了 1997~2009 年这段时期。

（二）指标数据的说明

虽然对我国整体和东、中、西三大区域资本、劳动以及人力资本内部投入结构的变动表现进行描述时，本书就说明了衡量各生产要素内部投入结构指标的数据来源及其具体计算方法，但是为了保证整个实证过程的连贯性，这里仍有必要对（24）式中各指标变量的相关数据来源以及各指标数据的计算方法再次进行描述，其具体说明如下：

第一，1997~2009 年各省市的实际总产出水平。以 1997~2009 年各省市的实际生产总值来进行反映。近些年的中国统计年鉴中，提供了 1997~2009 年各省市的生产总值（GDP，亿元）及其相对于上一年的指数。因此，这里先分别计算了各省市各年（相对于上一年）的 GDP 平减指数，即某省市当年的 GDP 平减指数 = 当年 GDP（名义值）/[上年 GDP（名义值）× 当年指数]。在此基础上，再以各省市 1997 年的不变 GDP 指数为基准（即设各省市 1997 年的 GDP 平减指数为 100），将各省市（1997~2009 年间）各年的 GDP 名义值连续除以该省市 1997 年至该年的 GDP 平减指数，继而得到了各省市 1997~2009 年的实际 GDP 水平。

第二，1997~2009 年各省市的实际技术市场成交额。这里分别以各省市 1997 年的不变总物价指数为基准的技术市场成交额（万元）来进行反映。关于这方面的原始数据，均来自近年来的中国统计年鉴。而且需要说明的是，由于相关统计资料中缺少能够全面反映各省市总物价指数方面的数据，因此对于各省市每一年的总物价指数，是以前面所计算出的各省市各年的 GDP 平减指数进行了相应替代。

第三，1997~2009 年各省市的实际资本存量。根据近年来中国统计年鉴所提供的（1997~2009 年间）各省市固定资本形成总额（亿元）和固定资本折旧额（亿元），先分别计算出了各省市各年的固定资本形成净额，并以其作为衡量各省市各年投资额的指标，在这方面，所参考的是张军等人

（2004）[108] 的做法。在此基础上，再应用近几年为国内外学者所普遍采用的永续盘存法，对各省市各年的资本存量值进行了具体估算（主要借鉴王小鲁等，2000[116]）*。这其中，我们借用了张军等人（2004）[108] 所估算出的各省市 2000 年（按当年价格计算的）资本存量值，并以该年为基期，依次通过前后向的推算，得到了各省市 1997~2009 年的资本存量估算值。而且这里所需要指出的是，在具体推算之前，本书分别以各省市 1997 年的固定资产投资价格指数为基准，对上述的资本净值以及各省市 2000 年的资本存量名义值进行了折算。与此同时，在张军等人（2004）[108] 的研究中，重庆市被并入到了四川省。因此，本书还通过假设重庆和四川在 2000 年具有相同的资本产出率，对两地 2000 年的资本存量值进行了拆分。

而对于 1997~2009 年各省市的资本存量结构状况，这里选取以 1997~2009 年各省市三次产业固定资产投资占社会总固定资产投资的比重来代表。具体而言，先按照国家统计局于 2003 年颁布的三次产业最新行业划分标准，对我国各行业的产业归属进行了归类，在此基础上，计算出了 1997~2009 年各省市三次产业固定资产投资占该省市社会总固定资产投资的比重。需要说明的是，与第三章相同，关于这方面的数据，均来自于中经网统计数据库。此外，鉴于相关数据的缺失，在计算各省市资本存量和资本存量结构的过程中，关于西藏自治区 1997~2009 年间各年的固定资产投资价格指数、广东省 1997~2000 年间各年的固定资产投资价格指数、海南省 1997~1999 年间各年的固定资产投资价格指数，分别以 100 进行了替代。

第四，1997~2009 年各省市就业人口数量及就业结构。在中经网统计数据库中，直接提供了 1997~2005 年以及 2007~2009 年各省市的就业人口

---

* 即本年的资本存量值 K（以 1997 年不变价为基准）= 上一年的 K（以 1997 年不变价为基准）+（本年固定资本形成总额 - 当年固定资产折旧额）/ 固定资产投资价格指数 P_k，这里的 P_k 是相对于 1997 年的固定资产投资价格指数而言。另外，在上面的估算过程中，因部分统计数据的缺失，对于 2004 和 2008 两年各地区的固定资本折旧额，我们分别是以其前后两年的平均值来进行代替。

数量（万人）及其在三次产业内的构成（各产业内就业人口占总就业人口的比重）情况。此外，与第三章中的做法相一致，由于统计数据缺失，对于各省市 2006 年的就业人口数量及其结构，分别相应地以该省市前后两年就业人口数量及就业结构的平均值进行了替代。

第五，1997~2009 年各省市就业人口的平均人力资本水平和人力资本结构。近年来的中国统计年鉴与中国人口和就业统计年鉴中，提供了 1997、1998，以及 2006~2009 年各省市从业人员的受教育年限及其构成情况。鉴于相关数据的缺失，对于 1999~2005 年各省市就业人口的受教育年限及其构成情况，这里分别以 2000~2006 年中国统计年鉴中提供的基于抽样调查而得到的各省市 6 岁及以上人口受教育年限方面的相关数据来进行了替代。在此基础上，通过采用 Barro 和 Lee（2001）[52] 的人均受教育年限法，计算出了 1997~2009 年各省市就业人口的平均受教育年限，并将其用来反映 1997~2009 年各省市的平均人力资本水平（结合我国教育事业的现实情况，将未上过学、上过小学、初中、高中和大专及以上的受教育年限，分别设定为 0、6、9、12 和 16 年）。与此同时，该期间所得到的各省市各受教育阶段就业人口在该省市总就业人口中所占的比重，则被用来反映各省市同时期内的人力资本结构。

表 5-1　样本数据统计性描述

统计值	均值	标准差	最大值	最小值	样本值	截面个体数
logY	8.024	1.131	10.255	4.344	403	31
logA	10.851	2.497	15.048	0	403	31
$k_1$logK	0.330	0.204	1.397	0.016	403	31
$k_2$logK	3.554	1.316	9.036	0.770	403	31
$k_3$logK	4.902	1.112	7.506	0.900	403	31
$l_1$logL	3.497	1.266	6.269	0.334	403	31
$l_2$logL	1.627	0.702	3.706	0.374	403	31

（续表 5-1）

统计值	均值	标准差	最大值	最小值	样本值	截面个体数
$l_3$logL	2.321	0.608	5.258	1.208	403	31
$h_1$logH	0.206	0.130	0.693	0.022	403	31
$h_2$logH	0.648	0.160	1.004	0.004	403	31
$h_3$logH	0.786	0.229	1.288	0.028	403	31
$h_4$logH	0.270	0.127	0.740	0.003	403	31
$h_5$logH	0.133	0.129	0.889	0.001	403	31

第二节　实证分析

一、引入虚拟变量

众所周知的是，自 1978 年开始实施改革开放以来，我国的经济发展以及期间所经历的市场经济体制改革就具有着渐进式的“梯度推进”特征，并且在进程上表现为自东向西逐步推移。整体上来看，在这一进程中，东部地区的市场化程度、对外开放度、基础设施建设水平，以及金融发展等方面都要明显地高于中部地区，而中部地区的市场化程度、对外开放度、基础设施建设水平，以及金融发展等方面，又要明显地高于西部地区。由前面的相关文献评述中我们知道，一般来说，对于这些方面的因素及其变动而言，也很可能会对国家和地区的经济增长产生实质性影响。因而为增强实证结果的稳健性，有必要在实证分析的过程中同时考虑这些因素。

为解决这一问题，以往研究多采用加入控制变量的做法，而对于这些控制变量加入模型的形式，又多是以索洛余值分解法为基础。这容易导致两方面问题的出现：第一，与生产要素内部投入结构相类似，前述这些因

素的存在及其变动，也是通过作用于生产要素来间接影响经济增长的。因此以索洛余值分解法为基础来将它们加入到经济增长模型之中，缺乏应有的说服力。如随着市场化改革的逐步深入，随之而来的是大量企业对其内部的产权结构进行了相应的变革和调整，而依照新制度经济学的基本理论，产权的最大功能就在于其能够引导企业建立起有效的激励和约束机制，并通过激励和约束个体行为，来影响各类生产要素的投入和使用效率；第二，由于现实中对经济增长和经济周期的影响因素本身就很多，因此除生产要素内部投入结构之外，我们尚没有能力将所有影响经济增长的其他因素全部挖掘出来并加入到经济增长模型之中。而且即便是我们能够识别出所有与经济增长有关的因素，也不意味着我们能够成功地选取到准确衡量这些因素的数据指标。这也就使得我们将面临到该选择哪些控制变量的问题，并容易导致控制变量选择的随意性和内生性问题的出现。而在存在内生性问题的情况下，实证分析的结果往往是有偏误的。例如很多研究都以非国有经济产值占社会总产值的比重来反映我国各地区的市场化改革进程，然而我们知道，自新中国成立以后，我国大多数的国有工业企业全部集中在东部地区，特别是集中在我国的东北地区。与此同时，对于很多把握国民经济命脉的重工化行业而言，其国家所有的基本属性到目前为止也尚未被触动，因此以这一指标来作为市场化改革进程的代表，必然会引起内生性问题的出现。有鉴于此，本书避开了对于控制变量的选取，并以我国市场经济体制改革自身所具有的地域性特征为基础，转而在模型中加入了反映区域性差异和特征的虚拟变量，即在（23）式中各生产要素的边际产出弹性上加入了反映地区性特征的虚拟变量 I_1 和 I_2，继而构建如下（25）式所述的扩展模型：

$$Y = A^{\omega} K^{\alpha_1 k_1 + \alpha_2 k_2 + \alpha_3 k_3 + \alpha_4 i_1 + \alpha_5 i_2} L^{\beta_1 l_1 + \beta_2 l_2 + \beta_3 l_3 + \beta_4 i_1 + \beta_5 i_2} H^{\gamma_1 h_1 + \gamma_2 h_2 + \gamma_3 h_3 + \gamma_4 h_4 + \gamma_5 h_5 + \gamma_6 i_1 + \gamma_7 i_2} e^{\varepsilon} \quad (25)$$

进一步来说，将该式两边进行对数化处理后，也可将其变为如下的线性形式：

$$\log Y = \omega \log A + \alpha_1 k_1 \log K + \alpha_2 k_2 \log K + \alpha_3 k_3 \log K + \beta_1 l_1 \log L + \beta_2 l_2 \log L + \beta_3 l_3 \log L \\ + \gamma_1 h_1 \log H + \gamma_2 h_2 \log H + \gamma_3 h_3 \log H + \gamma_4 h_4 \log H + \gamma_5 h_5 \log H + \alpha_4 i_1 \log K \\ + \alpha_5 i_2 \log K + \beta_4 i_1 \log L + \beta_5 i_2 \log L + \gamma_6 i_1 \log H + \gamma_7 i_2 \log H + \varepsilon \quad (26)$$

二、确定回归方法

（一）F 检验

需要说明的是，在下面整个实证检验和回归分析过程中，所应用的都是 EVIEWS6.0 统计分析软件。除此之外，这里还需要指出的是，对于面板数据回归模型中的解释变量来说，除了包含对于所有横截面个体都适用的共同解释变量以外，还包括一组代表各横截面个体自身所具有的异质性特征的变量，其具体可能由一个常数项或一个常数项加上一些体现横截面个体影响但不随时间变化的变量两种方式所组成。与此同时，由于只反映了不同横截面个体自身所具有的异质性特征，所以这一个或一组反映横截面个体自身特征的变量，在数量上都具体表现为固定的常数。而且通常来说，这一组体现横截面个体异质性特征的变量在现实中往往又是不可观测的。如以上面（26）式中的经济增长模型为例，虽然在理论上来看，各省市的总产出水平只与当前模型中所包含的解释变量有关，而且根据（22）式中的经济增长模型，（26）式中的总产出水平与等式右边各变量之间应该具有着恒等关系，但是在现实中，这种恒等关系是很难成立的，因为诸如文化特点、种族差别，以及地理位置等体现各省市自身独特特征方面的因素，也会或多或少地对各省市的总产出水平产生影响。

进一步来看，依据计量经济学相关理论可知，在一个面板数据模型中，如果代表横截面个体异质性特征的解释变量只包含一个常数项，那么就应将该模型具体设定为满足混合回归形式。在这种情况下，可不考虑时间和空间上的影响,直接采用普通最小二乘法（*OLS*）对这组混合数据进行回归。相反，如果该解释变量中除了包含常数项以外，还包含其他一些变量，那么就应将此面板数据模型具体设定为变截距回归形式。当然，这里的截距

也是针对反映个体异质性特征这一特定解释变量而言的。然而在这种情况下，再采用普通最小二乘法对原模型进行回归，就会导致实证结果出现偏误。因此当后种情形出现时，应依据这一截距项自身所具有的特点而选择其他一些变截距回归方法。

而这也就意味着，在展开回归分析之前，还需检验这一个体性差异是否随横截面个体的改变而改变。通过应用广为采用的 F 检验法，我们可以发现，对于（26）式中的面板数据模型而言，截距项是随着横截面个体的改变而改变的，这也就是说，应将该模型具体设定为变截距回归形式。

表 5-2 模型（3）的 F 检验

检验统计量	F 值	接受或拒绝原假设
$F=\dfrac{(RSS_R-RSS)/(n-1)}{RSS/(nT-n-K)}\sim F(n-1,\ nT-n-K)$	86 $>F_{0.01}$（30,354）	拒绝

说明：在这里，n 代表横截面个体数（31），K 代表解释变量个数（18 个）。RSS_R，RSS 分别代表截距不变以及截距随个体而改变情况下，混合回归和固定影响回归下的残差平方和。依据 F 检验的基本原则，当 F 的统计值大于统计表中给出的相应临界值时，我们就应该拒绝原模型属于混合回归模型这一原假设。

（二）豪斯曼检验

为了能够有效地选择出适合于此模型的变截距回归方法，在确定截距项是随横截面个体的改变而发生改变之后，还有必要进一步确定该一反映横截面个体异质性特征的截距项自身所具有的一些特性。关于这一点，一般来说，对于变截距面板数据模型而言，依据每个横截面个体的异质性特征与其他解释变量之间是否存在相关性，可将其分为固定影响变截距模型和随机影响变截距模型两种主要形式。具体来讲，当这一异质性特征与其他解释变量之间存在相关性时，就意味着我们应该采用固定影响变截距模型，而当这一异质性特征与其他解释变量之间不存在相关性时，就意味着

我们应该采用随机影响变截距模型。尽管在时间序列数据的数量较多而横截面单元的数量较少的情况下，基于两种变截距模型所得到的参数估计值不会存在较大的差异，但是当横截面单元数量大于时间序列数据的数量时，对于模型形式的这种甄别就将变得尤其重要，因为此时两种方法所得到的参数估计值往往会出现显著的差异。从本书所选取的面板数据样本来看，其正属于横截面单元数量大于时间序列长度这一后种情形，因此在进行回归分析之前，必须进一步确定（26）式中的变截距面板模型属于上述两者中的哪一种类型。在这方面，本书同样应用了被广为采用的豪斯曼检验法。简单来说，就是先在随机影响的假定下对原模型展开回归分析，在此基础上,对回归分析所得到的结果施以豪斯曼（Hausman）检验*。检验后的结果显示，该面板数据模型应具体属于固定影响变截距模型。应该说，这一结果的出现是令人欣慰的，因为依据豪斯曼检验的基本原理，在采用固定影响模型进行回归分析时，即使模型中存在内生性问题，也能够在很大程度上得到解决。

表 5–3　豪斯曼检验的基本结果

原假设	卡方统计值	解释变量个数	概率值
横截面随机	184	18	0.000

三、回归分析与结果解读

（一）回归分析

在经过必要的假设性检验，进而确定了所应采取的回归方法的基础上，

* 有必要说明的是，豪斯曼检验的根本思路在于：如果模型的误差项与解释变量之间没有正交性，那么基于随机影响模型所得到的估计量就是有偏和非一致的。但是，这一正交性并不影响固定影响模型所得到的估计量的性质（无偏性和有效性）。与之相反，如果模型的误差项与解释变量之间具有正交性，那么基于随机影响模型所得到的估计量就是有偏的，因此在这种情况下，我们就应将变截距面板数据模型具体设定为随机影响模型。于是，通过检验模型的误差项与解释变量之间是否存在正交性，就可以解决变截距面板数据模型的设定问题。

本书应用（26）式中的面板数据模型，利用 1997~2009 年我国 31 个省市的相关数据，就生产要素内部投入结构变动对于我国经济增长的影响展开了回归分析。需要注意的是，受文化、区位等其他一些环境因素上的差异所带来的影响，除了会使得现实中（处于同一横截面上的）各省市之间表现出一定的异质性特征之外，还很可能会导致（处于同一横截面上的）各省市之间在随机干扰项的方差上出现不一致性，因此，为了尽量消除模型中的异方差问题，这里采用了怀特截面加权法。并通过应用广义最小二乘法（GLS），得到了如下表 5-4 中所示的主要回归结果：

表 5-4　主要回归结果

常数项和解释变量	系数值	t 统计值
常数项	2.453***	14.033
$logA$	−0.005	−0.841
k_1logK	0.531***	17.058
k_2logK	0.571***	34.559
k_3logK	0.584***	36.442
l_1logL	0.050***	4.870
l_2logL	0.034***	3.164
l_3logL	0.064***	5.414
h_1logH	−0.074	−1.067
h_2logH	0.017	0.289
h_3logH	0.265***	3.513
h_4logH	0.057	0.497
h_5logH	0.503***	5.329
i_1logK	0.154***	7.862

（续表 5-4）

常数项和解释变量	系数值	t 统计值
i_2logK	0.092***	5.979
i_1logL	−0.006***	−3.561
i_2logL	−0.020	−1.114
i_1logH	−0.046***	−2.690
i_2logH	−0.051***	−3.570

说明：这里采用了以往研究中的通用表述形式，即表中的 *、** 和 *** 分别代表 10%、5% 和 1% 的显著水平。

表 5-5　各地区固定影响估计值

地区	固定影响	地区	固定影响
北京	−0.412	湖北	0.783
天津	−0.272	湖南	0.641
河北	0.208	广东	0.519
山西	0.226	广西	0.079
内蒙古	0.193	海南	−1.062
辽宁	0.200	重庆	0.173
吉林	0.249	四川	0.340
黑龙江	0.582	重庆	−0.498
上海	−0.071	云南	−0.106
江苏	0.423	西藏	−1.394
浙江	0.271	上海	−0.373
安徽	0.517	甘肃	−0.125

（续表 5-5）

地区	固定影响	地区	固定影响
福建	0.270	青海	−1.140
江西	0.411	宁夏	−1.232
山东	0.482	新疆	−0.481
河南	0.599		

（二）回归结果解读

由于代表各横截面个体异质性特征的变量不是本书所讨论的重点，因此这里只给出反映各横截面个体异质性特征的各省市固定影响估计值，对于这些估计值在数值上的大小和在符号上的正负的原因，以及其两者背后所蕴含的涵义等方面，这里不展开深层次的探究。

从回归后所得到的其他结果来看，首先，此时的调整 R^2 值达到 0.998，说明模型的整体拟合情况很好。

其次，在全国的层面上，模型中各变量系数的具体回归结果表明了，代表相对广义技术进步的常数项，不仅在数值上明显大于 0，而且还通过了显著性检验；k_1logK、k_2logK、k_3logK、l_1logL、l_2logL、l_3logL、h_3logH、h_5logH 前面的系数不仅在数值上全部表现为大于 0，而且也全部通过了显著性检验；$logA$、h_1logH、h_2logH、h_4logH 前面的系数虽在数值上全部表现为异于 0，但并未通过显著性检验。因此，该模型的总体回归结果说明了：第一，对于广义上的技术进步而言，虽对我国及各个省市的经济增长都具有着显著的推动作用，但随着技术水平的提高，其对我国及各省市经济增长的推动作用并没有表现出显著的递增趋势。从现实中来看，这也与近年来我国一直属于一个技术引进大国，而并没有发展成为一个具有高度自主创新能力的技术开发大国这一基本国情相符；第二，在资本要素的内部投入结构变动方面，三次产业资本存量占社会总资本存量比重的提高，都能够显著地提高资本的总边际产出弹性，继而也就能够更加快速地促进我国及各省市的

经济增长。同时，第三产业资本存量占社会总资本存量比重的提高，对于资本总边际产出弹性的提升作用，以至对于我国及各省市经济增长的整体促进作用，要略高于第二产业。第二产业资本存量占社会总资本存量比重的提高，对于资本总边际产出弹性的提升作用，以至对于我国及各省市经济增长的整体促进作用，要略高于第一产业；第三，在劳动要素的内部投入结构变动方面，三次产业就业人口占社会总就业人口比重的变化，都会正向地影响劳动的总边际产出弹性，继而能够更加快速地促进我国及各省市的经济增长。与此同时，第三产业就业人口占社会总就业人口比重的提高，对于劳动总边际产出弹性的提升作用，以至对于我国及各省市经济增长的整体促进作用，要显著地高于第一产业。第一产业就业人口占社会总就业人口比重的提高，对于劳动总边际产出弹性的提升作用，以至对于我国及各省市经济增长的整体促进作用，要显著地高于第二产业*。而且值得注意的是，这里所得到的基本研究结论与袁志刚和解栋栋（2011）[117]的研究结果恰好相反，因为他们的研究发现，中国以农业部门就业比例过高为特征的劳动力错配对经济增长的总生产率有着显著的负效应；第四，在人力资本要素的内部投入结构变动方面，文盲人口、受小学教育人口、受高中教育人口占社会总就业人口比重的变化，不会显著地影响人力资本的总边际产出弹性，这说明了，该三个教育阶段的人口及其在社会总就业人口比重上的变化，并不影响人力资本对于我国及各省市经济增长的实际推动作用。而受初中教育人口、大专及以上教育人口占社会总就业人口比重的变化，则会正向地影响人力资本的总边际产出弹性，特别是受大专及以上教育人口占社会总就业人口比重的提升，将能够更为有效地促进人力资

*资本与劳动两个生产要素内部投入结构变动对于我国经济增长影响的实证研究结果，还表明了以下两个事实：第一，从现实来看，对于该两个生产要素的再配置效应，在我国的确是显著存在的；第二，理论上而言，实施社会主义市场经济体制改革以后，当某一产业取得了更加快速的发展和规模化的向前扩张，将引致更多的资本和劳动要素向该产业内转移和流动、提高产业内资本和劳动要素占两者在社会总投入的比重后，都能够促进两个要素边际产出弹性的提升。

本总边际产出弹性的快速提升。这说明了，该两个教育阶段人口占社会总就业人口比重的提升，会在整体上提高人力资本对于我国及各省市经济增长的现实推动作用。

再次，就制度、基础设施、金融发展等地区性特征因素对于要素产出效率的影响而言，从分地区的层面来看，i_1logK、i_2logK 前面的系数不仅在数值上全部表现为大于 0，而且也全部通过了显著性检验；i_1logL、i_1logH、i_2logH 前面的系数不仅在数值上全部表现为小于 0，而且同样通过了显著性检验；i_2logL 前面的系数虽在数值上表现为异于 0，但并未通过显著性检验。这样的回归结果说明了，当资本、劳动以及人力资本的内部投入结构在三个区域间表现相同时：第一，对于资本要素的投入而言，在东部地区的边际产出弹性要大于中部和西部地区。而其在中部地区的边际产出弹性，又要大于西部地区。说明在我国的东、中部地区，资本要素将具有着更高的产出效率水平。而且在东部地区，资本要素的产出效率水平将表现得更高。与此同时，这也说明了随着市场化改革的不断深化，基础设施水平的逐渐完善，以及金融体系的愈趋完备，将能够在一定程度上推动资本要素产出效率水平的提升；第二，对于劳动要素的投入而言，在东部地区的边际产出弹性要小于中部和西部地区。而在我国的中、西部地区，劳动要素的边际产出弹性并不存在明显差异。说明与我国的东部地区相比，劳动要素在中、西部地区将具有着更高的产出效率水平，这与赵志耘等人（2006）[118]所得到的研究结论基本一致。而按照罗长远和张军（2009）[119]的解释，可以认为这其中制度因素起到了决定性的作用，即相对于东部地区而言，中、西部地区更多地是以传统国有经济为主，劳动密集型第三产业的发展还相对滞后，因此，资本重化的工业化侵蚀了劳动产出份额的有效提升；第三，对于人力资本要素的投入而言，其在东部地区的边际产出弹性要小于中部地区，而其在中部地区的边际产出弹性，又要小于西部地区。说明在我国的中、西部地区，人力资本要素将具有着更高的产出效率水平。而且在我国的西部地区，人力资本要素的产出效率水平将表现得更高。这些都与刘

岩（2012）[120]的研究发现相一致。此外，这也间接地表明了与制度、基础设施等因素相比，由于近年来中西部地区人力资本水平始终要低于东部地区（见后面的表6–2），因此使得该两个地区人力资本的产出效率水平表现得更为显著。

综合上述的一系列回归结果，我们可以初步得到如下基本结论：即在加强技术引进力度、增加各生产要素投入量的同时，只有重点加快开展技术创新活动的进程、加大资本投入力度、促进社会资本和劳动要素更多地向第三产业流动、提高受初中教育和受高等教育人口在社会总就业人口中所占的比重，才能够实现在不断提高技术进步和资本要素对于我国经济增长总体推动作用的过程中，进一步改善资本、劳动以及人力资本要素的产出效率，以更为有效地推动我国经济在未来的又好又快增长和发展。除此之外，推动资本要素更多地向东部和中部地区聚集，促进劳动要素更多地向中部和西部地区转移，以及引导更多的高素质人才向我国的西部地区流动，也有利于促进我国经济在未来的又好又快增长和发展。

第六章

中国经济增长的动力和动因

在实证研究过程中，本书不仅考虑了生产要素的内部投入结构，也考虑了各生产要素的总量投入。而结合第三章关于我国及分地区生产要素内部投入结构变动特征的描述，在展开具体的实证研究之后，就能够依据期间所得到的基本结论，进一步地对近年来我国经济增长的要素动力和动因，以及近年来我国经济增长的要素结构动力和动因展开探讨。

第一节 中国经济增长的要素动力和动因

一、要素动力

尽管本书所要重点讨论的是生产要素内部投入结构变动对于我国经济增长的影响，但是在探讨我国经济增长的动力与动因问题时，先从生产要素投入量的层面来进行切入，仍是必不可少的一个重要环节。而且经过这种分析和论证，对于解释和了解我国经济为何会在过去一段时期内保持持续的高增长而言，也将能够提供很大的帮助。然而需要注意的是，对于这里所指的动力和动因，其两者具有着不同的含义。具体来说，关于动力，多是针对于理论层面的问题；而关于动因，则主要针对的是现实层面的问题。如关于我国经济增长的要素动力，主要就是指其在理论上所能够形成的生产要素动力，也即从理论上来看，我国经济增长的要素动力具体能够有哪些，哪些要素的动力能够在现实中表现得更大一些等等。与之不同，关于我国经济增长的要素动因，则主要是指在我国经济增长进程中所实际表现出来的要素动力，也即各生产要素对于推动我国经济增长所具有的动力在现实中是否得到发挥，以及其在现实中的具体表现状况又是怎样等等。应该说，基于这样的层次性划分，就能够使我们清晰整个分析的脉络，避免后面的论述将两者混淆在一起。

正如实证结果的解读中所提到，虽然技术进步对于我国的经济增长并没有形成递增效应，但不可否认的一点是，其对于近些年我国经济增长的推动作用仍然十分显著。而且除了技术进步之外，资本、劳动、人力资本的内部投入结构变动与经济增长关系的实证研究结果还表明，增加三个生产要素各自的投入量，都能够显著而有效地推动我国的经济增长。当然，

对于资本要素来讲，对我国经济增长的推动作用要远大于劳动。这主要体现在：三次产业资本投入占社会总资本投入比重的提高，不仅都能够有效地提升资本的总边际产出弹性，而且其三者对于资本总边际产出弹性的提升幅度，也要远远地大于三次产业劳动人口占社会总劳动人口比重（同等幅度的）提高对于劳动总边际产出弹性的提升幅度。我们知道，在数量上来看，资本和劳动的总边际产出弹性分别等于两个要素各自在三次产业内边际产出弹性的加权平均值，因此实证研究的结果无疑非常有力地说明了，无论是从理论的意义上来讲，还是从现实的表现上来看，对于资本而言，其总边际产出弹性都要远远地大于劳动。另一方面，我们还知道，对于要素的边际产出弹性而言，又恰恰反映了其自身的产出效率水平，也就是说，要素的产出效率水平越高，说明其对于我国的经济增长具有着更为强劲的推动作用。

基于同样的逻辑，我们还能够发现，受初中教育人口，以及受大专及以上教育人口占社会总劳动人口比重的提升，也能够显著地提高人力资本的总边际产出弹性，特别是受大专及以上教育人口占社会总劳动人口比重的提升，将能够更为显著地提高人力资本的总边际产出弹性。而且应该指出，其两者对于人力资本总边际产出弹性的提升作用，虽在一定程度上小于三次产业资本投入占社会总资本投入比重的（同等幅度）提高对于资本总边际产出弹性的改善，但是却远大于三次产业劳动人口占社会总劳动人口比重的（同等幅度）提高对于劳动总边际产出弹性的提升幅度。所以，如果只从理论的层面上来考虑的话，那么可以说，只要人力资本要素在内部投入结构上配置得合理，其在现实中的总产出效率水平也将远远地大于劳动，故而对我国的经济增长形成比劳动要素更为显著的推动作用。

因此，上述的这些情况在总体上说明了，除了技术进步之外，从理论意义上来讲，资本和人力资本要素在我国经济增长进程中能够发挥出更为显著的推动作用。

需要指出的是，由于本书是以我国31省市的面板数据为基础而展开的实证分析，所以上面对于我国经济增长要素动力所展开的探讨，以及其间所得到的基本结论，在我国各个地区也都是普遍适用的。而且还需注意的一点是，从前面实证分析所得到的基本结果中还能够发现另外三个较为重要的特征：也即从分地区的层面来看，当三个生产要素各自的内部投入结构在三大区域内的表现完全相同的情况下，对于资本要素而言，在东部地区的产出效率水平要明显地高于中部和西部地区，而且，其在中部地区的产出效率水平又要明显地高于西部地区；对于劳动要素而言，在东部地区的产出效率水平要明显地低于中部和西部地区，而且，其产出效率水平在中、西部地区的表现基本一致；对于人力资本要素而言，在东部地区的产出效率水平要明显地低于中部地区，而且，其在中部地区的产出效率水平又要明显地低于西部地区。这三个地区性特征的存在，当然也就相对应地说明了如下三方面的事实：即在理论上来看，第一，对于推动我国三大区域的经济增长而言，资本要素所具有的动力在东、中部地区能够表现得更为强劲，并且在我国的东部地区能够表现得最为显著；第二，相对于东部地区的经济增长来说，劳动要素所具有的动力在中部和西部地区能够表现得更为强劲；第三，相对于东、中部地区的经济增长来说，人力资本要素所具有的动力在我国的西部地区能够表现得更为强劲。然而这里也需要进一步注意的是，前述这些情况在现实中的出现，并非完全要以各生产要素的内部投入结构在三大区域间的表现相同作为前提，因为正如我们所知道的那样，当各生产要素的内部投入结构在区域间存在差异时，本身就可能引致上述问题的出现。而这里之所以会提出这样的假定，主要是为了便于说明如下问题：即便各生产要素的内部投入结构在区域间的表现完全相同，对于三大区域各自区域内的经济增长来讲，仍具有着与其他区域所不同的要素动力优势。

二、要素动因

根据中经网统计数据库提供的我国各年总就业人口数量，以及依据前文估算资本存量和就业人口平均人力资本水平的基本方法，本书列出了1997~2009年间我国各年的总就业人口数量，测算出了1997~2009年间我国各年的资本存量值和就业人口的平均人力资本水平。需要说明的是，各年的资本存量值仍然是以1997年的不变固定资产投资价格指数为基准而进行测算的，其中也同样借用了张军等人（2004）[108]所估算出的我国2000年的资本存量值（按当年价格计算），并通过采用永续盘存法，分别进行了前后向推算。此外，这里对于三个生产要素投入单位的选取，也严格地遵循了前面实证研究过程中对其各自所作出的规定。从绝对值上来看，下表6–1显示，自1997年以来，我国国内资本要素的投入数量始终要远远高于劳动（就业人口）和人力资本要素，因此，结合前面关于我国经济增长要素动力所展开的相关探讨和期间所得到的主要结论，也就可以进一步地确定，从要素投入层面来看，对于近年来我国的经济增长，更多是依赖于投资上的带动。应该说，这与以往多数研究所得到的结论基本一致。

从分地区的表现上来看，尽管对于我国东、中、西三大区域各自的经济增长来讲，在理论上具有着不同于其他区域的要素动力优势，但是前述的实证研究结果也进一步表明，对于现实中三个区域的经济增长而言，资本要素所能够形成的动力要明显地高于劳动和人力资本两个要素。而且自1997年以来，资本要素在三个投入要素中占绝对数量这一情况，在三大区域内也都始终得以保持（见表6–2）。因此我们不难发现，对于我国东、中、西三大区域而言，其近年来的经济增长除了是由技术进步推动之外，也主要依靠的是投资上的带动。

表 6-1　1997 年以来全国各生产要素投入量*

年份	资本存量（亿元）	就业人员（万人）	人力资本水平（年 / 人）
1997	130339	69600	7.511
1998	145409	69957	7.541
1999	162600	70586	7.179
2000	180765	72085	7.114
2001	202680	73025	7.728
2002	228717	73740	7.734
2003	262148	74432	7.911
2004	303748	75200	8.010
2005	356423	75825	7.831
2006	420891	76400	8.314
2007	497936	76990	8.443
2008	590902	77480	8.563
2009	706910	77995	8.688

数据来源：1998~2010 年中国统计年鉴、2007~2010 年中国人口和就业统计年鉴、中经网统计数据库。表 6-2 同。

* 需要说明的是，在近些年的中国统计年鉴中，没有直接提供我国每一年的固定资产折旧值，而是以省市为单位来进行分地区统计的。因此在这里，是通过将我国 31 个省市每一年的固定资产折旧额进行加总后，才得到了全国层面的数据。同样，由于 2003 和 2008 年两年各省市固定资产折旧值的数据缺失，因此在计算的过程中，同样是以前后两年的平均值进行替代，而且更准确地来说，是以前后两年实际固定资产折旧额的平均值来进行替代的。

表 6-2　1997 年以来分地区各生产要素投入量*

年份	资本存量（亿元）	就业人员（万人）	人力资本水平（年/人）
东部地区			
1997	77949	26735	7.815
1998	87612	26016	7.863
1999	98460	26071	7.387
2000	109983	26262	7.378
2001	123534	26479	7.981
2002	139446	26855	7.910
2003	168714	27555	8.123
2004	193692	28398	8.223
2005	224288	29492	8.161
2006	260382	30544	8.840
2007	302489	31596	8.917
2008	352485	32528	9.020

* 这里也有三点需要说明，一是由于相关统计资料中并没有统计关于三大区域各年的固定资产投资价格指数，因此对于上表中三大区域各年的资本存量值，是以第五章中所计算出的以各省市 1997 年不变固定资产投资价格指数为基准的各省市各年的实际资本存量值，按照三大区域的划分标准进行加总计算后所得到；二是由于相关统计资料中数据的缺失，关于 2006 年三大区域的就业人口数量，同样是以 2005 年和 2007 年两年就业人口的平均值来代替的；三是在中国统计年鉴与中经网统计数据库中，各省市各年的就业人口数量加总值并不等于全国的总就业人口数量，而且往往要小于全国的就业人口数量，因此我们可以发现，除了将表 6-2 中三大区域各年的资本存量值加总后，并不等于其在表 6-1 中所对应的我国各年资本存量值之外，将表 6-2 中三个区域各年就业人口数量进行加总后，也不等于表 6-1 中所列出的全国总就业人口数量。

（续表 6-2）

年份	资本存量（亿元）	就业人员（万人）	人力资本水平（年/人）
2009	414387	33699	9.160
中部地区			
1997	31066	22146	7.726
1998	34347	21682	7.707
1999	38120	21781	7.268
2000	42119	21999	7.178
2001	47025	21845	7.788
2002	52811	21966	7.791
2003	63720	22119	8.044
2004	73330	22501	8.118
2005	86507	22832	7.877
2006	103922	23149	8.314
2007	125910	23466	8.450
2008	152730	23840	8.561
2009	187615	24429	8.692
西部地区			
1997	18107	14788	6.664
1998	20234	14661	6.655
1999	22882	14642	6.524
2000	25668	14718	6.281

（续表 6-2）

年份	资本存量（亿元）	就业人员（万人）	人力资本水平（年/人）
2001	29171	14730	7.011
2002	33491	14958	7.031
2003	40743	15189	7.214
2004	47168	15410	7.362
2005	55033	15704	6.963
2006	64541	15996	7.254
2007	75598	16288	7.463
2008	89190	16583	7.597
2009	105257	16833	7.713

第二节　中国经济增长的要素结构动力和动因

一、要素结构动力

与要素动力更加热衷于探讨各生产要素对于我国经济增长所能够形成的数量贡献不同，关于我国经济增长的要素结构动力，更多是围绕各生产要素自身的产出效率而展开的讨论。对于这一问题，首先，虽然三次产业资本投入占社会总资本投入比重的提高，都能够有效地促进资本总边际产出弹性的提升，继而对我国的经济增长形成更为显著的推动作用，但是（其三者同等幅度的提高）在对于资本总边际产出弹性的提升幅度上，三次产

业间还是具有着一定的差别。而且当其更多地被投向二、三产业，特别是更多地被投入到第三产业之中，继而提高二、三产业，特别是第三产业资本投入占社会总资本投入的比重后，将能够改善现实中我国经济增长的资本结构动力，提高资本要素的总产出效率水平，进而也就会更为显著地推动我国的经济增长；其次，与资本内部投入结构的变动相类似，尽管三次产业劳动人口占社会总劳动人口比重的提高，都有利于促进劳动总边际产出弹性的提升，但是（其三者同等幅度提高）在对劳动总边际产出弹性的提升幅度上，三次产业间也存在着一定的差别。而且当其更多地被投向第一产业和第三产业，特别是更多地被投入到第三产业之中，继而提高一、三产业，特别是第三产业劳动人口占社会总劳动人口的比重后，同样将能够在一定程度上改善现实中我国经济增长的劳动结构动力，提高劳动要素的总产出效率水平，继而对我国的经济增长形成更为显著的推动作用；再次，从人力资本要素的内部投入结构上来看，文盲人口、受小学教育人口、受高中教育人口占社会总劳动人口比重的变化，并不会对人力资本的总边际产出弹性产生实质性影响。受初中教育人口和大专及以上教育人口占社会总劳动人口比重的提升，特别是受大专及以上教育人口占社会总劳动人口比重的（同等幅度）提升，将能够更为有效地改善人力资本的总边际产出弹性，继而提高人力资本自身的总产出效率水平，以及提高人力资本要素对于我国经济增长的实际推动作用。

与前述相同，由于本书是以我国31省市的面板数据为基础而展开的实证分析，所以上面基于实证分析结果而对我国经济增长要素结构动力所进行的探讨，以及期间所得到的基本结论，在我国的各个地区也是普遍适用的。而且也正是基于这一原因，这里不再进一步从分地区的层面来对我国东、中、西三大区域经济增长的要素结构动力展开重复性论述。

二、要素结构动因

限于篇幅，这里没有对我国31省市1997~2009年的资本、劳动以及

人力资本三个生产要素在各年的边际产出弹性值分别进行拟合和估算，而是依据实证分析所得到的结果，重点对1997~2009年全国及三大区域各生产要素在各年的实际边际产出弹性值分别进行了估算，并依据估算结果绘制出图6~1、6~2、6~3和图6~4。需要说明的是，为了尽可能降低计算上的难度，并有利于说明这里所要重点阐述的问题，在基于全国层面对各生产要素的边际产出弹性值展开估算的过程中，本书没有考虑由于制度、基础设施建设等方面的因素所引起的各生产要素边际产出弹性在地区间所形成的差异。这虽然会使得依据估算所得到的结果与其实际值之间存在一定的偏差，但并不会影响到各生产要素边际产出弹性在整体上的变动趋势，更不会影响到各生产要素内部投入结构变动对于各要素自身边际产出弹性所形成的具体影响。此时的估算结果表明（见图6~1），近些年来，对于我国的整体经济增长而言，资本要素的总边际产出弹性并没有出现提高的趋势，而劳动要素的总边际产出弹性虽出现一定的提高趋势，但总体的提升幅度还不是十分明显。与该两个生产要素不同，对于人力资本要素的总边际产出弹性而言，在近些年来表现出了显著的递增趋势。

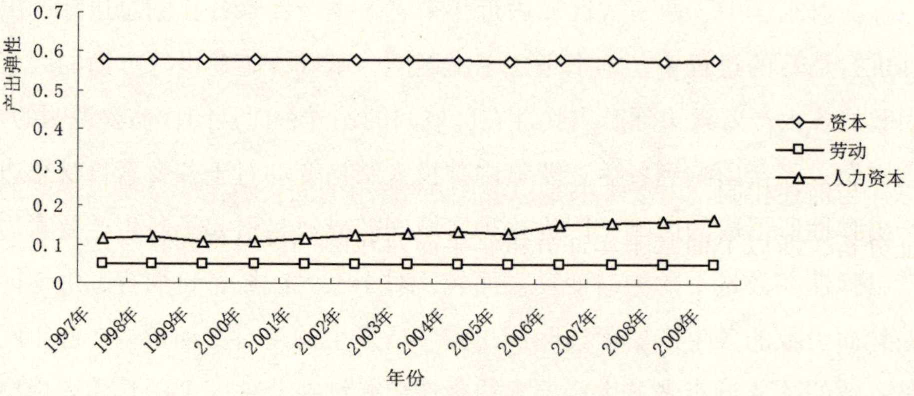

图6~1　中国各生产要素边际产出弹性变动趋势

数据来源：根据第五章的实证研究结果进行估算后得到。图6~2、6~3、6~4同。

此外，如果从近年来各生产要素边际产出弹性的具体估算值来看的话，

那么将能够更加直观地反映出各生产要素边际产出弹性在现实中所经历的这一变动过程。因为依据实证分析结果进行估算后所得到的数据显示，在1997年，我国资本、劳动以及人力资本三个生产要素的总边际产出弹性值分别达到0.577、0.049和0.118，而在2009年，这组数据又分别表现为0.577，0.050和0.166。通过对这两组数据进行纵向的比较，可以清楚地发现，除各生产要素的投入总量外，近些年来，资本内部投入结构所发生的变动，并没有改变资本要素自身的总产出效率水平，因此也就没有能够推动资本要素在现实中发挥出其自身对于我国经济增长所具有的结构动力。与此同时，劳动内部投入结构上所发生的变动，虽在一定程度上提高了劳动要素自身的总产出效率水平，但是该总产出效率水平所提升的幅度非常有限。因此可以说，近些年来，对于我国经济增长的劳动结构动力而言，在现实中也只是在很小的程度上得到了实现。而该期间我国人力资本内部投入结构上所发生的变动，不仅提高了现实中人力资本要素自身的总产出效率水平，而且该总产出效率水平所提升的幅度非常显著。这表明了，相对于资本和劳动要素的结构动力来说，我国经济增长的人力资本结构动力在现实中得到了更加有效的发挥和实现。

在对东、中、西三大区域内近年来三个生产要素各自的总边际产出弹性进行估算的过程中，本书考虑了由制度、基础设施建设等方面的因素所引起的各生产要素边际产出弹性在区域间的差异，而且同样需要说明的是，这样做也不会影响到各生产要素内部投入结构变动对于各要素自身总边际产出弹性所形成的影响，因为这种区域间差异只是引起了各生产要素边际产出弹性在数量上的绝对变动。而且，对于三大区域各自而言，由地区性差异而引致的各生产要素边际产出弹性所发生的绝对变动量，在各年间也是一致的。从近年来各生产要素边际产出弹性在分地区上的具体表现情况来看，首先，图6~2、6~3和图6~4显示，对于我国三大区域各自的经济增长而言，资本要素的总边际产出弹性没有表现出提高的趋势，劳动要素的总边际产出弹性虽在东部和中部地区呈现出了一定的提升趋势，但总体

的提升幅度非常有限。然而，与该两个生产要素不同的是，对于上述三大区域而言，人力资本要素的总边际产出弹性不仅在近些年表现出明显提高的趋势，而且提升的幅度非常显著。可以发现，这些情况都与全国的整体情况相一致。与此同时，如果从三大区域近年来各生产要素总边际产出弹性的具体估算值来看的话，那么同样能够更加直观地反映出各区域内生产要素总边际产出弹性所经历的这些变动特征。具体而言，依据实证分析结果进行估算后所得到的数据显示，1997 年，我国东部地区资本、劳动、人力资本的总边际产出弹性分别达到 0.731、0.043 和 0.081，而在 2009 年，这组数据分别为 0.731、0.044 和 0.135；1997 年，我国中部地区资本、劳动、人力资本的总边际产出弹性分别达到 0.668、0.050 和 0.074，而在 2009 年，这组数据分别为 0.668，0.050 和 0.119；1997 年，我国西部地区资本、劳动、人力资本的总边际产出弹性分别达到 0.576、0.051 和 0.09，而在 2009 年，这组数据分别为 0.576，0.052 和 0.132。从这些数据上的变动和表现中，我们能够得到三个基本的结论：第一，除各生产要素的投入总量之外，对于我国东、中、西三大区域而言，资本内部投入结构近年来所发生的变动，都没有能够改变区域内资本要素的总产出效率水平，因此也就没有能够推动资本要素在现实中发挥出其自身对于各区域经济增长所具有的结构动力；第二，在我国的东部和西部地区，劳动内部投入结构近年来所发生的变动，虽在一定程度上提高了劳动要素自身的总产出效率水平，但是劳动要素总产出效率水平所提升的幅度也都非常有限；第三，对于三大区域而言，人力资本内部投入结构近年来所发生的变动，不仅提高了各区域人力资本要素自身的总产出效率水平，而且无论是从绝对数量上来看，还是从相对数量上来看，该种提升也都表现得十分显著和突出。因此综合前述一系列的相关讨论，我们同样能够发现，与资本结构动力和劳动结构动力两者相比，各区域经济增长的人力资本结构动力在近些年得到了更为有效的发挥和实现。

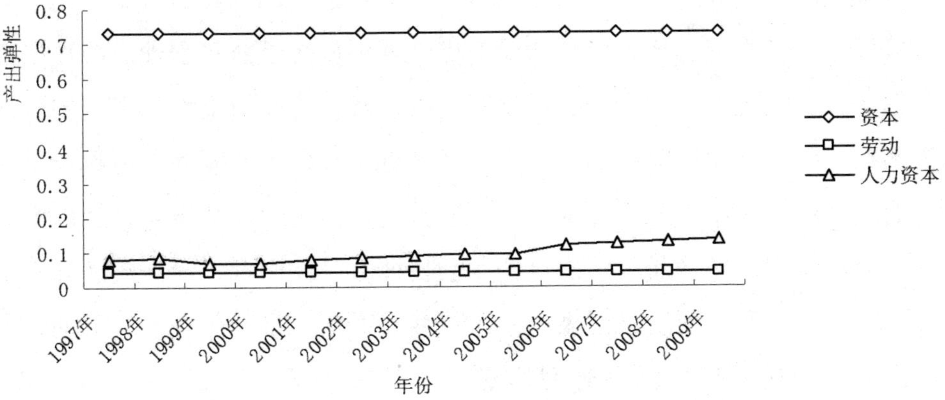

图 6~2　东部地区各生产要素边际产出弹性变动趋势

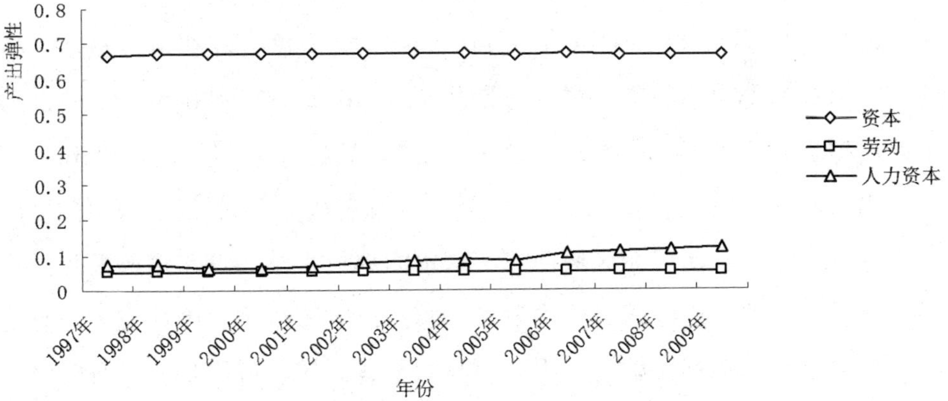

图 6~3　中部地区各生产要素边际产出弹性变动趋势

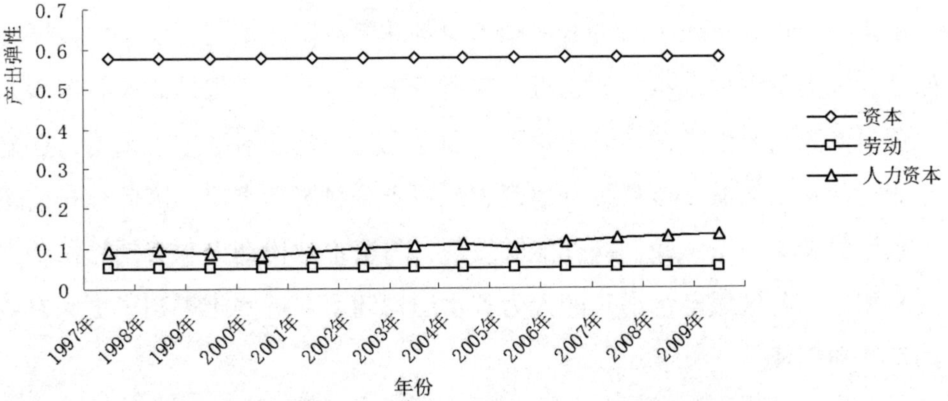

图 6~4　西部地区各生产要素边际产出弹性变动趋势

三、中国经济增长要素结构动力实际表现的原因

除前面的相关讨论之外，对近年来我国及各区域资本、劳动、人力资本三个生产要素的结构动力为何会在现实中表现出上述情况继续展开深层次挖掘，也是一件非常有意义的事情。结合第三章关于我国及各区域生产要素内部投入结构在近年来的变动趋势描述，以及结合第五章实证分析中所得到的基本结论，我们不难发现，对于资本结构动力没有能够在现实中得到发挥这一问题而言，应主要是由如下几方面因素的综合作用所导致：第一，虽然近年来我国及各区域内的资本内部投入结构在变动上表现得非常显著，但是其更多是由资本要素在二、三产业间的相互转移，以及社会新创造和引进的资本要素持续地投向二、三产业和在二、三产业间的不断转向所引致；第二，由于第一产业内的资本投入仅仅占据着社会总资本投入中很小的一部分，所以其在社会总资本投入中的比重虽在该期间经历了上下波动，并在整体上表现为一定程度的缩小，但其变动的幅度十分有限；第三，从实证分析所得到的基本结论中我们可以看到，尽管二、三产业资本投入占社会总资本投入比重的变动，对于资本总边际产出弹性所形成的影响在具体数值上存在一定的差距，但是与第一产业资本投入占社会总资本投入比重的（同等幅度）变动对于资本总产出弹性所形成的影响相比，这种差距还显得相对较小。而且，虽然资本要素的二、三产业间相互转移在这段时期内表现得最为活跃，但是总体而言，经过这样的持续变动以后，该两个产业内资本投入占社会总资本投入的比重并没有发生非常显著的变化，在当前，资本内部投入结构较之前也并没有发生非常明显的变动。总而言之，正是基于这些方面的原因，才使得近年来我国的资本内部投入结构虽在不断地发生变动，但资本总产出效率水平的改善，以至我国及各地区经济增长的资本结构动力，都没有能够在现实中得到实现和发挥。

其次，对于该期间我国及东、西部地区经济增长进程中所表现出的有限的劳动结构动力而言，均主要是由第一产业劳动人口向第三产业流动，

以及社会新增的劳动人口更多地流向了第三产业所促成。当然我们能够发现，除了向第三产业的大规模流动之外，劳动人口由第一产业向第二产业转移，以及社会新增劳动人口向第二产业的规模化流动，也是该期间劳动人口在产业间转移和流动方面所表现出的另一个较为显著的特征。从实证分析所得到的基本结果中可以发现，第二产业劳动人口占社会总劳动人口比重的提高，对于劳动总边际产出弹性的提升幅度，不仅要明显地小于第三产业，而且也要显著地小于第一产业。因此在这两方面作用的交织影响下，也就限制了劳动结构动力在现实中的更为充分发挥。

再次，结合我国近年来教育事业的整体发展背景，可以断定，对于该期间我国及东、中、西三大区域经济增长进程中所表现出的显著的人力资本结构动力而言，应主要是得益于国家近年来对于基本普及九年义务教育和基本扫除青壮年文盲这一“两基”战略的不断落实，以及自本世纪初以来对于高等教育事业的大规模扩张和推进。因为这不仅逐步降低了社会总劳动人口中文盲人口和受小学教育人口所占的比重，同时也限制了受高中教育人口占社会总劳动人口中的提升幅度，促进了受初中和大专及以上教育人口在社会总劳动人口中所占比重的稳步提升。

四、本章基本结论

鉴于前面的分析显得过于分散，因此在本章的最后，对前面分析所得到的基本结论进行一下总结，仍是十分必要的。

应该说，本章的讨论，主要是将前一章实证研究中所得到的主要结果，与第三章关于我国及分地区生产要素内部投入结构的变动特征两者相结合而展开的，并以此为基础，对近年来我国经济增长的要素动力和动因、近年来我国经济增长的要素结构动力和动因进行了探讨。在这一探讨的过程中，本章所得到的基本结论共包括以下四个方面：

1. 从生产要素的层面来看，对于我国的经济增长而言，在理论上，资本要素所具有的动力最为显著，人力资本要素所具有的动力次之，劳动要

第七章

中国生产要素内部投入结构存在的主要问题和原因

前述的研究证实了，在内部投入结构表现合理的情况下，无论对于资本、劳动或人力资本哪个生产要素来讲，都能够对我国的经济增长形成强劲的结构动力。因此各要素的结构动力在现实中的表现差强人意，直接就说明了我国生产要素的内部投入结构在近年来还存在着一些问题。而且经过深层次的分析和讨论后我们能够发现，对于这些问题的出现，也都有着各自的现实原因。

第一节 资本内部投入结构存在的主要问题和原因

一、主要问题

虽然前面对我国经济增长的要素结构动力进行分析时指出了，对于现阶段和未来一段时期我国的经济增长而言，资本要素的结构动力在现实中的形成和有效发挥，要以二、三产业资本投入占社会总资本投入比重的不断提高作为基本前提。但是这里需要说明的是，关于这一论断，更多是基于实证研究所得到的基本结果而进行理论上的解读后得出，其并未真正考虑到我国生产要素内部投入结构在近年来的实际表现情况。因为从第三章的分析中我们可以发现，自实施社会主义市场经济体制改革以来，我国第一产业资本投入占社会总资本投入的比重，始终仅仅占据着很小的一个部分。这也就决定了，依靠第一产业内的资本要素向二、三产业大幅转移来促进资本要素的结构动力在现实中的发挥，并不能够成为一条真正的可行途径。也正是基于此，在对我国经济增长要素结构动力的实际表现原因进行分析时本书进一步指出了，资本要素的结构动力在今后经济增长进程中的切实有效发挥，更多地要以第二产业内的资本要素大规模流向第三产业，以及社会新创造和引进的资本要素更多地被投向第三产业，继而全面提高第三产业资本投入占社会总资本投入的比重作为根本前提。

然而从第三章的相关描述中我们又能够看到，尽管资本内部投入结构在近年来发生了持续的变动，但并不是表现为由第二产业向第三产的单向转移，而更多体现的是在二、三产业间的双向流动，而且在很多新的社会

资本被不断地被投向第三产业的同时，也有很多新的社会资本在该期间被投向了第二产业，在这两方面的共同作用下，导致了第三产业资本投入占社会总资本投入的比重在近些年始终没有得到显著的提升。而这里所需要进一步指出的是，第三产业资本投入占社会总资本投入比重始终没有表现出提高的趋势，也是我国资本内部投入结构在近些年所存在的突出问题。因为从我国的现实国情来看，在城乡二元经济社会结构的长期隔离和限制下，资本要素在二、三产业间流动所面临的壁垒和障碍，要远远小于其从第一产业向二、三产业的流动。也就是说，资本要素从第二产业向第三产业的大规模流动，不单单有其现实的基础，而且也是能够在现实中真正得以实现的。

二、问题出现的原因

虽然本书重点研究的是我国长期经济增长问题，但是如果试图对我国资本内部投入结构在现阶段存在问题的原因进行讨论的话，则应该立足于短期视角。因为对于第三产业资本投入占社会总资本投入的比重在近年来始终没有能够取得显著提升这一问题来讲，主要就在于我国现阶段的经济增长还侧重于依赖于出口上的带动。具体而言，自国家相继实施改革开放战略和社会主义市场经济体制改革以来，以及我国在本世纪初成功加入 WTO 以后，我国经济发展的外向型特征表现得愈加明显，整体的对外开放结构也由最初的只与少数发展中国家之间建立单边贸易关系，向同时与发展中国家和发达国家之间建立多边贸易关系转变。而随着期间我国工业化进程的不断向前推进，以及我国整体贸易结构的逐步完善，在近些年来，不仅出口贸易在我国国民经济中所扮演的角色变得越来越重要，我国的出口商品结构也较之前发生了较大的变化。这其中表现得最为明显的两个方面就是：在国际产业链深化分工和不断延伸的过程中，我国成为了国际产业转移的主要承接地，并逐渐演变成为全球最大的制造业中心；随着商品出口数量和规模的不断提升，以工业加工品和工业制成品为主要代

表的一批工业产品，逐渐取代了以农副产品为主的初级产品，在我国所出口的商品中先后占据了最为重要的地位和比重。与此同时，在这一进程中，很多的社会民间资本，也非常热衷于投向第二产业，以加入到工业产品的加工和制造行列之中。虽然自实施社会主义市场经济体制改革以后，我国的第三产业在整体上取得了更为快速推进，产业内的资本投入数量每年大幅提升，但是在巨大国际需求的刺激下，第二产业在国民经济中所占的比重，以及第二产业资本投入占社会总资本投入的比重，并没有表现出明显的扭转和下行趋势。从实际表现上来看，在该期间，很多工业企业为了提高自身的产品供给能力，往往热衷于追加资本要素的投入，以扩大企业的建设和生产规模，而且对于一些新创造的社会资本和进入我国的国外资本要素而言，也在巨大国际需求的刺激下被不断地吸引到了第二产业之中。这也就使得即便是在实施市场化改革以后，我国第二产业内的资本要素始终没有出现大规模地向第三产业转移的态势，继而使得第三产业资本投入占社会总资本投入的比重，在该期间始终没有能够表现出明显的提升趋势。但是需要注意的是，前面实证研究所得到的基本结论表明，这是一种非常典型的以规模和产量来置换效率的经济增长方式，因为对于该种增长方式而言，所促成的资本内部投入结构状况并不利于资本要素的结构动力在我国经济增长进程中的形成和有效发挥，并且同时也导致了近些年我国的经济增长虽主要依赖于资本要素的推动，但资本要素的总体产出效率水平始终没有得到明显改善这一现实窘境的持续存在。

第二产业资本投入占社会总资本投入比重的提高为何会不利于资本要素的结构动力在我国现实经济增长中的形成和有效发挥？一个相对合理的解释是，随着很多工业企业不断地追加投资、扩大生产规模，以及新的社会资本要素不断向第二产业的涌入，使得近年来我国的工业产品所面临的需求约束变得越来越严重，造成大量的工业企业生产能力过剩，其集中地表现为我国工业产品供过于求的矛盾日益突出、很多工业产品大规

模积压。因为从我国产能过剩的行业和项目分布上来看，主要就存在以下两方面的特征：一是多集中在资本密集型的重化工业行业领域，如钢铁、电力、汽车、石化、建筑材料等重工业行业。而且对于这些行业而言，还与我国新一轮的以重化工业为主导的经济增长周期之间存在着较为密切的联系；二是多分布在政府独资或政府主导下的投资占有相当大的规模和比重的工业企业。在这些企业之中，相当部分的建设项目通常是由中央政府部门审批，中央企业在行业投资中一直处于主导性地位，而且这其中的一些项目甚至还属于“有保有压”政策下的鼓励项目。总之，由于这些工业企业的生产能力过剩，导致很多企业的生产能力曾一度闲置，继而直接降低了产业内资本要素的产出效率水平。除此之外，大量工业产品的积压，也在一定程度上降低了我国工业产品的国内外市场价格，因此也在现实中间接地对我国资本要素的产出效率水平产生了负面影响。可以十分肯定地说，近年来我国国内所形成的这种以规模换效率的外向型工业增长方式，不仅使得我国的整体经济增长很容易受到国际经济局势波动所带来的巨大冲击的影响，也将不利于我国经济在未来的继续快速增长和持续健康发展。

第二节　劳动内部投入结构存在的主要问题和原因

一、主要问题

劳动内部投入结构所存在的问题，突出体现为我国第二产业劳动人口占社会总劳动人口的比重在近年来不仅没有出现下降，反而还表现出了逐渐提高的上升趋势。虽然国内外的很多学者都曾一致认为，自实施改革开

放以来，中国劳动人口从广大农村地区的第一产业向城市地区二、三产业的大规模转移和流动，极大地改善了劳动人口的总产出效率水平，继而更为有效地发挥了劳动要素对于中国经济增长的整体推动作用，但是从第五章实证研究所得到的基本结论中我们能够发现，这种观点是有待商榷的。本书的实证研究结果显示了，虽然三次产业劳动人口占社会总劳动人口比重的提高，都有利于促进我国劳动人口整体产出效率水平的提升，但是与第一产业和第三产业相比，第二产业劳动人口占社会总劳动人口比重的提高，对我国劳动总产出效率水平提升的促进作用，还是要表现得明显偏低。当然，这也证实了在第三章中所曾作出的推断：即虽然近些年我国城乡之间在经济发展水平、人均收入水平、市场化完善程度，以及基础设施建设水平等方面一直存在着巨大的差距，但是由城乡二元经济社会结构引致的生产要素在城乡间合理有效流转所面临的诸多障碍，很可能会对生产要素在城乡之间的有效配置产生较大的现实影响。而且在后面的分析中我们将看到，也正是由于劳动人口从第一产业向第二产业的过度转移和流动，才引致了这种影响在现实中产生和出现。所以单单是依据发展经济学的基本经济理论，或者仅仅是参照一些发达国家所总结出的基本实践经验，就在不考虑我国基本现实国情的情况下，草率地断定生产要素在我国城市地区的二、三产业之内一定会具有更高的产出效率水平，无疑是缺乏应有的事实根据的。与此同时，这也从另一个角度说明了，由于我国一直属于一个传统型的农业大国，以家庭经营为基础的传统小农生产方式也仍然在当前农业的生产中占据着主导地位，因此对于我国第一产业内的劳动人口数量以及其在我国总劳动人口中所占的比重在近些年来仍然明显偏高这种境况，并不能简单地看成是我国劳动内部投入结构所存在的一个问题。因为从我国的总体经济发展进程以及我国农业自身所处的发展阶段上来看，这种境况的实际存在，不仅是相对合理的，而且也是有其现实依据的。

二、问题出现的原因

对我国劳动内部投入结构在近年来实际表现的原因进行分析，能够更加有利于我们直观地理解在上段描述中所做出的这些论断。应该说，我国劳动内部投入结构在近些年来的实际表现，以及其间所出现的第二产业劳动人口占社会总劳动人口的比重不仅没有出现下降，反而还呈现出逐渐地提高这一问题，主要与以下三方面的具体情况有关：一是和我国资本要素内部投入结构在近年来的实际表现或存在问题的原因相类似，即如果从短期视角来看的话，那么我们就能够发现，我国近些年的经济增长还十分侧重于依赖出口上的带动。然而按照赫克歇尔——俄林最初所建立的新古典国际贸易理论，在经济全球化日益加深和国际产业链分工日益深化的背景下，一个国家国际贸易活动的有效开展和逐步取得扩大，要以其自身比较优势的建立和充分发挥为前提。当然，在现实中，多数国家也都是以其自身所具有的比较优势为基础来开展国际贸易活动的。但是与开展国际贸易活动的其他发展中国家相比，以及特别是与开展国际贸易活动的世界发达国家相比，我国在劳动力成本上不仅具有着实际上的比较优势，而且还表现得非常的显著和突出，尽管相关的研究表明这种比较优势在程度上正逐渐地趋于下降和缩小[*]。进一步而言，在国家不断加大对外开放力度，以及更加广泛地与世界各国开展对外贸易活动的现实背景下，实施社会主义市场经济体制改革以后，我国很多以出口为导向的工业企业为了能够最大限度地节省生产上的成本，以在国际市场中充分地发挥出自身的比较优势，

---

* 例如，中国社会科学院经济学部“中国经济形势分析与预测”课题组针对我国沿海地区所展开的调研就显示，在未来的若干年内，我国的劳动力成本将以每年15%左右的速度进行递增。这无疑将会逐渐削弱我国以廉价劳动力成本为核心的传统出口竞争优势，继而也就会不利于我国出口规模的长期稳定增长。当然，这也将会为我国出口市场的多元化和外贸企业的转型升级带来“倒逼”压力。具体可参见：社科院：《企业劳动生产率“跑快”工资涨幅才能活》. 一财网，http://www.yicai.com/news/2012/04/1666002.html，2012年4月25日。

除了注重于通过追加投资来扩大企业自身的生产规模外，在对于生产要素的选择上，还表现出了更加热衷于多投入劳动要素的基本倾向。而且与在投入资本要素方面所持有的基本理念相比，对于劳动要素的投入而言，也非常乐于用规模和产量来置换效率。如近些年很多工业企业内所出现的大规模招工扩员现象，正是这一情况的真实写照。而且从现实来看，对于这种大规模的招工扩员现象，在我国东部沿海地区的一些出口和外贸企业内表现得最为突出；二是与阻碍劳动人口在城乡间迁移和流动所面临的障碍逐渐得到削弱，以及我国的农业生产经营效率在近年来不断取得提高有关。因为尽管我国的城乡二元经济社会结构一直在现实中存在，但是随着社会主义市场经济体制改革的逐步深化，近些年来，阻碍劳动人口在我国城乡间流动的各种障碍无疑逐渐得到了瓦解，这同时也就在一定程度上降低了我国劳动人口在城乡间迁移时所面临的成本。另一方面，由于我国农村地区的人口基数庞大，农业人口数量始终占据着全国人口总量的一半以上，因此随着农村家庭联产承包经营责任制在近年来的逐渐巩固和不断得到完善，即便是在小农生产仍然占主导地位的传统农业生产经营模式下，我国的农业生产经营效率在近年来还是取得了较大幅度地提升，并促进了更多的隐性农村剩余劳动人口顺利地从农业生产中显现和解放出来。而对于这些显性的农村剩余劳动人口来讲，自身无疑又具有着极强的迁入城市地区的倾向。与此同时，尽管我国的第三产业在该期间取得了更为长足地发展，并且也为社会创造并提供了很多新的就业机会，但是其当前的发展规模决定了其自身仍没有能力完全吸收掉这些农村剩余劳动人口；三是与我国农村劳动人口自身的态度和认识有关。应该说，与我国广大的农村地区相比，近些年来，城市地区无论是在基础设施建设上，还是在公共服务水平上，都要显得更加的完备和先进。在城市地区便利的基础设施条件，以及城市户籍等方面的巨大诱惑和吸引下，对于广大农村地区的劳动人口而言，在向城市地区转移和流动的过程中往往具有着很大的盲目性。随着一些农村剩余劳动人口向城市地区的转移和流动，很多农村地区的青壮年劳动力，

也采取了跟风式的态度，不仅缺少对本地区农业发展实际的考虑，还盲目地大规模向城市地区聚集。如近几年很多农村地区所出现的空心村、农村老年人口逐渐演变成为农业生产的主力军，以及农村留守儿童问题逐渐变得愈加严重和突出等现象，都是基于此种情况才产生和出现的。与此同时，在这一转移和流动的过程当中，由于我国第三产业的整体发展规模仍相对有限，无法全部吸收掉这些从第一产业内释放出来的劳动人口，因此对于大量的劳动密集型第二产业而言，必然成为了很多农村劳动人口所旨在迁入的理想对象，从而也就造成了劳动人口从第一产业向第二产业过度转移和流动的现象*。

第三节　人力资本内部投入结构存在的主要问题及原因

一、主要问题

前述关于我国经济增长要素结构动因的分析表明了，与资本和劳动两个生产要素相比，在我国的经济增长进程中，人力资本要素的结构动力不仅在理论上表现得更为突出，而且其在现实中也着实得到了更好的发挥。然而，这并不意味着我国的人力资本内部投入结构在近年来就不存在问题。从现实来看，我国的人力资本内部投入结构不仅存在问题，而且其恰恰就表现为受高等教育人口在社会总劳动人口中所占的比重，在近年来还明显

* 赵文军和于津平（2012）对2000—2010年间中国工业经济增长方式变化特征的分析也表明，中国工业经济增长方式的粗放型特征在近年来不仅不存在弱化趋向，反而还出现了不断强化的现象，具体参见：赵文军，于津平.《贸易开放、FDI与中国工业经济增长方式——基于30个工业行业数据的实证研究》[J].《经济研究》，2012,（8）：18-31.

偏低。尽管实证研究结果昭示了，我国经济增长的人力资本结构动力在现实中的产生，除了得益于受初中教育人口在社会总劳动人口中所占的比重近年来逐步提升之外，更主要在于受高等教育人口在社会总劳动人口中所占的比重近些年也取得了稳步攀升。但这里仍需注意的是，与和我国经济发展水平相当的国家的国际平均水平相比，我国受过高等教育人口的规模和在社会总人口中所占的比重都还相对偏低（岳昌君，2004）[121]。而且在近些年以来，我国受过高等教育人口在社会总人口中所占的比重也始终处于世界人口大国的中下游水平，与其中的 OECD 国家之间的差距十分明显（刘笑飞，2007）[122]。从具体数据上来看，我国高等教育的毛入学率与中等偏上收入国家平均水平相比落后 15 年左右，与发达国家相比落后 30 年以上（陈至立，2007）[123]。这些都间接地表明了，对于我国经济增长的人力资本结构动力而言，在现实中仍有着很大的改善和提升空间。然而我们发现，虽然《国家中长期教育改革和发展规划纲要（2010–2020）》中明确提出我国高等教育的毛入学率到 2020 年要达到 40%，但是即便能够如期地实现这一目标，我国高等教育的毛入学率也无法达到世界中等发达国家在 2005 年所处的水平。除此之外，这里还需要注意的一点是，与资本和劳动两个生产要素不同，受高等教育人口在社会总劳动人口中所占比重的偏低，除了会制约人力资本要素的结构动力在我国经济增长进程中的更为充分发挥之外，同时也会限制我国劳动人口在人均人力资本水平上的更加快速提升。而从本书实证研究中所得到的基本结果来看，这无疑也就会在一定程度上限制人力资本要素动力在我国经济增长进程中的更为有效发挥，从而进一步降低人力资本要素对于我国经济增长所形成的实际推动作用。

二、问题出现的原因

当然，受高等教育人口占社会总劳动人口比重的偏低，主要是与我国高等教育事业自身在整体的发展规模上还相对较小有关，而如果从我国教育事业自新中国成立以来的总体发展历程上来看，我们又不难发现，我国

高等教育事业整体发展规模上的相对较小，又主要是与我国的高等教育事业自身在发展进程上还明显滞后有关。因为尽管自1978年开始恢复高考制度以来，我国的高等教育事业在发展的规模上取得了递推式地扩张，但是截止到目前，我国的高等教育事业也仅仅走了30多个年头，与世界上的一些发达国家和地区相比，其在总体上的发展时间无疑还显得相对较短。因此如果从这个意义上来讲，我们很可能会形成如下观念：对于近年来以及当前我国受高等教育人口占社会总劳动人口的比重相对偏低这一现象而言，是有其合理性原因的，或者也可以说其根本不应该被看做成是一个问题。但是有必要指出的是，对于我国高等教育事业的自身发展规模在当前仍相对较小这一情况来讲，除了是由于其自身的发展时间相对较短以外，还有着其他多个方面的促成因素。而且也正是由于这些因素的存在，才使得受高等教育人口占社会总劳动人口比重的偏低成为了我国人力资本内部投入结构于现阶段所存在的一个主要问题。进一步来说，这些因素又主要包括以下四个方面：其一，在基础教育和高中教育阶段，对于我国广大的农村地区而言，无论是在教学质量上，还是在学校的基础设施建设水平上，抑或是在整体的发展进程上，都始终并远落后于城市地区。因此，无论是在过去一段时期内，还是在当前，对于我国农村地区的大量在校学生来说，大都接受着相对不平等的教育机会，以至于其在基础教育阶段和高中教育阶段就与城市地区的学生之间形成了较大差距，进而也导致了广大农村地区的学生进入高等教育院校所面临的门槛一直相对偏高，其进入高等教育院校所面临的难度始终相对较大；其二，地区间高等教育事业的非均衡发展，也是导致我国高等教育事业整体发展规模相对较小的一个现实原因。从实际情况来看，我国某些地区高校云集，而在另外一些地区，尤其是在中西部地区的大多数省份，无论是大学的数量、规模，还是大学的质量、水平，抑或是在校学生的总人数，都要比东部地区落后和少得多*。而在我

* 如武汉大学中国科学评价研究中心于2007首次评出的我国9大高等教育省市之中，除湖北和陕西省之外，剩下的7个省市全部都属于我国的东部地区。

国当前的招生和入学制度下，各地区的高等教育院校在面对生源问题上还存在着很强的地方保护倾向，因此，不仅是中西部地区的多数省份，即便是在我国东部地区的一些高考大省，如山东、江苏等地，一方面由于其自身的高等教育事业整体发展规模还相对较小，一方面本省内每年参加高考的学生规模和数量又相对庞大，所以每年也都会出现大量的考生高考落榜，继而不能成功地进入到高等教育院校继续接受教育的现象；其三，近年来国内所出现的高等院校毕业生就业难问题，也挫伤了很多人主动接受高等教育的积极性。因为依据人力资本理论，人力资本投资是效益最佳的投资，对其投资的目的就是为了能够在未来获得可观的收益。这也就意味着，对于劳动者自身而言，对人力资本所进行的投资，也主要是以“成本——收益”上的最大化作为基本准则。因此，近几年所出现的高等教育院校毕业生就业难这一现象，必然会在一定程度上降低人们对于更高水平的人力资本进行投资后所能够带来的收益预期，继而也削弱了人们主动接受高等教育的积极性。可以说，这无疑也在一定程度上制约了我国高等教育规模的更为快速扩张和推进*；其四，与世界上的一些发达国家和地区相比，在我国的大陆地区，近些年来一直存在着重本科、轻专科，重公办、轻民办的思想观念。与民办高等院校和普通专科院校相比，人们对于公办本科院校往往具有着更大的现实需求，相对于这一点来说，公办本科院校自身在整体的发展规模上无疑还显得非常小。因此这一方面造成了公办本科院校虽面临着较大的现实需求，但自身在学生的招生和培养能力上还相对不足，一方面又使得大多数的民办高等院校和专科院校在发展的规模上难以取得有效推进和扩张，进而间接地导致了我国大陆地区高等教育体系在发展进程中的扭曲和整体高等教育事业在发展进度上的相对缓慢。

---

* 值得我们注意的是，岳昌君（2004）[122] 的研究还表明，对于近几年我国所出现的高校毕业生就业难问题，并不具有长期性特征，其只是一个短期的社会现象。

第八章

对策建议与未来研究方向

从目前来看，关于生产要素内部投入结构变动对于经济增长影响的讨论，仍属于一个比较新的研究领域，在该一领域之内，也存在着很多值得我们进一步关注和探讨的问题。而且能够肯定,随着我国“转方式”和“调结构”战略的不断落实，在今后，与生产要素内部投入结构与经济增长两者间的关系有关的话题，必将成为国内学术界所广泛关注的焦点。与此同时，虽然本书所开展的研究仅可看做是生产要素内部投入结构与经济增长关系研究的一个开端，但是所得到的基本结论仍然表明，对于国家所出台的“十二五”规划建议而言，还具有进一步改进和提升的空间。

第一节 对策建议

如果说生产要素投入总量的增加，是我国经济实现外延式快速增长的基本前提的话，那么为推动我国经济向内涵式的又好又快增长和发展转变，则决定了我们除了要仰仗于要素投入总量的增加之外，还要依赖于要素产出效率水平的不断改善和提升。而从相关的理论来看，生产要素的产出效率水平能否在现实中得到有效的改善和提升，主要就取决于其各自的内部投入结构状况是否能够促成其自身对于我国经济增长的结构动力在现实中的有效发挥。然而前述研究所得到的基本结论却表明，除了人力资本要素以外，对于资本和劳动两个生产要素而言，对我国经济增长的结构动力在市场经济体制改革以来的表现还差强人意。与此同时，人力资本要素对我国经济增长的结构动力虽在近些年得到了一定的发挥，但还有进一步改善和提升的空间。这也就意味着，为了能够推进我国经济的又好又快增长和发展，在未来较长的一段时期内，改善生产要素的内部投入结构将成为我国经济结构调整和改革的核心。

从途径上来看，在现实中，对资本、劳动、人力资本三个生产要素的内部投入结构进行调整，必然又主要落在了产业结构调整和教育结构调整两个方面。因此从这个意义上来讲，其也就与国家所提出的以“转方式、调结构”为重点的“十二五”经济发展战略不谋而合。此外，为发挥技术进步对于我国经济增长的递增效应，在今后，全面提升我国的自主创新能力，加快创新型国家的建设进程，也将成为今后我国经济发展的另外一个重点。在这样的一种现实背景下，“十二五”规划提出了大力提高科技创新能力、促进我国经济增长向依靠第一、第二、第三产业协同带动转变，营造环境推动服务业大发展等建议，作出了巩固九年义务教育普及成果、基

本普及高中阶段教育、全面提高高等教育质量，以及大力促进中部地区崛起和坚持把实施西部大开发战略放在区域发展总体战略优先位置等决定。可以说，系列的政策建议和决定虽立足于我国的短期经济发展问题，但对于我国未来的长期经济走向而言，其也具有着较高的战略指导意义，并且也有利于推动我国经济在未来较长一段时期的又好又快增长和发展。然而从本书的研究来看，为了能够更加有效地提高各生产要素的配置和产出效率，以全面地促进我国经济增长的要素结构动力在现实中的形成和发挥，以及充分发挥我国各地区经济增长的要素动力优势，在落实上述政策和决定的过程当中，还需重点做到下述的三个方面。

一、适度促进生产要素跨产业转移

由于与二、三产业相比，我国第一产业资本投入占社会总资本投入的比重在近年来一直相对偏低，而且对于我国当前的农业发展而言，自身又尚未摆脱以家庭经营为基础的小农经济模式，在整个农业生产过程中，仍然对大量的农业劳动力有着现实上的需求。因此即便是在以加快发展现代农业、促进三次产业协同发展等作为经济发展指导思想的“十二五”时期，我国服务业的大发展，也应重点以第二产业内的资本和劳动要素更多地向第三产业转移，以及社会上的新增资本和劳动要素更多地流向第三产业为基础。具体而言，在推动社会新增资本和劳动要素更多地向第三产业流动，以及改造提升传统制造业和培育发展战略性新兴产业的过程当中，应全面提高第二产业内资本和劳动要素的配置和使用效率，充分释放产业内的过剩生产能力，并以此为契机，推动第二产业内的过剩资本和劳动要素更多地向第三产业转移。从目前我国整体的工业布局上来看，这一做法对于我国的东部地区尤为重要。而对于我国的中西部地区，特别是对于我国的广大西部来讲，则应该在承接东部地区第二产业转移的过程中，按照产业发展的实际需求，来稳步地推动资本和劳动要素向第二产业转移，以在第二产业内更好地配置资本和劳动两种要素资源，避免在产业内形成过多的过

剩生产能力。

这里还需注意的一点是，虽然与世界上的发达国家和地区相比，我国当前第一产业内劳动人口的数量及其占总劳动人口的比重都明显偏高，但是在“十二五”期间以及未来较长的一段时期内，仍要尽量避免农村劳动人口向城市地区过度转移和流动现象的发生。在此基础上，根据我国各地区的农业自身发展实际，随着各地区现代化农业进程的不断推进、农业生产效率的不断提高，来稳步地推动农业剩余人口向城市地区转移。最终，借助于资本要素由第二产业向第三产业的大幅度转移，劳动要素由一、二产业向第三产业的大规模流动，以及社会新增的资本和劳动要素更多地流向第三产业，来充分发挥两个生产要素对于我国未来经济增长所具有的结构动力，以促进我国经济在未来的持续快速增长。

二、全面推进高等教育事业快速发展

除了能够更为有效地提高我国劳动人口的平均人力资本水平，继而有利于提升我国未来经济增长中的人力资本要素动力之外，为了能够更为有效地发挥人力资本要素对于我国经济增长的结构动力，在今后统筹发展各级各类教育事业的进程中，继续加快完善落实九年制基本义务教育制度、大力推进高等教育事业的快速发展，对我国而言也是一个重要的选择。然而在“十二五”规划纲要中，国家虽提出了要继续巩固九年义务教育普及成果和基本普及高中阶段教育，但并没有进一步地提出要继续大力发展高等教育事业。客观来讲，近几年所出现的高等教育院校毕业生就业难问题，着实为我国高等教育事业的持续扩招带来了一定的现实压力，并且在客观上增加了我国高等教育事业在规模扩张上所面临的难度。但是从根源上来讲，我国高等教育院校毕业生的就业难与高等院校继续扩招两者之间并无本质和必然的联系，因为从实际情况来看，我国高等院校毕业生的就业难实际上属于结构性失业问题，即绝大多数高等教育院校的专业设置并不能完全地适应快速变化的市场需求，从而才造成了人才供需市场配置上的时

间差，导致了人才供求上的错位。而且随着“转方式，调结构”战略的不断落实，未来我国的经济发展对于大量高素质人才仍将具有着较大的现实需求。因此为全面提高人力资本要素对于我国经济增长的要素动力，并同时提升人力资本要素自身的产出效率水平，在“十二五”及未来一段时期内，国家应以高中阶段教育事业的逐渐普及为契机，继续逐步扩大高等教育院校的招生规模，并促进各地区高等教育事业发展的均衡化，促进本科教育与专科教育、公办（高等）院校与民办（高等）院校之间发展的同步化。与此同时，各高等院校也应以市场上对于各类专业人才的需求为导向，对其自身的专业设置实施动态调整，借此来全面推进我国高等教育事业的更加快速和规模化扩张，以为我国人力资本总量和平均水平在今后的更加快速提升，以及为我国人力资本内部投入结构在未来的更为有效改善提供强有力的保障。

三、合理引导生产要素跨区域流动

正如在第六章的分析中所提到，对于我国的东、中、西三大区域而言，其自身的经济增长具有着与其他地区所不同的要素动力优势。而在“十二五”规划纲要之中，也提及了要通过推进新一轮的西部大开发战略和大力促进中部地区顺利崛起，来促进生产要素在区域间的合理转移和流动，以在我国的中西部地区培育新的区域经济增长极的发展目标。从各区域经济增长的要素动力优势上来看，对于我国的东部地区而言，其未来经济增长更为需要的是不断追加资本要素的投入；对于我国的西部地区而言，其未来经济增长更为需要的是不断追加普通劳动力和高素质人才的投入；对于我国的中部地区而言，其未来经济增长对于追加资本、劳动和人力资本要素的投入都具有着较大的现实需求。这也就意味着，全面落实新一轮西部大开发战略，推动西部地区经济的快速增长，要以我国东部地区的劳动要素和高层次人才更多地向西部地区转移作为支撑。而促进中部地区的经济快速腾飞，则要以东部地区的资本、劳动和人力资本要素同时向

中部地区大规模流动为支撑。因此，为促进生产要素在区域间形成最优的配置结构，以实现区域间经济的协调发展，在“十二五”及未来一段时期，国家应制定和采取针对性的战略措施，以在继续积极支持东部地区发展的同时，推进东部地区资本要素适度向我国的中部地区转移，促进东部地区劳动要素同时向我国的中、西部地区流动，并在引导东部地区高层次人才向中、西部地区大规模流动的过程当中，重点推动其更多地向我国西部地区流动。总之，要通过推动生产要素在区域间的合理转移和流动，来为我国中、西部地区经济增长的要素结构动力在现实中的更好发挥奠定基础，为中、西部地区新的增长极在未来的真正形成创造有利条件。此外，推进中、西部地区教育事业，特别是中、西部地区高等教育事业的更加快速发展，并通过建立相应的人才投入和留住机制，来提高中、西部地区自身对于人力资本的开发、培养和吸收能力，也是今后的一个重点选择。

第二节　未来研究方向

本书以三次产业及教育的层次结构为划分，从理论和实证两个维度，对资本、劳动和人力资本三个生产要素的内部投入结构变动对于我国经济增长的影响进行了论证和探索。在此基础上，本书进一步对我国经济增长的要素动力和动因、要素结构动力和动因展开了讨论，对我国生产要素内部投入结构在当前所存在的主要问题进行了挖掘。在最后，本书以促进我国经济在未来的又好又快增长和发展为导向，提出了几点主要的对策建议，指出了我国生产要素内部投入结构的未来调整方向及相关政策措施。然而必须要指出的一点是，对于本书的研究而言，所涉及到的内容还非常有限。可以说，对于生产要素内部投入结构变动影响我国经济增长的相关探讨，

不但仅仅只是一个开始，而且也还远远没有宣告结束。在今后，至少有四个重要的问题需要我们进一步来进行解答。

第一，虽然生产要素的内部投入结构状况在很大程度上决定了要素自身的产出效率水平，但是需要注意的是，随着经济发展阶段的不同，以及期间三次产业自身在产出效率水平上的变化、各阶段教育事业在培养和提高人力资本效率方面的改变，以至整体经济发展对于各生产要素需求和依赖程度的变动，对于各个时期经济增长的要素结构动力来说，其在现实中的有效发挥往往需要不同的要素内部投入结构。因此，为了能够持续促进我国经济在未来的又好又快增长和发展，在未来一段时期，对于资本、劳动以及人力资本三个生产要素的内部投入结构与我国经济增长之间的最优匹配值（或者说最优契合点）进行动态的探索和确定，是需要我们进一步研究的问题。

第二，从现实中来看，对于三次产业而言，其内部分别包括不同的行业，而且从已有的一些相关研究所得到的基本结论来看，资本和劳动两个生产要素在各行业内的产出效率水平往往也存在着一定的不同。因此从各行业的角度进行切入，探讨行业间资本和劳动内部投入结构与经济增长间的关系，对于加快推进中国的经济增长来说，无疑具有着非常重要的现实指导意义。

第三，对于各阶段的教育事业而言，其分别包括不同的教育类别，如从高中阶段的教育来看，既包括普通高中教育，又包括中高等职业教育；从大专及以上阶段的教育来看，除了包括专科教育之外，还包括普通本科教育和硕博教育。一般来说，由于专业设置、培养方式等方面的不同，使得同一教育阶段的不同教育类别在培养和提升人力资本方面往往还存在着一定的差异，继而也就会对我国的现实经济增长产生不同程度的影响。基于此种情况，从前述这一横向的教育结构入手，对人力资本内部投入结构进一步地展开细分，继而探讨这种细分后的人力资本内部投入结构变动对于我国经济增长的影响，也具有着十分重要的理论和实

践意义。

第四，从产业结构的角度入手，对人力资本于产业间的投入结构进行考察，并以此为基础，进一步考察产业间人力资本结构上的变动对于我国经济增长的影响，指出我国产业间人力资本结构在未来的调整和改善方向，也是一件非常具有现实意义的事情。

参考文献

[1] 胡永远，杨胜刚.《经济增长理论的最新进展》[J],《经济评论》,2003,(3):74–87.

[2] 刘伟，李绍荣.《产业结构与经济增长》[J],《中国工业经济》,2002,(5):14–21.

[3] Solow, R. M. "A Contribution to the Theory of Economic Growth" [J].The Quarterly Journal of Economics, 1956, 70(1), pp. 65–94.

[4] Romer D. "Advanced Macroeconomics" [J].The Economic Journal, 1996, 1(493), pp. 282–289.

[5] Chenery, H.B. "Patterns of Industrial Growth" [J]. The American Economic Review, 1960, 50(4), pp. 620–654.

[6] Denison, E. F. "Why Growth Rates Differ: Postwar Experience in Nine Western Countries" [M]. Brookings Institution(Washington), 1967.

[7] Chenery,H. B., Robinson, S. and Syrquin, M. "Industrialization and Growth: A Comparative Study" [M]. New York: Oxford University Press,1986.

[8] Feder, G. "Growth in Semi–Industrial Countrie:A Statistical Analysis" [J]., In Industrialization and Economic Growth: A Comparative Study[M]. (ed. Chenery, H. B., Robinson, S. and Syrquin, M.), ch. 9, Oxford University Press,1986.

[9] Syrquin, M. "Productivity Growth and Factor Reallocation" [J].In Industrialization and Growthed: A Comparative Study[M]. (ed. Chenery, H. B., Robinson, S. and Syrquin, M.), Oxford University Press, 1986.

[10] Maddison, A. "Growth and Slowdown in Advanced Capitalist Economies: Techniques of Quantitative Assessment" [J]. Journal of Economic Literature, 1987,

25(2), pp. 649–698.

[11] Sonobe,T. and Otsuka, K. "Changing industrial structure and economic development: Prewar Japan revisited" [J]. In the Political Economy of Comparative Development Into the 21st Century: Essays in Memory of John C.H. Fei (ed: Ranis, G., Hu, S.C., Chu, Y.P.), 1999, 1, pp.189–210.

[12] Nelson, R. R. and Pack, H. "The Asian Miracle and Modern Growth Theory" [J].The Economic Journal, 1999,109(457), pp.416–436.

[13] Fagerberg, J. "Technological Progress, Structural Change and Productivity Growth: A Comparative Study" [J].Structural Change and Economic Dynamics, 2000, 11(4), pp. 393–411.

[14] Timmer, M. and Szirmai, A. "Productivity Growth in Asian Manufacturing: The Structural Bonus Hypothesis Examined" [J]. Structural Change and Economic Dynamics, 2000, 11(4), pp.371–392.

[15] Berthelemy, J.C. "The Role of Capital Accumulation, Adjustment and Structural Change for Economic Take–Off: Empirical Evidence from African Growth Episodes" [J].World Development, 2001, 29(2), pp.323–343.

[16] Carree, M. A. "Technological Progress, Structural Change and Productivity Growth: A Comment" [J]. Structural Change and Economic Dynamics, 2003, 14(1), pp.109–115.

[17] Peneder, M. "Structural Change and Aggregate Growth" [R].WIFO Working Paper, Austrian Institute of Economic Research,Vienna,2002.

[18] Singh, L. "Technological Progress, Structural Change and productivity Growth in Manufacturing Sector of South Korea" [R].The Institute of World Economy, Seoul National University, 2004.

[19] Paas, T. "Productivity and economic structure: some empirical lessons of the relationship" [R].Paper of the Regional Studies Association Annual International Conference: "Regional Responses and Global Shifts: Actors, Institutions and

Organizations", 2010.

[20] 沈坤荣，马俊.《中国经济增长的"俱乐部收敛"特征及其成因研究》[J].《经济研究》,2002,(1):33–39.

[21] 邱晓华等.《中国经济增长动力及前景分析》[J],《经济研究》,2006,(5):4–12.

[22] 韩建雨，支大林，路宇立.《我国产业结构变动和经济增长关系实证研究》[C].《全国高校社会主义经济理论与实践研讨会第 20 次会议论文集》（第四册）,2006.

[23] Bosworth, B. and Collins, S.M. "Accounting for Growth: Comparing China and India" [R]. NBER Working Paper, 2007, No. 12943.

[24] 黄茂兴，李军军.《技术选择、产业结构升级与经济增长》[J].《经济研究》,2009,(7):143–151.

[25] 唐玉娟，高家颂.《产业结构演变与经济增长关系研究——基于 1978–2010 年经验数据的实证分析》[J].《商业时代》,2012,(21):114–115.

[26] 李小平，卢现祥.《中国制造业的结构变动和生产率增长》[J].《世界经济》,2007,(5):52–63.

[27] 刘伟，张辉.《中国经济增长中的产业结构变迁和技术进步》[J].《经济研究》,2008,(11):4–15.

[28] 姚战琪.《生产率增长与要素再配置效应：中国的经验研究》[J].《经济研究》,2011,(11):130–143

[29] 聂辉华，贾瑞雪.《中国制造业企业生产率与资源误置》[J].《世界经济》,2011,(7):27–42.

[30] 干春晖，郑若谷，余典范.《中国产业结构变迁对经济增长的波动和影响分析》[J].《经济研究》,2011,(5):4–16.

[31] Mincer, J. "Investment in Human Capital and Personal Income Distribution" [J]. The Journal of Political Economy, 1958, 66(4), pp. 281–302.

[32] Schultz, T.W. "Investment in Human Capital" [J]. The American

Economic Review, 1961, 51(1), pp. 1–17.

[33] Becker, G.S. "Investment in Human Capital: A Theoretical Analysis" [J]. The Journal of Political Economy, 1962, 70(5), pp. 9–49.

[34] Black,S, E. and Lynch,L,M. "Human-Capital Investments and Productivity" [J].The American Economic Review,1996,86,(2),pp.263–267.

[35] Glaeser, E.L. "The Economics Approach to Cities" [R], NBER Working Paper, http: / /www. nber. org / papers /w13696, 2007.

[36] 胡永远 .《人力资本与经济增长：一个实证分析》[J].《经济科学》,2003,(1):54–60.

[37] Wang,Y. and Yao, Y.D. "Sources of China's Economic Growth 1952–1999: Incorporating Human Capital Accumulation" [J]. China Economic Review,2003, 14(1), pp. 32–52.

[38] 汤向俊 .《资本深化、人力资本积累与中国经济持续增长》[J].《世界经济》,2006,(8):57–64.

[39] 许和连，元朋，祝树金 .《贸易开放度、人力资本与全要素生产率：基于中国省际面板数据的经验分析》[J].《世界经济》, 2006,(12)：3–10.

[40] Kuznets, S. "Growth and Structural Shifts" In Economic Growth and Structural Change in Taiwan[J]. (ed. Galenson, W.), Cornell University Press, 1979, pp.15–131.

[41] Oulton, N. and Srinivasan, S. "Productivity Growth in UK Industries, 1970–2000: Structural Change and the Role of ICT" [R]. Bank of England Working Paper Series, 2005, (259), pp. 3–53.

[42] 张世贤 .《论产业投资效率与结构变动方向》[J].《中国工业经济》,2002,(12):28–34.

[43] 罗国勋 .《经济增长与劳动生产率、产业结构及就业结构的变动》[J].《数量经济技术经济研究》,2000,(3):26–28.

[44] 徐现祥，舒元 .《中国经济增长中的劳动结构效应》[J].《世界经济》,2001,(5):17–23.

[45] 郭熙保 .《农业剩余劳动及其转移问题：理论思考与中国的经验》[J].《世界经济》,2002,(12):25–32.

[46] 李杨，殷剑峰 .《劳动力转移过程中的高储蓄、高投资和中国经济增长》[J].《经济研究》,2005,(2):4–15.

[47] 王小鲁，樊纲，刘鹏 .《中国经济增长方式转换和增长可持续性》[J].《经济研究》,2009,(1):4–16.

[48] 薛继亮，李录堂 .《我国就业结构变迁与经济增长的互动关系检验——基于时间序列数据的实证研究》[J].《南京社会科学》,2010,(6):1–5.

[49] Ghose, A.K. "Economic Growth & Employment Structure: A Study of Labour Outmigration from Agriculture in Developing Countries" [M]. Geneva: International Labour Office, 1990.

[50] Birdsall, N. and Londonno, J.L. "Asset Inequality Matters: An Assessment of the World Bank's Approach to Poverty Reduction" [J].The American Economic Review, 1997, 82(7), pp.32–37.

[51] Lopez, R., Thomas, V. and Wang, Y. "Addressing the Education Puzzle: The Distribution of Education and Economic Reform" [R]., World Bank Working Paper, 1998, pp. 20–31.

[52] Barro, R.J. and Lee, J.W. "International Data on Educational Attainment Updates and Implication" [J].Oxford Economic Papers, 2001, 53 (3), pp. 541–563.

[53] Thomas, V., Wang, Y. and Fang, X. "Measuring Education Inequality: Gini Coefficients of Education" [R].World Bank Institute, 2001.

[54] 麦迪逊 .《世界经济二百年回顾》[M]. 北京：改革出版社 ,1997.

[55] 中国社会科学院经济研究所经济增长前沿课题组 .《开放中的经济增长与政策选择》[J].《经济研究》,2004,(4):4–15.

[56] Barro, R.J. "Government Spending in a Simple Model of Endogenous Growth" [J]. Journal of Political Economy, 1990, 98(5), pp. 103–126.

[57] 娄洪 .《长期经济增长中的公共投资政策——包含一般拥挤性公共

基础设施资本存量的动态经济增长模型》[J].《经济研究》,2004,(4):10–19.

[58] Ealton, J. "Sovereign Debt:A Primer" [J]. World Bank Economic Review, 1993, 7(2), pp.137–172.

[59] 胡翠,许召元.《对外负债与经济增长》[J].《经济研究》,2011,(2):19–30.

[60] Schumpeter, J. A. "The Theory of Economic Development. Cambridge" [M]. Harvard University Press, 1911.

[61] 杨龙,胡晓珍.《金融发展规模、效率改善与经济增长》[J].《经济科学》,2011,(1):38–48.

[62] North, D.C. and Tomas R.T. "The Rise of Western World:A New Economic History" [M]. Cambridge University Press, 1973.

[63] Acemoglu, D., Johnson, S. and Robinson, J. "The Colonial Origins of Comparative Development: An Empirical Investigation" [J]. The American Economic Review, 2001, 91 (5), pp.1369–1401.

[64] 方颖,赵扬.《寻找制度的工具变量:估计产权保护对中国经济增长的贡献》[J].《经济研究》,2011,(5):138–147.

[65] Sanchez–Robles, B. "Infrastructure Investment and Growth: Some Empirical Evidence" [J]. Contemporary Economic Policy, 1998, 16(1), pp. 98–108.

[66] 王任飞,王进杰.《基础设施与中国经济增长:基于VAR方法的研究》[J].《世界经济》,2007,(3):13–21.

[67] Chenery, H.B. and Strout, A .M. "Foreign Assistance and Economic Development" [J]. The American Economic Review, 1966, 56(4), pp. 679–733.

[68] 江小涓.《利用外资与经济增长方式的转变》[J].《管理世界》,1999,(2):7–15.

[69] 高铁梅,康书隆.《外商直接投资对中国经济影响的动态分析》[J].《世界经济》,2006,(4):22–30.

[70] 颜鹏飞,王兵.《技术效率、技术进步与生产率增长:基于DEA的实证分析》[J].《经济研究》,2004,(12):55–65.

[71] 赵志耘,吕冰洋,郭庆旺,贾俊雪.《资本积累与技术进步的动态融合:中国经济增长的一个典型事实》[J].《经济研究》,2007,(11):18-31.

[72] Lewis, W. A. "Economic Development with Unlimited Supplies of Labour" [J]. Manchester School, 1954, 22(2), pp. 139-191.

[73] Denison, E. F. "The Interruption of Productivity Growth in the United States" [J]. Economic Journal, 1983, 93(369), pp. 56-77.

[74] Dowrick, S., and Gemmell, N. "Industrialization, Catching Up and Economic Growth: A Comparative Study across the World's Capitalist Economies" [J]. The Economic Journal, 1991, 101(405), pp.263-275.

[75] Poirson, H. "Factor Reallocation and Growth in Developing Countries" [R].IMF Working Paper, 2000.

[76] 吴仁洪.《资源再配置与经济体制》[J].《经济研究》,1990,(2):12-19.

[77] 郭克莎.《三次产业增长因素及其变动特点分析》[J].《经济研究》,1992,(2):51-61.

[78] 郭克莎.《中国所有制结构变动与资源总配置效应》[J].《经济研究》,1994,(7):3-13.

[79] Maddison A. "Chinese Economic Performances in the Long Run" [M]. Development Centre of the OECD, 1998.

[80] 胡永泰.《中国全要素生产率:来自农业部门劳动力再配置的首要作用》[J].《经济研究》,1998,(3):31-39.

[81] 蔡昉,王德文.《中国经济增长的可持续性与劳动贡献》[J].《经济研究》,1999,(10):62-68.

[82] 吕铁.《制造业结构变化对生产率增长的影响研究》[J].《管理世界》,2002,(2):87-94.

[83] 张军.《资本形成、工业化与经济增长:中国的转轨特征》[J].《经济研究》,2002,(6):3-13.

[84] Wu,Y. "China' s Economic Growth: A Miracle with Chinese

Characteristics" [M]., London and NewYork: Routledge Curzon, 2004

[85] 方军雄.《市场化进程与资本配置效率的改善》[J].《经济研究》,2006,(5):50–61.

[86] Ozyurt, S. "Total Factor Productivity Growth in Chinese Industry: 1952–2000" [R]. University of Montpellier Working Papers, http://www.lameta.Univ-montp1. fr/Fr/Productions/Documents/DR2007–13. pdf, 2007.

[87] 李小平,陈勇.《劳动力流动、资本转移和生产率增长——对中国工业"结构红利假说"的实证检验》[J].《统计研究》,2007,(7):22–28.

[88] 高文博.《经济转型时期中国劳动力再配置问题研究》[D]. 吉林大学博士学位论文,2008.

[89] 张军,陈诗一,Gary H. Jefferson.《结构改革与中国工业增长》[J].《经济研究》,2009,(7):4–20.

[90] 温杰,张建华.《中国产业结构变迁的资源再配置效应》[J].《中国软科学》,2010,(6):57–67.

[91] 曾先锋,李国平.《资源再配置与中国工业增长:1985~2007》[J].《数量经济技术经济研究》,2011,(9):3–18.

[92] 赵春雨,朱承亮,安树伟.《生产率增长、要素重置与中国经济增长——基于分行业的经验研究》[J].《中国工业经济》,2011,(8):79–88.

[93] Uzawa, H. "Optimum Technical Change in an Aggregative Model of Economic Growth" [J]. International Economic Review, 1965, 6(1), pp.526–538.

[94] Romer, Paul. "Increasing Returns and Long Run Growth" [J]. The Journal of Political Economy, 1986, 94 (5), pp. 1002–1037.

[95] Lucas, R. "On the Mechanics of Economic Development" [J].,Journal of Monetary Economics, 1988, 22 (1), pp. 25–36.

[96] Barro, R.J. and Sala–i–Martin, X. "Economic Growth" [M].The MIT Press, 1995.

[97] Castello, A. and Domenech, R. "Human Capital Inequality and Economic

Growth: Some New Evidence" [J]., The Economic Journal, 2002, 112 (2), pp.187–200.

[98] Castello, A. "Channels through Which Human Capita Inequality Influences Economic Growth" [J]., Journal of Human Capital, 2010,4(4), pp.394–450.

[99] 李秀敏 .《人力资本、人力资本结构与区域协调发展——来自中国省级区域的证据》[J].《华中师范大学学报》(人文社会科学版),2007,(3):47–56.

[100] [100]Vandenbussche, J., Aghion,P. and Meghir, C. "Growth, Distance to Frontier and Composition of Human Capital" [J]. Journal of Economic Growth, 2006, 11(2) .pp.99–127.

[101] 廖楚晖 , 杨超 .《人力资本结构与地区经济增长差异》[J].《财贸经济》,2008,(7):54–68.

[102] 朱承亮等 .《人力资本、人力资本结构与区域经济增长效率》[J].《中国软科学》,2011,(2):110–119.

[103] 李业俊 , 司婕 .《浅析我国产业结构的变动和调整》[J].《当代经济》,2007,(10):92–94.

[104] 周业安 , 赵坚毅 .《市场化、经济结构变迁和政府经济结构政策转型——中国经验》[J].《管理世界》,2004,(5):9–17.

[105] 王岳平 .《"十一五"时期我国产业结构变动趋势及政策建议》[J].《宏观经济研究》,2004,(3):22–26.

[106] 杨豪 .《中国农民大迁徙》[M]. 浙江 : 浙江文艺出版社 ,2007.

[107] 干春晖 , 郑若谷 .《改革开放以来产业结构演进与生产率增长研究——对中国 1978–2007 年"结构红利假说"的检验》[J].《中国工业经济》,2009,(2):55–65.

[108] 张军 , 吴桂英 , 张吉鹏 .《中国省际物质资本存量估算 :1952~2000》[J].《经济研究》,2004,(10):35–44.

[109] Fabricant, S. "Employment in Manufacturing, 1899–1939: An Analysis of its Relation to the Volume of Production" [R]. NBER Working Paper, 1942.

[110] Massell, B. F. "A Disaggregated View of Technical Change" [J]. The

Journal of Political Economy, 1961, 69(6), pp.547--557.

[111] Solow, R.M. "Technical Change and the Aggregate Production Function" [J]. The Review of Economics and Statistics ,1957, 39(3), PP.312-320.

[112] 黄少安，韦倩.《合作与经济增长》[C].《(第十届)中国制度经济学年会论文集》,2010,51-64.

[113] 郑若谷，干春晖，余典范.《转型期中国经济增长的产业结构和制度效应——基于一个随机前沿模型的研究》[J].《中国工业经济》,2010,(2):58-67.

[114] 侯亚非.《人口质量与经济增长方式》[M].北京：中国经济出版社,2000.

[115] 杨立岩，潘慧峰.《人力资本、基础研究与经济增长》[J].《经济研究》,2003,(4):72-78.

[116] 王小鲁等.《中国经济增长的可持续性——跨世纪的回顾与展望》[M].北京：经济科学出版社,2000.

[117] 袁志刚，解栋栋.《中国劳动力错配对TFP的影响分析》[J].《经济研究》,2011,(7):4-17.

[118] 赵志耘，刘晓路，吕冰洋.《中国要素产出弹性估计》[J].《经济理论与经济管理》,2006,(6):5-11.

[119] 罗长远，张军.《经济发展中的劳动收入占比：基于中国产业数据的实证研究》[J].《中国社会科学》,2009,(4):65-79.

[120] 刘岩.《人力资本与资本存量对中国地区收入差异的影响》[J].《中国市场》,2012,(22):39-42.

[121] 岳昌君.《高等教育人口比重的国际比较》[J].《比较教育研究》,2004,(2):11-15.

[122] 刘笑飞.《世界人口大国高等教育人口比重的比较研究》[J].《天中学刊》, 2007,(1):117-127.

[123] 陈至立.《我国中高等教育入学率落后发达国家30年》[EB/OL].搜狐新闻网,http://news.sohu.com/20070517/n250076308.shtml,2007年5月17日。

后　记

“转方式、调结构”，是“十二五”及未来一段时期我国经济发展的主旋律。在已有研究侧重于关注生产要素总量投入、生产要素相互之间投入结构的情况下，本书力图转变思路，继而将目光聚焦在生产要素内部投入结构上，并立足于对生产要素内部投入结构变动对于中国经济增长的实际影响展开理论探索和实证考察。

应该说，该思路最初能够形成，主要得益于刘伟和李绍荣在中国工业经济发表的“产业结构与经济增长”（2002 年第 5 期）一文。在这篇文章中，两位作者通过建立具有变产出弹性特征的生产函数模型，对中国经济增长的动力等问题进行了实证考察。正如书中所提到，该模型的可贵之处在于，其将产业结构等结构性要素变动影响经济增长的逻辑，解释为其改变了生产要素的边际产出弹性（也即要素的产出效率），不仅给读者带来耳目一新的感觉，而且也极大地拓展了笔者本人的思路。

然而，在笔者看来，诸如产业结构等结构性因素的变动之所以会影响要素的产出效率，根本还在于其背后所发生的生产要素内部投入结构的变动。认识到了这一点，笔者兴奋不已，并通夜撰写了一篇题为“生产要素内部投入结构与中国经济增长”一文，经过邮寄投稿，两次外审，该文在 2012 年第 6 期的《世界经济》上成功发表。这给笔者带来了极大的鼓励和信心。鉴于文中还有很多值得更为深入展开讨论的问题，因此又索性将其进行拓展和延伸，继而用两个半月左右的时间，完成了题为“中国经济增长中的要素内部投入结构问题研究”的博士学位论文的撰写。

这本书稿吸收了笔者博士论文中的部分成果，并在此基础上进行了全

面的拓展和完善。随着“十二五”规划逐渐接近尾声，期望这本书的出版，能够有助于我们重新审视并客观评价“十二五”期间我国的转方式和调结构道路，并为“转方式、调结构”经济发展战略在今后的更为有效落实略尽微薄之力。

栾大鹏

2014 年春于北京呼家楼

图书在版编目（CIP）数据

加工贸易转型升级研究／曾贵著．—西安：西安交通大学出版社，2017.9

ISBN 978-7-5693-0159-5

Ⅰ．①加… Ⅱ．①曾… Ⅲ．①加工贸易—企业升级—研究—广东 Ⅳ．①F752.68

中国版本图书馆 CIP 数据核字（2017）第 239176 号

书　　名	加工贸易转型升级研究
著　　者	曾　贵
责任编辑	魏　杰　贺彦峰
出版发行	西安交通大学出版社 （西安市兴庆南路 10 号　邮政编码 710049）
网　　址	http://www.xjtupress.com
电　　话	（029）82668357　82667874（发行中心） （029）82668315（总编办）
传　　真	（029）82668280
印　　刷	长沙市宏发印刷有限公司
开　　本	880mm×1230mm　1/16　**印张** 15.5　**字数** 259 千字
版次印次	2017 年 9 月第 1 版　2017 年 10 月第 1 次印刷
书　　号	ISBN 978-7-5693-0159-5
定　　价	98.00 元

读者购书、书店添货、如发现印装质量问题，请与本社发行中心联系、调换。